QUANDO O TRABALHO É A MELHOR DIVERSÃO

ORGANIZADO POR Carol J. Loomis

QUANDO O TRABALHO É A MELHOR DIVERSÃO

Warren Buffett sobre praticamente tudo

Tradução
Fátima Santos

1ª edição

best.
business
Rio de Janeiro | 2013

CIP-BRASIL. CATALOGAÇÃO NA PUBLICAÇÃO
SINDICATO NACIONAL DOS EDITORES DE LIVROS, RJ

L848q
Loomis, Carol
    Quando o trabalho é a melhor diversão / Carol Loomis; tradução: Fátima Santos. – 1. ed. – Rio de Janeiro: Best Business, 2013.
    il.

    Tradução de: Tap dancing to work
    ISBN 978-85-7684-685-7

    1. Buffet, Warren. 2. Capitalistas e financistas – Estados Unidos. 3. Investimentos. I. Santos, Fátima. II. Título.

13-00756
                                                                                CDD: 926.58
                                                                                CDU: 929:658

Texto revisado segundo o novo Acordo Ortográfico da Língua Portuguesa.

Título original norte-americano
TAP DANCING TO WORK
Copyright © 2012 by Time Inc.
Copyright da tradução © 2013 by Editora Best Seller Ltda.

Publicado mediante acordo com Portifolio, um selo da
editora Penguin Group Inc (USA).

Capa: Gabinetes de Artes
Editoração eletrônica: Abreu's System

Todos os direitos reservados. Proibida a reprodução,
no todo ou em parte, sem autorização prévia por escrito da editora,
sejam quais forem os meios empregados.

Direitos exclusivos de publicação em língua portuguesa para o Brasil
adquiridos pela Editora Best Business, um selo da EDITORA BEST SELLER LTDA.
Rua Argentina, 171, parte, São Cristóvão
Rio de Janeiro, RJ – 20921-380
que se reserva a propriedade literária desta tradução

Impresso no Brasil

ISBN 978-85-7684-685-7

Seja um leitor preferencial Record.
Cadastre-se e receba informações sobre nossos lançamentos e nossas promoções.

Atendimento e venda direta ao leitor
mdireto@record.com.br ou (21) 2585-2002

Para minha família:
John R.;
Barbara, Tom, John T. e Grayson;
Mark, Steffi, Jenny e Ben...

E para aquela parte de minha vida, muitas vezes intrusa, mas consistentemente interessante, por quase 59 anos: a *Fortune*.

SUMÁRIO

Prefácio   15

O homem que ninguém consegue acompanhar — *Abril de 1966*
    Por **Carol Loomis**   19

Extraído de "Tempos difíceis chegam aos fundos de hedge" — *Janeiro de 1970*
    Excerto de um artigo de **Carol Loomis**   27

Como a inflação burla o investidor acionário — *Maio de 1977*
    Por **Warren Buffett**   29

Uma pequena universidade classifica-se bem no jogo dos investimentos
— *18 de dezembro de 1978*
    Por **Lee Smith**   48

As contribuições dos acionistas da Berkshire   55
Acionistas começam a votar em doações — *30 de novembro de 1981*
    Por **Lee Smith**   57

A Berkshire desiste de doar — *11 de agosto de 2003*
    Por **Nicholas Varchaver**   61

Cartas do presidente Buffett — *22 de agosto de 1983*
    Por **Andrew Tobias**   63

Extraído de "É possível superar o desempenho do mercado acionário?"
— *26 de dezembro de 1983*
    Um excerto e uma parte de um artigo de **Daniel Seligman**   71

Buffett e a Capital Cities/ABC   75
Extraído de "Golpe de capital na Capital Cities" — *15 de abril de 1985*
    Excerto de um artigo escrito por **Stratford Sherman**   75

Extraído de "As taxas de fusão que fundem a mente" — *20 de janeiro de 1986*
    Por **Peter Petre**   76

Extraído de "A história oculta da Time Warner" — *20 de novembro de 1989*
    Por **Bill Saporito**   76

Extraído de "De Buffett para Disney: tudo aprovado" — *1º de abril de 1996*
    Por **Carol Loomis**   77

Extraído de "Superar o mercado por meio da recompra de ações" — *29 de abril de 1985*
    Excerto de um artigo escrito por **Carol Loomis**   79

Adivinha quem comprou os títulos de dívida da Whoops — *29 de abril de 1985*
    Por **Kenneth Labich**   82

Extraído de "Agora escuta essa" — *28 de abril de 1986*   87
Extraído de "Você deve deixar tudo para os filhos?" — *29 de setembro de 1986*
    Excertos de um artigo de **Richard J. Kirkland Jr.**   88

Disque B-U-F-F-E-T-T para fusão — *22 de dezembro de 1986*
    Da seção **"Tendências do mercado"**   92

Temores precoces sobre os contratos futuros de índices — *7 de dezembro de 1987*
    Uma carta de alerta enviada por **Warren Buffett** ao congressista John Dingell Jr.   93

A história íntima de Warren Buffett — *11 de abril de 1988*
    Por **Carol Loomis**   98

Buffett e a Salomon   116
A sabedoria da Salomon? — *11 de abril de 1988*
    Por **Carol Loomis**   117

A montanha-russa de Warren Buffett na Salomon — *27 de outubro de 1997*
   Por **Carol Loomis** — 119

Extraído de "Agora escuta essa" — *10 de janeiro de 1994*
Comentário irônico de Buffett dois anos e meio após o estouro
da crise da Salomon — 135

Especial de Nebraska — *26 de setembro de 1988*
   Por **Terence Paré** — 136

Uma dica quente de Warren Buffett: é hora de comprar Freddie Macs —
19 de dezembro de 1988
   Por **Brett Duval Fromson** — 137

O que aconteceu na mesa de bridge — 141
Um baralho bastante completo — *5 de junho de 1989*
   Por **Julia Lieblich** — 141

Criando confusão — *15 de janeiro de 1990*
   Por **Alan Deutschman** — 142

Extraído de "Como viver com 1 bilhão" — *11 de setembro de 1989*
   Excertos de um artigo escrito por **Alan Farnham** — 143

Extraído de "Agora escuta essa" — *23 de outubro de 1989*

Novos Warren Buffetts? E o antigo? — 146
Extraído de "Seriam esses os novos Warren Buffetts?" — *30 de outubro de 1989*
   Excerto de um artigo de **Brett Duval Fromson** — 148

E agora um olhar sobre o antigo — *30 de outubro de 1989*
   Por **Brett Duval Fromson** — 149

Meus erros — *9 de abril de 1990*
   Excerto da carta de **Buffett** aos acionistas que consta do relatório anual
   da Berkshire Hathaway de 1989 — 151

Extraído de "Os filhos dos ricos e famosos" — *10 de setembro de 1990*
   Excertos de um artigo de **Alan Farnham** — 156

O Toque de Midas com desconto — *5 de novembro de 1990*
    Por **Edmund Faltermayer**   158

Buffett compra "junk" — *22 de abril de 1991*
    Por **Jennifer Reese**   160

Extraído de "Agora escuta essa" — *5 de abril de 1993*   161

Buffett e a Coca-Cola   162
Extraído de "A melhor marca do mundo" — *31 de maio de 1993*
    Excertos de um artigo de **John Huey**   163

Extraído de "O que realmente aconteceu na Coca-Cola" — *10 de janeiro de 2000*
    Por **Betsy Morris** e **Pattie Sellers**   163

Uma caixa de texto extraída de "A máquina de valor" — *19 de fevereiro de 2001*
    Por **Carol Loomis**   165

Como Buffett encara o risco — *4 de abril de 1994*
    Excerto da carta de **Buffett** aos acionistas no relatório anual da Berkshire Hathaway de 1993   167

Buffett depara-se com uma corrente de ar descendente de US$ 200 milhões — *17 de novembro de 1994*
    Por **Colin Leinster**   168

Buffett e Gates   170
Os amigos bilionários — *16 de janeiro de 1995*
    Por **Brent Schlender**   171

Gates sobre Buffett — *5 de fevereiro de 1996*
    Por **Bill Gates**   173

Extraído de "Esclarecendo a bagunça dos derivativos" — *20 de março de 1995*
    Um trecho de um artigo de **Carol Loomis**   179

Dois itens extraídos de "Agora escuta essa" — *3 de abril de 1995/29 de maio de 1995*   180

Extraído de "Por que Warren Buffett está apostando alto na American Express" — *30 de outubro de 1995*
    Excertos da caixa de texto de um artigo de **Linda Grant**   181

Um dom que doa — *Um pouco de Buffett — 18 de março de 1996*
    Por **Bethany McLean**   186

O show de Bill e Warren — *20 de julho de 1998*
    Editado **por Brent Schlender**   187

Uma casa construída sobre a areia — *26 de outubro de 1998*
    Por **Carol Loomis**   211

Jimmy e Warren Buffett são parentes? — *21 de junho de 1999*
    Por **Tyler Maroney**   224

Afiem os dentes dos comitês de auditoria — *22 de agosto de 1999*
    Por **Carol Loomis**   226

O Sr. Buffett fala sobre o mercado acionário - - *22 de novembro de 1999*
    Um discurso de Buffett que **Carol Loomis** transformou em artigo   228

Warren Buffett: o pregador — *19 de maio de 2000*
    Por **Amy Kover**   241

Warren Buffett investe na primeira-dama — *20 de outubro de 2000*
    Por **Jeffrey Birnbaum**   243

Admirado — repetidas vezes   245
A máquina de valor — *19 de fevereiro de 2001*
    Por **Carol Loomis**   246

Uma carta da Coluna ao Leitor da *Fortune* — *26 de março de 2001*
    Por **Charles Wallman**   259

Warren Buffett discorre sobre o mercado de ações — *10 de dezembro de 2001*
    Uma palestra de Buffett que **Carol Loomis** converteu em artigo   260

A carta de amor que todos querem — *16 de setembro de 2002*
    Uma caixa de texto de **Jerry Useem**   275

O oráculo de tudo — *11 de novembro de 2002*
    Por **Andy Serwer**   276

Uma carta da Coluna do Leitor da *Fortune* — *17 de fevereiro de 2003*   290

Evitando uma "megacatástrofe" — *17 de março de 2003*
    Excerto da carta de **Buffett** aos acionistas no relatório anual
    da Berkshire Hathaway de 2002   291

Onde estamos colocando nosso dinheiro agora — *17 de março de 2003*
    Segundo excerto da carta de **Buffett** aos acionistas
    no relatório anual de 2002   298

O sábio vai para a Ásia — *26 de maio de 2003*
    Por **Clay Chandler**   300

A Edição do Poder   302
Extraído de "As 25 pessoas mais poderosas no mundo dos negócios"
    — *11 de agosto de 2003*
    Excertos de um artigo de **Jerry Useem**   302

O empresário mais poderoso: Warren Buffett — *11 de agosto de 2003*
    Por **Andy Serwer**   303

O déficit comercial crescente dos Estados Unidos está destruindo a nação.
    Eis uma forma de resolver o problema — mas precisamos agir já
    — *10 de novembro de 2003*
    De **Warren Buffett,** em colaboração com **Carol Loomis**   306

O mercado de acordo com Buffett — *17 de maio de 2004*
    Por **David Stires**   317

O melhor conselho que já ouvi — *11 de março de 2005*
    Uma memória de Warren Buffett, editada por **Carol Loomis**   319

A conversa de US$ 91 bilhões — *31 de outubro de 2005*
    Por **Daniel Roth**   322

Cortem seus ganhos! — *20 de março de 2006*
    Excerto da carta de **Buffett** aos acionistas no relatório anual
    da Berkshire Hathaway de 2005   332

O alter ego de Buffett — *20 de maio de 2006*
    Por **Andy Serwer**   337

Buffett apoia a GM — e compra um Cadillac — *29 de maio de 2006*
    Por **Alex Taylor III**   341

O filantropo emerge   342
Warren Buffett entrega tudo — *10 de julho de 2006*
    Por **Carol Loomis**   343

Como a doação de Buffett funcionará — *10 de julho de 2006*
    Por **Carol Loomis**   354

Você gostaria desses US$ 11 bilhões em cédulas de 20? — *24 de julho de 2006*
    Por **Carol Loomis**   356

Buffett para Gates: gaste! — *19 de março de 2007*
    Por **Jia Lynn Yang**   357

Medindo por mito — *3 de setembro de 2007*
    Por **Warren Buffett**   359

A crise de crédito do Oráculo — *31 de março de 2008*
    Por **Telis Demos**   360

O que Warren pensa... — *28 de abril de 2008*
    Por **Nicholas Varchaver**   361

A grande aposta de Buffett — *23 de junho de 2008*
    Por **Carol Loomis**   370

Extraído de "O que Obama significa para as empresas" — *2 de julho de 2008*
    Excerto de um artigo de **Nina Easton**   378

A métrica de mercado de Buffett diz compre — *16 de fevereiro de 2009*
    Por **Carol Loomis** e **Doris Burke**   379

Extraído de "Cavalheiros da tempestade" — *20 de abril de 2009*
    Excerto de um artigo de **Adam Lasinsky**   381

Buffett com carga total — *27 de abril de 2009*
    Por **Marc Gunther**   382

Extraído de "Quem os admirados admiram" — *22 de março de 2010*
    Um trecho de um artigo de **Anna Bernasek**   391

O Sr. Conserta-tudo de Buffett — *16 de agosto de 2010*
    Por **Brian Dumaine**   392

O compromisso de doação   403

O desafio de US$ 600 bilhões — *5 de julho de 2010*
    Por **Carol Loomis**   405

Meu compromisso filantrópico — *5 de julho de 2010*
    Por **Warren Buffett**   415

Um novo Buffett invade Pequim — *17 de outubro de 2011*
    Por **Bill Powell**   417

Por que as ações superam o ouro e os títulos — *27 de fevereiro de 2012*
    Excerto da carta de **Buffett** aos acionistas no relatório anual
    da Berkshire Hathaway de 2011   423

Observação final da organizadora   430

Agradecimentos   431

PREFÁCIO

Por ter sido, durante muito tempo, a principal escritora sobre Warren Buffett na *Fortune*, periódico que há décadas o tem acompanhado mais de perto do que qualquer outra publicação comercial, frequentemente sou questionada sobre se tinha planos para seguir adiante e fazer uma biografia dele. Muitas vezes afirmei que não, certíssima de que se o escritor é um bom amigo do biografado, não será um bom biógrafo. E, de fato, tenho sido amiga íntima de Warren por mais de quarenta anos, além de acionista de sua empresa — a Berkshire Hathaway — por um prazo quase tão longo quanto este e editora *pro bono* de sua carta anual aos acionistas por 35 anos. Todos esses fatos podem ser incluídos em meus artigos sobre Buffett na *Fortune*, simplesmente informando o leitor acerca de sua existência, mas não constituem uma base sólida para uma biografia pessoal e profissional abrangente, em que deveria haver uma distância considerável entre autor e biografado. Essa ausência, no caso, resolvia a questão.

Porém, acabei me dando conta de que as dezenas de artigos sobre Buffett que publicamos na *Fortune* são, eles próprios, uma biografia *empresarial* — perfeita para ser transformada em livro. O título original deste livro é *Tap Dancing to Work* (que, em tradução livre, seria algo como *Sapateando para o trabalho*), a descrição que Buffett sempre usou para descrever o amor que sente por gerenciar a Berkshire. Este livro é uma coletânea — em sua maior parte organizada cronologicamente — de todos os extensos artigos sobre Warren (além de alguns mais sucintos e menos sérios, como "Jimmy e Warren"). Para cada um dos cerca de quarenta artigos presentes no livro, redigi uma introdução ou fiz um comentário. Esses parágrafos explicam, por exemplo, o que é especialmente importante sobre o texto; as previsões de Warren que se concretizaram ou as que não se concretizaram; o que ele pensa hoje sobre o ponto principal do artigo. Ao todo, o material cobre boa parte da história — 46 anos —, um período importante não só para Buffett, mas também para a economia americana, na qual ele tem operado com tanto sucesso. ("Humm, 46 anos", meu amigo tenderia a dizer. "É um bom tempo — quase um quinto dos anos de existência dos Estados Unidos.")

Os artigos e excertos apresentados neste livro foram, em sua maioria, escritos por mim e por cerca de quarenta outros jornalistas da *Fortune* (incluindo três em especial, John Huey, Rik Kirkland e Andy Serwer, os quais foram promovidos ao cargo de editor-geral, com John, mais tarde, alçando o posto ainda mais elevado de editor-chefe da Time Inc.). Porém, entre os autores também está o próprio Buffett, que escreveu dois artigos importantes, sobretudo para nós, e inseriu seções para reflexão em suas cartas anuais que pinçamos e transformamos em artigos. Aqui também está representado o famoso escritor empresarial Bill Gates.

Assim como de autores, o livro também é bastante diversificado em termos de conteúdo. Tivemos o bom senso, ao longo do caminho, de evitar repetições e, quando isso aconteceu, em geral, eu as eliminei. Na realidade, evitar repetições foi bastante fácil, porque Warren Buffett continuou inovando.

Ao terminar de ler este livro, você terá visto a trajetória da vida profissional de Warren. O primeiro texto em que o mencionamos foi publicado em 1966. Usou-se uma frase dele em um artigo sobre investimentos que escrevi sobre outro homem (Alfred Winslow Jones) e no qual grafei o nome de Buffett incorretamente — com apenas um *t*. Tentarei, por mais frágil que seja a desculpa, perdoar-me por esse erro dizendo que, fora de Omaha (onde alguns investidores conheciam Warren muito bem, porque ele os estava enriquecendo), Buffett era praticamente desconhecido em 1966. Pule para o início da década de 1980, e ele não havia ganhado maior reconhecimento. Em 1983, quando a *Fortune* contratou o jornalista freelancer Andrew Tobias para escrever um artigo sobre as cartas de Buffett aos acionistas (ver página 63), Tobias nunca tinha ouvido falar desse homem. Em outras palavras, infelizmente o jornalista não havia tomado conhecimento do excelente artigo sobre inflação que Warren escrevera para nós em 1977 (ver página 29) e sobre o qual ele ainda recebe cartas.

A parte central do livro, a começar pelo meu perfil de 1988, "A história íntima de Warren Buffett", descreve o acréscimo de uma segunda profissão — a de administrador de empresas — à sua profissão original de investidor e, em seguida, claro, ele transformou a Berkshire Hathaway em uma força imensa na América empresarial. Poucas pessoas reconhecem a origem insignificante da empresa. Em 1965, quando Warren a assumiu, a Berkshire era uma fábrica têxtil da Nova Inglaterra — pequena demais para ser incluída na lista das 500 maiores empresas da revista *Fortune*. Em 2011, em contraste, ocupava a posição sete na lista. Essa classificação tem por base a receita bruta, que é o principal critério da revista. Em termos de valor de mercado — uma realização muito maior, na opinião de Buffett —, a Berkshire era o número nove.

E tudo isso aconteceu ao longo da vida de um homem que ainda vive.

Os anos finais cobertos pelo livro completam o arco, por assim dizer, ao levar Warren para além do investimento e dos negócios, até a área de filantropia. Esse passo não exigiu dele que inventasse uma filosofia. Ele nunca acreditou em grandes heranças (ver página 88) e sempre planejou destinar quase todo seu dinheiro para fins filantrópicos. Porém, sempre presumiu que sua esposa, Susie — dois anos mais nova —, viveria mais que ele e seria a pessoa que doaria todo o dinheiro. Susie, contudo, morreu de um derrame em 2004, e o fardo da filantropia recaiu sobre Warren. Então, veio sua declaração, em 2006, de que começaria a doar seu dinheiro imediatamente, e sua decisão, em 2010, de criar, junto com Bill e Melinda Gates, o Giving Pledge. A *Fortune* foi a primeira a divulgar a notícia em cada instância, em artigos de capa que aparecem no final deste livro.

Podemos tirar o homem dos investimentos, mas não tirar os investimentos *desse* homem, com certeza. O artigo final deste livro, adaptado da carta de Warren no relatório anual de 2011, explica os três tipos de investimentos e aquele que ele prefere. Não há grandes surpresas em sua escolha, mas uma dose renovada dos conselhos de Buffett sobre investimentos — na leitura final deste livro — não é nada ruim.

Para mim, organizar esta obra foi uma jornada através de minha própria carreira na *Fortune* (que começou em 1954 e ainda está em curso) e por alertas constantes também para colocar dois *t* em Buffett. Mais importante ainda, este livro é uma lembrança prolongada e gratificante da genialidade, da criatividade e — não menos importante — da consistência dos pensamentos de Buffett sobre investimentos e negócios.

Um amigo do famoso escritor William Buckley fez uma declaração sobre ele que adaptarei aqui. A *Fortune* e eu tivemos a sorte de ficar ao lado de Warren Buffett durante sua transformação em Warren Buffett.

O homem que ninguém consegue acompanhar

Abril de 1966

POR CAROL LOOMIS

Pode parecer estranho começar um livro sobre um homem — Warren Buffett — com um artigo sobre outro homem — Alfred Winslow Jones. No entanto, este artigo de 1966 sobre Jones merece ser o pontapé inicial. Para começar, esta é a primeira vez que a Fortune *mencionou o nome Buffett, embora, de forma constrangedora, o tenhamos grafado "Buffet", com apenas um* t. *Eu mesma — Carol Loomis, a organizadora deste livro e a autora de muitos dos artigos nele inseridos (inclusive este) — cometi esse erro. Mais tarde, meu marido, John Loomis, na época um corretor de ações, conheceu Buffett, que tempos depois me telefonou para brincar comigo sobre o erro de ortografia. Mais adiante, ele e a esposa, Susie, convidaram a mim e John para um almoço em Nova York, e iniciamos uma amizade que, com o passar do tempo, é possível dizer, culminou com esta obra.*

Um segundo ponto sobre o artigo é que ele se destaca por ter apresentado A.W. Jones e seu conceito sobre um fundo "hedgeado" ao mundo. Não que Jones fosse a primeira pessoa no mercado de capitais a instituir um fundo desse tipo: Benjamin Graham, por exemplo, já havia administrado uma sociedade que adotava estratégias de hedging. Porém, o sucesso vertiginoso de Jones foi uma revelação para a maioria dos leitores da Fortune, *e este artigo adquiriu vida própria, tornando-se um prospecto informal para muitas pessoas que correram a fim de iniciar os próprios fundos do "tipo Jones". As histórias da indústria dos fundos de hedge quase sempre se referem a este artigo como um marco na evolução do setor.*

Leitores atentos podem observar a hesitação da primeira frase: "Há razões para se acreditar que...". Não se trata de uma declaração retumbante. A explicação, lógico, é que, embora eu conhecesse o histórico da empresa de investimento particular A.W. Jones & Co. e não encontrasse nada melhor, meu conhecimento do desempenho de outros investidores particulares certamente era incompleto.

Se tivéssemos, naquela ocasião, o histórico da Buffett Partnership Ltda., de Omaha, uma comparação entre Buffett e Jones teria sido interessante, mas pouco conclusiva. Tínhamos registros de dez anos para a A.W. Jones & Co., mas a contabilidade da Buffett Partnership usava anos civis e tinha apenas nove deles completos. Em uma comparação do desempenho ao longo de cinco anos, Jones fechou seu ano fiscal de 1965 em maio e lucrou 325% no período. O ano de 1965 para Buffett fechou em dezembro, e ele havia lucrado 334%.

Porém, tudo isso era história, e os caminhos desses dois homens logo se separaram: como o próximo artigo examina, Buffett encerrou as atividades de sua sociedade, enquanto Jones continuou a lutar com um crescimento de mercado acionário — naquele tempo — muito difícil para os fundos de hedge. — CL

Hoje em dia, há razões para se acreditar que o melhor administrador profissional para o dinheiro de investidores é um homem calmo, raramente fotografado, chamado Alfred Winslow Jones. Poucos homens de negócios ouviram falar dele, embora alguns com boa memória talvez se lembrem de seus artigos na *Fortune*: ele foi um escritor da equipe no início da década de 1940. Qualquer que seja o caso, seu desempenho no mercado de ações nos últimos anos o tornou uma das maravilhas de Wall Street — e transformou vários de seus investidores em milionários. Nos investimentos que estiveram sob sua responsabilidade durante os cinco anos terminados em 31 de maio (quando ele encerrou o ano fiscal de 1965), Jones lucrou 325%. O Fidelity Trend Fund, que teve o melhor desempenho entre todos os fundos mútuos durante todos esses anos, rendeu "apenas" 225%. Para o período de *dez* anos encerrados em maio, Jones teve rendimentos de 670%; o Dreyfus Fund — líder entre os fundos mútuos que estiveram atuantes naquela década — teve um lucro de 358%.

O veículo por meio do qual Jones opera não é um fundo mútuo, mas uma sociedade limitada. Jones administra duas sociedades semelhantes com objetivos ligeiramente diferentes. Em cada caso, contudo, a estratégia de investimento básica é igual: o capital do fundo é, ao mesmo tempo, alavancado e "hedgeado". A alavancagem tem origem no fato de que o fundo faz uso extensivo das posições de margem; a operação de hedge é proporcionada por posições a descoberto — existem sempre algumas na carteira do fundo. Há cerca de sessenta investidores em cada um dos dois fundos, e seu investimento médio atualmente está estimado em aproximadamente US$ 460 mil.

O desempenho de Jones gerou vários outros "fundos de hedge". Nos últimos dois anos, dois dos principais colegas de Jones deixaram a organização e fundaram empresas próprias. Uma é chamada City Associates (com capital de cerca de US$ 17.500.000); a outra, a Fairfield Partners (US$ 14 milhões); ambas apresentaram desempenhos excelentes.

Este mês, uma nova sociedade — a Fleschner Becker Associates — começará a operar como um fundo de hedge; seus principais executivos são corretores de Wall Street que fizeram negócios com Jones nos últimos anos. Além dessas sociedades, vários outros fundos de hedge estão operando em pequena escala.

Além disso, uma pequena corretora chamada L. Hubshman & Co., a qual também fez negócios com Jones, não aderiu ao padrão de estabelecer uma sociedade e está fundando uma empresa de investimento aberto (ou seja, um fundo mútuo) — o Hubshman Fund — que usará os princípios dos fundos de hedge em seus investimentos. Ainda veremos se uma empresa de investimento regulada pode adotar as técnicas de Jones com tanta eficácia quanto uma sociedade particular. Entretanto, a estratégia da Hubshman abre caminho para um grande número de investidores aplicarem na ideia de fundo de hedge.

Durante a maior parte de sua vida, Jones — que hoje tem 65 anos — esteve mais interessado em sociologia e em escrever do que no mercado acionário. Em 1938, ele começou seu doutorado em sociologia na Columbia University. Nessa época, foi diretor do Institute for Applied Social Analysis da Columbia University e, lá, organizou um grande projeto sobre as diferenças de classe nos Estados Unidos. O projeto tornou-se a base para sua tese de doutorado, publicada com o título de *Life, Liberty, and Property* (que foi reeditada pela Octagon Books, Inc. há dois anos): a *Fortune* solicitou a Jones que resumisse o livro em um artigo (fevereiro de 1941) e o contratou como escritor. Nos cinco anos seguintes (parte deles passada na revista *Time*), ele escreveu artigos sobre temas não financeiros, como, por exemplo, os comboios no oceano Atlântico, as cooperativas agrícolas e as escolas secundárias para meninos. Ele deixou a Time Inc. em 1946; porém, em março de 1949, estava de volta às páginas da *Fortune* com um artigo autônomo — "Fashions in Forecasting" —, o qual informava sobre diversas abordagens "técnicas" para o mercado acionário.

Sua pesquisa para este artigo o convenceu de que ele poderia viver do mercado acionário. Assim, no início de 1949, ele e quatro amigos formaram a A.W. Jones & Co. como uma sociedade limitada. O capital inicial era de US$ 100 mil, dos quais Jones, sozinho, colocou 40 mil. No primeiro ano, o rendimento sobre o capital da sociedade chegou a um percentual satisfatório de 17,3%, mas isso foi apenas um vislumbre do que estava por vir. Nem todo o capital original foi deixado na sociedade; mas, se tivesse sido, atualmente a empresa valeria US$ 4.920.789 (antes de qualquer previsão para o pagamento de impostos por seus sócios).

Nos anos iniciais, Jones experimentou uma série de abordagens de investimento, inclusive a ideia — essencialmente dele — das operações de "hedge". Cada vez mais, Jones começou a se concentrar em refinar e colocar em ação essa nova técnica.

A rigor, o conceito de hedge permite que Jones ganhe dinheiro em ações que sobem e descem, e também o protege parcialmente caso interprete mal a tendência geral de mercado. Ele supõe que um investidor prudente deseja proteger parte de seu capital dessas avaliações equivocadas. A maioria dos investidores armaria suas defesas em torno de reservas em espécie ou em títulos da dívida pública, mas Jones se protege vendendo a descoberto.

Para aqueles investidores que encaram as vendas a descoberto com certa desconfiança, Jones simplesmente diria que está usando "técnicas especulativas para fins conservadores". Como exemplo, ele costuma contrastar seus métodos com as técnicas de um investidor que tem, digamos, US$ 100 mil, e decide investir US$ 80 mil desse total em ações e o restante em títulos de dívida "seguros". Jones usaria os US$ 100 mil para tomar emprestado talvez mais 50 mil. (Sob as atuais exigências de margem de 70%, ele não conseguiria tomar emprestado tanto para comprar ações listadas em bolsa; no entanto, ele conseguiria tomar emprestado até mais do que US$ 50 mil para compras de títulos de dívida conversíveis e ações não listadas em bolsa.) Dos US$ 150 mil totais, ele talvez colocasse US$ 110 mil em ações que considera bons investimentos e vendesse a descoberto ações com um valor de US$ 40 mil, as quais ele acredita estarem supervalorizadas. Assim, ele acaba com US$ 40 mil de sua posição comprada "hedgeada" — ou seja, compensada por uma posição vendida — e os US$ 70 mil restantes sem qualquer cobertura.

Esse valor representa 70% de seu capital original, e Jones, por isso, descreve seu "risco" como de 70. (Na prática, há uma complicação adicional: Jones ajusta as cifras em dólares através de um cálculo que presume que algumas ações individuais são mais voláteis — e, portanto, mais arriscadas — do que outras. A cada ação na carteira de Jones, é atribuída uma classificação de "velocidade" — por exemplo, a da Syntex é 6,61, a da Kerr-McGee é 1,72 — e os dólares investidos são multiplicados por esses fatores. Os dólares "ajustados" são, então, usados para se calcular o risco.) Pelo método de avaliação de Jones, o investidor mais convencional que aplica US$ 20 mil em ações, sem tomar emprestado nem vender a descoberto, tem um risco de 80. Se o mercado acionário cair 10% e todas as ações nessas duas carteiras caírem de forma simétrica, Jones não perderá nem ganhará na parte "hedgeada" de sua carteira e perderá menos em sua posição não "hedgeada" — US$ 7 mil em vez de US$ 8 mil — do que o outro investidor. Se todas as ações *subirem* 10%, Jones lucrará menos do que o outro investidor.

Seu problema, portanto, é comprar ações que subirão mais do que o mercado em geral, e vender a descoberto ações que subirão menos do que a média (ou até mesmo que irão cair). Se tiver êxito nessa empreitada, seus rendimentos serão multiplicados, porque ele está empregando não apenas uma porção de seu capital, mas 150% dele. A principal vantagem do conceito de "hedge", então, é que a posição a descoberto do investidor possibilita que ele opere com grande agressividade no lado comprado.

O histórico de Jones em prever a direção do mercado parece ter sido apenas razoável. No início de 1962, ele tinha seus investidores em uma posição de alto risco (de 140). Quando o mercado caiu, ele gradualmente aumentou sua posição vendida a descoberto, mas não tão rapidamente quanto deveria. Suas perdas naquela primavera foram pesadas, e seus investidores acabaram com um prejuízo pequeno no ano fiscal (esse foi o único ano de prejuízo na história de Jones). Além disso, após o mercado voltar a subir, ele ficou mais baixista com relação à sua evolução e, portanto, não se beneficiou inicialmente da recuperação. No ano passado, por acaso, Jones permaneceu bastante altista durante a queda verificada em maio e junho e, então, virou baixista justamente quando a grande recuperação teve início. Enquanto os preços subiam em agosto, Jones adotou uma posição de risco de menos 18 — isto é, suas posições vendidas excediam as compradas, com a posição vendida a descoberto valendo 18% do capital da sociedade.

Apesar desses cálculos equivocados sobre a direção do mercado, as escolhas de ações individuais feitas por Jones, em geral, foram brilhantes. Quando, no outono, finalmente virou altista, ele estava comprando muitas das ações "certas" — por exemplo, Syntex, National Video, Fairchild Camera, as companhias aéreas. No final de fevereiro, ele havia acumulado ganhos para o ano fiscal de 38% em um fundo e 31% no outro, comparado a um aumento (inclusive de dividendos) de 6% para o índice industrial Dow Jones.

Qualquer operador de fundo de hedge explicará que, embora o conceito de hedge seja essencial — "Preciso dele para dormir à noite", diz um deles —, o segredo real de seu sucesso é a capacidade de obter boas informações sobre as ações e ser capaz de agir com rapidez. A forma de organização societária é útil em ambos os aspectos e vale a pena examinar as disposições de Jones com atenção.

Jones transformou sua empresa de uma sociedade geral para uma limitada em 1952, a fim de acomodar diversos amigos que estavam, naquela época, ansiosos para que ele administrasse o dinheiro deles. Os novos sócios foram autorizados a entrar na empresa após assumirem o compromisso de que poderiam sacar dinheiro da sociedade ou colocar mais dinheiro nela apenas no final de cada ano fiscal. Essa regra ainda está em vigor. Além disso, Jones e os outros sócios gerais deveriam receber uma remuneração de 20% sobre os lucros realizados (após a dedução dos prejuízos realizados), obtidos com o dinheiro dos sócios limitados. Esse tipo de arranjo é comum em todos os fundos de hedge, e Jones não foi o mentor da ideia. Benjamin Graham, por exemplo, administrou, durante certo tempo, uma sociedade limitada que operava dessa forma. Existem também alguns fundos mútuos hoje — por exemplo, o Oppenheimer Fund, o Equity Fund, o Leon B. Allen Fund — cujos gerentes são pagos com base nos lucros, embora em uma porcentagem menor do que Jones; além deles, o Hubshman Fund terá um arranjo semelhante.

Parece que os sócios limitados não teriam razão para reclamar dos imensos lucros realizados por Jones. Aquelas estatísticas sensacionais de desempenho comparativo refletem os resultados dos sócios limitados *após* a dedução da participação nos lucros dos sócios gerais. Em outras palavras, os números não refletem a superioridade real de Jones sobre o Fidelity Trend e o Dreyfus em termos do desempenho da carteira.

Não surpreende, portanto, que, à medida que os anos iam passando, muitos investidores tentaram ingressar nas sociedades de Jones. Porém, uma vez que eles são organizados como fundos privados e não registrados, Jones aceitou apenas alguns sócios adicionais a cada ano, principalmente investidores que eram parentes ou amigos íntimos dos sócios existentes.

Hoje em dia, no entanto, os sócios acabaram virando um grupo heterogêneo. A maior participação na sociedade limitada pertence a Louis E. Stephens, empresário da Cidade do México (gerente-geral aposentado da General Products S.A., uma empresa química), que tinha US$ 2.260.000 em uma sociedade de Jones no início do ano fiscal corrente. Outra participação relevante é controlada por A. Arlie Sinaiko, um médico que se tornou escultor profissional, que, junto com a família, tem cerca de US$ 2 milhões investidos com Jones; a maior parte dessa quantia resulta da valorização de sua carteira. Vários membros da família Richardson, associados com a Richardson-Merrell, inclusive o presidente da empresa, Smith Richardson Jr., têm dinheiro nas sociedades. O mesmo ocorre com Louis Fischer, autor de *A vida de Lênin* e outros livros, e Samuel Stayman, o perito em bridge. Stayman, cuja riqueza deriva principalmente de um negócio de lã, também tem dinheiro em dois outros grandes fundos de hedge, City Associates e Fairfield Partners, e na Buffet (sic) Partnership Ltda., uma operação de Omaha com US$ 45 milhões que usa os princípios de hedge em certa medida, mas que tem se concentrado principalmente, e com grande sucesso, nos investimentos de longo prazo. Outros empresários importantes que investiram em fundos de hedge são Laurence Tisch, presidente da Loew's Theatres, e Maurice Perlstein, ex-presidente da Kellwood Co.

Ao todo, os sócios limitados de Jones haviam investido com ele US$ 44.898.000 em 1º de junho. Desse total, cerca de US$ 5 milhões representavam investimentos feitos por familiares imediatos dos dez sócios gerais. Além disso, os próprios sócios gerais, que haviam combinado de manter todos os seus fundos de investimentos na sociedade, tinham mais US$ 5 milhões investidos. Desse montante, cerca de US$ 2 milhões eram de propriedade de Jones. (Seus dois filhos, ambos sócios limitados, somam mais US$ 2.500.000.) No total, incluindo os lucros até hoje no atual ano fiscal, Jones gerencia aproximadamente US$ 70 milhões de capital. Mesmo acrescentando o dinheiro que tomou emprestado, sua operação equivale a um fundo mútuo de tamanho médio.

Porém, a influência de Jones sobre Wall Street é, muitas vezes, aumentada pelo fato de que, como todos os operadores de fundos de hedge, ele é um extraordinário gerador de comissões. Uma vez que as vendas a descoberto nunca poderão resultar em nada além de ganhos ou perdas de curto prazo, o operador de hedge entra e sai deles constantemente. Da mesma forma, quando tem prejuízos em vendas a descoberto, ele também considera mais fácil compensá-los com lucros de curto prazo em posições compradas. Em geral, os fundos de hedge têm um giro de carteira alto.

Uma forte razão para os fundos de hedge terem a constante compra e venda de ações como algo natural é que, muito mais do que a maioria dos outros fundos, eles têm uma capacidade especial para receber dos corretores um fluxo de ideias boas e atualizadas sobre ações — e obtê-las antecipadamente. A maioria dos fundos mútuos é praticamente compelida a canalizar uma grande proporção (talvez tão elevada quanto 90%) das comissões que geram para os corretores que vendem as ações de seu fundo para o público. Eles têm pouquíssimos negócios de comissão disponíveis para quaisquer empresas que não sejam importantes para as vendas dos fundos mútuos, mas que sejam fortes em pesquisa. Os fundos de sociedade, por outro lado, não têm quaisquer ações para vender e, dessa forma, podem "pagar" uma porção generosa de suas comissões para pesquisa. No caso de Jones, os pagamentos assumem uma forma indireta. A corretora Neuberger & Berman executa quase todas as ordens de compra e venda de Jones, mas mantém apenas cerca de 50% das comissões geradas; ela envia os demais 50% na forma de cheques de "desistência" para corretores designados por Jones. Uma corretora que Jones usa bastante em pesquisa pode receber US$ 50 mil em desistências ao longo de um ano, dos quais um terço ou mais poderiam ser direcionados ao vendedor responsável pela conta de que forneceu aquelas boas ideias. Esse vendedor, então, provavelmente será muito cooperativo em relação a manter Jones informado.

A organização de Jones é estruturada de modo que as decisões sobre compras e vendas possam ser tomadas imediatamente, sem passar por um comitê de consultas. Há cinco gerentes de carteira, todos sócios gerais, e cada um deles mantém controle sobre uma parcela do capital da sociedade. Além disso, diversos "consultores" externos (um dos quais um consultor de investimento), os demais analistas de corretoras ou vendedores, receberam contas de capital para gerenciar. Jones e seu assistente imediato, Donald Woodward, se reúnem antes de cada ordem ser executada, mas só interferem quando lhes parece que a sociedade está ficando sobrecarregada com determinada ação — ou seja, se diversos gerentes de carteira estiverem entusiasmados com uma ação ao mesmo tempo — ou evoluindo para uma posição de "risco" indesejada.

Os gerentes de carteira lhe dirão que, dada a tendência altista de longo prazo do mercado, o trabalho mais difícil deles é escolher boas vendas a descoberto. Os analistas de Wall Street, em geral, concentram-se na descoberta de situações de empresas cujas ações subirão de preço e apenas raramente têm posições promissoras vendidas a descoberto para levar para Jones. Consequentemente, ele e os outros gerentes de fundos de hedge normalmente se consideram sortudos quando não têm prejuízos com suas carteiras de vendas a descoberto. No início do mês passado, Jones estava vendendo cerca de sessenta ações diferentes, inclusive Korvette, Bristol-Myers, Admiral e Du Pont. *Todos* os grandes fundos de hedge haviam vendido Control Data a descoberto.

Recentemente, Jones tem dedicado mais tempo a viagens e projetos filantrópicos, muitos dos quais financiados por sua própria Foundation for Voluntary Service. Ele tem feito algumas viagens de campo para o Peace Corps e sua própria fundação atualmente está apoiando atividades de cinco jovens assistentes sociais indianos, como uma espécie de "Peace Corps ao contrário". Ele também está pensando em escrever outro livro — sobre o que fazer para reduzir a pobreza nos Estados Unidos.

Extraído de "Tempos difíceis chegam aos fundos de hedge"

Janeiro de 1970

Excerto de um artigo de Carol Loomis

Após anos de lucros extravagantes, muitos dos quais ganhos no mercado loucamente especulativo de 1968, a indústria embrionária dos fundos de hedge foi duramente castigada em 1969 por uma forte baixa no mercado. As estratégias de hedge que deveriam proteger os fundos falharam. A maioria dos fundos registrou prejuízos, alguns sofreram grandes retiradas de capital e outros fecharam.

Em contrapartida, a Buffett Partnership — tema de um pequeno trecho deste artigo — apresentou lucro em 1969, acrescentando mais um ano à sua série de lucros ininterrupta. O fundo, nesse ínterim, tinha crescido muito — US$ 100 milhões em ativos (em comparação com os US$ 160 milhões, divididos entre dois fundos, administrados pela A.W. Jones).

Porém, Warren Buffett, então com 39 anos, não estava feliz com esse mundo. Ele considerava os excessos especulativos de 1968 insanos. "Este é um mercado que não entendo", disse. Ele também suspeitava de que lucrar com ações se tornaria mais difícil. Então, em 1969, anunciou, após 13 anos de operações, que fecharia a Buffett Partnership no final do ano.

Essa decisão dá início aos dois parágrafos do artigo sobre Buffett, o qual republicamos aqui. Esse excerto também relata os excelentes lucros que Buffett distribuiu entre seus sócios: um lucro anual composto de 23,8% para os 13 anos. O desempenho "bruto" do fundo — isto é, antes de Buffett receber sua remuneração de incentivo — foi, naturalmente, ainda mais impressionante: um lucro composto anual de 29,5%, contra um lucro total comparável para o Dow de 7,4%. Buffett, sozinho, acumulou uma fortuna de cerca de US$ 25 milhões por administrar a sociedade.

O raciocínio de Buffett sobre o motivo para o fechamento da sociedade se revelou menos certeiro. É verdade que, no curto prazo, o mercado de ações enfrentou tempos difíceis, sobretudo em 1973 e 1974. No entanto, ao longo das décadas, as ações acabaram por recompensar generosamente os investidores. Felizmente para Buffett — e para os investidores que o acompanharam —, ele permaneceu no mercado como CEO da Berkshire Hathaway e investidor magistral de seu dinheiro excedente.

Outro dos motivos declarados de Buffett para fechar o negócio — era hora de parar de acumular dinheiro e dar prosseguimento a outras coisas — simplesmente mostrou-se ilusório. Não era o dinheiro que o incentivava. Até hoje, ele leva uma vida sem grande ostentação. Porém, construir riqueza tem sido, para ele, um jogo eternamente fascinante. Um ciclo desse jogo terminou quando ele fechou a sociedade. Os outros começaram quando ele se dedicou a administrar a Berkshire. — CL

A chegada de 1970 marcará não só o fim de determinados fundos de hedge que tiveram resultados ruins e a contração de alguns outros, mas também trará a liquidação de uma das sociedades de investimento mais antigas, maiores e mais bem-sucedidas — a Buffett Partnership Ltda., de Omaha. Chamar a operação de Buffett de um fundo de hedge é correto apenas na medida em que Warren E. Buffett, 39 anos, o sócio-geral, compartilha os lucros dos sócios limitados. (De acordo com seu arranjo bastante incomum, os sócios limitados mantêm todos os lucros anuais até 6%; acima desse nível, Buffett recebe uma participação de 25%.) Por outro lado, ele é diferente dos fundos de hedge convencionais pelo fato de ter investido quase exclusivamente em situações de "valor" de longo prazo. O desempenho histórico de Buffett foi extraordinariamente bom. Em seus 13 anos de operação — todos lucrativos (inclusive 1969) —, ele aplicou o dinheiro dos investidores a uma taxa de lucro anual composta de 24%.

Porém, agora, para o imenso pesar de seus sócios limitados, Buffett está desistindo do jogo. Suas razões são diversas e incluem um forte sentimento de que seu tempo e dinheiro (ele é multimilionário) deveriam agora ser direcionados para outros objetivos além de simplesmente gerar mais dinheiro. Porém, ele também suspeita que parte do vigor saiu do mercado acionário e que será muito difícil realizar lucros consideráveis no futuro. Consequentemente, ele sugeriu a seus investidores que talvez devessem utilizar uma estratégia "passiva", investindo o dinheiro da sociedade não no mercado de ações, mas, ao contrário, em títulos de dívida municipais.

O texto completo dessa matéria está disponível em fortune.com/buffettbook (em inglês).

Como a inflação burla o investidor acionário

Maio de 1977

POR WARREN BUFFETT

Este livro apresenta 12 artigos de autoria do próprio Warren Buffett. Dois são trabalhos que ele escreveu especificamente para a Fortune (o primeiro vem a seguir). Os outros são: duas grandes palestras dele que transformamos em artigos; uma carta importante que ele enviou a um congressista contendo sua promessa filantrópica; e seis excertos de suas cartas anuais aos acionistas de Berkshire.

Para este artigo, o primeiro dos 12, um editor experiente e muito talentoso da Fortune, Dan Seligman, fez uma viagem a Omaha para negociar com Buffett revisões à sua primeira versão. Seligman considerou o autor do artigo — que receberia apenas US$ 1 — pouco disposto a encurtar a obra e não muito tolerante a mudanças de qualquer tipo. Em certo momento, um Seligman bastante frustrado ligou para o gerente editorial da Fortune, Bob Lubar, e sugeriu que talvez a revista não devesse publicar o artigo de forma alguma. Porém, Lubar disse que achava que o artigo valia a pena e não deveria ser abandonado.

O artigo que emergiu — sem dúvida, refletindo pelo menos algumas edições de Seligman — foi um exemplo precoce do extraordinário talento de Buffett de pensar com profundidade sobre problemas complexos. Até hoje, o artigo é lembrado por sua erudição. Tanto Buffett quanto a Fortune ainda recebem cartas a respeito dele, as quais comentam um aspecto ou outro.

Todavia, constatou-se que a obra continha diversos erros. Primeiro, Buffett (junto com o mundo de negócios em geral) achava que as elevadas taxas de inflação perdurariam e castigariam os investidores. O que ele não conseguiu prever foi a genialidade e a determinação de Paul Volcker, que assumiu a presidência do Federal Reserve dos Estados Unidos em 1979 e quebrou a espinha dorsal da inflação.

Além disso, Buffett avaliou mal a evolução das alíquotas dos impostos pagos pelas empresas, cuja queda ele considerava "improvável". Na realidade, uma sucessão de cortes em impostos — começando em 1979 — baixou a taxa marginal de 48%, vigente quando o artigo foi escrito, para os atuais 35%.

Isso ajuda a explicar por que Buffett também se enganou ao acreditar que o retorno sobre o capital das maiores empresas continuaria a patinar em torno de 12%. Em 1981, eu escrevia um artigo intitulado "Lucros atingem novo patamar", o qual relatava que o retorno mediano das empresas da Fortune 500 no ano anterior —

apesar das elevadas taxas de inflação — saltara para uma média de 14,8%. O artigo atribuía o salto ao fato de as corporações terem aumentado um pouco sua alavancagem, desfrutando, assim, da redução das alíquotas de impostos e conseguindo aumentar as margens de lucro antes das taxas.

Hoje, Buffett sustenta que, se o capitalismo tivesse funcionado perfeitamente, a concorrência teria mantido as margens de lucro em níveis baixos. Todavia, ele acrescenta: "Não se pode negar — eu estava errado em minhas premissas, sobretudo com relação às alíquotas de tributação."

Ele permanece convencido, no entanto, de que as altas taxas de inflação fatalmente logram o investidor em ações e cita exemplos dos anos em que a inflação esteve fora de controle. Até Volcker derrubar a inflação para menos de 8% em 1982, Buffett lembra, investidores que haviam comprado ações em 1977 sofreram uma perda nítida de seu poder de compra. — CL

Não é mais segredo que as ações, assim como os títulos de dívida, não têm um bom desempenho em um ambiente inflacionário. Estamos em um ambiente desse tipo pela maior parte da década e, de fato, tem sido uma época problemática para as ações. Porém, as razões para os problemas do mercado acionário, nesse período, ainda não foram bem compreendidas.

Não existe mistério algum com relação aos problemas dos detentores de dívida em uma era de inflação. Quando o valor do dólar deteriora mês após mês, uma garantia com pagamento de juros e de principal expresso nesses mesmos dólares não será um grande vencedor. Não é necessário ter um doutorado em economia para compreender isso.

Há muito se supunha que as ações eram algo diferente. Por muitos anos, a sabedoria convencional insistia que as ações agiam como uma proteção contra a inflação. Essa análise se baseava no fato de que as ações não são denominadas em dólares, como são os títulos de dívida, mas representam um direito de posse sobre empresas com instalações produtivas. Elas, pensavam os investidores, manteriam seu valor em termos reais, por mais que os políticos desandassem a imprimir dinheiro.

E por que não funcionou assim? A principal razão — acredito — é que as ações, em termos de sua substância econômica, são, na verdade, muito semelhantes aos títulos de dívida.

Sei que essa crença parecerá excêntrica para muitos investidores. Eles observarão imediatamente que o rendimento de um título de dívida (o cupom) é fixo, enquanto o lucro de um investimento em ações (os lucros da empresa) pode variar substancialmente de um ano para outro. É verdade. Porém, qualquer um que examine os lucros agregados recebidos pelas empresas nos anos pós-guerra descobrirá algo extraordinário: o retorno sobre o capital não tem, na prática, variado muito.

Nos primeiros dez anos após a guerra — a década que terminou em 1955 —, o índice Dow Jones de ações de companhias industriais teve um retorno anual médio de 12,8% sobre o patrimônio no final do exercício. Na segunda década, o número foi 10,1%. Na terceira década, 10,9%. Dados para um universo maior, os integrantes da lista *Fortune* 500 (cuja história remonta somente a meados da década de 1950) apresentam resultados muito semelhantes: 11,2% no período terminado em 1965; 11,8% no período terminado em 1975. As cifras para alguns anos excepcionais foram substancialmente mais elevadas (o maior índice para as 500 foi 14,1% em 1974) ou mais baixas (9,5% em 1958 e 1970), mas, ao longo dos anos e em termos gerais, o lucro contábil tende a voltar a se situar em um nível em torno de 12%. O índice não apresenta sinais de exceder esse nível de forma significativa em anos inflacionários (ou em anos de preços estáveis, por falar nisso).

Por ora, pensemos naquelas empresas não como ações listadas em bolsa, mas como empreendimentos produtivos. Vamos assumir também que os proprietários dessas empresas as adquiriram pelo valor contábil registrado. Nesse caso, seu próprio lucro teria sido em torno de 12% também. E, uma vez que o lucro tem sido tão consistente, parece razoável pensar nele como um "cupom patrimonial".

No mundo real, é claro, aqueles que investem em ações não apenas compram e mantêm os papéis em carteira. Ao contrário, muitos tentam levar a melhor sobre seus colegas investidores com o objetivo de maximizar suas próprias parcelas dos lucros das empresas. Essa movimentação toda, obviamente infrutífera no geral, não tem impacto sobre o cupom patrimonial, mas reduz a parcela do investidor nele, uma vez que incorre em custos de fricção substanciais, como, por exemplo, encargos de assessoria e taxas de corretagem. Acrescente um mercado de opções ativo, que não adiciona nada à produtividade das empresas americanas, mas requer milhares de funcionários para trabalhar no cassino, e os custos de fricção sobem ainda mais.

É também verdade que, no mundo real, os investidores em ações, em geral, não conseguem comprar pelo valor de registro. Às vezes, eles tinham condições de comprar abaixo do valor contábil de registro; no entanto, em geral, eles tiveram de pagar mais do que esse valor e, quando isso acontece, há mais pressão sobre os tais 12%. Falarei mais sobre esses relacionamentos posteriormente. Enquanto isso, vamos focar no ponto principal: *à medida que a inflação ia aumentando, o retorno sobre o capital dos acionistas não a acompanhava*. Em essência, aqueles que compram ações ordinárias recebem garantias com um retorno fixo subjacente — exatamente como aqueles que compram títulos de dívida.

Claro que existem algumas diferenças importantes entre as formas dos títulos de dívida e das ações. Para início de conversa, os títulos de dívidas, em algum momento, vencem. Isso pode exigir uma longa espera, mas o investidor em um título de dívida acaba tendo a oportunidade de renegociar os termos de seu contrato. Se as taxas de inflação atuais e futuras fazem com que o cupom antigo pareça inadequado, ele pode se recusar a continuar no jogo, a menos que os cupons oferecidos hoje reacendam seu interesse. Algo semelhante tem ocorrido nos últimos anos.

As ações, por outro lado, são perpétuas. Elas têm data de vencimento infinita. Os investidores em ações precisam se contentar com qualquer que seja o retorno que a América empresarial possa estar ganhando. Se a América empresarial estiver destinada a lucrar 12%, então esse é o nível com que os investidores precisam aprender a conviver. Em grupo, os investidores em ações não podem nem optar por sair ou renegociar. No agregado, o comprometimento deles está aumentando. Empresas individuais podem ser vendidas ou liquidadas, e as empresas podem recomprar suas próprias ações; no cômputo geral, contudo, novos lançamentos de ações e lucros retidos garantem que o capital acionário investido no longo prazo no sistema empresarial aumentará.

Portanto, marque um ponto a favor da forma dos títulos de dívida. Os cupons de títulos, com o passar do tempo, serão renegociados; os "cupons" patrimoniais, não. É verdade, claro, que, por muito tempo, um cupom de 12% não parecia requerer grandes correções.

Há outra diferença de relevo entre os títulos de dívida tradicionais e os novos e exóticos "títulos acionários" de 12% que chegam ao baile à fantasia de Wall Street disfarçados de um certificado de ação.

Geralmente, um investidor em dívida recebe seu cupom todo em dinheiro e pode reinvesti-lo da melhor forma possível. Em contraste, o cupom patrimonial de nosso investidor em ações é parcialmente retido pela empresa e reinvestido às mesmas taxas que a empresa está ganhando. Em outras palavras, voltando ao nosso universo empresarial, parte dos 12% ganhos anualmente é paga em forma de dividendos, e o saldo é reinvestido no universo para também render 12%.

Essa característica das ações — o reinvestimento de parte do cupom — pode ser boa ou ruim, dependendo da atração relativa desses 12%. As notícias foram mesmo excelentes na década de 1950 e no início da década de 1960. Com os títulos de dívida rendendo somente 3% ou 4%, o direito de reinvestir automaticamente uma parte do cupom patrimonial a uma taxa de 12% era de grande valia. Observe que os investidores puderam não apenas investir o próprio dinheiro e obter o retorno de 12%. Os preços das ações nesse período variaram muito acima do valor contábil, e os investidores foram impedidos, pelos elevados preços que tiveram de pagar, de extrair diretamente do universo empresarial correspondente à taxa, qualquer que fosse ela, que esse universo estivesse rendendo. Você não pode pagar muito acima do valor nominal por um título de 12% e, ao mesmo tempo, ganhar 12%.

Porém, sobre seus ganhos retidos, os investidores *podiam* obter um rendimento de 12%. A rigor, a retenção de lucros permitia aos investidores comprar do valor contábil parte de um empreendimento que, no ambiente econômico então existente, valia muito mais do que o valor de registro.

Foi uma situação que deixou pouquíssimo a ser dito a favor dos dividendos em dinheiro e muito a ser dito a favor da retenção de lucros. De fato, quanto mais dinheiro os investidores pensavam poder reinvestir à taxa de 12%, mais valioso consideravam ser o privilégio de reinvestimento e mais estavam dispostos a pagar por ele. No início da década de 1960, os investidores pagaram preços estratosféricos por concessionárias de energia elétrica situadas em áreas de crescimento rápido, sabendo que essas empresas tinham a capacidade de reinvestir boa parte de seus lucros. As concessionárias de utilidade pública cujo ambiente operacional forçava um desembolso maior de dinheiro foram avaliadas a preços mais baixos.

Se, nesse período, tivesse existido um título de dívida de longo prazo, com classificação de risco baixa e resgatável apenas no vencimento com um cupom de 12%, ela teria sido negociada por muito mais do que seu valor nominal. E, se fosse um título com uma característica adicional incomum — ou seja, que a maioria dos pagamentos de cupom poderia ser automaticamente reinvestida ao valor nominal em títulos semelhantes —, o lançamento desse instrumento teria merecido um ágio ainda maior. Em essência, as ações de crescimento rápido que retêm grande parte de seus lucros representam um título desse tipo. Quando a taxa de reinvestimento sobre o capital acionário adicional era de 12% e as taxas de juros giravam em torno de 4%, os investidores ficaram muito felizes — e, é claro, pagavam preços apropriados.

Em retrospectiva, os investidores em ações podem considerar que, no período de 1946-1966, receberam uma tríplice coroa bastante generosa. Primeiro, foram beneficiários de um retorno sobre capital patrimonial que estava muito acima das taxas de juros prevalecentes. Segundo, uma porção significativa daquele retorno foi reinvestida para eles a taxas que, de outra forma, seriam inatingíveis. E, terceiro, beneficiaram-se da avaliação crescente do capital patrimonial correspondente quando os dois primeiros benefícios tornaram-se mais reconhecidos. Essa terceira vantagem significou que, além dos 12% mais ou menos básicos ganhos pelas empresas sobre seu capital, os investidores recebiam um bônus, uma vez que o índice industrial Dow Jones cresceu em preço de um percentual equivalente a 133% do valor contábil em 1946 para 220% em 1966. Esse processo de aumento de preços permitiu que os investidores, temporariamente, conseguissem um lucro que excedia a rentabilidade inerente das empresas em que haviam investido.

Essa situação de paraíso terrestre foi finalmente "descoberta" em meados da década de 1960 por várias grandes instituições de investimento. Porém, exatamente no momento em que esses elefantes financeiros começaram a atropelar uns aos outros em sua corrida para o mercado acionário, entramos em uma era de inflação acelerada e taxas de juros mais elevadas. Logicamente, o processo de subida de preços começou a se reverter. As taxas de juros crescentes reduziram de forma brutal o valor de todos os investimentos de cupom fixo. E, à medida que as taxas pagas sobre a dívida de longo prazo das empresas começaram a se elevar (finalmente atingindo o patamar de 10%), tanto o lucro sobre o capital de 12% quanto o "privilégio" do reinvestimento adquiriram outra feição.

As ações são corretamente consideradas um investimento mais arriscado do que os títulos de dívida. Embora seja mais ou menos estável por períodos longos, esse cupom patrimonial, de fato, apresenta oscilação de ano para ano. As atitudes dos investidores sobre o futuro podem ser substancialmente afetadas, embora muitas vezes de forma equivocada, por essas mudanças anuais. As ações também são consideradas investimentos mais arriscados porque embutem um prazo de resgate infinito. (Até mesmo seu corretor não teria a cara de pau de vender um título de dívida com vencimento daqui a cem anos como "seguro" — mesmo se esse instrumento estivesse disponível.) Devido ao risco adicional, a reação natural dos investidores é a de esperar um lucro sobre o capital que fique confortavelmente acima da rentabilidade dos instrumentos de dívida — e 12% sobre o capital *versus*, digamos, 10% sobre títulos de dívida emitidos pelo mesmo universo empresarial não parece passível de ser classificado como confortável. À medida que essa margem vai se estreitando, os investidores em ações começam a procurar as saídas.

No entanto, como um grupo, eles não podem sair. Tudo que conseguem realizar é muita movimentação, custos friccionais substanciais e um nível muito mais baixo de avaliação, refletindo a menor atratividade do cupom patrimonial de 12% em condições inflacionárias. Os investidores em títulos de dívida têm enfrentado uma sucessão de choques na última década, durante a qual descobriram que não existe qualquer mágica associada a determinado nível de cupom: aos 6%, 8% ou 10%, o valor dos títulos pode ainda desmoronar. Os investidores em ações, que não estão, em geral, cientes de que também possuem um "cupom", ainda estão aprendendo a respeito desse ponto.

Devemos realmente encarar esse cupom patrimonial de 12% como imutável? Existe alguma lei que diz que o lucro das empresas sobre seu capital não possa se ajustar para cima em resposta a uma taxa média de inflação permanentemente mais elevada?

Não existe uma lei assim, é lógico. Por outro lado, a América empresarial não consegue aumentar os ganhos apenas por desejo ou decreto. Para aumentar esse lucro sobre o capital, as empresas precisariam, pelo menos, vivenciar uma das seguintes situações: (1) aumento no giro, ou seja, na proporção entre as vendas e o patrimônio total aplicado no negócio, (2) alavancagem mais barata, (3) mais alavancagem, (4) impostos mais baixos e (5) margens operacionais sobre as vendas maiores.

E é isso. Simplesmente não existe qualquer outra forma de aumentar os lucros sobre o patrimônio. Vejamos o que pode ser feito nesses casos.

Começaremos com *giro*. As três maiores categorias de bens que temos para analisar neste exercício são as contas a receber, os estoques e os ativos fixos, tais como fábricas e maquinário.

As contas a receber aumentam proporcionalmente à medida que as vendas vão aumentando, seja o aumento nas vendas em dólar provocado por mais volume físico, ou pela inflação. Não há espaço algum para melhoria aqui.

Com os estoques, a situação não é tão simples. No longo prazo, pode-se esperar que a tendência das unidades de estoque acompanhe a tendência das vendas unitárias. No curto prazo, contudo, a taxa de giro física pode oscilar por causa de influências especiais — por exemplo, expectativas de custo ou pontos de estrangulamento.

O uso de métodos do tipo "último a entrar, primeiro a sair" (LIFO, na sigla em inglês) de avaliação de estoques serve para aumentar a taxa de giro reportada em tempos inflacionários. Quando as vendas em dólar estão crescendo por causa da inflação, o valor dos estoques de uma empresa LIFO permanecerá inalterado (se as vendas unitárias não aumentarem) ou acompanharão o aumento nas vendas medidas em dólar (se as vendas unitárias estiverem crescendo). Em ambos os casos, o giro medido em dólares aumentará.

No início da década de 1970, houve tendência generalizada de as empresas adotarem a contabilidade LIFO (a qual tem o efeito de baixar os lucros reportados e as contas fiscais de uma empresa). A tendência agora parece ter diminuído. No entanto, a existência de muitas empresas LIFO, acrescida à probabilidade de que outras se juntarão à multidão, assegura algum aumento adicional no giro de estoque reportado.

No caso dos ativos fixos, qualquer aumento na taxa de inflação, presumindo que ela afete todos os produtos igualmente, terá o efeito, no início, de aumentar o giro. Isso acontece porque as vendas refletirão imediatamente o novo nível de preço, enquanto a conta de ativos fixos refletirá a mudança apenas gradualmente, isto é, à medida que os ativos existentes vão sendo aposentados e substituídos com novos preços. Obviamente, quanto mais devagar uma empresa proceder nesse processo de substituição, mais a taxa de giro crescerá. A ação cessa, no entanto, quando um ciclo de substituição é completado. Presumindo uma taxa de inflação constante, as vendas e os ativos fixos, então, começarão a subir alinhados com a taxa de inflação.

Em resumo, a inflação produzirá alguns ganhos nas taxas de giro. Algum melhoramento estaria fadado a ocorrer por causa do LIFO e alguns seriam possíveis (se a inflação acelerar) em função de as vendas crescerem mais rápido do que os ativos fixos. Porém, os ganhos tendem a ser modestos, e não de uma magnitude capaz de produzir melhora substancial no retorno sobre o capital. Durante a década que terminou em 1975, apesar da inflação em geral crescente e do uso extensivo da contabilidade LIFO, a taxa de giro da *Fortune* 500 passou apenas de 1,18/1 para 1,29/1.

Alavancagem mais barata? Pouco provável. As taxas elevadas de inflação geralmente fazem com que os empréstimos tornem-se mais custosos, e não mais baratos. Taxas de inflação galopantes geram necessidades de capital galopantes; e os credores, à medida que vão ficando cada vez mais desconfiados dos contratos de longo prazo, tornam-se mais exigentes. Porém, mesmo que não haja um aumento adicional nas taxas de juros, a alavancagem ficará mais cara, porque o custo médio da dívida já existente nos livros das empresas é menor do que seria o custo de sua substituição. E a substituição será necessária quando a dívida existente vencer. Em geral, mudanças futuras no custo da alavancagem parecem ter um efeito ligeiramente decrescente no retorno sobre o capital.

Mais alavancagem? As empresas americanas já atiraram muitas, se não a maior parte, das balas de maior alavancagem disponíveis. A comprovação dessa proposição pode ser vista em algumas das estatísticas da *Fortune* 500: nos vinte anos terminados em 1975, o patrimônio dos acionistas como percentagem dos ativos totais caiu de 63% para pouco menos de 50%. Em outras palavras, cada dólar de capital patrimonial agora está alavancado com muito mais peso do que era anteriormente.

Uma ironia das exigências financeiras induzidas pela inflação é que as empresas mais lucrativas — em geral, os melhores credores — exigem relativamente pouco capital de dívida. Porém, os retardatários em lucratividade nunca ganham o suficiente. Os credores compreendem esse problema muito melhor do que o faziam há dez anos — e estão igualmente menos desejosos de deixar empreendimentos de baixa lucratividade e ávidos pela alavancagem do capital sem limite.

Todavia, dadas as condições inflacionárias, parece certo que muitas empresas, no futuro, recorrerão a ainda mais alavancagem, como um meio de reforçar o retorno sobre o capital. Suas diretorias farão esse movimento porque necessitarão de grandes volumes de capital — muitas vezes, apenas para continuar fazendo o mesmo volume físico de negócios — e desejarão ter êxito sem cortar os dividendos nem fazer lançamentos de ações que, por causa da inflação, não se mostrem atraentes. Sua resposta natural será atolar-se em mais dívida, a despeito de qualquer custo. Elas tenderão a se comportar como aquelas concessionárias de utilidade pública que discutiam sobre um oitavo de um ponto na década de 1960 e eram gratas por encontrar financiamentos de dívida com taxas de 12% em 1974.

Dívidas adicionais às taxas de juros atuais, no entanto, ajudarão menos o retorno sobre o capital do que o fez a dívida adicional a taxas de 4% no início da década de 1960. Há também o problema de que os índices de endividamento mais elevados fazem com que a classificação de crédito fique mais baixa, gerando aumento adicional no custo dos juros.

Portanto, essa é outra forma — a ser acrescida àquelas que já discutimos — pela qual o custo de alavancagem aumentará. No total, os custos de alavancagem mais altos provavelmente compensarão os benefícios do aumento da alavancagem.

Além disso, já existe muito mais dívida na América empresarial do que se mostra nos balanços convencionais. Muitas empresas têm obrigações de aposentadoria expressivas relacionadas aos níveis salariais que estarão em vigor quando os trabalhadores se aposentarem. Com as taxas de inflação baixas entre 1955 e 1965, os passivos resultantes desses planos eram razoavelmente previsíveis. Hoje, ninguém pode realmente conhecer as obrigações totais de uma empresa. Porém, se a taxa de inflação ficar, em média, 7% no futuro, um empregado de 25 anos que hoje ganhe US$ 12 mil e cujos aumentos salariais apenas empatam com o aumento no custo de vida estará ganhando US$ 180 mil quando se aposentar aos 65 anos.

Certamente, existe um número maravilhosamente preciso em muitos relatórios a cada ano, que se alega ser o passivo não financiado do plano de aposentadoria. Se esse número for realmente confiável, uma empresa poderia simplesmente investir esse montante, acrescentar a ele os bens existentes do fundo de aposentadoria, entregar o valor total para uma seguradora e fazê-la assumir todos os passivos atuais de aposentadoria da empresa. No mundo real, infelizmente, é impossível encontrar uma seguradora disposta a ouvir uma proposta desse tipo.

Na prática, qualquer tesoureiro de uma empresa americana ficaria horrorizado com a ideia de emitir um título de dívida vinculado ao "custo de vida" — um título de dívida não resgatável com cupons vinculados a um índice de preço. Porém, por meio do sistema privado de pensões, a América empresarial, na realidade, assumiu um volume fantástico de dívida equivalente a essa obrigação.

Maior alavancagem, seja através do endividamento convencional ou de "dívida de pensão" indexada e não registrada, deveria ser vista com certo ceticismo pelos acionistas. Uma lucratividade de 12% por parte de um empreendimento que está livre de dívida é muito superior ao mesmo lucro alcançado por uma empresa penhorada até a raiz dos cabelos. Isso significa que os lucros sobre o capital de 12% atuais podem ser bem menos valiosos do que a lucratividade de 12% há vinte anos.

Impostos de renda de pessoa jurídica mais baixos parecem improváveis. Os investidores nas empresas americanas já possuem o que poderia ser considerado uma ação Classe D. As ações Classe A, B e C são representadas pelas reivindicações de imposto de renda dos governos federal, estadual e municipal. É verdade que esses "investidores" não têm qualquer direito sobre os ativos das empresas; no entanto, eles conseguem uma participação elevada nos lucros, inclusive naqueles gerados pelo acúmulo de patrimônio resultante da retenção de parte dos lucros de propriedade dos acionistas Classe D.

Uma característica adicional e com certo charme dessas maravilhosas ações Classe A, B e C é que sua participação nos lucros das empresas pode ser aumentada de imediato, de forma abundante e sem pagamento, pelo voto unilateral de qualquer uma das classes de "acionistas", como, por exemplo, pela ação dos congressistas no caso da Classe A. Para aumentar a diversão, uma das classes eventualmente votará um aumento retroativo em sua participação proprietária no negócio

— como, para seu horror, as empresas que operam em Nova York descobriram em 1975. Sempre que os "acionistas" das Classes A, B ou C decidirem, por votação, dar a si mesmos maior participação no negócio, a porção que sobra para a Classe D — aquela que está nas mãos dos investidores comuns — diminui.

Olhando para frente, não parece sensato presumir que aqueles que controlam as ações A, B e C votarão em reduzir o próprio quinhão no longo prazo. As ações Classe D provavelmente terão problemas para manter sua parcela do total.

A última de nossas cinco fontes possíveis de maior retorno sobre o capital são *margens operacionais sobre vendas mais amplas*. Aqui é onde alguns otimistas esperariam alcançar ganhos expressivos. Não há provas de que eles estejam errados. Porém, existem apenas cem centavos em cada dólar de vendas e muitas demandas sobre esse dólar antes de chegarmos ao lucro residual, antes dos impostos. Os principais candidatos são mão de obra, matéria-prima, energia e diversos impostos não relacionados à renda. Não parece provável que a importância relativa desses custos recaia em uma época de inflação.

Além disso, indícios estatísticos recentes não inspiram confiança na proposição de que as margens aumentarão em um período de inflação. Na década encerrada em 1965, um período de inflação relativamente baixa, o universo das empresas de manufatura que figuram nos informes trimestrais da Federal Trade Commission tem uma margem média anual sobre vendas antes dos impostos de 8,6%. Na década final de 1975, a margem média foi de 8%. Em outras palavras, as margens caíram, embora tenha havido um aumento muito importante na taxa de inflação.

Se a empresa fosse capaz de basear seus preços nos custos de reposição, as margens aumentariam em períodos inflacionários. Porém, o fato é que a maioria das grandes empresas, apesar da crença generalizada em seu poder de mercado, simplesmente não consegue fazer isso com sucesso. A contabilidade com base no custo de reposição frequentemente mostra que os lucros das empresas diminuíram de maneira significativa na década passada. Se indústrias grandes, como as de petróleo, alumínio e aço realmente têm o poder de oligopólio a elas imputado, é possível concluir que suas políticas de preço têm sido muito pouco agressivas.

Aqui você tem a escalação completa: cinco fatores que podem melhorar o retorno sobre o capital, e nenhum deles, segundo minha análise, tem uma probabilidade elevada de nos levar muito longe nessa direção em períodos de inflação alta. Você pode ter saído desse exercício mais otimista do que eu. Porém, lembre-se: os lucros em torno de 12% têm estado conosco por um longo tempo.

Mesmo que você concorde que os 12% do cupom patrimonial são mais ou menos imutáveis, ainda pode esperar um bom rendimento desse instrumento nos anos vindouros. É concebível que você também tenha essa esperança. Afinal, muitos investidores se deram bem com ele por um longo tempo. Porém, seus resultados futuros serão determinados por três variáveis: o relacionamento entre o valor contábil e o valor de mercado, as alíquotas dos impostos e a taxa de inflação.

Vamos fazer algumas contas sobre valor contábil e valor de mercado. Quando as ações consistentemente são vendidas pelo valor contábil, é tudo muito simples. Se uma ação tem um valor contábil de US$ 100 e também um valor de mercado médio de US$ 100, um lucro de 12% por parte da empresa produzirá um lucro de 12% para o investidor (menos os custos friccionais, os quais ignoraremos no momento). Se o índice de desembolso é de 50%, nosso investidor receberia US$ 6 em forma de dividendos e um adicional de US$ 6 em forma de aumento no valor contábil, o qual, certamente, será refletido no valor de mercado de seus ativos.

Se a ação fosse vendida a 150% do valor contábil, o quadro mudaria. O investidor receberia o mesmo dividendo de US$ 6 em dinheiro, mas isso agora representaria apenas um lucro de 4% sobre seu custo de US$ 150. O valor contábil do negócio ainda aumentaria 6% (para US$ 106), e o valor de mercado dos ativos do investidor, avaliados consistentemente a 150% do valor contábil, igualmente aumentaria 6% (US$ 159). Porém, o ganho total do investidor, ou seja, apreciação e dividendos, seria de apenas 10%, comparados com os 12% subjacentes auferidos pelo negócio.

Quando o investidor compra abaixo do valor contábil, o processo é invertido. Por exemplo, se a ação é vendida a 80% do valor contábil, os mesmos lucros e premissas de desembolso renderiam 7,5% em forma de dividendos (US$ 6 sobre o preço de US$ 80) e 6% da valorização — um lucro total de 13,5%. Em outras palavras, você se sairia melhor comprando com desconto do que a um preço premium, exatamente como sugeriria o senso comum.

Nos anos pós-guerra, o valor do índice industrial Dow Jones caiu até 84% do valor contábil (em 1974) e subiu até os 232% (em 1965). Na maior parte do tempo, o índice tem ficado bem acima de 100%. (No início desta primavera, estava em torno de 110%.) Vamos presumir que, no futuro, o índice ficará em torno dos 100%, o que significaria que os investidores em ações poderiam ganhar os 12% inteiros. Pelo menos eles poderiam ganhar esse número antes dos impostos e da inflação.

Qual seria o tamanho da mordida dos impostos nos 12%? Para os investidores individuais, parece razoável presumir que os impostos federal, estadual e local seriam, em média, talvez 50% sobre os dividendos e 30% sobre os ganhos de capital. A maioria dos investidores pode ter alíquotas marginais inferiores a essas, mas muitos daqueles com grandes patrimônios enfrentarão alíquotas substancialmente maiores. De acordo com a nova legislação fiscal, um investidor de renda elevada em uma cidade bastante taxada poderia ter um índice marginal sobre os ganhos de capital tão alto quanto 56%.

Portanto, usemos 50% e 30% como índices representativos para investidores individuais. Presumamos também, de acordo com a experiência recente, que as empresas com um retorno sobre o capital de 12% paguem dividendos de 5% (2,5% após os impostos) em dinheiro e retenham 7%, com esses ganhos retidos ensejando um aumento correspondente no valor de mercado (4,9% após os 30% de imposto). O lucro após a dedução do imposto, então, seria de 7,4%. Provavelmente, isso deveria ser arredondado para baixo, para cerca de 7%, a fim de compensar os custos friccionais. Para fortalecer ainda mais nossa tese das ações disfarçadas de títulos de dívida, as ações, para o indivíduo, poderiam ser consideradas equivalentes a um título de dívida perpétua isento de impostos, com rendimento de 7%.

Isso nos leva à questão crucial: a taxa de inflação. Ninguém sabe a resposta a essa pergunta — incluindo políticos, economistas e peritos governamentais, os quais acreditavam, há alguns anos, que, com umas leves cutucadas aqui e ali, o desemprego e as taxas de inflação reagiriam como focas amestradas.

Porém, muitos sinais parecem negativos para a estabilidade dos preços: o fato de que a inflação se espalhou pelo mundo; a propensão de grupos grandes em nossa sociedade fazerem uso do poder eleitoral para deslocar, em vez de solucionar, os problemas econômicos; a má vontade demonstrada para cuidar até mesmo dos problemas mais vitais (por exemplo, energia e proliferação nuclear) se eles puderem ser postergados; e um sistema político que recompensa os legisladores com a reeleição se suas ações parecerem produzir benefícios no curto prazo, embora o resultado final seja a multiplicação da dor no longo prazo.

A maioria das pessoas que estão na política é definitivamente contrária à inflação e firmemente favorável às políticas que a produzem, o que é até compreensível. (No entanto, essa esquizofrenia não os fez perder o contato com a realidade; os congressistas se asseguraram de que *suas* pensões — em contraste com praticamente todas as concedidas no setor privado — são indexadas às mudanças no custo de vida *após* a aposentadoria.)

As discussões relacionadas às taxas de inflação futuras geralmente avaliam as nuances das políticas monetária e fiscal. Essas são variáveis importantes na determinação do resultado de qualquer equação inflacionária específica. Porém, no fundo, a inflação em tempos de paz é um problema político, não um problema econômico. O comportamento humano (e não o monetário) é a chave. E, quando os políticos, muito humanamente, escolhem entre a próxima eleição e a próxima geração, fica claro o que costuma acontecer.

Essas generalizações amplas não produzem números precisos. No entanto, para mim, parece bem provável que as taxas de inflação fiquem em torno de 7% no futuro. No entanto, espero que essa previsão venha a se mostrar incorreta. E é bem possível que seja. As previsões geralmente nos dizem mais sobre o previsor do que sobre o futuro. Você é livre para acrescentar sua própria taxa de inflação à equação do investidor. Porém, se prever uma taxa média de 2% ou 3%, estará usando óculos diferentes dos meus.

Então, aqui estamos: 12% antes dos impostos e da inflação; 7% após impostos e antes da inflação; e talvez 0% após os impostos e a inflação. Não soa como uma fórmula capaz de justificar todos aqueles anúncios das corretoras de valores na TV.

Como acionista ordinário, você terá mais dólares, mas pode não ter um poder de compra maior. Sai Ben Franklin ("Um centavo economizado é um centavo ganho") e entra Milton Friedman ("Um homem pode tanto consumir seu capital quanto investi-lo").

A aritmética torna claro que a inflação é um imposto mais devastador do que qualquer lei que tenha sido promulgada por nossa legislatura. A taxa de inflação tem uma capacidade fantástica de simplesmente consumir o capital. Não faz diferença para uma viúva com suas economias aplicadas em uma caderneta de poupança a 5% se ela paga 100% de imposto de renda sobre os juros que recebe nos períodos de inflação zero ou se *não* paga imposto de renda sobre os juros recebidos nos anos com inflação a 5%. Em qualquer uma dessas situações, ela é "taxada" de uma forma que não lhe deixa qualquer renda real. Qualquer dinheiro que ela gaste sai diretamente de seu capital. A viúva consideraria ultrajante um imposto de renda de 120%, mas parece não perceber que uma inflação de 6% é o equivalente econômico disso.

Se minha previsão da inflação estiver correta, os resultados decepcionantes ocorrerão não por causa das quedas de mercado, mas apesar de o mercado subir. Valendo aproximadamente 920 no início do mês passado, o índice Dow Jones estava 55 pontos acima de onde estivera há 10 anos. Porém, ajustado para a inflação, o índice caiu quase 345 pontos — de 865 para 520. E cerca de metade dos ganhos não foi entregue a seus proprietários e precisou ser reinvestida para atingir esse resultado.

Nos dez anos seguintes, o Dow duplicaria simplesmente por uma combinação do cupom patrimonial de 12%, um índice de pagamento de dividendos de 40% e a proporção atual de 110% do valor contábil. E, com a inflação a 7%, os investidores que venderam em 1800 ainda estariam em uma condição consideravelmente pior do que estão hoje após pagarem os impostos sobre ganhos de capital.

Quase consigo ouvir a reação de alguns investidores a esses pensamentos pessimistas. Eles pressupõem que, quaisquer que sejam as dificuldades apresentadas pela nova era de investimentos, eles gerarão, de alguma forma, resultados superiores para si próprios. O sucesso deles é altamente improvável e, no geral, é simplesmente impossível. Se você acha que pode entrar e sair do mercado mobiliário de maneira a superar a taxa inflacionária, eu gostaria de ser seu corretor — mas não seu sócio.

Até mesmo os assim chamados investidores isentos de impostos, como os fundos de pensão e os fundos de investimento universitários, não escapam do imposto inflacionário. Se minha pressuposição de uma taxa de inflação de 7% estiver correta, um tesoureiro de faculdade deve considerar os primeiros 7% ganhos em cada ano meramente uma equalização do poder de compra. Fundos de doação não ganham nada até ultrapassarem a barreira da inflação. Com uma inflação de 7% e, digamos, retornos sobre investimentos de 8%, essas instituições, que acreditam estar isentas de tributação, estão, na verdade, pagando um "imposto de renda" de 87,5%.

Infelizmente, os maiores problemas das altas taxas de inflação fluem não para os investidores, mas para a sociedade como um todo. A renda dos investimentos é uma pequena parcela da renda nacional e, se a renda per capita real pudesse crescer a uma taxa saudável juntamente com retornos reais sobre um investimento zero, a justiça social talvez progredisse.

Uma economia de mercado gera algumas vantagens desiguais para os participantes. A herança genética de cordas vocais corretas, estrutura anatômica, força física ou poderes mentais pode produzir uma avalanche de reivindicações (ações, títulos de dívida e outras formas de capital) sobre o produto nacional futuro.

Da mesma forma, a seleção apropriada de ancestrais pode resultar em um fornecimento vitalício desses bilhetes no momento do nascimento. Se o retorno zero sobre os investimentos reais desviasse uma parte maior da produção nacional desses acionistas para cidadãos que são igualmente merecedores e trabalhadores árduos, mas que carecem de talentos produtores de grandes riquezas, pareceria improvável que isso constituísse uma afronta tão grande para o mundo a ponto de arriscar a intervenção divina.

Entretanto, o potencial para uma autêntica melhoria do bem-estar dos trabalhadores à custa de acionistas abastados não é significativo. A compensação dos empregados já soma 28 vezes a quantia paga em dividendos, e muitos desses dividendos agora vão para fundos de pensão, instituições sem fins lucrativos (tais como universidades) e acionistas individuais que não são abastados. Nessas circunstâncias, se agora transferíssemos *todos* os dividendos dos acionistas abastados para os assalariados — algo que poderíamos fazer apenas uma vez, igual a matar uma vaca (ou, se você preferir, um porco) —, aumentaríamos os salários reais em menos do que costumávamos obter do crescimento da economia em um ano.

Portanto, a redução do número de abastados, através do impacto da inflação em seus investimentos, nem mesmo fornecerá ajuda material *de curto prazo* àqueles que não são abastados. O bem-estar econômico destes aumentará ou diminuirá com os efeitos gerais da inflação sobre a economia. E esses efeitos provavelmente não serão bons.

Grandes ganhos de capital real, investidos em instalações industriais modernas, são necessários para se produzirem grandes ganhos de bem-estar econômico. Maior disponibilidade de mão de obra, maior demanda dos consumidores e grandes promessas governamentais levarão apenas a uma grande frustração sem a criação contínua e o emprego de novos bens de capital caros por toda a indústria. Essa é uma equação entendida pelos russos e também pelos Rockefeller. E que tem sido aplicada com grande sucesso na Alemanha Ocidental e no Japão. Altas taxas de acumulação de capital permitiram àqueles países atingir ganhos no padrão de vida em uma velocidade muito superior à nossa, muito embora desfrutemos de uma posição muito superior no que se refere à energia.

Para entender o impacto da inflação sobre a acumulação de capital real, um pouco de matemática se faz necessário. Voltemos, por um instante, àquele retorno de 12% sobre o capital patrimonial. Tais lucros são declarados após se levar em conta a depreciação, o que possivelmente viabilizará a substituição da capacidade de produtividade atual — *se* essa fábrica ou equipamento puder ser comprado no futuro a preços semelhantes ao seu custo original.

Vamos pressupor que cerca de metade dos ganhos sejam pagos em dividendos, deixando 6% do capital patrimonial disponível para crescimento financeiro futuro. Se a inflação for baixa — digamos, de 2% —, uma grande parte desse crescimento pode representar um aumento real da produção física. Nessas condições, 2% adicionais terão de ser investidos em recebíveis, estoques e ativos fixos no ano seguinte simplesmente para duplicar o resultado físico do ano atual — sobrando 4% para investimento em ativos para produzir mais bens físicos. Os 2% financiam um crescimento ilusório denominado em dólares, refletindo a inflação, e os 4% restantes financiam o crescimento real. Se o crescimento da população é 1%, o aumento de 4% na produção real se traduz em um ganho de 3% na renda líquida real per capita. Isso, *grosso modo*, é o que costumava acontecer em nossa economia.

Agora, passe a taxa da inflação para 7% e compute o que restou para o crescimento real após o financiamento do componente de inflação obrigatório. A resposta é nada — se as políticas de dividendos e as proporções de distribuição de lucros permanecerem inalteradas. Após metade dos 12% de lucros serem pagos, os mesmos 6% permanecem, mas tudo é usado para fornecer os dólares adicionais necessários para transacionar o volume de negócios físicos do ano anterior.

Muitas empresas, quando confrontadas com a falta de lucros reais retidos com os quais financiaram a expansão física após os pagamentos de dividendos normais, irão improvisar. Como — elas se perguntarão — podemos parar ou reduzir os dividendos sem arriscar a ira dos acionistas? Tenho boas notícias para elas: um conjunto completo de soluções já se encontra disponível.

Em anos recentes, as concessionárias de energia elétrica tiveram pouca ou nenhuma capacidade de pagar dividendos. Ou, ao contrário, elas têm o poder de pagar dividendos *se* os investidores concordarem em comprar ações delas. Em 1975, as concessionárias de energia elétrica pagaram dividendos ordinários de US$ 3,3 bilhões e solicitaram aos investidores que retornassem US$ 3,4 bilhões. Claro, eles misturaram um pouco da técnica "toma lá, dá cá" para não acabar com uma reputação parecida com a da Con Ed. Essa empresa, você deve se lembrar, foi bastante insensata em 1974, a ponto de simplesmente dizer a seus acionistas que não tinha dinheiro suficiente para pagar dividendos. A franqueza foi recompensada com um desastre no mercado.

As empresas de utilidade pública mais sofisticadas mantêm — e talvez aumentem — os dividendos trimestrais para depois pedirem aos acionistas (tanto os antigos quanto os novos) para devolverem o dinheiro. Em outras palavras, a empresa emite novas ações. Esse procedimento desvia vastas quantias de capital para a Receita Federal e somas substanciais para os subscritores. Parece, no entanto, que todo mundo permanece animado (sobretudo os subscritores).

Motivadas por esse sucesso, algumas empresas de serviços públicos inventaram outro atalho. Nesse caso, a companhia declara o dividendo, o acionista paga o imposto e — em um passe de mágica — mais ações são emitidas. Não existe nenhuma troca de espécie, embora a Receita Federal — como sempre, uma estraga-prazeres — persista em tratar essa transação como se houvesse a troca.

A AT&T, por exemplo, estabeleceu um programa de reinvestimento de dividendos em 1973. Essa empresa, de fato, deve ser descrita como muito voltada aos interesses dos acionistas, e a adoção desse programa por ela, considerando os meandros do pensamento financeiro, deve ser considerada totalmente compreensível. Porém, a substância do programa parece ter sido extraída de *Alice no País das Maravilhas*.

Em 1976, a AT&T pagou US$ 2,3 bilhões de dividendos em espécie a cerca de 2,9 milhões de proprietários de suas ações ordinárias. No final do ano, 648 mil proprietários (em comparação com os 601 mil do ano anterior) reinvestiram US$ 432 milhões (em comparação com os US$ 327 milhões) em ações adicionais fornecidas diretamente pela companhia.

Só de brincadeira, vamos supor que todos os acionistas da AT&T acabaram aderindo a esse programa. Nesse caso, nenhum dinheiro seria enviado aos acionistas, exatamente como ocorreu quando a Con Ed deixou de pagar um dividendo. No entanto, cada um dos 2,9 milhões de proprietários seria notificado de que deveria pagar os impostos sobre sua parcela dos lucros retidos, que, naquele ano, foram chamados de um "dividendo". Pressupondo que esses "dividendos" totalizaram US$ 2,3 bilhões, como em 1976, e que aqueles acionistas pagaram um imposto médio de 30% sobre essa quantia, eles terminariam, cortesia desse plano maravilhoso, pagando quase US$ 700 mil à Receita Federal. Imagine a alegria dos acionistas, nessas circunstâncias, se os diretores decidissem dobrar os dividendos.

Podemos esperar ver um número maior de formas disfarçadas de reduzir a distribuição de lucros quando as empresas enfrentam o problema de acumulação real de capital. Porém, diminuir um pouco o retorno dos acionistas não resolverá totalmente o problema. Uma combinação de inflação de 7% e retornos de 12% reduzirá o volume de capital empresarial disponível para financiar o crescimento real.

Portanto, conforme os métodos convencionais de acúmulo de capital privado vão esmorecendo sob a pressão da inflação, nosso governo tentará cada vez mais influenciar os fluxos de capital para a indústria, de forma malsucedida, como ocorreu na Inglaterra, ou bem-sucedida, como no Japão. O suporte cultural e histórico necessário para uma parceria entusiástica entre governo, empresas e mão de obra no estilo japonês parece ausente aqui. Se tivermos sorte, evitaremos trilhar o caminho inglês, no qual todos os segmentos disputam uma fatia do bolo, em vez de somarem forças para aumentá-lo.

No cômputo geral, no entanto, parece provável que, à medida que os anos vão se passando, ouviremos muito mais sobre investimento insuficiente, estagflação e os fracassos do setor privado em atender às necessidades.

Apêndice: Uma caixa de texto explicando quem era Buffett — já que ele era praticamente desconhecido em 1977 — acompanhava este artigo. A maioria dos detalhes incluídos soa agora bastante familiar e não os repetiremos aqui. Porém, informaremos que os ativos da Berkshire, administrados por Buffett, valiam, na época, US$ 35 milhões e que sua participação no Blue Chip Stamps valia quase US$ 10 milhões — e ambas as empresas eram investidoras ativas também. Assim, por que — o último parágrafo da caixa de texto perguntou sensatamente — um homem tão pessimista com relação às ações era proprietário de tantas delas? "Em parte, por hábito", Buffett respondeu. "Em parte, porque as ações significam empresas, e possuir empresas é muito mais interessante do que possuir ouro ou fazendas. Além disso, as ações provavelmente ainda são a melhor das piores alternativas em uma era de inflação — pelo menos se você as compra a um preço apropriado." — CL

Uma pequena universidade classifica-se bem no jogo dos investimentos

18 de dezembro de 1978

POR LEE SMITH

O notável sucesso com o fundo de dotação da Grinnell College, apoiado por Buffett, era uma história que o país desconhecia até a revista Fortune *publicar este artigo. A história descreve um componente importante desse sucesso — a aquisição nada convencional, em 1976, de uma emissora de televisão em Dayton — e termina com a ideia de Buffett de que esse poderia ser "um tremendo ativo" para ser mantido em carteira. Porém, os preços das emissoras continuaram a subir e, pouco tempo depois, Buffett estava pronto para que a Grinnell saísse. A emissora, comprada somente quatro anos antes, por US$ 12,9 milhões (sendo que somente 2 milhões desse montante foi em dinheiro, o restante foi em um empréstimo sem garantias), foi vendida à Hearst, em 1980, por US$ 50 milhões.*

Joe Rosenfield, que convenceu Buffett a se tornar membro do conselho diretor da Grinnell, permaneceu próximo da faculdade — uma instituição que ele amava — até sua morte, em 2000. Buffett continuou como membro de conselho ativo até 1987 e como conselheiro vitalício até 2011.

Nesse ínterim, ele teve algumas dúvidas sobre sua experiência no conselho diretor. O que mais o incomodava era que os ganhos incomuns que ele e Rosenfield conseguiam para o fundo de dotação da Grinnell — multiplicando-o mais de sessenta vezes — pareciam, de outra forma, não mudar grande coisa. Hoje, Buffett diz: "Era uma faculdade boa com 1.200 alunos quando tinha um fundo de US$ 8 milhões, e era uma faculdade boa com 1.200 alunos quando tinha um fundo de US$ 500 milhões."

As últimas boas-novas da Grinnell: entre os anos 2011-12, a instituição contava com quase 1.600 alunos, e seu fundo de dotação valia cerca de US$ 1,5 bilhão. — CL

A Grinnell College sempre foi um pouco improvável. Seu campus de 36 hectares situa-se nas proximidades de uma comunidade rural típica da área central de Iowa, onde a estrutura mais alta na cidade é o elevador de grãos e onde se espera que uma universidade enfatize a agropecuária e modere nas ciências humanas. Não é esse o caso. Essa instituição oferece a aproximadamente 1.200 alunos um currículo rigoroso e tradicional, baseado em matérias como a história colonial americana, a poesia de John Milton e uma introdução à teoria quântica. Logo, ganhou a reputação de ser uma das melhores faculdades de ciências humanas nos Estados Unidos.

Atualmente, a Grinnell surpreende por outra razão. A pequena faculdade do cinturão do milho gerencia seu fundo de dotação com tanta habilidade que ele dobrou de valor nos últimos cinco anos (para US$ 37,5 milhões) — e essa é uma avaliação conservadora. Se todos os ativos fossem contabilizados por seu verdadeiro valor de mercado, o total ficaria mais próximo de US$ 60 milhões. Novas contribuições para o fundo representaram apenas cerca de US$ 5,4 milhões. O fundo cresceu principalmente por causa da impressionante valorização de seus ativos. Mesmo usando uma valorização conservadora, a avaliação — juntamente com a renda — rendeu para o fundo um retorno médio total de 16,2% ao ano nos últimos cinco anos.

Nesse mesmo período, os fundos de dotação das faculdades e universidades tiveram um desempenho pavoroso. O lucro médio dos 150 fundos de sustento rastreados pela A.G. Becker, nesse período de cinco anos, foi um magro 1,7% ao ano.

Para ter êxito, a Grinnell empregou estratégias de investimento e se aventurou em empreendimentos que as instituições educacionais normalmente desprezam. Por exemplo, em vez de colocar os ovos cautelosamente em vários cestos convencionais no mercado acionário e em títulos de dívida, a instituição não hesitou em colocar muitos ovos em um ou dois cestos ou em investir em um lançamento de ações especulativo. Seu movimento mais incomum e dramático foi comprar um canal de televisão comercial por US$ 12,9 milhões.

Os administradores da Grinnell, ao contrário dos gestores de muitas outras faculdades, não cederam o controle diário do fundo a um banco, ou a um gerente de carteira externo, ou nem mesmo a um gerente profissional interno. Eles mantiveram, deliberadamente, esse controle nas próprias mãos; ou, mais precisamente, eles o confiaram a seu comitê financeiro — principalmente a dois membros do comitê que haviam demonstrado adequação ao trabalho por terem, anteriormente, acumulado consideráveis fortunas próprias. Um deles é Joseph F. Rosenfield, de Des Moines, advogado aposentado e investidor ativo, ex-presidente da Younkers Brothers, uma cadeia de lojas de departamento próspera que opera em cinco estados do Meio-Oeste dos Estados Unidos.

O segundo membro-chave do comitê é Warren E. Buffett. Ele ganhou fama como o investidor de Omaha que transformou um pequeno montante, arrecadado de membros da família e amigos, em uma sociedade de investimento que, em um prazo de 13 anos, cresceu a uma incrível taxa anual média de 29,5%, e que valia US$ 100 milhões no momento em que a liquidou e distribuiu os lucros, em 1969. Por meio de seus próprios investimentos, ele ainda controla um número substancial de empresas, incluindo instituições financeiras e jornais.

Quando Rosenfield, formado em 1925, passou a participar do comitê de administração, em 1941, o fundo de sustento valia apenas cerca de US$ 1 milhão; isso incluía algumas fazendas que a faculdade herdara e US$ 250 mil em ações. O primeiro golpe de sorte veio no início da década de 1950, quando a faculdade recebeu cerca de US$ 5 milhões em ativos do espólio de Fred Darby, proprietário de uma empresa petrolífera. O segundo empurrão ocorreu no início da década de 1960, quando a Ford Foundation prometeu que, se a Grinnell pudesse levantar US$ 4 milhões por conta própria, a Ford contribuiria com US$ 2 milhões. A universidade levantou o dinheiro, sendo que US$ 400 mil vieram diretamente do bolso de Joe Rosenfield.

Rosenfield continuou a contribuir, e a maior parte de suas doações foi colocada em uma conta especial dentro do fundo de dotação, que veio a ser conhecido como o J.F. Rosenfield Fund. Foi a esse fundo que ele e Warren Buffett recorreram para correr riscos limitados com pequenos montantes de dinheiro que não teriam rendido grande coisa se tivessem sido deixados em ações *blue-chip* e em títulos de dívida tradicionais. Os dois investidores foram incrivelmente bem-sucedidos. Uma "ação" hipotética no fundo teria aumentado cerca de 18 vezes nos últimos 15 anos.

O Rosenfield Fund fez seu primeiro investimento espetacularmente bem-sucedido há dez anos. Robert N. Noyce, um dos fundadores da Fairchild Semiconductor, era conselheiro e ex-aluno (tendo sido um aluno de certa forma travesso, pois uma vez foi suspenso por roubar um porco de um fazendeiro para fazer um churrasco à meia-noite). Rosenfield e outro conselheiro, um advogado de Chicago chamado Samuel R. Rosenthal, foram perspicazes o suficiente para reconhecer que a genialidade de Noyce poderia ser colocada para funcionar a serviço da faculdade. "Dissemos a Bob que, quando ele iniciasse o próprio negócio, a faculdade desejava fazer parte dele", lembra Rosenfield. E, então, quando Noyce deixou a Fairchild, em 1968, para formar a Intel, uma empresa que fabricaria microchips de memória semicondutores para computador, ele deu à faculdade a oportunidade de comprar US$ 300 mil em títulos de dívida conversíveis da Intel. Rosenthal e Rosenfield contribuíram com US$ 100 mil cada um; o terço final veio do Rosenthal Fund. Quando a Intel prosperou, o investimento da faculdade aumentou em valor cerca de 46 vezes. O fundo de dotação converteu os títulos de dívida e, ao longo dos anos, vem vendendo a maior parte de suas ações da Intel a um lucro de quase US$ 12 milhões; ele continua com cerca de 37 mil ações com um valor de mercado de cerca de US$ 2 milhões.

Buffett não se formou em Grinnell. Ele estudou na Wharton School e graduou-se na University of Nebraska e, mais tarde, obteve mestrado em economia na Columbia University Graduate School of Business. Foi convencido a se tornar conselheiro da Grinnell somente por causa de Rosenfield, o qual conhecera através de amigos em comum. Embora sejam de gerações diferentes — Rosenfield tem 74 anos e Buffett, 48 —, eles são muito próximos. Portanto, em 1968, a pedido do advogado aposentado, Buffett passou a fazer parte do conselho diretor. "Joe não é o tipo de cara a quem se pode dizer não", reflete Buffett. "Em primeiro lugar, ele é a única pessoa que conheço que atualmente parece reduzir seu patrimônio líquido com doações. Outros simplesmente doam até o limite que pode ser dedutível em impostos." Os dois homens se consultam frequentemente; às vezes, consultam outros membros do comitê financeiro — sobretudo o presidente Tom Hutchison, de 38 anos, um consultor de investimento da rica Des Moines. Porém, eles raramente procuram os 32 membros do comitê inteiro. Buffett é, sobretudo, um solitário, irrequieto nas reuniões do conselho — que costumam durar um dia inteiro e são realizadas três vezes ao ano, na Grinnell Library — e impaciente com os procedimentos do comitê.

As estratégias de investimentos de Buffett e Rosenfield são semelhantes, mas um pode ser mais entusiástico com relação a uma ideia do que o outro. Durante a compra da Intel, por exemplo, Buffett permaneceu silenciosamente à parte. "Eu não era contrário", explica ele. "Simplesmente não compreendo o negócio dos semicondutores e não entro em negócios que não entendo, que minha irmã não consegue entender."

Buffett, no fundo, é um discípulo de Benjamin Graham, com quem estudou na Columbia e, como tal, acredita em buscar empresas subvalorizadas e investir nelas. Ele, na realidade, leva a filosofia de Graham além do próprio Graham, uma vez que este era a favor de liquidar a posição quando o preço da ação atingisse o que considerava seu verdadeiro valor. Buffett prefere comprar ações que deseja manter em carteira indefinidamente. No presente, sua ideia de uma oportunidade ideal é comprar ações de uma empresa por US$ 1 milhão quando ela, na realidade, vale US$ 2 milhões e valerá US$ 4 milhões em cinco anos. Situações desse tipo, ele reconhece, não são fáceis de encontrar. "Não temos muitas boas ideias", diz ele, "e, portanto, não fazemos grande coisa".

Buffett encontrou a principal oportunidade da Grinnell quase por acidente, em 1976. Durante uma conferência sobre a situação econômica dos jornais em Nova Orleans, Thomas S. Murphy — presidente da Capital Cities Communications e amigo de Buffett — mencionou no café da manhã que a Avco Corp. estava vendendo seus canais de televisão. Buffett teria ficado interessado em comprar uma emissora em seu nome ou no nome de uma empresa que ele controlasse, como a Berkshire Hathaway, caso não houvesse conflito de interesses. A Berkshire Hathaway é proprietária de 12% da Washington Post Co. Qualquer proprietário está limitado a cinco canais de televisão (sete, se pelo menos dois forem canais UHF menos desejados). A empresa Post já possui quatro canais VHF. Era concebível que, apesar de as ações da Berkshire no Post não terem poder de voto, o governo incluísse a compra de um canal da Avco por Buffett ou pela Berkshire na coluna do Post, queimando o último cartucho do Post, por assim dizer. Ele estava prestes a se esquecer da ideia quando, durante uma conversa telefônica com Rosenfield, repentinamente lhe ocorreu que um canal de televisão poderia ser o negócio certo para a Grinnell. Devido a problemas financeiros, a Avco estava desejosa de se desfazer dos canais e, então, a instituição estava propensa a adquirir exatamente o tipo de bem subavaliado sólido que Buffett aprecia. Uma faculdade proprietária de um canal de televisão não era algo inédito — o canal de televisão comercial líder em Nova Orleans é uma divisão da Loyola University —, porém, era extraordinário para uma faculdade entrar no mercado e fazer uma oferta para comprar uma emissora.

O comitê concordou, mas houve tantos atrasos enquanto eles discutiam a maneira de financiar a compra que a Grinnell não conseguiu sua primeira escolha — a emissora da Avco em Cincinnati, a qual foi comprada pela Multimedia Inc. por US$ 16 milhões. (A Grinnell conseguiu superar sua decepção comprando rapidamente US$ 315 mil de ações da Multimedia, as quais, desde então, triplicaram em valor.) Na segunda tentativa, direcionada para a emissora Avco em Dayton, Buffett decidiu simplesmente arriscar e se preocupar com o aspecto financeiro mais tarde. Ele ofereceu US$ 12,9 milhões pela emissora WLWD-TV2, uma afiliada da NBC, um preço que representava cerca de 2,5 vezes a lucratividade bruta do canal — algo não muito generoso, uma vez que as emissoras frequentemente são vendidas por, pelo menos, três vezes os lucros. No entanto, a Avco aceitou.

A emissora — alojada em uma pista de patinação convertida, próxima à divisa municipal de Dayton em Moraine, Ohio — é o canal número 2 em um mercado de três canais. A Grinnell mudou as letras de identificação para WDTN e formou uma empresa separada — a Grinnell Communication — para administrá-la. (A empresa paga impostos sobre seus lucros, exatamente como faria se fosse de propriedade de uma organização que trabalha com fins lucrativos em vez de educacionais.) A Grinnell Communications investiu cerca de US$ 1,3 milhão em melhoramentos de capital, incluindo US$ 750 mil para dobrar a altura de sua torre de transmissão e, consequentemente, expandir a audiência. Administrar o canal apresentou poucos problemas até agora. Ray W. Colie, gerente geral do canal administrado pela Avco, permaneceu operando-o sob a administração da Grinnell e, embora o comitê de seis membros da companhia seja dominado por conselheiros da instituição, eles dão bastante autonomia a Colie e à equipe.

Da forma como o canal acabou sendo financiado, o Rosenfield Fund forneceu US$ 2 milhões em ações, e a Grinnell tomou por empréstimo outros US$ 11 milhões — metade de credores externos e metade do próprio fundo de sustento. O aspecto verdadeiramente notável do investimento tem sido sua apreciação impressionante. Recentemente, canais de televisão nos cinquenta mercados mais importantes (Dayton é o número 46) foram vendidos por quatro vezes os lucros. A WDTN espera um lucro de cerca de US$ 9 milhões este ano, o que significa que, provavelmente, tem um valor de mercado próximo a US$ 35 milhões — mais do que duas ou uma vez e meia o que a universidade pagou por ele.

O canal é consideravelmente subvalorizado nos livros da Grinnell. O investimento em patrimônio original de US$ 2 milhões é apresentado ao preço de custo, juntamente com US$ 5 milhões em dívidas ainda não vencidas junto ao fundo de dotação. (Parte da dívida já foi paga.) Esses US$ 7 milhões aumentariam muito se a WDTN fosse contabilizada de forma realista — pelo seu valor de mercado menos os US$ 4,7 milhões ainda devidos a terceiros. O valor do fundo de dotação ficaria, então, mais próximo de US$ 60 milhões do que US$ 37,5 milhões, sendo esse o preço de avaliação da Grinnell.

Buffett acredita que não existe razão para até mesmo universidades com grandes fundos de dotação não adotarem a mesma estratégia que ele tem aplicado à Grinnell, limitando a carteira a relativamente poucas áreas. Isso certamente leva a algumas possibilidades fascinantes. Isso aconteceria com a Harvard se ela tivesse sido capaz de adquirir o controle da American Broadcasting Co. no início de 1978, quando o valor de mercado da ação era cerca de US$ 700 milhões — metade do fundo da Harvard. Por mais estranha que a ideia possa ser, um investimento de US$ 700 milhões na ABC teria dado à Harvard um investimento na indústria televisiva, em linhas gerais, proporcional ao da Grinnell.

Parece improvável que qualquer faculdade grande se mova com tanta coragem quanto a Grinnell. Na realidade, mesmo alguns dos conselheiros da instituição estão começando a se preocupar com o desequilíbrio de sua carteira. Paradoxalmente, quanto mais a WDTN se valoriza, mais preocupados eles ficam. O desconforto deles é bastante compreensível. O canal agora é responsável por cerca de metade do valor real do fundo de dotação e questiona-se se é prudente que um conselheiro permita tamanha concentração. "Posso visualizar uma situação na qual o valor do canal venha a cair", diz um dos conselheiros, "e um aluno entra com uma ação judicial contra nós, reclamando que o valor de sua mensalidade teria sido menor se tivéssemos vendido o canal".

Buffett diz, claro, que, se os conselheiros acabarem decidindo vender o canal, é seu direito fazê-lo. Claramente, no entanto, ele se mostraria relutante em votar a favor de tal venda, pelo menos por enquanto. "Sempre estou reavaliando as coisas", diz ele, e faz uma pausa. "No entanto, esse é um ativo e tanto." Quando Buffett olha para o futuro, foca não nas chances de uma ação judicial, mas em outra possibilidade. Ele vê uma faculdade que talvez possua um conjunto de empresas que valem vinte vezes mais do que o orçamento operacional. Com um lucro real de 5% sobre esse investimento, a faculdade poderia ser financiada perpetuamente pelo fundo de dotação: em suma, uma faculdade cujos alunos não pagam mensalidade.

AS CONTRIBUIÇÕES DOS ACIONISTAS DA BERKSHIRE

ROMPENDO COM O *formato majoritariamente cronológico deste livro, apresentamos dois artigos relacionados entre si. O primeiro, de 1981, descreve uma inovação de Buffett, através da qual os acionistas da Berkshire puderam designar entidades de caridade para as quais a companhia fez doações. O segundo, publicado 22 anos depois, relata a decisão de Buffett de encerrar o programa porque este havia atraído a ira dos oponentes ao aborto, os quais acreditavam que ele favorecia as entidades que apoiavam a liberdade de escolha das mulheres.*

Certamente a raiva deles não se baseava na gama *de entidades que receberam contribuições: entre as indicadas em 2002, por exemplo, estavam 790 escolas e 437 igrejas e sinagogas. Ao informar esses números em sua Carta do Presidente, Buffett também abordou a questão do aborto e disse que achava que provavelmente havia acionistas da Berkshire que apoiavam os dois lados da questão em proporções aproximadamente iguais à da população americana. Porém, tanto Buffett quanto sua falecida esposa, Susie, e também o vice-presidente da Berkshire, Charlie Munger — outro grande acionista —, eram conhecidos por se mostrar favoráveis à liberdade de escolha. Portanto, aqueles contra o aborto pressupunham que as organizações que eles não desejavam ver crescer — tais como a Planned Parenthood — estavam recebendo uma parte desproporcional das contribuições totais. (As contribuições dos Buffett, digamos, à Planned Parenthood teriam sido feitas através da fundação deles, da qual sou diretora.)*

Os que se opunham a essa ideia não mudaram a opinião *de Buffett quando o ódio foi dirigido, sobretudo, para ele e Munger. Porém, esse sentimento começou a ser focado em uma subsidiária da Berkshire, a Pampered Chef, e nos "consultores" independentes — a maioria composta por donas de casa — que vendiam seus produtos de cozinha. Parecia injusto para Buffett que essas mulheres perdessem o sustento por causa do programa de contribuições da Berkshire. Assim, ele o encerrou.*

Durante seus 22 anos de história, o programa — um tipo de "dividendo beneficente" — repartiu US$ 197 milhões e agradou muitos acionistas. Com o fim do programa, muitos proprietários de ações da Berkshire, sem dúvida, aumentaram as doações pessoais para entidades beneficentes. É provável, no entanto, que esses aumentos não tenham compensado inteiramente o desaparecimento das contribuições da Berkshire e que o total de doações dos acionistas, portanto, tenha diminuído. — CL

Acionistas começam a votar em doações

30 de novembro de 1981

POR LEE SMITH

Por menos justo que pareça, as grandes empresas, em geral, privam os acionistas do direito de escolher as entidades assistenciais para as quais as companhias doam dinheiro. A gerência decide para onde a maior parte das doações irá. Os empregados têm o direito de opinar usando os planos de doação casada, cada vez mais populares. No entanto, os donos, na maioria das vezes, permanecem sem qualquer voto.

Há muito tempo, a injustiça com os proprietários de ações preocupava Warren E. Buffett, um famoso investidor e presidente da Berkshire Hathaway Inc. Assim, no mês passado, Buffett deu aos acionistas de sua empresa o direito de distribuir cerca de US$ 2 milhões para algumas organizações sem fins lucrativos nas quais acreditavam, como museus, igrejas, universidades, entidades assistenciais, entre outras.

"Eu não desejaria que os acionistas preenchessem cheques de minha conta bancária para entidades por eles escolhidas", diz ele. "Então, considero inapropriado passar cheques da conta bancária de suas companhias para entidades beneficentes de minha escolha." Do ponto de vista de Buffett, a maioria dos gerentes de empresas contribui por puro reflexo para qualquer causa que seus colegas apoiem.

Buffett, 51 anos, é um gerente que segue as próprias convicções. Ao sair da faculdade, ele formou uma sociedade com amigos e parentes e levantou US$ 100 mil. Acrescentando capital novo de vez em quando, ele acabou por acumular um fundo de US$ 100 milhões no mercado acionário. Em 1965, assumiu o controle da Berkshire Hathaway e a reorganizou; essa empresa controla, entre outras, a See's Candies, a Blue Chip Stamps e uma dúzia de seguradoras. Também possui 5% da General Foods e 13% do Washington Post Co. Os lucros são substanciais: US$ 53 milhões — ou US$ 51,72 por ação, no ano passado. Atualmente, a ação é negociada por cerca de US$ 500. A Berkshire Hathaway não paga um dividendo desde 1967, mas seu patrimônio líquido cresceu, em média, 20% ao ano. Apesar de sua riqueza, a companhia tem contribuído relativamente pouco para a caridade — US$ 200 mil, mais ou menos, por ano —, o que representa pouco mais do que 0,2% dos lucros antes dos impostos de 1980, e deve ser comparado com a contribuição, em média, de 1% das empresas americanas em geral.

Buffett estava com a mão fechada porque não sabia como melhorar os métodos que as outras grandes empresas usavam para escolher seus beneficiários. Seu novo esquema, pensa ele, é ao mesmo tempo justo e prático. Ele imita as empresas com um quadro de acionistas pequeno que se consultam sobre suas preferências. Porém, em vez de consultar aproximadamente uma dúzia de acionistas, Buffett está contatando 1.500.

As cédulas de voto serão enviadas pelo correio este mês. Com cerca de 1 milhão de ações emitidas, cada ação dá a seu portador o direito de alocar US$ 2 para fins de doação. Um acionista com mil ações, em outras palavras, pode instruir a companhia a distribuir US$ 2 mil. Sem dúvida, os acionistas mais importantes não precisarão ser consultados. Buffett e sua esposa possuem 47% da companhia e poderão destinar US$ 935 mil para suas instituições beneficentes favoritas. Inicialmente, o dinheiro irá para a Buffett Foundation — fundada 15 anos atrás — e, depois, para organizações que promovam o controle de natalidade.

O plano de Buffett tem vantagens fiscais. A Berkshire Hathaway podia pagar dividendos aos acionistas, os quais, por sua vez, podiam repassá-los a entidades beneficentes. Porém, os lucros são taxados antes que sejam distribuídos entre os acionistas. As contribuições beneficentes das empresas, por outro lado, são tratadas como despesas comerciais e não são taxadas. Portanto, para cada dólar que deixa os cofres da Berkshire Hathaway, uma parcela maior vai para a caridade e uma menor para o coletor de impostos.

À primeira vista, Buffett parece estar atraindo uma avalanche de papel que enterrará os cinco funcionários do escritório nas quatro salas da empresa em Omaha. Os acionistas de Buffett enviarão formulários fornecendo os nomes e os endereços de até três entidades que receberão as contribuições. Se um recebedor designado não for evidentemente isento de impostos segundo as regras da Receita Federal, o pessoal de Buffett solicitará comprovação. (Aquilo que, evidentemente, constitui doação para uma viúva em Winnetka pode não ser tão notório assim para Buffett.)

Os funcionários também precisarão verificar o número de ações que cada acionista possui, preencher os cheques e enviá-los, juntamente com notas explicando que as doações estão sendo enviadas por solicitação dos acionistas. Cada acionista deve assumir o compromisso de que a doação não se refere ao cumprimento de nenhuma outra hipoteca que ele tenha feito, ou as autoridades fiscais podem tratar o dinheiro como um dividendo e aumentar os impostos da Hathaway em igual proporção. Apesar dessas complicações, Buffett diz que a quantidade de documentos não deve ser maior do que a pequena tempestade de votos por procuração recebidos para sua assembleia anual. "Se eu estiver errado", diz ele, "terei que trabalhar aos sábados e domingos".

As contribuições feitas em nome dos acionistas podem reduzir o lucro líquido da Berkshire Hathaway em US$ 1 milhão ou mais. (Pressupondo uma alíquota de imposto de 46%, o efeito de doar US$ 2 milhões é cortar os lucros após os impostos em US$ 1.080.000.) Porém, nem todo o dinheiro destinado a doações será distribuído. As ações mantidas no anonimato para os clientes por corretoras e outras instituições não podem ser votadas, e alguns indivíduos não se importam em votar ou talvez prefiram que o dinheiro não seja destinado à caridade. Os recursos não alocados serão devolvidos aos cofres da empresa.

Após avaliar a reação imediata, Buffett estima que até 85% dos acionistas responderão. "Há muito entusiasmo", diz ele. "Conheço uma senhora idosa que é muito religiosa, mas não tem muita renda e pode doar apenas US$ 5 por mês à igreja que frequenta. Ela possui uma quantidade considerável de nossas ações; então, agora conseguirá doar US$ 60 ou US$ 70 por mês."

O plano de Buffett é semelhante — mas menos problemático — à proposta de Robert A. Sproull, presidente da University of Rochester, o qual inventou um esquema em que um acionista pode enviar uma doação para uma entidade beneficente de quase duas vezes o tamanho de seus dividendos sem custo adicional para ninguém — à exceção do Tesouro americano. O acionista instruiria a empresa de que ele abriria mão, digamos, de seu dividendo do terceiro trimestre de US$ 100 se a empresa enviasse aquela quantia, e mais qualquer imposto de renda que teria de ser pago sobre esses lucros, para a Cruz Vermelha, a University of Rochester ou para alguma outra entidade. Segundo os cálculos de Sproull, uma empresa que paga 46% de seus lucros em impostos não deveria se importar se ela destina US$ 185 antes dos impostos para fins de caridade ou um dividendo de US$ 100 para um acionista e US$ 85 para o governo.

Embora genial, o plano de Sproull é ilegal. O senador Daniel Patrick Moynihan está tentando convencer o Congresso a legalizar esse plano, mas é improvável que ele seja bem-sucedido, dada a preocupação atual com o déficit do governo. Além disso, as empresas não parecem entusiasmadas com essa ideia. A AT&T, por sua vez, está preocupada com a possibilidade de o plano competir com um sistema no qual seus acionistas podem automaticamente reinvestir os dividendos em ações. Somente em 1980, a Ma Bell levantou mais de US$ 1 bilhão através do reinvestimento de dividendos.

Veremos se o plano de Buffett será imitado. Muitas empresas possuem um número muito maior de acionistas do que a Berkshire Hathaway, mas presume-se que elas também contem com mais funcionários para lidar com a papelada. Várias empresas para as quais a *Fortune* explicou a ideia a consideraram engenhosa, mas apresentaram restrições. Um gerente de contribuições temeu uma revolta dos acionistas contra a doação de dinheiro da empresa para organizações religiosas, nas quais grande parte das contribuições da Berkshire Hathaway quase certamente acabará de acordo com os planos de Buffett. (As igrejas recebem mais da metade de todas as contribuições feitas por indivíduos.) Para evitar controvérsias, a maioria das empresas faz doações apenas para organizações seculares.

Em pelo menos um sentido importante, a Berkshire Hathaway é uma empresa diferente à qual o plano de Buffett é muito apropriado. Buffett afirma que não existem metas empresariais relevantes que possam ser promovidas pela destinação de US$ 2 milhões para doações escolhidas pela gerência em vez de escolhidas pelos acionistas. Outras empresas têm objetivos desse tipo. As empresas que contratam engenheiros doam dinheiro para escolas de engenharia na esperança de estimular a pesquisa e atrair os formados. As empresas petrolíferas contribuem para a televisão pública em parte para convencer as pessoas (em geral) e os legisladores (em particular) de que são cidadãos responsáveis, e não apenas coletores de lucros "obscenos".

Entretanto, muitas companhias poderiam seguir o exemplo da Berkshire Hathaway — sobretudo aquelas com lucros grandes, poucos problemas de relações públicas e que têm vontade de fazer caridade. Buffett teve ótimas ideias sobre filantropia no passado. Alguns anos atrás, ele aconselhou a Grinnell College, em Iowa, a investir parte de seu fundo de dotação em uma emissora de TV, uma escolha pouco convencional para uma instituição educacional. A Grinnell comprou uma emissora em Dayton por US$ 12,9 milhões e a vendeu por US$ 50 milhões há dois meses. Portanto, quando Buffett se lança em voo solo, é sempre bom observar para onde ele se dirige.

A Berkshire desiste de doar

11 de agosto de 2003

POR NICHOLAS VARCHAVER

No passado, Warren Buffett foi criticado por apoiar causas favoráveis à liberdade de escolha, mas isso nunca afetou as doações feitas pela Berkshire Hathaway — isto é, até surgir Cindy Coughlon, uma dona de casa de 34 anos, de Peoria, Arizona. Agora, como resultado de sua campanha contra as doações pró-escolha, o homem mais poderoso da área de negócios encerrou todo o programa de contribuições da Berkshire, o qual distribuiu quase US$ 200 milhões nas últimas duas décadas para instituições que abrangem de escolas a grupos pertencentes aos dois lados do debate sobre aborto.

O programa incomum — chame-o de dividendo caridoso — permitiu que os acionistas da Berkshire destinassem US$ 18 por ação anualmente para até, no máximo, três doações de sua escolha. Alguns acionistas, incluindo Buffett, através de sua fundação, usaram o mecanismo para fazer doações às causas pró-escolha, como, por exemplo, a Planned Parenthood. (Carol Loomis, editora da *Fortune*, é diretora da Buffett Foundation.)

Os eventos foram deflagrados neste inverno por Coughlon, mãe de três filhos, que desejava ganhar algum dinheiro fazendo vendas para a Pampered Chef, uma aquisição recente da Berkshire, com faturamento de US$ 740 milhões. Cerca de 70 mil "consultores" autônomos vendem utensílios de cozinha em encontros na casa das pessoas. Coughlon diz que foi atraída para a Pampered Chef porque sentia que a empresa compartilhava, como ela, dos mesmos valores cristãos a favor da família. A empresa afirma que sua missão, por exemplo, inclui encorajar as pessoas a "desenvolverem os talentos que Deus lhes deu".

No entanto, Coughlon ficou decepcionada ao saber que a compra da Pampered Chef pela Berkshire significava que uma parte dos lucros gerados poderia financiar grupos a favor do aborto. Ela enviou uma petição por e-mail — a qual solicitava à Berkshire e a Buffett que deixassem de fazer doações para organizações desse tipo — a 100 amigos e membros de sua família em janeiro. Organizações pró-vida, como a Life Decisions International, começaram a divulgar a petição.

Doris Christopher, presidente da Pampered Chef, disse aos consultores em um e-mail enviado em abril que, embora "meu ponto de vista pessoal sobre algumas questões contraste com o de Warren Buffett... não é meu papel pedir ou julgar". No entanto, sua mensagem não amenizou o furor provocado. Consultores pediram demissão, diz Coughlon, e alguns clientes estavam reclamando. (Coughlon diz que os requerentes eram "menos de mil".) No final de junho, a pressão já havia se tornado intolerável, e Christopher "procurou Warren, muito preocupada", de acordo com um e-mail enviado por ela aos consultores. "Ele ficou consternado com o fato de que as doações feitas pela Berkshire Hathaway estavam criando dificuldades para vocês." Em 3 de julho, a empresa de Buffett anunciou o fim do programa de doações.

Antes deste ano, a Berkshire parecia não ser vulnerável a pressões dessa natureza. Os ativistas pró-vida haviam feito piquetes em suas assembleias anuais e as boicotaram por anos. No ano passado, uma resolução dos acionistas no sentido de cancelar o programa de caridade foi retumbantemente derrotada, com 97% das ações votando contra o cancelamento. E Buffett defendeu o programa no relatório anual de 2001 da Berkshire, dizendo que a empresa "não faz contribuições, exceto para as causas definidas pelos acionistas", as quais "provavelmente estão de ambos os lados da questão do aborto, em proporções aproximadamente iguais à da população americana".

Então, por que a Berkshire abandonou o programa justamente agora? O anúncio da companhia diz que "o fato de ela ser proprietária está prejudicando" não apenas uma subsidiária, mas também muitos indivíduos. A diretoria estava disposta a aceitar algum dano causado por boicotes no passado, porque o custo era diluído por toda uma empresa gigantesca, mas isso estava afetando os consultores da Pampered Chef, que nada tinham a ver com a política da Berkshire.

Por sua parte, Coughlon está "simplesmente encantada com a decisão". No entanto, ela diz que não ficará satisfeita até que o homem a quem respeitosamente se refere como "Sr. Buffett" pare de fazer doações a causas a favor do aborto. "Agora", diz ela, "o foco está nele".

Cartas do presidente Buffett

22 de agosto de 1983

POR ANDREW TOBIAS

Buffett escreve a Carta do Presidente no relatório anual da Berkshire Hathaway desde 1966. No entanto, dez anos depois, ele fez parte de um grupo de trabalho organizado pela Securities and Exchange Commission com o objetivo de estudar como as empresas poderiam melhorar suas comunicações com os acionistas e, no relatório anual de 1977, estava pronto para renovar sua carta anual. As mudanças feitas foram graduais. No início da década de 1980, contudo, suas cartas já se destacavam pelo conteúdo intelectual, o humor e a individualidade, e começaram a atrair grande atenção.

A Fortune, então, decidiu fazer um artigo sobre as cartas, imaginando-o como um tipo de crítica literária. Eu não era uma candidata óbvia para ser a autora, uma vez que, quando a data de publicação do relatório anual de 1977 se aproximou, Buffett — à época meu amigo há cerca de dez anos — pediu-me para dar sugestões para sua carta, àquela altura quase terminada. Lembro que sugeri mudar certo "a" para "uma". Desde então, tenho sido sua editora pro bono, atenta a todos os detalhes. Admito que intensifiquei bastante minhas sugestões desde a carta de 1977, mas o esquema nunca mudou: ele escreve, eu edito (e, infelizmente, às vezes meus argumentos sobre a construção de uma frase são refutados).

Quando decidi que não faria o artigo de 1983, a Fortune *contratou um escritor externo, Andrew Tobias, que quase fora admitido pela revista alguns anos antes (uma perda para nós ele não ter vindo), mas que havia, em vez disso, embarcado em uma carreira brilhante como autor de livros* (The Only Investment Guide You'll Ever Need) *e de alguns artigos autônomos. Tobias diz que, quando um editor da* Fortune *o chamou para fazer esse artigo, ele nunca tinha ouvido falar naquele tal de Buffett, que diziam ter "quase um séquito o acompanhando". Tobias, então, resolveu produzir um artigo — muito mais do que uma crítica literária — que exibisse seu próprio humor e individualidade.*

Em seguida, será que ele comprou ações da Berkshire, àquela altura vendidas em torno de US$ 1 mil cada uma (em comparação com os cerca de US$ 130 mil recentemente)? Tobias responde: "Sempre digo às pessoas que a Berkshire foi o pior investimento que já fiz — por não tê-lo feito. Se ao menos eu tivesse pegado os US$ 1.500 que pelo que eu me lembre a Fortune *me pagou pelo artigo, se tivesse acrescentado* *mais alguns dólares e comprado duas ações, bem..." Na época, Tobias tinha a visão, diz ele, de que a ação estava um pouco supervalorizada e seria melhor comprá-la quando ela caísse um pouco. Ele se lembra de pensar a mesma coisa quando a ação alcançou US$ 10 mil e US$ 30 mil.*

Um fator positivo é que Tobias e Buffett tornaram-se bons amigos, atraídos não apenas por suas conversas sobre este artigo, mas também pelo interesse mútuo em apoiar candidatos do Partido Democrata. — CL

Os acionistas da Berkshire Hathaway esperam duas coisas de seu relatório anual: boas notícias (o valor contábil subiu de US$ 19 para US$ 737 por ação nos últimos 18 anos) e a carta pouco ortodoxa de seu presidente, Warren Buffett (o qual assumiu o cargo há 18 anos). Na realidade, a Carta do Presidente é praticamente o relatório anual inteiro da Berkshire Hathaway.

Os acionistas não recebem fotografias, nenhuma tinta colorida ou relevos em realce, nenhum gráfico de barra — nem mesmo uma logomarca. Parece o tipo de anuário publicado por uma empresa cuja bolha finalmente estourou; porém, a Berkshire Hathaway, seguradora com participação importante em diversas outras indústrias, não é nenhuma bolha; e, a US$ 955 por ação, em comparação com os US$ 85 de seis anos atrás, não mostra sinal algum de estourar.

A sabedoria convencional na leitura dos relatórios anuais é dar uma olhada no parecer do auditor; em seguida, verificar os resultados financeiros e as notas de rodapé. E a Carta do Presidente? Poupe seu tempo. No entanto, por serem tão interessantes, as cartas de Warren Buffett atraem seguidores sofisticados (e têm até mesmo solicitações de reimpressão!). A empresa reuniu um compêndio das últimas cinco para atender a essa demanda.

"Elas são maravilhosas", diz Leon Levy, da Odyssey Partners, também uma lenda em Wall Street, e, então, reconta o trecho da última carta que mais o agradou — aquela na qual Buffett diz que não teria desejado qualquer parcela das aquisições mais do que a maioria dos demais estava fazendo em 1982. "Pois, em muitas dessas aquisições", Buffett escreve, "o intelecto gerencial definhou na concorrência com a adrenalina gerencial. A excitação da caça cegou os caçadores às consequências. A observação de Pascal parece pertinente: 'Impressionou-me o fato de todos os infortúnios dos homens surgirem da causa única de eles serem incapazes de permanecer quietos em uma sala.' (Seu presidente saiu da sala muitas vezes no ano passado e quase brilhou no 'Festival de Besteirol das Aquisições' de 1982. Pensando bem, nossa maior realização do ano foi uma grande compra com a qual havíamos firmemente nos comprometido [foi frustrada] por razões totalmente alheias a nosso controle. Se tivesse acontecido, essa transação teria consumido quantidades extraordinárias de tempo e energia, tudo por um retorno muito incerto. Se tivéssemos de apresentar gráficos para esse relatório ilustrando a evolução favorável dos negócios no ano passado, duas páginas em branco retratando esse negócio não realizado seriam o destaque apropriado.)"

"Adorei isso", diz Levy, feliz da vida.

O próprio Buffett afirma que tenta falar aos acionistas como se fossem seus sócios. "Parto do pressuposto de que tenho um sócio muito inteligente que esteve longe por um ano e que precisa ser informado de tudo que se passou." Ele também presume pouca rotatividade entre os 2 mil acionistas. "Em vez de repetir as mesmas coisas todo ano", diz ele, "abordo tópicos que ampliam o conhecimento deles." É um exercício do qual ele parece claramente gostar — as cartas, atualmente com cerca de 12 páginas impressas, tornam-se mais longas a cada ano. (O outro extremo pode ter sido alcançado no ano passado pelo banqueiro de Wisconsin, Jack Puelicher, outro presidente iconoclástico de empresa, cuja carta aos acionistas da Marshall & Ilsley dizia, em sua totalidade: "Sua empresa teve um ano muito bom em 1982. Parte disso deveu-se à sorte; outra parte, ao bom planejamento e ao gerenciamento. Esperamos que você goste dos números e das imagens.")

A atenção de Buffett às suas cartas foi afiada por sua participação em um grupo de trabalho da SEC formado em 1976 para estudar as práticas de divulgação de informações. (O comitê emitiu um documento de 1.200 páginas cuja conclusão foi no sentido de que o sistema de divulgação era basicamente sólido.) O ex-comissário da SEC, A.A. Sommer Jr., que presidiu o grupo — ele mesmo um acionista da Berkshire Hathaway —, diz que o grupo sentia que essas cartas eram muito importantes. Mesmo assim, ele acrescenta: "As cartas de Warren são únicas. Pouquíssimos presidentes de empresa são tão inteligentes de tantas formas quanto Warren. Seria muito difícil exigir esse tipo de discussão de todos os presidentes."

Buffett já abordou assuntos pouco ortodoxos em suas cartas? Sim, responde ele, Warren discute seus erros.

"O negócio têxtil novamente teve um ano muito ruim", reporta, em 1977. (Quando Buffett assumiu, pela primeira vez, a Berkshire Hathaway, em 1965, isso era *tudo* que ela era — uma fábrica têxtil de Bedford, Massachusetts.) "Erroneamente, previmos resultados melhores em cada um dos últimos dois anos. Muitas dificuldades foram causadas, principalmente, pelas condições do setor, mas alguns dos problemas nós mesmos causamos."

"Continuamos a procurar formas de expandir nossa operação de seguro", escreveu ele a seus acionistas em 1979, "mas a reação de vocês a essa intenção não deveria ser de alegria irrestrita. Alguns de nossos esforços de expansão — muitos dos quais iniciados por seu presidente — foram medíocres; já outros foram fracassos caros".

Buffett subestima a excelência dos próprios esforços, porém, como um técnico orgulhoso, destaca-os em seus jogadores. A Berkshire Hathaway é proprietária de grande parte da GEICO — a seguradora de automóveis — e, a respeito dos executivos daquela empresa, ele escreve: "Jack Byrne e Bill Snyder estão alcançando o mais elusivo dos objetivos humanos — manter tudo simples e lembrar-se daquilo que inicialmente decidiram fazer."

E do já falecido administrador de uma subsidiária com 81 anos: "Nossa experiência tem sido a de que o gerente de uma operação já altamente custosa tem um talento raro para encontrar novas formas de acrescentar despesas gerais, enquanto o gerente de uma operação administrada com eficiência geralmente continua a buscar métodos adicionais de cortar os custos, mesmo quando eles já estão bem abaixo dos de seus concorrentes. Ninguém tem demonstrado essa última habilidade melhor do que Gene Abegg."

Aqui e ali, brotam notas de sentimentalismo, mas, se Buffett deseja dizer algo trivial sobre o Washington Post Co., para o qual ele entregou jornais aos 13 anos, ou sobre a GEICO, que despertou sua atenção pela primeira vez quando ele tinha 20 anos, deveria ser lembrado que as participações da Berkshire na primeira empresa aumentaram em valor de US$ 11 milhões para US$ 103 milhões; e, na segunda, de US$ 47 milhões para US$ 310 milhões, ambos os aumentos ocorridos em menos de uma década. Portanto, Buffett pode dizer o que quiser.

Felizmente, ele fala isso com senso de humor. "Em um movimento caracteristicamente irrefletido", escreve, "expandimos nossa sede mundial em 23 metros quadrados (17%), coincidindo com a assinatura de um novo contrato de aluguel de cinco anos". A sede mundial — em Omaha — abriga, além de Buffett, cinco outras pessoas. ("Uma organização compacta permite que todos nós gastemos o tempo gerenciando o negócio, em vez de gerenciar uns aos outros.")

A maioria das Cartas dos Presidentes descreve como tudo correu bem, em determinadas circunstâncias, à espera de que os acionistas engulam qualquer desculpa. As de Buffett ressaltam o aspecto negativo, sabendo que eles não o farão.

No relatório mais recente, imediatamente após observar que o aumento no valor contábil da Berkshire Hathaway, em 18 anos, representa uma taxa de crescimento anual composta de 22%, ele acrescenta: "Você pode ter certeza de que essa porcentagem será reduzida no futuro. As progressões geométricas acabam produzindo suas próprias âncoras." (Ele está certo, é claro. Manter essa taxa de crescimento por mais 18 anos significaria um crescimento do valor contábil para US$ 22 milhões e, após mais 18 anos, para aproximadamente US$ 1 milhão por ação.) Mesmo quando declara os ganhos de papel na carteira da Berkshire Hathaway — uma alta de 40% em 1982 —, ele toma o cuidado de, primeiro, subtrair os impostos que seriam pagos se esses lucros fossem realizados.

Sem dúvida, é fácil falar francamente e rir de si mesmo quando qualquer tolo pode ver que você é ótimo. O que pode ser um pouco irritante para alguns de seus colegas é que as cartas de Buffett criticam não só o próprio desempenho e erros, mas também os de todos os outros dirigentes da nação. "Há indicações", escreve ele, "de que diversas grandes seguradoras optaram, em 1982, por manobras obscuras com a contabilidade e as reservas, que mascararam a significativa deterioração em seus negócios subjacentes. No ramo dos seguros, assim como em outros ramos, a reação de gerentes deficientes a operações deficientes é, com frequência, contabilidade deficiente." Seu tema recorrente: os direitos dos acionistas, que são menosprezados por tantos outros gerentes.

Bastante conhecidos são os grandes executivos que lutam heroicamente para se defender das generosas ofertas para a aquisição de seu negócio. Menos claramente percebidos são os gerentes que pagam demais para crescer por meio de aquisições. "Os gerentes que desejam expandir seus domínios à custa dos proprietários", Buffett reprova ironicamente, "deveriam considerar uma carreira no governo".

É ainda pior — na opinião dele — quando a aquisição é feita com ações, uma vez que as ações do comprador frequentemente são vendidas no mercado com um desconto em relação a seu valor verdadeiro. "O comprador que, todavia, continua a crescer está usando uma moeda desvalorizada [suas ações] para pagar por uma propriedade avaliada por seu preço cheio... Os banqueiros de investimento amistosos vão garantir a correção de suas ações. (Não pergunte ao barbeiro se você precisa cortar o cabelo.)"

Em vista do enorme prêmio necessário para comprar uma empresa inteira, a estratégia de Buffett tem sido a de aquisições parciais. Onde outra companhia faria uma oferta de US$ 48 por ação por toda uma empresa cujas ações eram vendidas na véspera a US$ 25, Buffett está contente de comprar discretamente a US$ 25. "O que realmente nos faz dançar", admite ele, "é comprar 100% de uma empresa a um preço bom, mas isso é tremendamente difícil de fazer. E, portanto, é por isso que, no final do ano, a Berkshire Hathaway era proprietária, entre outras participações, das seguintes parcelas: Blue Chip Stamps (60%), GEICO (35%), General Foods (4%), fabricante de metais preciosos Handy & Harman (17%), R.J. Reynolds (2,7%), Interpublic (15%), Ogilvy & Mather (9%), Time Inc., editora da *Fortune* (2,7%) e Washington Post Co. (13%).

Os lucros reportados da Berkshire Hathaway incluem sua parcela dos lucros da Blue Chip Stamps — uma vez que ambas estão em processo de fusão —, mas somente a receita de dividendos das outras empresas em sua carteira de investimentos. Logo, Buffett precisa lembrar, todos os anos, aos acionistas que os lucros reportados excluem uma grande parte do poder de compra verdadeiro. "Não se trata de uma crítica aos procedimentos contábeis", apressa-se em acrescentar. "Não gostaríamos de ter o trabalho de planejar um sistema melhor. Basta dizer que ambos, gerentes e investidores, devem compreender que os números contábeis são o começo, e não o fim, da avaliação de uma empresa."

Lamentando as complexidades da contabilidade, ele revela que "os índios ianomamis empregam somente três números: um, dois e mais do que dois. Talvez o tempo deles chegue um dia".

Buffett argumenta que, devido à crescente importância das participações não consolidadas da empresa, não é mais apropriado para os acionistas avaliar o desempenho da Berkshire pela relação entre lucros reportados e patrimônio, como até recentemente ele tem advertido que deveriam fazer. Porém, ele acrescenta: "Você deve ficar desconfiado dessa afirmação. Parâmetros raramente são descartados enquanto produzem leituras favoráveis. Porém, quando os resultados se deterioram, a maioria dos gerentes prefere abrir mão dos parâmetros a abrir mão do gerenciamento. Para os gerentes que deparam com essa deterioração, um sistema de medidas mais flexível é frequentemente sugerido: simplesmente atire a seta do desempenho empresarial em uma tela em branco e, em seguida, cuidadosamente desenhe a mosca do alvo em torno da seta cravada. Em geral, acreditamos em moscas prefixadas, longevas e pequenas."

Uma das moscas que ele considera notavelmente insignificante é a façanha amplamente proclamada dos "lucros recordes". "Afinal", explica ele, "mesmo uma conta de poupança totalmente inativa produzirá ganhos de juros constantemente crescentes a cada ano por causa dos juros compostos".

Não surpreende que Buffett seja um defensor dos direitos dos acionistas; aos 52 anos, ele próprio é um acionista profissional. Ele e a esposa possuem ações na Berkshire Hathaway recém-avaliadas em US$ 460 milhões, e o próprio negócio da Berkshire Hathaway consiste, em grande parte, em comprar participações acionárias.

O autor Jerry Goodman, em *Supermoney*, intitula Buffett como "o gerente financeiro fora de série da geração", observando que a sociedade que ele começou em 1956 — com a capacidade de previsão perfeita de encerrar as atividades em 1969 — alcançou um crescimento anual composto de 31%. "Mais notável", escreve Goodman, "foi que ele fez isso com a filosofia de outra geração... ele é Benjamin Graham aplicado com absoluta consistência". O falecido Benjamim Graham, claro, escreveu *O investidor inteligente*, reeditado quase continuamente desde 1949. Buffett escolheu Graham como mentor (e, anos mais tarde, Graham escolheu Buffett para ajudar a revisar seu livro).

Embora Graham e Buffett não concordem em todas as questões, sua percepção comum era a de comprar bens tão baratos que, com o passar do tempo, dificilmente deixariam de ter lucro. Essa abordagem exige mente analítica e trabalho árduo. "O mercado, como o Senhor", Buffett escreve, "ajuda aqueles que se ajudam. Porém, ao contrário do Senhor, o mercado não perdoa aqueles que não sabem o que fazem".

A estratégia de Buffett de aquisições parciais faz sentido quando empresas estão sendo vendidas no mercado a um desconto substancial em relação a seu valor verdadeiro como negócios estabelecidos, mas não quando o mercado, como ele periodicamente faz, enlouquece. Em 1972, quando a Avon e muitas outras empresas estavam sendo vendidas a 60 vezes os lucros, a Berkshire tinha apenas 15% de sua carteira em ações, em comparação com os 80% ao final de 1982. "Havia boas empresas por toda parte tanto em 1972 quanto em 1982", escreve ele, "porém, os preços que o mercado acionário atribuía a essas empresas em 1972 pareciam absurdos". "Se o mercado acionário continuar a subir", adverte Buffett, "a capacidade da Berkshire de utilizar capital de forma eficiente em posições de propriedade parcial será reduzida ou eliminada. Atualmente, estamos vendo alguns sinais precoces desse problema". (Droga! Outro mercado de alta.)

Um problema que todas as cartas de Buffett abordam é o estado das seguradoras de propriedade/sinistros — seu principal negócio. "Durante boa parte deste século", escreve ele, "grande parte da indústria trabalhou, efetivamente, em um sistema legal de preços quase administrados promovido pelas agências reguladoras de seguros. Embora a competição de preços existisse, era menos intensa entre as grandes empresas". Aqueles dias fidalgos, diz Buffett, se foram. "Embora partes da antiga estrutura permaneçam, (...) a nova capacidade não hesita em usar preços como uma arma de competitividade das mais importantes. Na realidade, ela saboreia esse uso. No processo, os clientes aprenderam que o seguro não é mais um negócio de um só preço. E eles não se esquecerão disso."

Buffett planeja conviver com volumes baixos enquanto espera pela diminuição do número de concorrentes, que fará com que os preços se firmem.

Ele está menos confiante, carta após carta, a respeito das perspectivas da indústria têxtil — um negócio do tipo commodity que é intensivo no uso de capital e no qual os períodos de fornecimento apertado e, consequentemente, de preços decentes surgem apenas raramente (e, então, duram apenas "a melhor parte de uma manhã"). Contudo, por uma questão de lealdade a seus empregados (e talvez por certa nostalgia pelas raízes da Berkshire), Buffett se recusa firmemente a abandonar esse negócio. Tal comportamento poderia parecer desconsiderar os interesses dos acionistas da empresa — porém, com 47% das ações da companhia, Buffett é capaz de receber um voto favorável a essa política, ou qualquer outra, praticamente por si mesmo. Mesmo assim, ele assegura a seus acionistas, não é o tipo de negócio no qual ele está ansioso por entrar no futuro.

Entre as observações finais nas Cartas de Buffett, está um anúncio virtual classificado de EMPRESAS DESEJADAS. Isso revela muito sobre a forma como Warren opera. A Berkshire Hathaway, Buffett escreve, está à procura de negócios grandes e simples ("se houver muita tecnologia, nós não o compreenderemos"), com lucratividade consistente, endividamento reduzido, gerência estabelecida ("não temos como fornecê-la") e um preço de venda ("não queremos perder nosso tempo ou o do vendedor conversando, até mesmo preliminarmente, quando o preço é desconhecido"). "Não nos envolveremos em transações não amigáveis. Podemos prometer sigilo completo e uma resposta muito rápida quanto a um possível interesse — em geral, dentro de cinco minutos."

Para escrever uma Carta de Presidente interessante, ajuda o fato de você ser um presidente com ideias interessantes. Buffett tem um estilo pouco convencional tanto nos negócios quanto na prosa.

Extraído de "É possível superar o desempenho do mercado acionário?"

26 de dezembro de 1983

Um excerto e uma parte de um artigo de Daniel Seligman

A Hipótese do Mercado Eficiente (HME), como este artigo incisivamente sugere, afirma que "o desempenho do mercado acionário não pode ser superado por meros mortais". Para todos os que acreditam na HME, portanto, o longo histórico de Buffett em escolher ações de sucesso era, no mínimo, dissonante. A reação usual dos crentes era descrever Buffett simplesmente como um sortudo — extraordinária e abominavelmente sortudo.

No entanto, à medida que a fama de Buffett foi aumentando, ele passou a ser visto como uma "anomalia", um investidor cujo excelente desempenho não podia ser explicado pelo acaso. Essa mudança não impressionou Dan Seligman, da Fortune, que escreveu este artigo. Seligman, meu mentor e amigo íntimo, sentia-se intelectualmente atraído pela HME — uma tendência que ele revela neste artigo — e queria muito que ela estivesse correta. Porém, sua honestidade e faro de jornalista lhe diziam que havia uma história boa e não contada aqui, e ele a escreveu.

Não republicamos o artigo inteiro; somente seu começo, a seção mais relevante e uma matéria sem importância que o acompanhava, a qual descreve Buffett e três de seus velhos amigos, Charlie Munger e os falecidos Bill Ruane e Walter Schloss. O artigo completo está disponível on-line (ver página 74), mas fique atento, porque ele basicamente descreve uma relíquia, uma vez que a HME foi, em grande medida, relegada ao lixo.

Houve um posfácio importante ao artigo: um debate de maio de 1984 sobre a HME, organizado pela Columbia University e contrapondo Buffett a um conhecido acadêmico da área de administração, o professor de finanças da University of Rochester — Michael Jensen. Falando em primeiro lugar, Jensen expressou sua crença na HME, apresentou coerentemente suas razões e acabou com uma referência ao artigo da Fortune — uma "excelente análise" sobre a HME, disse. Porém, seria um erro, afirmou ele, acreditar que os destacados históricos de investimento de Buffett e dos outros três fossem indubitavelmente atribuíveis à sua capacidade. Estatisticamente, disse ele, citando probabilidades de cara ou coroa, esses históricos poderiam, com igual facilidade, ter sido compilados pela sorte.

Nada disso, afirmou Buffett, percebendo que ele havia recebido uma oportunidade para introduzir o argumento exato que planejara apresentar. A ele mesmo e aos três outros investidores nomeados acima, Buffett acrescentou cinco praticantes do "cara ou coroa", chamando esse grupo de "Os superinvestidores de Graham-e-Doddsville". Todos os nove, explicou ele, descrevendo cada um, tinham um "pai intelectual comum": o famoso autor e investidor Ben Graham, que acreditava que os investidores deveriam pesquisar discrepâncias entre o valor de uma empresa e o preço de pequenos pedaços daquela empresa no mercado.

Esses nove investidores, no entanto, disse Buffett, haviam produzido seus desempenhos de formas muito distintas, com pouquíssimas ações duplicadas entre suas carteiras. Em outras palavras, eles eram residentes da mesma "vila intelectual", mas variavam na forma como administravam seus negócios. Atribuir seu desempenho superior à "sorte" seria algo absurdo.

Ao participar desse debate, senti que Buffett havia derrotado Jensen de forma decisiva, uma conclusão que, na prática, se tornou consenso sobre o evento. O próprio Buffett acredita que, de todas as apresentações escritas e orais que fez, essa foi a mais logicamente delineada e, por essa razão, a melhor. (O texto completo de "Os superinvestidores de Graham e Doddsville" pode ser acessado na internet.) — CL

A maioria das pessoas interessadas no mercado de ações se encaixa em uma destas três categorias: (1) acadêmicos que duvidam que qualquer um realmente saiba como superar o mercado; (2) investidores profissionais que rejeitam, de forma indignada, esse ponto de vista; e (3) investidores amadores que também acreditam ser possível superar o mercado, mas não percebem quão controversa é essa pressuposição. Há muito tempo, sou simpatizante do primeiro grupo e, até mais ou menos o ano passado, presumi que seu argumento fosse incontestável.

Parece que os professores construíram um argumento impressionante a favor da assim chamada Hipótese do Mercado Eficiente (HME). Se você pensa na hipótese como uma descrição literal do mundo real, então o mercado acionário não pode ser superado por meros mortais. Pergunta: quão próxima da realidade é a HME? Depois de ter reavaliado, mais uma vez, o argumento básico a seu favor apresentado nas faculdades de administração, e também depois de ter analisado algumas descobertas recentes que parecem inconsistentes com ela, respondo que a HME é extremamente útil para a compreensão do mercado acionário — mas duvido que esteja tão próximo da realidade quanto eu anteriormente presumia. Parece bastante claro que alguns investidores excepcionais por aí superam o mercado sistematicamente.

Como muitos outros fãs da HME, abalei-me com a proliferação de "anomalias" — sendo esse o termo preferido por professores para as notícias do mercado acionário que parecem contradizer a hipótese. Uma anomalia perturbadora concentra-se nos desempenhos extraordinários registrados por determinados investidores bastante conhecidos. Os históricos de um grupo de investidores muito coeso, dos quais Warren Buffett é o mais renomado, são fornecidos em detalhes a seguir. Buffett (...) está muito ciente de como seu histórico de investimentos constitui um desafio para a Hipótese do Mercado Eficiente. Ele acredita que existem "bolsões de ineficiência" exploráveis no mercado e, muitas vezes, tem apresentado esse argumento em palestras na Stanford Business School, de cujo conselho consultivo ele participa. Ao falar para o conselho, o professor William F. Sharpe, de Stanford, uma das estrelas acadêmicas da faculdade e autor de um livro didático que endossa solidamente a HME, certa vez referiu-se a Buffett como um "evento sigma cinco". No dialeto das faculdades de administração, esse superlativo significa que você deveria pensar no desempenho de investimento dele como cinco desvios-padrão acima da média; se fosse literalmente verdadeiro — ninguém afirma que é —, isso deveria nos dizer que há apenas uma chance em 3,5 milhões de compilar um histórico de investimento como o de Buffett por pura sorte.

VOCÊ SÓ VAI NA CERTA

Uma parte do texto de Daniel Seligman

Em tese, segundo a Hipótese do Mercado Eficiente, ninguém consegue sistematicamente superar o mercado acionário. Ao aplicar a HME a Warren Buffett, Charles Munger, William Ruane e Walter Schloss, você encontraria três dificuldades: (1) todos superaram o mercado por longos períodos; (2) em geral, eles o fizeram tanto nos mercados de alta quanto nos de baixa — portanto, o argumento que seus lucros maiores simplesmente refletem maior propensão ao risco é inválido —; e (3) todos seguem estratégias que refletem as ideias do falecido Benjamin Graham. Dessa forma, é difícil encarar esse desempenho como um evento aleatório. Buffett, Ruane e Schloss estudaram com Graham, e os quatro foram influenciados por seu clássico *Security Analysis*, escrito com David L. Dodd e publicado pela primeira vez em 1934. A ideia principal de Graham é: procure companhias que, por alguma razão, estejam subavaliadas e mantenha em carteira essas ações até que o mercado enxergue seu valor. Obviamente, é difícil encontrar essas companhias. Buffett diz: "Você espera e só vai na certa." Um fantástico exemplo do que você consegue quando sabe esperar é a Washington Post Co., em 1974, quando tinha um valor de mercado de US$ 80 milhões e suas emissoras de televisão, sozinhas, valiam mais do que isso. Agora seu valor de mercado é cerca de US$ 1 bilhão, e a Berkshire Hathaway, de Buffett, detém 13% da companhia.

O próprio Buffett não participa formalmente do ramo de gestão financeira desde 1969, quando dissolveu a Buffett Partnership Ltd., após quase 14 anos de operação. Uma das razões para a dissolução: Buffett não conseguia mais encontrar ações subvalorizadas. Durante sua existência, a sociedade teve um lucro anual médio de 29,5%, em comparação com 8,2% para o S&P 500. (Como os números a seguir, isso presume o reinvestimento anual dos dividendos.)

A sociedade de Charles Munger (Wheeler Munger & Co.) operou de 1962 a 1975, com um lucro médio de 19,8%, comparado com 5,3% do S&P 500. Bill Ruane administra o imensamente bem-sucedido Sequoia Fund, que foi o primeiro a ser oferecido ao público em julho de 1970 e, desde então, aufere um lucro médio de 18,6%, comparado com 10,6% do S&P. Atualmente, o Sequoia tem US$ 333 milhões de ativos e suspendeu as vendas a novos investidores porque, segundo Ruane, "o dinheiro estava entrando mais rápido do que eu concebia as ideias".

A sociedade privada administrada por Walter Schloss [desde 1956] tem tido um retorno médio de 21,3%, comparado com 8,7% do S&P. Em uma carta recém-enviada a seus sócios, Schloss saudou Graham e o *Security Analysis*, os quais "ajudaram muitos de nós ao longo de um caminho pedregoso".

O texto completo de "É possível superar o desempenho do mercado acionário?" está disponível em fortune.com/buffettbook (em inglês).

BUFFETT E A CAPITAL CITIES/ABC

A AQUISIÇÃO DA *American Broadcasting Cos. pela Capital Cities Communications, em 1985, e o envolvimento da Berkshire nessa transação foram um acordo e um investimento de que Buffett gostou desde o início, sobretudo porque isso o reuniu a seu amigo de longa data, o presidente da Cap Cities, Thomas S. Murphy. O negócio não decepcionou: a Cap Cities/ABC prosperou e, em 1996, foi comprada pela Walt Disney Co., tendo a Berkshire mais do que quadruplicado seu investimento original. Eis os quatro trechos publicados na* Fortune *que descrevem momentos importantes da história da transação.* — CL

Extraído de "Golpe de capital na Capital Cities"

15 de abril de 1985

Excerto de um artigo escrito por Stratford Sherman

Buffett diz sobre Murphy: "Acho que ele é o melhor administrador dos Estados Unidos." Muito eficiente como administrador, Buffett colocou uma parte substancial de seu futuro nas mãos de Murphy. Warren ajudou a concretizar a aquisição amigável ao concordar com a compra de cerca de 18% da companhia fundida, a Capital Cities/ABC Inc., por US$ 518 milhões... Mais extraordinário ainda, Buffett concordou em votar com a gerência durante 11 anos — desde que Murphy ou [o presidente Daniel] Burke estivesse no comando — e aceitou grandes limitações em sua liberdade de comprar e vender ações.

Extraído de "As taxas de fusão que fundem a mente"

20 de janeiro de 1986

POR PETER PETRE

Confrontados com as altas taxas cobradas [pelos bancos de investimentos], alguns executivos importantes decidiram agir por conta própria... Os bem-sucedidos que põem a mão na massa tendem a ser financistas com extraordinário talento para avaliar uma transação... [Um deles] encarou dois dos pistoleiros mais famosos de Wall Street. No mês passado, Warren Buffett interveio, em nome da Capital Cities Communications, na tentativa desta de adquirir a American Broadcasting Cos. [Ele] iniciou as negociações auxiliado pelo advogado especialista em fusões Martin Lipton, do escritório de advocacia Wachtell Lipton Rosen & Katz. Do outro lado da mesa, estavam Bruce Wasserstein, codiretor do departamento de fusões e aquisições da First Boston, e o especialista em aquisições hostis Joseph Flom, do escritório de advocacia Skadden Arps Slate Meagher & Flom.

Quando os dois lados estavam perto de atingir um acordo, os negociadores profissionais exigiram mais. "Buffett é tão esperto", lembra Wasserstein, "que você precisava tomar cuidado para não perder as próprias calças". Como conta o negociador, ele e Flom exigiram que a Cap Cities adoçasse sua oferta em dinheiro para a ABC com ações; mas Buffett, que não é de se deixar pressionar muito, finalmente fechou o acordo ao incluir mais alguns trocados — um verniz fino de *warrants* que elevaram o valor do negócio em cerca de 3%. Buffett se recusou a comentar o assunto.

Extraído de "A história oculta da Time Warner"

20 de novembro de 1989

POR BILL SAPORITO

Em meados da década de 1980, [J. Richard Munro, CEO da Time Inc., vislumbrou uma forma de atacar] todos os seus grandes problemas: fazer uma interligação através de aquisição ou fusão com outro gigante da mídia.

No outono de 1988, Warren Buffett apareceu com seus amigos da Capital Cities/ABC, empresa na qual ele era o maior investidor. Munro e [Nicholas J. "Nick"

Nicholas Jr., presidente da Time Inc.] encontraram Buffett, acompanhado de Thomas Murphy e Daniel Burke, respectivamente CEO e presidente da Cap Cities. As reuniões continuaram dezembro adentro, até, de acordo com Nicholas, Murphy mencionar que qualquer negócio deveria incluir um ou dois diretores da Cap Cities a mais do que os diretores da Time. Munro afirma que ele agradeceu a Murphy, um bom amigo, mas disse que a Time Inc. não estava à venda. Uma fonte da Cap Cities diz que os dois homens não conseguiam concordar sobre quem exerceria o comando.

A Time já havia rechaçado Buffett. Em 1984, ele sondara informalmente Munro sobre a aquisição de até 10% das ações da Time Inc., o suficiente para espantar uma tomada de controle hostil. A prática de Buffett com outras grandes participações acionárias é mantê-las por anos ou décadas e tornar-se um membro do conselho e assessor de confiança. Porém, quando Munro levou a proposta embrionária de Buffett para a diretoria da Time Inc., os diretores — para o arrependimento de Munro — desencorajaram-no a avançar com as negociações.

Extraído de "De Buffett para Disney: tudo aprovado"

1º de abril de 1996

POR CAROL LOOMIS

Recém-chegado de Omaha, e já fazendo uma entrega ele próprio, Warren Buffett, presidente da Berkshire Hathaway, entrou nos escritórios da Harris Trust, no centro de Manhattan, em 5 de março, e entregou dois envelopes a um funcionário da Harris. No Envelope número 1, havia ações — opa! — no valor de US$ 2,5 bilhões, 20 milhões de ações da Capital Cities/ABC pertencentes à Berkshire, sendo entregues ao comprador da companhia, a Walt Disney Co.

O Envelope número 2, selado e intitulado "Não abra até às 16h30 do dia 7 de março", continha os desejos de Buffett — mantidos em sigilo até mesmo dos administradores da Disney e da Cap Cities — de como ele queria que a Berkshire fosse paga pelo conteúdo do Envelope número 1. Como qualquer proprietário de ações ordinárias da Cap Cities, Buffett tinha a opção de pegar o pacote padrão, o qual continha ações da Disney e dinheiro, ou solicitar tudo em ações ou tudo em dinheiro.

E o envelope, o que houve com ele? Aprovando integralmente a Disney, Buffett solicitou apenas ações. Ao falar com o presidente da companhia, Michael Eisner, no dia 7, Buffett disse que ele havia mostrado toda sua gratidão à empresa e a seus administradores ao lhes confiar o dinheiro da Berkshire. Eisner garantiu a Buffett que ele faria tudo para mostrar que a decisão fora acertada.

No relatório anual de 1995 da Berkshire, prestes a ser publicado, Buffett reconhece que está retornando ao cenário de um crime dos investimentos. Atraído pela Disney em 1966 por causa de seu acervo cinematográfico, seu negócio incipiente de parques temáticos e o preço de banana de suas ações — a capitalização do mercado da companhia inteira era inferior a US$ 90 milhões —, Buffett investiu grande parte do dinheiro da Buffett Partnership nas ações a um preço ajustado para desdobramentos de US$ 0,31 por ação. Recentemente, essas ações foram vendidas a US$ 65, mas Buffett continuou no negócio? Não. Ele vendeu cada ação por US$ 0,48 em 1967. "Ah", diz Buffett, certamente com uma pontada de arrependimento, "é tão bom estar de volta".

Nota da organizadora: De volta, sim, mas não por muito tempo. Por algum tempo, é verdade, Buffett gostou da Disney, tendo até mesmo acrescentado ações à grande participação nessa organização que a Berkshire recebeu quando o negócio foi fechado. Porém, em seguida, a Disney passou por um período de turbulência administrativa — Frank Wells morreu e Michael Ovitz fracassou como gerente — e Buffett não aprovou o investimento. Em 1999, a Berkshire já havia saído por completo da Disney.

O texto completo dos quatro artigos sobre a Cap Cities está disponível em fortune.com/buffettbook (em inglês).

Extraído de "Superar o mercado por meio da recompra de ações"

29 de abril de 1985

Excerto de um artigo escrito por Carol Loomis

Ao fazer um estudo pioneiro sobre a recompra de ações, a Fortune descobriu que, em média, grandes benefícios fluíam para os acionistas de companhias que recompravam quantidades significativas de suas próprias ações.

Este artigo também apresentava muitas opiniões contrárias e favoráveis (algumas de Buffett) sobre as recompras. Na época, como agora, Buffett era fã dos administradores que recompravam ações por razões corretas — porque sabiam que suas ações estavam subvalorizadas. Inversamente, ele sempre desdenhou daqueles gerentes que recompram porque estão tentando sustentar o preço de suas ações ou contrabalançar os efeitos das opções sobre ações, as quais tendem a empurrar novas ações para o mercado. "A única razão para uma companhia recomprar suas ações", Buffett diz com frequência, "é se ela estiver sendo negociada por menos do que vale".

Os pontos de vista de Buffett sobre as recompras por vezes despertaram perguntas perplexas, ou mesmo indignadas, nas assembleias anuais da Berkshire, uma vez que ele parecia não estar praticando o que pregava. Por que, os acionistas perguntaram, a própria Berkshire não havia recomprado ações quando estavam subvalorizadas? Em 2009, na verdade, um questionador citou este artigo, quase literalmente, lembrando a Buffett que ele dissera que o mercado acionário descontaria os preços das companhias que deveriam estar recomprando suas próprias ações e não estão.

Ao longo dos anos, Buffett respondeu de várias formas. Nos dias efervescentes da bolha da internet, quando se pensava que a Berkshire era pré-histórica e suas ações estavam afundando em direção ao patamar dos US$ 40 mil, Buffett admitiu que, no passado, ele, às vezes, "havia errado" ao não fazer recompras. "Minha avaliação do valor da Berkshire", escreveu ele no relatório anual de 1999, "era conservadora demais naquela época ou eu estava entusiasmado demais com alguns usos alternativos de recursos". Ele, então, usou o relatório para abrir a porta às recompras e disse que, após os acionistas terem tido a chance de ler sua avaliação e entender as questões, a Berkshire aceitaria as ofertas dos acionistas que desejavam vender as ações.

E o que aconteceu? Nada que levasse a Berkshire a comprar ações. Buffett diz que as pouquíssimas ofertas que surgiram tinham preços que ele não estava disposto a pagar.

Após esse evento inexistente, Buffett disse, em mais de uma ocasião, que uma proposta da Berkshire para a recompra das ações seria um ato autodestrutivo. Ou seja, o mero anúncio pela companhia de que ela recompraria ações (uma revelação que seria necessária, disse ele) elevaria o preço às alturas e tornaria a compra das ações pouco atraente. Em outras palavras — estas são minhas palavras, definitivamente não as dele —, se Warren Buffett, um gênio na identificação de ações subvalorizadas, indicasse que a Berkshire estava tão barata que deveria ser comprada, ela imediatamente subiria para um preço nada em conta.

Um teste prático dessa proposição surgiu em 26 de setembro de 2011, quando o valor contábil das ações A da Berkshire era de aproximadamente US$ 96.900 e o preço das ações, em certos dias, havia caído para menos de US$ 100 mil. Buffett anunciou então que a diretoria da Berkshire havia autorizado a empresa a comprar ações — do tipo A ou B — a um preço não superior a 10% acima do valor contábil. Naquele mesmo dia, a ação pulou para um preço acima do limite de Buffett, e tudo indicava que a Berkshire não deveria ter sido capaz de comprar uma só ação. No entanto, alguns poucos acionistas fizeram ofertas dentro da faixa de preços de Buffett. A Berkshire comprou 98 ações A e 802 mil B por cerca de US$ 67 milhões no total — troco miúdo para uma companhia que poderia ter — e provavelmente teria — pagado bilhões em recompras.

Uma mensagem desse episódio: se as ações da Berkshire baixarem e se aproximarem do valor contábil (um número que muda todos os dias, é claro), sem dúvida, Buffett as consideraria baratas de novo. Eis, no artigo de 1985, os parágrafos sobre ele. — CL

"[U]m] entusiasta das recompras é Warren Buffett, o famoso investidor de Omaha. A companhia controlada por ele está prestes a adquirir 18% da Capital Cities na transação com a ABC [por meio da qual a Cap Cities adquiriu a ABC], e esse será seu maior investimento. Porém, agora mesmo, suas quatro maiores participações acionárias estão em empresas que [como fez a Cap Cities] recompraram muitas ações: GEICO, General Foods, Exxon e Washington Post. O investimento na Exxon é novo, acumulado apenas após a empresa começar a adquirir suas ações, em 1983. "Uma forte razão para eu ter feito isso", Buffett diz, "é que a companhia percebeu o valor de suas ações e foi suficientemente esperta e pró-acionista para recomprá-las". Por outro lado, Buffett vendeu ações de determinadas companhias porque elas não se dispunham a fazer recompras.

Ele está convencido, na verdade, de que o mercado desconta os preços das empresas que deviam estar fazendo recompras e não o estão, em vez de desperdiçar seu dinheiro em aquisições ou outros investimentos de valor muito menor. O corolário, diz ele, é um aumento de ágio para as companhias que recompram as ações, porque os investidores identificam as recompras como um sinal de que a gerência estará consistentemente inclinada a agir em defesa dos interesses dos acionistas. "Todos os administradores *dizem* que agem em defesa dos interesses dos acionistas", observa ele. "O que você gostaria de fazer como investidor é acoplá-los a um detector de mentiras para ver se isso é mesmo verdade. Sem uma dessas máquinas, o melhor indício de uma gerência voltada aos acionistas — pressupondo que suas ações estejam subvalorizadas — é a recompra. Um polígrafo substituto é o que são as recompras."

O texto completo de "Superar o mercado por meio das recompras de ações" está disponível em fortune.com/buffettbook (em inglês).

Adivinha quem comprou os títulos de dívida da Whoops

29 de abril de 1985

POR KENNETH LABICH

Em meados da década de 1980, a reputação de Buffett havia crescido a ponto de que qualquer investimento que fizesse era notícia — e, no início de 1985, a revelação foi a compra pela Berkshire daquele alvo de piadas no campo do investimento, os títulos de dívida da "Whoops".

Em sua Carta do Presidente, incluída no relatório anual de 1985 da Berkshire, publicada dias antes deste artigo, Buffett se esforçou para explicar tanto esse investimento "pouco ortodoxo" quanto as considerações prosaicas (cuidado com a inflação, por exemplo) que estão envolvidas na compra dos títulos de dívida em geral. Os investidores, Buffett enfatizou, precisam pensar sobre os preços dos títulos de dívida — ou, mais precisamente, o preço equivocado que um investidor espera identificar e explorar. Dizia a carta: "Charlie [Munger] e eu avaliamos que os riscos, na época em que compramos os títulos de dívida, e em relação aos preços que a Berkshire pagou (muito inferiores aos preços atuais), eram mais do que compensados pelas perspectivas de lucro."

Nessa carta, Buffett também afirmou suas opiniões — expostas em vários de seus relatórios anuais — sobre a compra de empresas, em sua integridade ou nas "frações" representadas pelas ações (e, ocasionalmente, pelas obrigações). Ele escreveu: "Sentimos que, se podemos comprar pequenas frações de empresas com um desempenho econômico subjacente satisfatório a uma fração do valor por ação da empresa como um todo, é possível que algo de bom aconteça para nós."

Aconteceu no caso da Whoops. No total, a Berkshire comprou US$ 260 milhões de títulos de dívida, mantendo quantidades variadas desde 1983 até o início da década de 1990. Sobre esse investimento, Berkshire recebeu juros livres de impostos de US$ 263 milhões e, na hora certa, ao se desfazer dos títulos de dívida, registrou ganhos de capital de US$ 68 milhões. — CL

Enquanto construía sua reputação como um dos investidores mais astutos dos Estados Unidos, muitas vezes Warren Buffett assustou Wall Street com movimentos ousados e inesperados. Ultimamente, ele tem surgido com surpresas a cada duas semanas. Tendo desempenhado um importante papel na negociação da Capital Cities Communications para assumir o controle da American Broadcasting Cos., o presidente de 54 anos da Berkshire Hathaway Inc., com base em

Omaha, surgiu com outra novidade estrondosa. Buffett revelou, no relatório anual da Berkshire Hathaway, que gastou US$ 139 milhões para comprar obrigações de longo prazo emitidas pelo Washington Public Power System (WPPSS) — a notória agência de construção de usinas nucleares do estado de Washington que deu um calote de US$ 2,25 bilhões em títulos de dívida em 1983 e veio a ser conhecida como Whoops.*

Empresa municipal composta de cidades e distritos de serviços de utilidades públicas, a WPPSS começou a construção de cinco imensas usinas de energia nuclear na década de 1970. Buffett não comprou as obrigações, objetos do calote, emitidas para financiar unidades geradoras nucleares 4 e 5. A WPPSS decidiu não prosseguir com essas duas usinas nos estágios iniciais de construção, após os custos atropelarem o orçamento e emergirem indícios de que a região havia superestimado suas necessidades de energia. As obrigações de Buffett estão vinculadas às unidades 1, 2 e 3. Eles continuam a pagar juros porque, ao contrário dos títulos de dívida para as unidades 4 e 5, elas são garantidas por uma agência de energia do governo federal.

Até o presente momento, Buffett parece ter triunfado novamente. Ao comprar os títulos de dívida, logo após um calote bastante divulgado haver causado a queda em todas as obrigações da WPPSS, ele garantiu uma atraente renda atual livre de impostos de 16,3% — um retorno anual de US$ 22,7 milhões sobre seu investimento. Ademais, seus títulos de dívida 1, 2 e 3 haviam subido em 13% no final de 1984.

Além disso, o investimento na WPPSS é novidade para Buffett. Embora a Berkshire Hathaway — um conglomerado que atua nas áreas de seguro, varejo e jornalismo — detenha grandes quantidades de títulos de dívida, o forte de Buffett é comprar ações em empresas cujos preços ele acredita terem sido subvalorizados pelo mercado acionário. Suas aquisições da WPPSS são uma proposição mais arriscada, como ele prontamente admite. Somente um dos três reatores nucleares financiados pelas ações está em funcionamento; o trabalho nos outros dois foi suspenso porque a energia não será necessária até meados da década de 1990. O congelamento dos trabalhos coloca em questão a estabilidade financeira de longo prazo da WPPSS. Investidores que detêm as ações do calote e outras partes interessadas abriram dezenas de ações judiciais contra a WPPSS, e os pagamentos de juros poderão ser interrompidos. Buffett adverte os acionistas sobre "um risco muito pequeno de que o 'negócio' poderia perder todo o seu valor em um ano ou dois".

---

* Jogo de palavras com a sigla da empresa. "Whoops" significa algo como "Epa". (*N. da T.*)

Buffett não parece preocupado com a possibilidade de um resultado desse tipo. Nem ele se julga, ou espera ser julgado por outros, com base em uma decisão de investimento; é o histórico geral que conta. O histórico de Buffett tem sido surpreendente. Proprietário de 41% da Berkshire Hathaway, ele atualmente gerencia mais de US$ 1,7 bilhão em investimentos da companhia. As ações da Berkshire Hathaway, que eram vendidas por US$ 40, há 10 anos, agora valem mais de US$ 1.800.

Sentado em um sofá em seu modesto escritório, o simpático nativo de Nebraska compara o investimento na WPPSS a outras decisões pouco convencionais que tomou ao longo dos anos — com destaque para seu mergulho nas ações da American Express logo após um contratempo em 1963 que envolveu o grande trapaceiro Tino De Angelis. O caso, que se tornou famoso como o Escândalo do Óleo da Salada, envolveu uma obscura subsidiária de armazenagem da American Express que emitiu recibos para grandes quantidades de óleo de algodão e de soja que não existiam. Embora muitos em Wall Street temessem que o caso pudesse levar a American Express à falência, Buffett e alguns sócios arriscaram e compraram 5% das ações da empresa a preços de liquidação. No final, o custo para a American Express acabou sendo muito menor do que originalmente se suspeitava, a ação decolou e a contrariedade de Buffett triunfou. "As coisas não são certas apenas porque não são populares", Buffett diz, soltando uma gargalhada, "mas essa é uma boa lagoa para se pescar. Paga-se muito em Wall Street por um consenso cordial".

A WPPSS é um paraíso daqueles que são "do contra". Os detentores de títulos de dívida nas unidades 1, 2 e 3 acabam de sobreviver a um desafio legal de arrepiar os cabelos. Eles conseguiram que seus juros fossem pagos porque a Bonneville Power Administration, agência do governo federal que vende energia hidroelétrica e serviços em toda a região noroeste, reservou parte de seus lucros para pagar aos acionistas 1, 2 e 3. A cidade de Springfield, no Oregon, que havia contratado a compra de energia dos projetos nucleares da WPPSS, pediu aos tribunais para investigar esse arranjo, uma vez que os contribuintes haviam questionado sua legalidade. Em fevereiro, um tribunal federal de recursos em São Francisco decretou que o arranjo fosse mantido.

É possível que surjam mais litígios em relação a essa questão e outras preocupações abundam. Para continuar a pagar os juros, a Bonneville precisa ter um fluxo de caixa confiável, o que depende, em parte, de chuva adequada nas represas cuja energia ela vende. Nem ela pode contar com a venda de todos os quilowatts.

Os fundidores de alumínio, os principais clientes industriais na região, foram atingidos pela concorrência estrangeira, e a Bonneville precisou baixar suas tarifas para mantê-los no mercado. Outro temor para os detentores de títulos de dívida 1, 2 e 3 é que um tribunal venha a decidir que os proprietários de títulos de dívida 4 e 5 têm direito a uma parte das receitas agora fluindo através de Bonneville para os detentores das 1, 2 e 3. Os observadores da WPPSS denominam a atual separação entre as duas classes de proprietários de títulos de dívida de "Muralha da China". O aspecto mais perigoso para os detentores dos títulos de dívida 1, 2 e 3 é a possibilidade de a WPPSS declarar falência. Uma vez que nenhuma agência pública desse tamanho faliu nos Estados Unidos, ninguém tem muita certeza de como os títulos de dívida 1, 2 e 3 se comportariam.

Em face de todos esses elementos imponderáveis, muitos especialistas em títulos de dívida municipais têm aconselhado seus clientes a manter distância da WPPSS. Um perito em títulos de dívida da Costa Oeste compara um investimento na WPPSS aos comboios de tropas que cruzavam o Atlântico Norte durante a Segunda Guerra Mundial. "É possível ter bastante certeza de que alguns torpedos serão disparados em sua direção", diz ele. "Porém, você não sabe se será atingido." As duas maiores agências de avaliação de obrigações de Wall Street — a Moody's e a Standard & Poor's — recusaram-se a dar uma classificação às ações 1, 2 e 3 da WPPSS.

No entanto, outros peritos em títulos de dívida compartilham o entusiasmo de Buffett pelo rendimento alto da WPPSS. Conforme afirma Robert Adler, vice-presidente do departamento de títulos de dívida municipais da Shearson Lehman Brothers: "Elas não são títulos de dívida de grau de investimento e alta qualidade, mas poderiam funcionar para um indivíduo abastado que entendesse os riscos." (Aparentemente, a American Express, proprietária da Shearson Lehman, é menos otimista. Em 1984, uma subsidiária de seguros da American Express vendeu títulos de dívida 1, 2 e 3 da WPPSS, ao valor de US$ 76 milhões.) Howard Sitzer, diretor de pesquisa em títulos de dívida municipais da Thomson McKinnon Securities, recomenda as WPPSS 1, 2 e 3. Ele argumenta que a Bonneville, empresa com receitas brutas de US$ 2,7 bilhões em 1984, pode cobrir seus compromissos de aproximadamente US$ 570 milhões com juros da WPPSS por algum tempo. Sitzer também vê pouca possibilidade de haver uma falência da WPPSS.

Buffett mantém que sua decisão de comprar títulos de dívida da WPPSS, como todas as suas outras decisões de investimento, foi precedida por uma análise realista dos valores subjacentes. Ele ressalta, por exemplo, que os ganhos após os impostos sobre seus títulos de dívida normalmente exigiriam um investimento de pelo menos o dobro do tamanho. Antes de seguir adiante, Buffett diz, ele cuidadosamente avaliou os riscos. "Não fazemos julgamentos com base em classificações", afirma ele. "Se desejássemos que a Moody's e a Standard & Poor's administrassem nosso dinheiro, nós o entregaríamos a eles." Buffett acrescenta, bastante orgulhoso, que sua sede em Omaha não tem computadores e que suas análises não são feitas com base em dados eletrônicos. Diz ele: "Nós lemos — e isso é tudo."

Buffett não revela se comprou mais títulos de dívida da WPPSS ou se tem diminuído sua posição desde o final do último ano. Seu compromisso para investir US$ 517,5 milhões na ABC não o forçará necessariamente a vender títulos de dívida da WPPSS para levantar o dinheiro. Ele pode recorrer ao fluxo de caixa e aos bens líquidos de sua empresa, ou fazer uso de seu considerável poder de levantamento de empréstimos. A Berkshire Hathaway também detém grandes blocos de ações do setor de comunicação, incluindo 4% da Time Inc., editora da *Fortune* — parte da qual a Federal Communications Commission pode forçá-lo a vender como condição para investir na ABC.

Buffett diz que, no futuro, as oportunidades para comprar títulos de dívida provavelmente serão poucas. Ele está preocupado com o fato de que o déficit do orçamento federal acarrete taxas de inflação substancialmente maiores e taxas de juros em ascensão — uma situação desastrosa para os proprietários de títulos de dívida. "Em uma situação de inflação descontrolada", diz Buffett, "o que você comprou vira papel de parede".

Embora Buffett tenha frequentado as manchetes em tempos recentes, ele não faz muitos investimentos. "Meu problema é que não tenho cinquenta ideias brilhantes por ano", diz ele. "Tenho sorte de ter uma ou duas." Porém, quando ele decide mergulhar, aposta alto. No último relatório anual, Buffett adverte os acionistas de que apostar pesadamente em um número pequeno de ideias tende a produzir um ano ruim de vez em quando. Pode até ser, mas, até agora, os acionistas ainda têm muito com que se surpreender.

Extraído de "Agora escuta essa"

28 de abril de 1986

"Nosso lucro sobre o patrimônio líquido durante o ano foi de US$ 613,6 milhões, ou 48,2%. É apropriado comentar que a visita do cometa Halley coincidiu com esse ganho percentual; nenhum dos dois será visto novamente em minha vida."
— Warren E. Buffett, 55, presidente da Berkshire Hathaway, no relatório anual de 1985 da empresa.

Nota da organizadora: para dizer a verdade, Buffett estava errado: o lucro, 13 anos mais tarde, em 1998, foi ligeiramente mais alto — 48,3% — sem nenhum acompanhamento do cometa Halley. Porém, em sua carta de 1998, Buffett desprezou a proeza, dizendo que a maior parte do ganho simplesmente resultou do efeito da emissão de ações da Berkshire durante o ano para fazer aquisições (principalmente da NetJets e da General Re), em uma época em que suas ações estavam sendo vendidas a um ágio elevado sobre o valor contábil.

Não foi acidente algum, certamente, o fato de Buffett ter emitido ações da Berkshire no ano em que seu preço, relacionado a um indicador mais importante — valor intrínseco —, também estava elevado. Ele consideraria um pecado distribuir ações da Berkshire quando elas estivessem na situação oposta — "baratas", por assim dizer.

Extraído de "Você deve deixar tudo para os filhos?"

29 de setembro de 1986

Excertos de um artigo de Richard J. Kirkland Jr.

Este artigo colocou Warren Buffett na capa da Fortune *pela primeira vez (embora certamente não pela última). No entanto, Buffett foi apenas o ator principal em uma longa história que também incluía um grande elenco de apoio — composto inteiramente de pessoas ricas. Portanto, simplesmente extraímos os parágrafos sobre Buffett, incluindo aqueles da abertura do artigo.*

O ponto de vista fortemente negativo de Buffett sobre as grandes heranças — opiniões que eu conhecia — estimularam este artigo. No entanto, definitivamente não havia qualquer carência de outros milionários prontos para discutir o tema, lembra o autor Rik Kirkland (que, mais tarde, se tornou editor-chefe da Fortune*). Seu artigo acabou sensibilizando os leitores. Paul Volcker, o presidente da Fed, falou ao avistar um editor da* Fortune *em uma festa em Washington: "Todo mundo está falando sobre seu artigo." Ainda hoje, um quarto de século após a publicação do artigo, Buffett recebe perguntas a esse respeito — como se, ele diz, os leitores o tivessem recortado e guardado. Sua filha, Susie (a mais velha dos três filhos de Buffett — os outros são Howard e Peter), provavelmente precisa responder a perguntas ainda com mais frequência por causa de uma história incluída no artigo. Susie diz que as pessoas que ela encontra ainda lhe perguntam incredulamente: "Ele não deu dinheiro para você reformar sua cozinha?"*

Na ocasião, Buffett pensava que "algumas centenas de milhares de dólares" poderiam ser uma herança apropriada a uma criança. Ainda hoje, ele continua adepto da parcimônia. Porém, à medida que os anos se passam, a inflação e suas próprias reflexões mudaram sua opinião a respeito do que seus filhos deveriam receber e levaram-no a revisar — para cima — aquelas ideias iniciais sobre "algumas centenas de milhares de dólares".

Por muitos anos, ele não revelou publicamente para onde seus pensamentos o levaram. Porém, em um jantar realizado em 2010, em Nova York, entre um pequeno grupo de pessoas muito abastadas, Buffett virou notícia ao explicar, pela primeira vez, o que seus filhos haviam recebido até então, e o que receberiam posteriormente quando ele morresse. Ele disse que, quando sua primeira esposa, Susie, morreu em 2004, o testamento dela deixava para cada um de seus três filhos US$ 10 milhões e que o testamento dele, que acabara de ser revisado, determinava que cada um receberia US$ 15 milhões.

Para os três filhos de Buffett, portanto, existe um total de US$ 75 milhões. Sua fortuna, no momento em que ele falava, era de aproximadamente US$ 50 bilhões. Obviamente, ele ainda acredita que não deveria deixar todo o dinheiro para os filhos. Nem ele espera passar a gestão da Berkshire Hathaway para os filhos, embora essa questão seja sutil. Acreditando que um membro de sua família estaria em melhores condições de preservar a cultura da empresa, Buffett tem dito que espera que seu filho Howard o suceda como presidente da Berkshire quando a necessidade surgir. Porém, a gestão ativa da empresa deve ser assumida por pessoas de fora da família.

Além de tudo isso, há uma condição implícita, relacionada à filantropia. Em 1999, bem antes da morte de Susie Buffett, ela e Warren estimularam os filhos a praticar filantropia ao doarem US$ 10 milhões a cada um deles para que abrissem as próprias fundações. Mais tarde, doações adicionais, algumas concedidas pelo testamento de Susie, elevaram o tamanho de cada uma das fundações para mais de US$ 100 milhões. Em seguida, veio aquilo que o filho e autor Peter Buffett (ver a página 417 para ler um artigo sobre ele) chamou de "Big Bang". A impressionante declaração de 2006 (feita em um artigo da Fortune) de que Warren Buffett gradualmente doaria a maior parte de sua fortuna a cinco fundações, entre as quais as três administradas por seus filhos. Desde então, cada uma das três fundações recebeu ações com um valor próximo a US$ 400 milhões nas datas de doação.

O jogo passou a um nível ainda mais elevado em 30 de agosto de 2012, quando Buffett — que celebrava seu 82º aniversário naquele dia — anunciou que, doravante, dobraria as ações a serem doadas para fundações administradas pelos filhos. O preço das ações da Berkshire ao longo dos anos determinará o valor final da doação. Porém, é fácil imaginar que o total de doações que emanam do Big Bang original e de sua variante de 2012 alcançará US$ 2 bilhões para cada fundação — e talvez bem mais do que isso. (O artigo da Fortune que revela a imensa doação de Buffett começa na página 343 deste livro.) — CL

Início do artigo:

Warren Buffett, 56 anos, presidente e gênio orientador da Berkshire Hathaway, a *holding* fenomenalmente bem-sucedida, vale pelo menos US$ 1,5 bilhão. Porém, não há razões para ter ciúmes de seus três filhos. Buffett não acredita que seja inteligente legar grandes riquezas em testamento e tem planos para doar a maior parte de seu dinheiro à sua fundação beneficente. Tendo financiado os estudos universitários da filha e de ambos os filhos, o investidor de Omaha se contenta em dar alguns milhares de dólares a cada um no Natal. Além disso, a filha Susan, 33, diz: "Se eu passar um cheque de US$ 20 para meu pai, ele o saca na boca da caixa".

Buffett não está excluindo os filhos da fortuna da família porque eles são gastadores ou devassos ou por se recusarem a entrar nos negócios da família — razões tradicionais pelas quais pais ricos deixam de dar dinheiro aos herdeiros. Diz ele: "Meus filhos vão encontrar o próprio lugar no mundo e sabem que eu os apoiarei no que quer que queiram fazer." Porém, ele acredita que dar a seus herdeiros "um fornecimento vitalício de auxílio-alimentação apenas porque eles saíram do útero certo" pode ser "prejudicial" para eles, além de ser "um ato antissocial". Para ele, o montante perfeito para deixar aos filhos é "dinheiro suficiente para eles sentirem que poderiam fazer qualquer coisa, mas não tanto a ponto de poderem não fazer nada". Para um universitário, Buffett calcula que "algumas centenas de milhares de dólares" é uma quantia que soa muito bem.

Quanto você deveria deixar para os filhos? Agonizar em cima dessa questão é uma obsessão peculiarmente americana. Na maior parte do mundo, os costumes e as leis obrigam que os filhos, a menos que tenham cometido algum tipo de crime particularmente odioso, automaticamente recebam a maior parte da fortuna dos pais quando eles morrem. Somente a Grã-Bretanha e suas colônias — todos países de lei consuetudinária — conferem aos proprietários de bens o direito de deixar para seus filhos o que quer que queiram.

Como o artigo continua no meio:

Alguns indivíduos ricos argumentam que não dar dinheiro aos filhos também pode causar problemas. Segundo um deles: "Se você é o filho e vê seu pai com tanto dinheiro, mas não recebe muito dele, eu acho que haverá ressentimento." Susan Buffett, que trabalha em Washington como assistente administrativa do editor da *U.S. News & World Report* e é casada com um advogado, admite que é difícil conviver com a posição de seu pai. "Meu pai é um dos homens mais honestos, cheios de princípios e bons que conheço", diz ela, "e, basicamente, eu concordo com ele. Porém, é um pouco estranho quando você sabe que a maioria dos pais deseja comprar coisas para os filhos e tudo que você precisa é de um pequeno montante de dinheiro — para reformar sua cozinha, não para viver na praia durante seis meses. Ele não o dará para nós por uma questão de princípio. Durante toda a minha vida, meu pai nos tem ensinado. Bem, eu sinto que aprendi a lição. Em determinado ponto, você pode parar."

E mais adiante:

Warren Buffett argumenta que a maior parte dos proprietários deveria esquecer de tentar manter a gestão de suas amadas empresas nas mãos de parentes; ele presume que a gerência atual, composta de indivíduos sem vínculo com a família, continuará administrando a Berkshire após sua morte. Ele garante que um herdeiro, ocasionalmente, pode ser o candidato mais adequado para gerenciar uma empresa, mas acredita que as probabilidades de isso acontecer são pequenas. Conforme o próprio Buffett afirmou: "Alguém diria que a melhor forma de escolher um time de campeões olímpicos é selecionar os filhos e as filhas daqueles que ganharam nas Olimpíadas realizadas há vinte anos? Dar a alguém uma posição favorável simplesmente porque seu pai alcançou sucesso é uma forma maluca de uma sociedade competir."

O texto completo de "Você deveria deixar tudo para os filhos?" está disponível em fortune.com/buffettbook (em inglês).

Disque B-U-F-F-E-T-T para fusão

22 de dezembro de 1986

Da seção "Tendências do mercado"

Em um dos classificados mais bizarros que o *Wall Street Journal* já publicou, Warren E. Buffett, 56 anos, presidente da Berkshire Hathaway Inc., anunciou que está procurando comprar empresas que valham US$ 100 milhões ou mais antes de 31 de dezembro de 1986. "Temos o dinheiro", diz o anúncio de quase uma página inteira, a um custo de US$ 47 mil, "e podemos agir com extraordinária rapidez (...) Se você tiver interesse, entre em contato imediatamente".

A razão para agir rápido é a lei fiscal que entra em vigor em 1º de janeiro. Embora o salto de 20% para 28% na alíquota de impostos sobre ganhos de capital federal para pessoas seja, por si só, alarmante, Buffett alerta que os proprietários de empresas poderão pagar o equivalente a um imposto sobre ganhos de capital de 52,5% se esperarem até depois de 31 de dezembro para vender. Ele chegou a esses números considerando o novo imposto sobre ganhos de capital de 34% que as empresas devem pagar sobre a venda de um negócio e os 28% que os acionistas devem sobre os ganhos de capital remanescentes. Diz Buffett: "Muitas companhias têm uma razão para correr contra o relógio."

Antes de pegar o telefone, contudo, esteja atento ao fato de que não é simplesmente qualquer aquisição potencial que servirá. A empresa precisa ter, "pelo menos, US$ 10 milhões de lucros após impostos — preferivelmente muito mais", de acordo com o anúncio, e deve também ostentar um bom retorno sobre o capital, uma dívida pequena ou inexistente e uma gerência ativa. Ela também deve estar em um setor simples: "Se há muita tecnologia, não entenderemos."

Nota da organizadora: Buffett não recebeu nenhuma proposta.

Temores precoces sobre os contratos futuros de índices

7 de dezembro de 1987

Uma carta de alerta enviada por Warren Buffett ao congressista John Dingell Jr.

Em meados de outubro de 1987, uma semana de grandes vendas no mercado acionário culminou na Segunda-Feira Negra — o dia 19 —, quando a média do índice industrial Dow Jones caiu 22,6%. À medida que as causas da quebra iam recebendo um intenso escrutínio, a atenção se direcionava ao papel desempenhado por um derivativo — os contratos futuros do índice S&P — cuja negociação fora permitida há apenas alguns anos. Em particular, os investidores institucionais que seguiam uma estratégia de "seguro de carteira" haviam, repetidas vezes, vendido a descoberto contratos futuros do índice, com suas transações atraindo outros investidores institucionais que agiram de maneira idêntica, disseminando, dessa forma, o pânico pelo mercado.

Repentinamente, houve uma oportunidade excelente — e uma forte razão da Fortune — para publicar uma carta que Buffett escrevera anos antes, em 1982, destinada ao congressista John Dingell Jr. (um democrata de Michigan), então presidente do subcomitê de supervisão e investigações. Naquele ano, o Congresso estava debatendo se permitiria que a Chicago Mercantile Exchange começasse a negociar contratos futuros vinculados aos níveis dos índices de ações. Dingell era contrário àquele plano e ele soube que Buffett também. Os dois homens se conheciam um pouco porque, muitos anos antes, seus pais, ambos congressistas, haviam sido amigos, embora Howard Buffett (republicano de Nebraska) fosse um arquiconservador e John Dingell pai (também democrata de Michigan), o oposto. Com esse pano de fundo, o Dingell mais jovem pediu ao Buffett empreendedor que explicasse em uma carta por que ele achava que a negociação de contratos futuros de índices de ações era uma ideia maléfica. Buffett, ao concluir sua carta cuidadosamente arrazoada, falou: "Não precisamos de mais pessoas fazendo apostas em instrumentos não essenciais identificados com o mercado acionário neste país, nem de corretores que os estimulem a fazer isso."

Dingell e Buffett estavam no lado perdedor dessa discussão. A negociação dos futuros do S&P começou na Merc, em abril de 1982, e, apesar de crises como a de 1987, espalhou-se. O contrato foi, então, superado, 25 anos mais tarde, por seu filhote eletrônico — os futuros E-mini S&P, os quais especuladores poderiam negociar por montantes relativamente pequenos e rapidamente se tornariam o rei dos contratos.

Quando ocorreu o "Flash Crash" de maio de 2010, apavorando muitos investidores, os contratos E-mini foram responsáveis por uma parcela imensa desse volume.
A seguir, eis a carta que Buffett enviou ao congressista Dingell em 1982. — CL

Esta carta visa comentar sobre as prováveis fontes das atividades comerciais desenvolvidas por qualquer mercado futuro que envolva os índices de ações. Minha experiência para fazer esse comentário consiste em cerca de 30 anos de prática em diversos aspectos do ramo dos investimentos, incluindo vários anos como vendedor de títulos mobiliários. Meus últimos 25 anos foram vividos como analista financeiro e, atualmente, sozinho, sou responsável por uma carteira de ações com um valor total superior a US$ 600 milhões.

É impossível prever exatamente o que acontecerá nos mercados de investimentos ou especulativos, e deve-se ter muita cautela com qualquer um que afirme dominar essa precisão. Acredito que os parágrafos seguintes apresentam uma expectativa razoável:

1. Um contrato futuro vinculado a um índice de ações pode auxiliar os esforços de redução de risco dos verdadeiros investidores. Logicamente, um investidor pode concluir que tem a capacidade de identificar instrumentos mobiliários subvalorizados, mas também pode concluir que não tem qualquer capacidade de previsão dos movimentos de curto prazo do mercado acionário. Mantenho essa visão em minha gestão de investimentos. Um investidor desse tipo pode desejar "zerar" as flutuações do mercado, e as vendas a descoberto contínuas de um índice representativo lhe oferecem a chance de fazer exatamente isso. Presumivelmente, um investidor com US$ 10 milhões de ações subvalorizadas e uma posição a descoberto constante de US$ 10 milhões no índice atingirá os lucros ou prejuízos líquidos atribuíveis apenas às suas habilidades na seleção das ações específicas — e ficará despreocupado com a possibilidade de que esses resultados serão mitigados — ou até mesmo influenciados — pelas flutuações do mercado como um todo. Por haver custos envolvidos — e por causa da maioria dos investidores acreditar que, no longo prazo, os preços das ações em geral subirão —, acho que existem relativamente poucos profissionais de investimentos que vão operar dessa maneira com um hedge constante. Porém, também acredito que é uma forma racional de se comportar, e que alguns profissionais, que desejam sem-

pre ser "neutros com relação ao mercado" em suas atitudes e seu comportamento, agirão assim.

2. Conforme já foi afirmado anteriormente, vejo uma estratégia lógica de redução de riscos que envolve vender o contrato futuro. Não vejo qualquer estratégia de investimento ou hedging correspondente no longo prazo do lado comprador. Por definição, portanto, um máximo de 50% das transações futuras podem ser negociadas com a expectativa de reduzir riscos e não menos do que 50% (o lado comprado) deve agir de uma forma que acentue o risco ou o clima de cassino.

3. As proporções reais seriam muito diferentes dessa divisão máxima de 50%-50% entre redutores de risco e acentuadores de risco. A propensão ao jogo é sempre aumentada por um prêmio grande relativo a um custo de entrada pequeno, independentemente de quão pequenas as verdadeiras probabilidades possam ser. É por essa razão que os cassinos de Las Vegas anunciam grandes prêmios e as loterias estaduais dão destaque a eles. No campo dos valores mobiliários, os tolos são seduzidos pela mesma abordagem de diversas maneiras, incluindo: (a) as "ações de centavos", as quais são "manufaturadas" por promotores precisamente porque atraem os ingênuos — criando sonhos de lucros enormes, mas com um resultado coletivo real desastroso, e (b) as baixas exigências de margem, através das quais a experiência financeira atribuível a um investimento grande é alcançada pelo comprometimento de um desembolso relativamente pequeno.

4. Tivemos muitas experiências no início de nossa história em que o fenômeno do comprometimento total alto/pagamentos iniciais baixos causou problemas. O mais familiar, com certeza, é a grande alta do mercado acionário no final dos anos 1920, a qual foi acompanhada e acentuada por margens de 10%. Cérebros mais equilibrados posteriormente decidiram que não havia nenhum elemento pró-social nessa especulação com margens pequenas e que, em vez de ajudar os mercados de capital, elas os prejudicaram no longo prazo. Portanto, introduziram-se regulações de margem, e elas se tornaram uma parte permanente do cenário onde atuam os investidores. A capacidade de especular nos índices de ações

com 10% de pagamento inicial, claro, é simplesmente uma maneira de contornar as exigências de margem e será imediatamente percebida como tal por apostadores no país inteiro.

5. Os corretores, obviamente, são favoráveis aos novos instrumentos comerciais. Seu entusiasmo tende a ser diretamente proporcional à quantidade de atividade que eles esperam. E, quanto mais atividade, maior o custo para o público e maior a quantia que será deixada para trás por seus membros para ser distribuída na indústria de corretagem. À medida que cada contrato expira, a única transação envolvida é a em que o perdedor pague ao vencedor. Quando o cassino (o mercado futuro e seu elenco apoiador de corretores) recebe um pedágio cada vez que uma dessas transações é realizada, você pode estar certo de que ele terá grande interesse em fornecer números muito grandes de perdedores e vencedores. Porém, devemos lembrar que, para os jogadores, esse é o tipo mais claro de um "jogo de soma negativa". Os prejuízos e os lucros anulam-se antes das despesas; após as despesas, o prejuízo líquido é substancial. Na realidade, a menos que esses prejuízos sejam substanciais, o cassino encerrará as operações, uma vez que os prejuízos líquidos dos jogadores constituem a única fonte de renda do estabelecimento. Esse aspecto de "soma negativa" está em contraste direto com o investimento comum nas ações em geral, que tem sido um "jogo de soma positiva" muito substancial ao longo dos anos, simplesmente porque as empresas correspondentes, no cômputo geral, ganharam somas de dinheiro substanciais que acabam por beneficiar seus proprietários — os acionistas.

6. Em meu julgamento, uma percentagem muito elevada — provavelmente pelo menos 95% e talvez ainda mais alta — da atividade gerada por esses contratos será estritamente especulativa por natureza. Você encontrará pessoas apostando nos movimentos de curto prazo do mercado acionário e capazes de fazer apostas razoavelmente elevadas, com montantes bastante pequenos. Elas serão encorajadas a fazer isso por corretores que verão o giro rápido do capital de seus clientes — a melhor coisa que pode acontecer a um corretor em termos de sua renda imediata. Uma grande soma de dinheiro será deixada para trás por esses 95%, uma vez que o cassino leva sua fatia em cada transação.

7. No final das contas, as atividades dominadas pela jogatina que são identificadas com os mercados de capital tradicionais e que deixam uma porcentagem muito alta daqueles expostos à atividade no prejuízo não serão boas para os mercados de capital. Muito embora as pessoas que participam dessas atividades especulativas não sejam investidores e o que eles estão comprando realmente não sejam ações, eles mesmo sentirão que tiveram uma experiência ruim com o mercado acionário. E, após ter sido exposto à pior face dos mercados de capital, compreensivelmente poderão, no futuro, ter uma visão negativa dos mercados de capital como um todo. Certamente, essa pode ter sido a experiência após os movimentos especulativos anteriores. Você pode perguntar se a indústria de corretagem não é inteligente o suficiente para cuidar dos próprios interesses no longo prazo. A história mostra que os corretores são míopes (veja o exemplo do final da década de 1960); muitas vezes, eles estiveram mais felizes quando o comportamento estava no auge da tolice. E muitos corretores se preocupam mais com quanto ganharão este mês do que se seus clientes — ou, até mesmo, a indústria de valores mobiliários — prosperarão no longo prazo.

Não precisamos de mais pessoas fazendo apostas em instrumentos não essenciais identificados com o mercado acionário neste país, nem de corretores que os estimulem a fazê-lo. Precisamos é de investidores e assessores que analisem as perspectivas de longo prazo de um empreendimento e façam investimentos apropriados. Precisamos do comprometimento inteligente de capital de investimento, não de apostas alavancadas oriundas de mercado. A propensão para operar no setor inteligente e pró-social dos mercados de capital é desestimulada, não acentuada, por um cassino ativo e excitante operando em partes da mesma arena, utilizando uma linguagem bastante semelhante e servida pela mesma força de trabalho.

Além disso, as atividades com margens baixas em instrumentos equivalentes a ações mostram-se inconsistentes com a política pública expressa, conforme ficou evidente nas exigências de margem. Embora os contratos futuros de índices tenham benefícios modestos para o profissional de investimento desejoso de "zerar" o efeito dos movimentos do mercado, o efeito líquido de mercados futuros em índices de ações com volumes altos provavelmente será extremamente prejudicial ao público comprador de valores mobiliários e, por essa razão, para os mercados de capital como um todo no longo prazo.

A história íntima de Warren Buffett

11 de abril de 1988

POR CAROL LOOMIS

Este artigo tem um pouco mais de história do que a maioria. Nos primeiros vinte anos após eu ter me tornado amiga de Warren Buffett e, logo depois, uma acionista da Berkshire Hathaway e, ainda mais tarde, a editora pro bono de sua Carta Anual aos Acionistas, escrevi apenas alguns parágrafos sobre ele na Fortune. *Verdade, à medida que sua reputação ia crescendo, sugeri alguns artigos sobre Buffett — aqueles sobre a Grinnell e a Whoops, por exemplo. Porém, outros membros da equipe da* Fortune *os escreveram, e isso não me causou problema algum.*

No início de 1988, no entanto, o editor-chefe da Fortune, *Marshall Loeb, me chamou em sua sala e me ofereceu uma escolha do tipo "pegar ou largar". Ele disse que era hora de publicarmos um perfil completo de Buffett. "Você pode escrevê-lo", disse ele, sabendo que eu conhecia Buffett muito bem, "ou eu atribuirei essa função a outra pessoa".*

Minha decisão, tomada após um dia de reflexão, foi escrever a história eu mesma. Sabia que era a escolha certa para os leitores da Fortune, *que receberiam de mim uma "história íntima" verdadeira, por eu compreender o mundo de Buffett tão bem. Porém, naturalmente, eles precisariam saber que eu também era amiga de Buffett, acionista da Berkshire e editora de sua Carta Anual. Todos esses fatos foram relatados no artigo e, desde então, tornaram-se presença constante em outras obras que escrevi sobre Buffett.*

Marshall havia escolhido um excelente momento para o perfil. Meu artigo contou uma história importante que, até então, ficara pouco visível: como Buffett — o investidor extraordinário — também se tornara Buffett — o homem de negócios e gerente extraordinário. A seu lado, desempenhando um papel essencial de assessoria, estava seu brilhante amigo Charlie Munger. De uma forma muito pouco reconhecida por quem estava do lado de fora, ambos haviam colocado a Berkshire no caminho para se tornar um negócio muito grande e bem-sucedido. — CL

Warren Buffett, presidente da Berkshire Hathaway, chama o conglomerado de sua "tela" e, brevemente, quando seu relatório anual for publicado, o mundo aprenderá precisamente que tipo de quadro esse investidor lendário andou pintando no tumultuado ano de 1987. Uma prévia: como uma obra de arte, o ano não foi ruim para Buffett. A Berkshire — entre cujos acionistas, desejo dizer de imediato e com grande felicidade, há muito tempo me incluo — registrou um aumento de US$ 464 milhões em seu patrimônio líquido, uma alta de nada menos do que 19,5%. Esse índice está um pouco abaixo da média anual de 23,1% que Buffett tem registrado desde que assumiu a companhia, há 23 anos. Porém, em um ano no qual muitos investidores profissionais tiveram as cabeças colocadas a prêmio, esse último exemplar do trabalho de pintura de Buffett deve ser classificado como mais uma obra-prima.

O relatório anual, que os leitores sempre examinam atentamente, para saber o que Buffett tem feito nos mercados de valores mobiliários, incluirá duas novidades especiais. Primeiro, Buffett, que comprou US$ 700 milhões em ações preferenciais conversíveis e resgatáveis da Salomon Inc. para a Berkshire antes de o mercado despencar em outubro, esclarece, em sua Carta do Presidente, que confia imensamente no presidente do banco de investimentos, John Gutfreund. Isso deveria pôr um fim nos rumores persistentes sobre conflitos entre os dois. Segundo, Buffett revela que a Berkshire começou a comprar títulos de dívida de curto prazo da Texaco no ano passado, após a companhia declarar falência, em um momento em que muitos outros investidores se desfaziam desses instrumentos. No final do ano, a Berkshire tinha um lucro não realizado nos papéis da Texaco. Porém, tanto essa participação quanto as ações preferenciais da Salomon (que Buffett avaliou em cerca de US$ 685 milhões no final do ano) são carregadas ao preço de custo nos livros da Berkshire e não exerceram qualquer influência no desempenho da empresa em 1987.

Atrás desse desempenho — atrás de Buffett, na realidade —, está uma história em duas partes, embora apenas um lado tenha sido enfatizado em todas as palavras que foram escritas a seu respeito. A maioria dos integrantes do mundo dos negócios conhece Warren Buffett, o investidor. O oráculo de Omaha; o gênio da escolha de ações que transformou US$ 9.800 — grande parte dessa quantia fruto de suas economias como entregador de jornal — em um patrimônio líquido pessoal que hoje supera US$ 1,6 bilhão; o homem cujo longo desempenho na administração de investimentos tem se tornado cada vez mais difícil de ser explicado como uma questão de sorte pelos defensores do mercado eficiente.

Aquele Buffett certamente esteve ativo em 1987. Tendo dito por mais de dois anos que não conseguia encontrar ações a um valor razoável para serem compradas pela Berkshire, Buffett chegou a 19 de outubro vestindo uma armadura pesada, sem possuir praticamente nenhuma ação ordinária além das três empresas que ele considera partes "permanentes" da carteira de ações da Berkshire. Todas as três, embora tenham baixado substancialmente durante a queda, tiveram um desempenho excelente ao longo do ano como um todo: a GEICO — uma seguradora de automóveis — subiu 12%; o Washington Post Co., 20%; e a Capital Cities/ABC, 29%.

Nada ruim para Buffett, o investidor. Porém, o outro artesão que trabalha na Berkshire é Buffett, o homem de negócios, comprador e gerente de companhias e um tipo cujas habilidades não são amplamente compreendidas. A rigor, esse sujeito trabalha dando passos curtos, enquanto Buffett — o investidor — dá saltos enormes. Em 1987, o ataque da Berkshire se mostrou agradavelmente equilibrado: o investidor produziu US$ 249 milhões (após a provisão para impostos) em lucros realizados e não realizados; o homem de negócios gerou US$ 215 milhões em lucros operacionais após impostos do conjunto de negócios da Berkshire, totalizando US$ 464 milhões. Os lucros operacionais foram mais do que a renda líquida da Dow Jones, ou da Pillsbury, ou da Corning Glass Works.

O veículo através do qual tudo isso foi feito — a Berkshire — tinha um preço por ação em torno de US$ 12 em 1965, quando Buffett assumiu o controle da companhia. Ela subiu para um pico de US$ 4.200 em 1987 e, recentemente, estava em torno de US$ 3.100. Buffett — um homem de 57 anos, arguto e sem artimanhas — é dono de 42% da empresa; sua esposa, Susan, de 55 anos, de outros 3%. A Berkshire teve uma receita superior a US$ 2 bilhões em 1987 e, provavelmente, será classificada na 30ª posição (ou próximo disso) na lista anual das maiores companhias de serviços diversificados compilada pela *Fortune*, além de ter uma constituição bastante estranha.

No coração da Berkshire, está uma grande seguradora de propriedade e de riscos composta por diversas companhias desconhecidas (como, por exemplo, a National Indemnity), as quais geram "caixa" em que Buffett investe. Além de seguros, a Berkshire é proprietária de um conjunto de empresas de tamanho consideráveis que Warren comprou, uma a uma, denominadas por ele mesmo como seus "Sete Santos". São elas: o jornal *Buffalo News*; a Fechheimer Brothers, fabricante e distribuidora de uniformes em Cincinnati; a Nebraska Furniture Mart, varejista de Omaha que vende mais móveis domésticos do que qualquer outra loja no país; a See's Candies, a maior produtora e varejista de confeitaria da Califórnia; e três operações que Buffett incorporou em seu rebanho quando a Berkshire comprou a Scott & Fetzer, de Cleveland, em 1986: *World Book*, aspiradores de pó Kirby e uma operação fabril diversificada que produz itens industriais, como compressores e maçaricos.

Um conjunto bastante heterogêneo, é verdade, mas, em seu relatório anual de 1987, Buffett — o homem de negócios — sai do armário para ressaltar exatamente como esses empreendimentos e seus gerentes são bons. Se os Sete Santos tivessem operado como um negócio único em 1987, diz Buffett, eles teriam um capital patrimonial de US$ 175 milhões, teriam pago US$ 2 milhões em juros e lucrado, após os impostos, US$ 100 milhões. Isso representa um retorno sobre o capital de 57% e é algo excepcional. Como Buffett diz: "Você raramente verá essa porcentagem em qualquer outro lugar, muito menos em grandes companhias diversificadas com alavancagem nominal."

Ao tentar, há alguns anos, reconciliar a hipótese do mercado eficiente com o sucesso de Buffett nos investimentos, um professor de administração o denominou como "um evento sigma cinco", uma aberração estatística bastante rara. Na compra e na administração de companhias inteiras, ele talvez seja um fenômeno igualmente incomum. Ele traz para as compras a mesma acuidade e disciplina que traz para os investimentos. Como gerente, desconsidera a forma e a convenção e se atém a princípios comerciais que chama de "simples, antigos e poucos".

As empresas da Berkshire, por exemplo, nunca perdem de vista o que estão tentando fazer. Segundo Buffett: "Quando pegamos o trem de Nova York para Chicago, não saltamos em Altoona para fazer trajetos adicionais. Nós também temos uma reverência pela lógica por aqui. Porém, o que fazemos não está além da competência de qualquer outra pessoa. Penso da mesma forma com relação ao gerenciamento dos investimentos: simplesmente não é necessário fazer coisas extraordinárias para obter resultados extraordinários."

Minhas credenciais para escrever sobre ambos os Buffett — o investidor e o homem de negócios — são raras. Além de ter sido membro da equipe dessa revista por mais de trinta anos, sou amiga de Buffett há mais de vinte. Faço algum trabalho de editoria em seu relatório anual, razão pela qual conheço o que será incluído na Carta. Além disso, sou uma admiradora de Buffett. Neste artigo, escrito por uma amiga, é possível esperar duas coisas: um olhar íntimo sobre a maneira como Warren Buffett opera e algo menos do que objetividade absoluta.

Porém, eis um fato incontestável: Buffett traz imenso brilhantismo intelectual a tudo que faz. Michael Goldberg, 41 anos, que administra as operações de seguros da Berkshire e ocupa a sala ao lado da de Buffett em Omaha, acredita ter conhecido pessoas igualmente inteligentes na Bronx High School of Science, "mas elas todas foram para áreas da matemática e da física". O poder intelectual de Buffett é totalmente focado nos negócios, os quais ele ama e conhece profundamente. Diz

Goldberg: "Ele está constantemente examinando tudo que ouve: 'É consistente e plausível? Está errado?' Ele tem um modelo do mundo inteiro em sua cabeça. Lá dentro, um computador compara cada novo fato com todos os que ele já experimentou e já conhece — e, por fim, ele diz: 'O que isso significa para nós?'" Para a Berkshire, Warren quer dizer. Buffett é proprietário de algumas ações em nome próprio, mas dedica pouco tempo à reflexão sobre elas. Segundo o próprio: "Meu ego está envolvido com a Berkshire. Não há dúvida quanto a isso."

Ao conhecê-lo, a maioria das pessoas não veria absolutamente qualquer sinal de ego. Buffett é prático, de aparência um tanto comum, tem o jeito sólido e simpático dos habitantes do Meio-Oeste — como um detetive particular, por exemplo, ele seria capaz de se misturar em qualquer multidão — e um estilo sóbrio de se vestir. Ele gosta de comer no McDonald's e de beber Cherry Coke, e não gosta de grandes festas ou de conversas fúteis. Porém, no ambiente correto, pode ser extremamente gregário e até mesmo um canastrão: neste inverno, durante a reunião dos gerentes da Cap Cities, ele se vestiu com um uniforme do Exército da Salvação, tocou uma corneta e fez serenatas para o presidente da companhia, Thomas Murphy, cantando: "Que amigo eu tenho em Murphy", com uma letra que ele mesmo escreveu.

Às vezes, sobretudo quando aborda temas intelectuais, Buffett fala com grande intensidade e em um ritmo bem acelerado, tentando acompanhar o girador em sua mente. Na juventude, ele tinha medo de falar em público. Então, forçou-se a fazer um curso da Dale Carnegie, cheio de, diz ele, "outras pessoas igualmente lamentáveis". Hoje, profere palestras com facilidade, extraindo-as de um esboço em sua cabeça — nada de discursos escritos, nada de anotações — e introduzindo-as com um estoque inesgotável de piadas, exemplos e analogias (pelas quais um autor profissional seria capaz de cometer um assassinato).

Em suas obras, Buffett não permite que as complexidades de seu pensamento o impeçam de formar uma visão muito simples da vida. O ponto principal sobre os dois Buffetts — o investidor e o homem de negócios — é que eles olham para a aquisição de empresas exatamente da mesma forma. O investidor vê a chance de comprar *porções* de uma empresa no mercado acionário a um preço abaixo do valor intrínseco — ou seja, abaixo do que um comprador racional pagaria para possuir o estabelecimento inteiro. O gerente vê a oportunidade de comprar a empresa *inteira* a um preço não superior àquele valor intrínseco.

O tipo de mercadoria que Buffett deseja também pode ser descrito de forma simples: empresas boas. Para ele, isso essencialmente significa operações com franquias fortes, retornos sobre o capital acima da média, uma necessidade relativamente pequena de investimento de capital e a capacidade, por essa razão, de gerar caixa. Essa lista pode soar simples. Porém, encontrar e comprar empresas desse tipo não é algo fácil; Buffett compara isso a caçar "elefantes raros e velozes". Ele tem procurado evitar não seguir seus critérios rígidos. Todos os Sete Santos possuem as características de um bom negócio. O mesmo ocorre com as empresas em que Buffett possui ações, como a GEICO, o Washington Post e a Cap Cities.

Em seus relatórios anuais, Buffett costuma exaltar os gerentes de todas essas companhias, e muitos concordam com ele em sua convicção de que o trabalho é divertido. Ele deseja ardentemente mantê-los fanáticos. "Empresas maravilhosas administradas por pessoas maravilhosas", essa é a descrição do cenário que ele deseja ver em seu cargo de CEO.

Porém, ele acredita que, com o passar dos anos, seus maiores erros em investimentos foram deixar de comprar ações de determinadas "empresas boas" simplesmente porque não conseguiu gostar da gerência. "Teria sido melhor que eu confiasse nas empresas", diz ele. Portanto, nas ações que ele, eventualmente, possuiu — embora não nas empresas que controla diretamente —, ele tem, de vez em quando, cerrado os dentes e tolerado uma quantidade razoável de idiotices gerenciais. Há alguns anos, quando ele possuía um número muito maior de ações do que agora, ele contou a um amigo, em tom de reclamação, os absurdos de um relatório anual que acabara de ler, descrevendo o conteúdo como enganador, distorcido a favor dos gestores e "suficiente para fazê-lo vomitar". O amigo retrucou: "E, mesmo assim, você é proprietário dessa ação." Sim, foi sua resposta: "Quero estar em empresas tão boas que até um idiota possa ganhar dinheiro com elas."

Naturalmente, as empresas boas não são baratas, sobretudo não nos tempos atuais, quando o mundo inteiro passou a entender seus atributos. Porém, Buffett tem sido consistentemente perspicaz como comprador — ele nunca se dispõe a pagar demais — e é paciente na espera pelas oportunidades. Ele regularmente coloca um "anúncio" em seu relatório anual explicando que tipo de negócio gostaria de comprar. "Para a empresa certa — e as pessoas certas —, podemos fornecer um bom lar", diz ele. Alguns tipos certos, chamados Heldman, leram esse anúncio e levaram a ele sua empresa de uniformes, a Fechheimer, em 1986. A empresa tem um lucro de cerca de apenas US$ 6 milhões, o que é uma operação menor do que Buffett considera ideal. Porém, os Heldman pareciam representar tão bem o tipo de gerente que ele procurava — "agradáveis, talentosos, honestos e dedicados a cumprir metas" é a descrição dele — que ele fez a aquisição e está satisfeito por tê-la feito.

Na compra de, pelo menos, uma empresa — o jornal *Buffalo News* — Buffett foi especialmente visionário. Tanto o Washington Post Co. quanto o Tribune Co., de Chicago, não se interessaram quando ele foi colocado à venda em 1977, talvez desencorajados porque se tratava de um jornal vespertino, uma espécie em extinção. O *News* também era publicado somente seis dias por semana, sem nenhuma edição ou fluxo de receita aos domingos, competindo com uma editora que publicava os sete dias, o *Courier-Express*. Porém, o *News* era o mais forte dos dois durante a semana, e Buffett concluiu que o jornal tinha a estrutura certa para ser bem-sucedido se conseguisse estabelecer uma edição de domingo.

Ao comprar o jornal por US$ 32,5 milhões, ele imediatamente começou a publicar aos domingos. As ofertas especiais introdutórias do *News* para assinantes e anunciantes levaram o *Courier-Express* a impetrar uma ação antitruste, a qual Buffett derrotou. Ambos os jornais passaram anos perdendo dinheiro — e, então, em 1982, o *Courier-Express* desistiu e encerrou suas atividades. No ano passado, o *News*, como um jornal monopolista próspero, registrou US$ 39 milhões em lucros operacionais antes dos impostos e certamente não o fez economizando em matérias. O jornal apresenta uma página de notícias para cada página de anúncios, uma proporção não igualada por qualquer outro jornal próspero de seu tamanho ou maior. Por adorar jornalismo — Buffett diz que, se não fosse um investidor, é bem possível que tivesse escolhido o jornalismo como carreira —, o *News* é, provavelmente, sua propriedade favorita.

O estranho sobre o intenso foco de Buffett em empresas boas é que ele chegou tarde a essa filosofia, após passar algumas décadas trabalhando e acumulando quantias pródigas de qualquer maneira. Em sua infância, em Omaha, ele era precoce e fascinado por tudo que tivesse a ver com números e dinheiro. Seu pai, Howard Buffett, corretor de ações e uma pessoa a quem o filho amava, afetivamente o chamava "bola de fogo". Ele praticamente memorizou um livro da biblioteca, *One Thousand Ways to Make $1000*, fantasiando, em particular, sobre as máquinas de pesagem de um centavo. Ele se imaginou começando com uma única máquina, transformando seus lucros em outros milhares e tornando-se o milionário mais jovem do mundo. Na igreja presbiteriana, ele calculava a longevidade dos compositores dos hinos, investigando se a religiosidade deles os havia recompensado com anos adicionais de vida (sua conclusão: não). Aos 11 anos, ele e um amigo se envolveram em buscas mais seculares, publicando um folheto de análise das apostas nas corridas de cavalo intitulado *Stable-Boy Selections*.

Durante todo esse tempo, ele pensava em ações. Adquiriu seus primeiros livros sobre o mercado aos 8 anos, comprou sua primeira ação (preferencial, da Cities Service) aos 11 e passou a experimentar todas as estratégias de negociação. Na adolescência, foi analista gráfico do mercado acionário por algum tempo e, mais tarde, adepto da análise da hora certa de entrar e sair do mercado. De 1943 em diante, sua base foi Washington, para onde sua família se mudou após a eleição de Howard Buffett para o Congresso. Profundamente saudoso de Omaha, certa vez o jovem Warren fugiu de casa, e também tirou notas desastrosas por algum tempo no ensino médio, até mesmo em matemática, matéria para a qual tinha talento natural. Somente quando seu pai ameaçou fazer Warren desistir de suas lucrativas e muito amadas entregas de jornal é que suas notas melhoraram. Ao se formar na escola secundária aos 16 anos, Buffett cursou dois anos na University of Pennsylvania e, depois, pediu transferência para a University of Nebraska. Lá, no início de 1950, enquanto estava no último ano, ele leu o livro recém-publicado de Benjamin Graham, *O investidor inteligente*. O livro estimulava o leitor a prestar atenção ao valor intrínseco das companhias e a investir com uma "margem de segurança", e para Buffett tudo fez sentido. Até hoje há um toque de Graham nas únicas regras de investimento articuladas por Buffett. "A primeira regra é não perder. A segunda regra é não esquecer a primeira."

No verão de 1950, após candidatar-se à Harvard Business School, Buffett tomou o trem para Chicago e foi entrevistado por um ex-aluno que lá vivia. O que esse representante do ensino superior viu, Buffett diz, foi um "cara mirrado de 19 anos que parecia ter 16 e tinha as habilidades sociais de um garoto de 12". Após 10 minutos, a entrevista terminou, e também as esperanças de Buffett de entrar para Harvard. A rejeição doeu. Porém, Buffett agora considera que essa foi a maior sorte que já teve, porque, ao retornar para Omaha, ficou sabendo que Ben Graham estava lecionando na Columbia Business School e imediatamente — e, dessa vez, de forma bem-sucedida — se candidatou. Outro aluno na turma de Graham era William Ruane, que hoje administra o bem-sucedido Sequoia Fund e é um dos amigos mais próximos de Buffett. Ruanne diz que um tipo de eletricidade intelectual fluiu entre Graham e Buffett desde o início e que o restante da turma desempenhou, sobretudo, o papel de plateia.

Ao final do ano letivo, Buffett ofereceu-se para trabalhar para a empresa de investimentos de Graham — a Graham-Newman — de graça, "mas Ben", diz Buffett, "fez seus cálculos costumeiros de custo e benefício e disse 'não'". Warren não conseguiu uma oferta de trabalho de Graham até 1954, quando começou na

Graham-Newman como pau para toda obra e como um estudioso das técnicas mecanicistas de investimento baseado em valor difundidas por Graham. Basicamente, Graham procurava "pechinchas", o que ele rigidamente definiu como ações que poderiam ser compradas a não mais do que dois terços de seu capital de giro líquido. A maioria das companhias, ele imaginava, poderia ser liquidada por, pelo menos, seu capital de giro líquido; então, ao comprar por ainda menos, ele acreditava estar estabelecendo a margem necessária de segurança. Hoje, poucas ações corresponderiam aos padrões de Graham; no início da década de 1950, muitas podiam ser assim enquadradas.

Buffett retornou a Omaha em 1956, aos 25 anos, impregnado pelas teorias de Graham e pronto para embarcar em uma viagem que o tornaria rico e famoso. Reunindo US$ 105 mil em recursos de sociedade limitada com alguns membros da família e amigos, ele fundou a Buffett Partnership Ltda. A estrutura econômica da sociedade era simples: os parceiros limitados ganhavam 6% sobre seus investimentos e recebiam 75% de todos os lucros realizados acima disso; Buffett, como sócio geral, recebia os 25% restantes. A sociedade aferiu lucros impressionantes desde o início e, à medida que notícias sobre a capacidade desse jovem iam se espalhando, novos sócios ingressavam, trazendo dinheiro.

Quando Buffett decidiu, em 1969, fechar a sociedade, desiludido com um mercado que havia se tornado desenfreadamente especulativo, administrava US$ 100 milhões, dos quais US$ 25 milhões eram recursos seus — a maior parte fruto de sua participação nos lucros. Durante mais de 13 anos de sociedade, ele fizera crescer seus recursos a uma taxa anual composta média de 29,5%. Esse histórico é o precursor de seu desempenho na Berkshire: 23,1%. O aspecto mais dramático de seu desempenho na Berkshire é que ele conquistou lucros colossais sobre o capital da empresa ao mesmo tempo que reteve 100% de seus lucros — a Berkshire não paga dividendos. Isso significa que ele precisou encontrar investimentos para uma quantia em expansão vigorosa. O patrimônio da empresa, no final do ano, foi de US$ 2,8 bilhões, uma cifra impressionante para levar ao crescimento a taxas compostas superlativas.

Apesar do desempenho excelente da sociedade, Buffett sente hoje que gerenciou o dinheiro dela usando apenas parte de seus sentidos. Em seu relatório anual de 1987, Buffett lamenta os vinte anos desperdiçados, um período que inclui todos os dias da sociedade, durante os quais ele pesquisou "pechinchas" — e, infelizmente, "teve a má sorte de encontrar algumas". Seu castigo, diz ele, foi "uma educação na economia dos fabricantes de implementos agrícolas de linha curta, das lojas de departamento de terceiro escalão e das fábricas têxteis da Nova Inglaterra". A companhia de implementos agrícolas foi a Dempster Mill Manufacturing, de Nebraska; a loja de departamentos foi a Hochschild Kohn, de Baltimore; e a fábrica têxtil foi a própria Berkshire Hathaway.

A sociedade de Buffett entrou e saiu da Dempster e da Hochschild Kohn rapidamente na década de 1960. A Berkshire Hathaway, empresa do ramo têxtil, da qual a sociedade comprou o controle por cerca de US$ 11 milhões, foi um problema mais duradouro. Buffett gerenciou o negócio durante vinte anos, enquanto lamentava a ignorância que o colocara em um pântano industrial, tal como os forros de ternos masculinos, no qual ele era simplesmente outro operador indiferenciado sem qualquer tipo de margem. Periodicamente, Buffett explicava, em seu relatório anual, por que permanecia em uma operação com resultados econômicos tão pobres. A empresa, dizia ele, era uma grande fonte de emprego em New Bedford, Massachusetts; os gerentes da operação eram honestos com ele e tão capazes quanto os gerentes de seus negócios bem-sucedidos; os sindicatos tinham se comportado de forma razoável. Porém, finalmente, em 1985, Buffett encerrou as operações, relutante em fazer os investimentos de capital que teriam sido necessários se ele tivesse até mesmo de subsistir nesse ramo profundamente desencorajador.

Alguns anos antes, em seu relatório anual, Buffett escreveu uma frase que se tornou famosa: "Com poucas exceções, quando um gerente com a reputação de ser brilhante se envolve com uma empresa com a reputação de ter fundamentos econômicos pobres, é a reputação do negócio que permanece intacta." Como um réquiem para a experiência têxtil de Buffett, o sentimento é bastante apropriado. Em sua mente, também, esse não é apenas o caso de um investimento relativamente pequeno que não foi bem-sucedido. Calculando o que a Berkshire poderia ter ganhado se ele não tivesse apostado no ramo dos têxteis, ele avalia o custo de oportunidade como algo em torno de US$ 500 milhões.

Às vezes, durante seus anos desperdiçados, Buffett sentia-se atraído por uma empresa boa e, como se a surpresa o despertasse a empreender atividades frenéticas, colocava montantes anormais na oportunidade. Em 1951, na ocasião investindo apenas o próprio dinheiro e, principalmente, gravitando em torno de "pechinchas", como a Timely Clothes e a Des Moines Railway, Buffett ficou fascinado pela GEICO, cujos baixos custos de distribuição e a capacidade de encontrar um conjunto melhor de segurados do que as outras seguradoras lhe conferiam vantagem crucial. Embora a empresa não chegasse perto de satisfazer os testes matemáticos de Ben Graham, Buffett investiu US$ 10 mil — em torno de dois terços de seu patrimônio líquido — em ações da GEICO.

Ele as vendeu um ano mais tarde, a um lucro de 50%, e não teve qualquer participação na empresa novamente até 1976. Naquela época, a GEICO era muito maior, mas estava próxima da falência, porque calculara erroneamente seus custos de indenização e praticava preços excessivamente baixos. Buffett acreditava, no entanto, que a vantagem competitiva da companhia continuava intacta e que o CEO recém-nomeado, John J. Byrne, poderia recuperar a saúde da empresa. Ao longo de cinco anos, Buffett investiu US$ 45 milhões na GEICO. Byrne conseguiu fazer o trabalho, tornando-se amigo íntimo de Buffett e, frequentemente, solicitando sua orientação. Hoje, a GEICO é uma estrela da indústria de seguros, e as ações da Berkshire valem US$ 800 milhões.

Em outra ocasião, no ano de 1964, enquanto administrava a sociedade, Buffett entrou pesado nas ações da American Express durante o famoso escândalo do óleo de salada. Descobriu-se que uma subsidiária da Amexco que emitia recibos de armazenagem havia certificado quantidades vultosas de óleo inexistente. Na pior hipótese, a American Express poderia ter emergido dessa crise sem nenhum patrimônio líquido. As ações da empresa despencaram. Ben Graham teria desdenhado das ações porque, segundo suas definições, elas não ofereciam qualquer margem de segurança. Porém, Buffett avaliou as atividades incorporadas nos ramos de cartão de crédito e cheques de viagem da empresa e concluiu que esses eram ativos que poderiam fazer com que a Amexco atravessasse praticamente qualquer turbulência. Buffett tinha uma regra tácita, na época, que era a de não colocar mais de 25% do dinheiro da sociedade em um papel. Ele infringiu essa regra no caso da American Express, comprometendo 40%, o que correspondia a US$ 13 milhões. Dois anos mais tarde, ele vendeu sua posição a um lucro de US$ 20 milhões.

Buffett considera ter sido cutucado, estimulado e impulsionado na direção de uma apreciação constante, em vez de intermitente, dos bons negócios por Charles Munger, 64 anos, vice-presidente da Berkshire (o "Charlie" dos relatórios anuais de Buffett). No mundo empresarial americano, os vice-presidentes, muitas vezes, têm pouca importância. Mas esse definitivamente não é o caso da Berkshire Hathaway.

É provável que a acuidade mental de Munger seja equivalente à de Buffett, e os dois podem conversar de igual para igual. Eles diferem, no entanto, em seus posicionamentos políticos — Munger é um republicano tradicional; Buffett, um democrata conservador em aspectos fiscais — e em comportamento. Embora, às vezes, mostre-se sarcástico em seu relatório anual, Buffett emprega muito tato quando critica alguém em pessoa. Munger pode ser incisivamente franco. No ano passado, ao presidir a reunião anual da Wesco, uma instituição de poupança que pertence à Berkshire na proporção de 80%, Munger fez uma autocrítica: "Em toda minha vida, ninguém jamais me acusou de ser humilde. Embora a humildade seja uma característica que admiro muito, não acho que eu tenha meu quinhão inteiro."

Como Buffett, Munger é um nativo de Omaha, mas ambos não se conheceram na juventude. Após conseguir o equivalente a um diploma universitário na Força Aérea americana e graduar-se em direito por Harvard, Munger foi para Los Angeles, onde fundou o escritório de advocacia atualmente conhecido como Munger Tolles & Olson. Em uma visita a Omaha, em 1959, participou de um jantar que também incluía Buffett. Munger tinha ouvido histórias sobre esse homem, então com 29 anos, que estava refazendo o cenário de investimentos de Omaha e estava preparado para não se deixar impressionar. Em vez disso, ficou muito impressionado com o intelecto de Buffett. "Eu teria de dizer", diz Munger, "que reconheci quase instantaneamente quão extraordinário Warren é".

A reação de Buffett foi a de um pregador. Convencido de que a advocacia era um caminho lento para a riqueza, começou a insistir que Munger deveria desistir de ser advogado e iniciar a própria sociedade de investimento. Finalmente, em 1962, Munger fez a mudança, embora resguardando-se ao continuar a trabalhar como advogado. Sua sociedade era muito menor do que a de Buffett, mais concentrada e muito mais volátil. Apesar de tudo, nos 13 anos em que a sociedade existiu, um período que se estendeu até 1975, Munger alcançou um lucro médio anual composto de 19,8%. Sua riqueza se expandiu como Buffett havia esperado: entre outras participações acionárias, ele é dono de praticamente 2% da Berkshire, com um valor aproximado de US$ 70 milhões no passado recente.

Quando conheceu Buffett, Munger já formara opiniões fortes sobre o abismo entre as empresas boas e as ruins. Ele atuara como diretor de uma revendedora da International Harvester em Bakersfield e viu quanto era difícil consertar um negócio intrinsecamente medíocre; por ser nativo de Los Angeles, ele observara a esplêndida prosperidade do *Times* daquela cidade; em sua cabeça, ele não carregava um credo sobre "pechinchas" que precisaria ser desaprendido. Então, em conversas com Buffett ao longo dos anos, ele pregou as virtudes das boas empresas e, com o passar do tempo, Buffett aceitou por completo a lógica desse argumento. Em 1972, a Blue Chip Stamps, uma afiliada da Berkshire que, posteriormente, foi integrada à matriz, pagou três vezes o valor contábil para comprar a See's Candies, e a era dos bons negócios foi lançada. "Fui profundamente moldado por Charlie", declara Buffett. "Se eu só tivesse prestado atenção ao Ben, teria sido muito mais pobre."

No ano passado, em uma festa em Los Angeles, a companheira de jantar de Munger virou-se para ele e friamente perguntou: "Diga-me, qual de suas qualidades é a principal responsável por seu grande sucesso?" Lembrando esse momento delicioso mais tarde, Munger disse: "Você pode imaginar uma pergunta tão maravilhosa? E, então, olhei para essa criatura maravilhosa — que eu certamente espero que sente ao meu lado em todos os jantares — e disse: 'Sou racional. Essa é a resposta. Sou racional.'" A história tem especial relevância porque a racionalidade também é a qualidade que Buffett acredita caracterizar o estilo como ele administra a Berkshire — e a qualidade que, frequentemente, acredita estar ausente em outras empresas.

Essencialmente, Buffett, como CEO, faz aqueles trabalhos para os quais julga ter especial competência: alocação de capital, avaliação de preços (em determinados casos) e análise dos resultados divulgados pelas divisões operacionais. "Warren morreria se não recebesse os números todo mês", diz Munger. Contanto que os números pareçam do jeito que deveriam parecer, Buffett não interfere nas operações — ao contrário, deixa seus gerentes livres para administrar os negócios da maneira como suas inteligências lhes dizem que façam. Quando fala sobre o tipo de empresa que deseja comprar, Buffet sempre estipula que elas devem chegar já munidas de estruturas gerenciais fortes porque, segundo ele, "não temos condições de fornecer gerentes, e não faremos isso". Ele se preocupa com o talento que trabalha para ele. A maioria das pessoas que administram suas operações é rica e poderia se aposentar. Em tudo que escreve e diz, Buffett nunca as deixa esquecer que ele considera o trabalho árduo e continuado delas uma das grandes recompensas de sua vida.

Buffett estipula a renda do CEO em uma companhia operacional, mas, além disso, não desempenha qualquer outro papel na remuneração. Todos os executivos que se encontram no topo são pagos através de planos de incentivo que Buffett cuidadosamente projeta para atingir os objetivos apropriados — uma margem de lucro maior em uma empresa, por exemplo, ou a redução no capital que ela emprega, ou resultados de subscrição melhores para a seguradora e mais disponibilidade de caixa para Buffett investir. Os incentivos não têm tetos. Por isso, Mike Goldberg, da seguradora, ganhou US$ 2,6 milhões em 1986 e US$ 3,1 milhões no ano passado. Por outro lado, em 1983 e 1984, quando o ramo dos seguros enfrentava problemas, ele ganhou seu salário base, de aproximadamente US$ 100 mil. Olhando para o futuro, e administrando uma seguradora em rápido declínio, Goldberg acredita que poderia estar de volta à remuneração básica em 1990. Buffett ganha o salário base por todas as suas atribuições: US$ 100 mil ao ano.

A esse preço, ele oferece indubitavelmente a empresa de consultoria com o melhor valor no setor financeiro. Seus gerentes operacionais podem chamá-lo sempre que desejarem para discutir quaisquer preocupações, e nenhum deles rejeita a oportunidade de fazer uso de seus conhecimentos enciclopédicos sobre a forma como as empresas funcionam. Stanford Lipsey, editor do *Buffalo News*, tende a falar com Buffett uma ou duas vezes por semana, geralmente à noite. Ralph Schey, presidente de Scott Fetzer, diz que acumula perguntas, fazendo contato com Buffett toda semana ou a cada duas semanas. Com a família, que administra o Nebraska Furniture Mart, à qual Buffett em geral se refere como "os impressionantes Blumkin", a praxe é jantar quase semanalmente em um restaurante de Omaha. Os Blumkin que participam costumam ser Louie, 68, e seus filhos: Ron, 39; Irv, 35; e Steve, 33.

A matriarca da família e presidente da Furniture Mart é Rose Blumkin, que emigrou da Rússia quando jovem, abriu uma minúscula loja de mobília que oferecia preços baixíssimos — o lema dela é "Venda barato e diga a verdade" — e construiu um negócio que registrou vendas de US$ 140 milhões no ano passado. Aos 94 anos, ela ainda trabalha sete dias por semana no departamento de tapetes. Buffett diz, em seu novo relatório anual, que ela está explicitamente aumentando o ritmo e "pode bem alcançar seu potencial pleno em mais cinco ou dez anos. Por isso, persuadi a diretoria a abolir nossa política de aposentadoria compulsória aos 100 anos". E já é tempo, ele acrescenta: "A cada ano que passa, essa política parece cada vez mais tola para mim."

Buffett está brincando, é verdade, mas simplesmente não considera a idade um fator de influência sobre a capacidade de um gerente. Talvez por comprar empresas com gerentes bons e permanecer com eles, ele tem trabalhado há anos com um número surpreendentemente grande de executivos mais idosos e valoriza a capacidade deles. "Meu Deus", diz ele, "é tão difícil encontrar bons gerentes que não posso me dar ao luxo de deixá-los partir simplesmente porque acrescentaram 1 ano à sua idade". Louis Vincenti, presidente da Wesco até pouco antes de morrer, aos 79 anos, costumava periodicamente perguntar se deveria ou não treinar um sucessor. Buffett o desestimulava com um grande sorriso: "Diga, Louie, como está sua mãe?"

As empresas da Berkshire não praticam qualquer forma de integração. Não há nenhuma reunião de todos os gerentes das empresas controladas, e a maior parte dos principais executivos das unidades operacionais não se conhece ou, no máximo, já trocou algumas palavras. Buffett nunca visitou a Fechheimer, em Cincinnati.

Charles "Chuck" Huggins, presidente da See's durante os 16 anos em que a Berkshire a controla, nunca foi a Omaha.

Naturalmente, Buffett não impõe qualquer sistema de gestão aos principais executivos das empresas operacionais, os quais têm liberdade para ser pouco rígidos ou organizados. Schey, 63 anos, o CEO da Scott Fetzer (vendas de 1987: US$ 740 milhões), formou-se na Harvard Business School e usa a panóplia completa das ferramentas de gestão: orçamentos detalhados, planos estratégicos, reuniões anuais de seus executivos. A alguns quilômetros de distância na Fechheimer (vendas em 1987: US$ 75 milhões), Robert Heldman, 69 anos, e seu irmão George, 67, sentam-se todas as manhãs em uma sala de conferência apinhada e leem toda a correspondência que chega à matriz. "Alguém abre os envelopes para nós, no entanto", diz Bob Heldman, não desejando ser considerado um extremista.

Por serem as últimas empresas adquiridas pela Berkshire, a Scott Fetzer e a Fechheimer ainda estão aprendendo a lidar com esse chefe pouco convencional em Omaha. Alguns anos atrás, antes da venda para a Berkshire, Schey tentara liderar uma compra de controle pelos gestores que teria levado a Scott Fetzer, empresa listada em bolsa, a se tornar uma empresa privada. No entanto, Ivan Boesky interferiu na negociação, o destino da empresa ficou incerto e chegou a hora em que Buffett escreveu para Schey uma carta exploratória. Buffett e Munger se reuniram com Schey em uma terça-feira em Chicago, onde fizeram uma oferta imediata e desistiram daquela lenga-lenga de "due diligence" que os compradores geralmente exigem. Uma semana depois, a diretoria da Scott Fetzer aprovou a venda.

Schey considera esse episódio ilustrativo da falta de burocracia que ele encontra ao trabalhar com Buffett. "Já que não posso ser dono da Scott Fetzer, essa é a segunda melhor opção" — melhor, ele acha, do que ser uma empresa listada em bolsa. Naquela vida, ele era perturbado por investidores institucionais e por uma diretoria que costumava ser extremamente cautelosa em autorizar jogadas maiores. O exemplo preferido de Schey é sua atual intenção de descentralizar a organização da World Book, a qual há muito se estabeleceu na Merchandise Mart de Chicago. A antiga diretoria de Schey, diz ele, provavelmente teria resistido ao risco de reestruturação: Buffett o estimulou a seguir em frente. Schey diz, com um sorriso largo, que Buffett também resolveu os problemas recorrentes que a Scott Fetzer teve para encontrar uso para todo o dinheiro que suas empresas boas geravam. "Agora", diz Schey, "eu simplesmente repasso o dinheiro para Warren".

Os Heldman, da Fechheimer, venderam 80% de sua companhia em 1981 para um grupo de capital de risco e, assessorados por um consultor de investimentos, investiram parte da receita em ações da Berkshire Hathaway. Quando o grupo de capital de risco decidiu sair em 1985, Bob Heldman se recordou do pedido de aquisições no relatório anual de Buffett e negociou sua entrada na comunidade da Berkshire. Embora seu relacionamento com o grupo de capital de risco fosse afável, os Heldman detestavam as seis reuniões de diretoria em Nova York das quais precisavam participar todo ano e também a gastança excessiva nelas. Buffett, diz Bob Heldman, é "fantástico". Há algo que você desejaria que ele fizesse de forma diferente? "Bem", diz Heldman, "ele nunca nos critica. Talvez ele devesse fazer mais isso". Buffett ri ao saber desse elogio: "Acredite em mim, se eles precisassem de críticas — o que definitivamente não precisam —, eles as receberiam."

Na prática, Buffett pode ser muito duro. Ele se lembra de chegar a uma das divisões operacionais, alguns anos atrás, após a instalação de equipamentos novos de processamento de dados que "economizariam mão de obra" e, mesmo assim, deixou que o número de funcionários no departamento de contabilidade subisse de 16½ para 22½. Por mais descontraído que seu estilo de gestão seja, Buffett conhece os números desse tipo e tem horror a eles. Há uma equipe do tamanho certo para qualquer operação, ele acredita, estejam os negócios indo bem ou mal; e ele é muito impaciente com relação a custos desnecessários e com os gerentes que deixam isso acontecer. Ele diz: "Sempre que leio sobre alguma empresa fazendo um programa de corte de custos, sei que essa empresa não sabe o que realmente são custos. Surtos violentos não funcionam nessa área. Um gerente realmente bom não acorda uma manhã e diz: 'Este é o dia em que vou cortar custos', da mesma forma que não acorda e decide treinar sua respiração."

Quando criticam Buffett, o que fazem apenas comedidamente, os gerentes operacionais de Warren tendem a considerá-lo excessivamente racional e exigente com relação aos números. Ninguém consegue imaginá-lo pagando por uma pequena empresa incipiente com um futuro promissor, mas sem nenhum presente. Buffett e Munger não estão nem um pouco propensos ao capricho pessoal, e nem mesmo pensam em fazer gastos de capital opcionais — como, por exemplo, para ter escritórios vistosos — que não conferirão a eles qualquer vantagem econômica. Nem eles são inventores. Diz Buffett: "Não temos habilidades nesse sentido. Acima de tudo, acredito que você diria que temos uma forte noção de nossas próprias limitações."

Eles não são tímidos, no entanto, com relação a preços. Uma vez ao ano, Buffett trabalha com os principais executivos tanto da See's quanto do *Buffalo News* para estabelecer preços, e tende a ser agressivo. Um CEO, ele diz, pode trazer perspectiva sobre os preços que um gerente de divisão não pode: "O gerente só tem uma empresa. Sua equação lhe diz que, se ele estabelece preços somente um pouco baixos demais, não é tão sério. Porém, se estabelece preços altos demais, flagra-se estragando o único bem em sua vida. E ninguém sabe o resultado do aumento de preços. Para o gerente, é tudo uma roleta-russa. Para o CEO, com mais de um bem em sua vida, não é. Então, eu argumentaria que alguém com ampla experiência e distanciamento deveria estabelecer os preços em determinados casos."

Buffett estende sua experiência para outro tipo de preço; o estabelecimento dos prêmios para as apólices de seguro de grande risco, como, por exemplo, a cobertura de responsabilidade por produtos. Esse é um jogo de prêmios que valem centenas de milhares ou milhões de dólares, probabilidades e anos de "exposição". Trata-se de um jogo feito sob medida para Buffett, que tende a fazer alguns cálculos de cabeça e surgir com uma oferta. Ele não tem uma calculadora — "ou um computador, ou mesmo um ábaco", diz — e nunca se veria necessitando de qualquer tipo de muleta matemática. Embora seja difícil provar esse argumento, ele deve ser o único bilionário que ainda prepara a própria declaração de imposto de renda.

Em seu escritório em Omaha, na realidade, ele faz o que lhe agrada, levando uma vida pouco agitada, sem pressões e com uma programação nada rígida. Contando com o chefe, a matriz trabalha com apenas 11 pessoas — e esse número é um pouco excessivo, Buffett acredita. A eficiência do escritório é assegurada por sua assistente, Gladys Kaiser, 59 anos, que trabalha para ele há vinte anos e para quem ele deseja vida eterna. "Se Gladys não puder ter vida eterna", Buffett diz, "não estou certo se eu desejaria ter".

Ele passa horas a fio em sua sala, lendo, falando ao telefone e, no período de dezembro a março, agonizando sobre seu relatório anual, cujo renome é uma das maiores satisfações de sua vida. Ele não é nem um pouco mal-humorado. "Quando converso com ele", diz Chuck Huggins, da See's, "ele está sempre de bom humor, sempre positivo". Porém, no cômputo geral, ele é um tipo solitário em sua sala, que tende a ser menos comunicativo e afável do que quando está falando ao telefone com amigos ou com os gerentes operacionais. Munger acha que não funcionaria se os gerentes ficassem no mesmo lugar físico que Buffett. "Ele é tão inteligente e rápido que as pessoas que o rodeiam o tempo inteiro sentem pressão mental constante ao tentar acompanhá-lo. Você precisaria de um ego forte para sobreviver na matriz." Goldberg, cujo ego foi testado, diz que não é fácil. "Tive a oportunidade de ver alguém inacreditável em ação. O aspecto negativo é: como você, alguma vez, voltará a ter uma impressão positiva das próprias habilidades após ter ficado perto de Warren Buffett?"

Quando Buffett está comprando ações, muitas vezes interrompe outras conversas telefônicas para falar em três linhas diretas que o conectam com corretores. Porém, ele dirá no novo relatório anual que não descobriu muito o que fazer no mercado acionário nos últimos tempos. "Durante a queda em outubro", escreve ele, "algumas ações caíram e atingiram preços que nos interessavam, mas não pudemos fazer compras significativas antes de elas se recuperarem". No final do ano, a Berkshire não ocupava qualquer posição acionária com valor superior a US$ 50 milhões, além de suas participações "permanentes" e uma posição temporária de arbitragem de US$ 78 milhões na Allegis, que está passando por uma reestruturação radical.

Os amigos com quem Buffett conversa no telefone e com quem, frequentemente, se reúne incluem alguns outros CEOs, entre eles Katharine Graham, do *Washington Post*, e Murphy, da Cap Cities. Graham procura seus conselhos há anos. Como ela diz, "estou trabalhando para me formar na Faculdade de Administração de Buffett". Warren acha que Murphy é um dos melhores executivos do país, mas Murphy também o procura para obter conselhos. "Converso com ele sobre aspectos importantes de minha empresa", diz Murphy. "Ele nunca é negativo e sempre se mostra motivador. Ele é extremamente inteligente e tem uma capacidade extraordinária de absorver informações. Você sabe, dizem que somos bons gerentes aqui, mas os resultados do jornal dele ultrapassam os nossos."

O próprio Buffett acredita que suas habilidades no campo dos investimentos foram auxiliadas por suas experiências nos negócios, e vice-versa. "Investir", diz ele, "dá a você uma grande exposição que não é possível de ser alcançada diretamente. Como investidor, aprende-se onde as surpresas estão — no varejo, por exemplo, onde os negócios podem simplesmente evaporar. E, se você é um investidor muito bom, pode voltar e acumular cinquenta anos de experiência indireta. Também pode aprender sobre alocação de capital. Em vez de colocar água em apenas um balde, aprende o que outros baldes têm a oferecer."

"Por outro lado", continua ele, "você poderia realmente explicar a um peixe como é andar na terra? Um dia na terra é melhor do que mil anos falando sobre isso, e um dia administrando uma empresa tem igual valor. Administrar uma empresa faz você sentir realmente do que isso se trata." Seu julgamento final: tem sido muito bom ter um pé em ambos os campos.

BUFFETT E A SALOMON

NINGUÉM NUNCA FEZ UM FILME *sobre a experiência de Buffett na Salomon Brothers. Poderiam tê-lo feito. Poderiam até mesmo tê-lo chamado de* Grande demais para quebrar, *embora o fim de Warren teria sido muito diferente do final do filme de 2011.*

O próprio Buffett, ao comentar no relatório anual de 1997 da Berkshire sobre a venda da Salomon para a Travelers (que logo foi reconstituída e se tornou o Citigroup), encerrou com um de seus gracejos: "Olhando para trás, acho que minha experiência na Salomon foi tão fascinante quanto instrutiva, embora, por algum tempo, em 1991-1992, eu tenha me sentido um crítico de teatro dizendo: 'Eu teria gostado da peça não fosse pelo assento infeliz que ocupava. Era de frente para o palco.'"

Caso você não preste atenção às datas ao começar a ler os dois artigos a seguir sobre a Salomon, por favor, observe que ambos foram publicados com nove anos de intervalo. O primeiro deles, "A sabedoria da Salomon?", foi uma reportagem inserida em "A história íntima de Warren Buffett", a qual você acaba de ler. Esse pequeno artigo descreve o começo da história da Salomon: o investimento anormal de US$ 700 milhões na empresa, feito pela Berkshire, em 1987.

O que ninguém poderia ter imaginado naquela época era que, em muito pouco tempo — especificamente, no período de 1991-1992 a que Buffett se referia na citação acima —, a Salomon enfrentaria problemas terríveis por transações ilegais com papéis do Tesouro, e Buffett seria forçado a saltar de paraquedas para tentar salvá-la. Esses eventos são esclarecidos em "A montanha-russa de Warren Buffett na Salomon". Porém, por razões singulares, esse artigo não viu a luz do dia até vários anos se passarem. O próprio artigo, em seus parágrafos iniciais, explica o atraso na publicação.

Ao ler o artigo de 1997 hoje e perceber quanto a Salomon chegou próximo da falência em 1991 — pelo menos da maneira como Buffett enxerga a situação —, é inevitável pensar na Lehman Brothers, a qual faliria muitos anos depois. No artigo sobre a Salomon, há uma frase descrevendo o caos, alertado por um Buffett transtornado, que acometeria Washington se a empresa falisse. Dizia a sentença: "Ele previu que a falência da Salomon seria calamitosa, que teria um efeito dominó que repercutiria pelo mundo afora e destruiria um sistema financeiro que depende de expectativas de pagamentos imediatos."

Nunca saberemos o que teria acontecido no caso da Salomon, porque os esforços de Buffett a pouparam. Porém, essa é também uma descrição mais do que perfeita do que aconteceu em 2008, quando a Lehman veio abaixo — CL

A sabedoria da Salomon?*

11 de abril de 1988

POR CAROL LOOMIS

"Não temos ideias fora do comum em relação à direção ou à lucratividade futura das atividades dos bancos de investimento", diz Warren Buffett no relatório anual da Berkshire Hathaway para 1987, o qual está prestes a ser publicado. "O que sentimos é a habilidade e a integridade de John Gutfreund, CEO da Salomon Inc." Com essa declaração, Buffett ataca os rumores que vêm varrendo Wall Street por meses, nos quais ele é tipicamente apresentado como alguém que deseja a destituição de Gutfreund e a entrada de alguém como William Simon.

Uma vez que Buffett segue uma política de não fazer movimentos hostis contra os gestores das empresas em que investe, os rumores sempre pareceram um tanto exagerados. No entanto, incursão de Buffett na Salomon, no ano passado, contribuiu para essas histórias se espalharem. Em 1º de outubro, ele colocou US$ 700 milhões em dinheiro da Berkshire, seu maior investimento até então, em ações preferenciais conversíveis e resgatáveis da Salomon. A ação paga 9% e é conversível após três anos em ações comuns da Salomon a US$ 38; caso não seja convertida, será resgatada no quinquênio que se inicia em 1995. O problema são os US$ 38. A ação da Salomon era negociada em torno de US$ 33 quando Buffett concluiu a transação. Após 19 de outubro, ela afundou para quase US$ 16 e, recentemente, estava em torno de US$ 23.

---

* Jogo de palavras entre o nome da Salomon Brothers e o rei bíblico Salomão. (*N. da T.*)

Essa profunda queda transformou a percepção de Wall Street sobre a transação de Buffett. No começo, pensou-se que ele havia comprado um papel dos sonhos, que valia mais do que ele pagara. A Salomon, dizia-se, entrara em pânico com a perspectiva de que o investidor agressivo Ronald Perelman viesse a assumir o controle da empresa e permitira que Buffett fizesse a própria investida de banditismo. A leitura pós-queda — a qual leva em conta muitas deserções e o grande tumulto na Salomon — é que Buffett comprou uma ação ruim e que toda a sua credibilidade como investidor está em risco.

Ele observa, em seu relatório anual, que o ramo dos bancos de investimento é muito menos previsível do que o da maior parte das empresas em que ele tem grandes participações. Ele diz que essa foi uma das razões para ter optado por ações preferenciais conversíveis. Porém, sua avaliação também soa serena: "Acreditamos que haja uma probabilidade razoável de que uma operação de alta qualidade que atue na área de levantamento de fundos e seja formadora de mercado, ao mesmo tempo sendo líder no ramo, tenha, em média, bons lucros sobre seu capital. Se assim for, nosso direito de conversão acabará sendo valioso". A propósito, acrescenta, ele gostaria de comprar mais ações preferenciais conversíveis parecidas com as da Salomon, o que soa como serenidade elevada ao quadrado.

O aspecto mais fascinante do investimento de Buffett na Salomon é que isso o coloca na comunidade de Wall Street, cuja ganância geral ele desprezou no passado. Em seu relatório anual de 1982, Buffett zombou da tendência dos banqueiros de investimentos de darem todos os conselhos que possam gerar uma renda maior para eles. "Não pergunte a seu barbeiro se você precisa cortar o cabelo", disse ele. Porém, o relatório deste ano sugere que ele considera os cortes de Gutfreund algo especial: nas negociações com Gutfreund, Buffett diz, ele o tem visto aconselhar clientes a não dar passos que estão ansiosos para dar, mesmo que isso faça com que a Salomon, consequentemente, deixe de ganhar honorários vultosos.

Observe que a descrição de Buffett dos negócios da Salomon não inclui aqueles clichês de Wall Street, como "banco mercantil". Para Buffett, os empréstimos-ponte, que estão em voga entre os bancos de investimentos e que facilitam muitas aquisições de controle acionário altamente alavancadas, costumam parecer compromissos perigosos — dívidas com uma prioridade tão baixa que são quase iguais ao patrimônio dos acionistas. Ele e seu associado, Charles Munger, são diretores da Salomon e podem facilmente pedir à empresa para evitar empréstimos-ponte. Porém, diz Buffett, "se John Gutfreund acabar achando que deveria fazê-los, nós o apoiaremos. Não entramos em empresas com a ideia de realizar grandes mudanças. Isso não funciona, seja nos investimentos ou nos casamentos".

A montanha-russa de Warren Buffett na Salomon

27 de outubro de 1997

POR CAROL LOOMIS

Uma história assustadora e bizarra de delitos e erros que empurraram a Salomon para a beira do abismo e produziram o "dia mais importante" na vida de Warren Buffett.

Enquanto Sanford I. Weill, 64 anos, grande negociador e CEO da Travelers Group, dá um passo adiante rumo à sua maior aquisição — a compra da Salomon Inc. por US$ 9 bilhões —, uma figura famosa de Wall Street, Warren E. Buffett, 67, dá um passo para fora da empresa. Seus dias começaram lá praticamente uma década atrás, no início do outono de 1987, quando sua empresa, a Berkshire Hathaway, tornou-se a maior acionista da Salomon e ele virou diretor. Porém, aquilo foi um treinamento com rede de segurança, nada comparado ao ato com monociclo na corda bamba que veio mais tarde: Buffett esteve presente *ativamente* na Salomon durante nove meses, em 1991 e 1992, quando as ilegalidades das transações da empresa criaram o estrondo de um desmoronamento gigante, o que o levou a entrar para administrar o lugar.

Embora muito tenha sido escrito sobre Buffett e a Salomon, boa parte do que será lido aqui são coisas novas. Sou amiga de Buffett há aproximadamente trinta anos e acionista da Berkshire (embora nunca tenha sido acionista da Salomon) há muito tempo. Por amizade, todos os anos, ajudo na edição do famoso relatório anual de Buffett e há muito tempo temos conversado sobre colaborar em um livro sobre sua vida no mundo dos negócios. Tudo isso me rendeu muitas oportunidades para aprender sobre a maneira como Buffett pensa. Uma parte do que colhi pode ser encontrada em artigos que escrevi para a *Fortune*, sobretudo no artigo publicado em 11 de abril de 1988, intitulado "A história íntima de Warren Buffett", e em um box associado, "A sabedoria da Salomon?". Porém muito do que aprendi sobre as experiências de Buffett na Salomon, em 1991, era confidencial, e teve a divulgação interditada por ele porque a Salomon estava, simultaneamente, lutando para se reerguer e lidando com problemas legais importantes. Mais tarde, embora essas emergências tivessem sido parcialmente superadas e a interdição pudesse ter sido suspensa, não houve razão imediata para publicar a história. Agora, com a transação com a Travelers, há bons motivos. A isso, acrescenta-se um fato:

esse drama de 1991 envia uma mensagem poderosa sobre os riscos que ameaçam um sistema financeiro que cada dia se torna mais complexo.

Esta história deveria começar com a observação de que os dez meses que Buffett passou na Salomon representaram uma ruptura profunda no ritmo de sua vida. Warren Buffett é um executivo acostumado a tomar uma grande decisão de investimento por ano, mas a Salomon o forçou a lidar com 25 decisões operacionais ao dia. No centro dessa experiência, esteve um único dia — aquele que ele denominou como "o dia mais importante de minha vida": domingo, 18 de agosto de 1991 —, em que o Tesouro americano primeiro proibiu a Salomon de participar nos leilões de títulos do governo e, em seguida, por causa dos esforços de Buffett, rescindiu essa proibição. Nas quatro horas de suspense entre as duas decisões, Warren lutou bravamente para impedir uma tragédia que ele via como uma possibilidade ameaçadora. Na opinião dele, a interdição colocou a Salomon — essa companhia que, agora, está sendo cotada a US$ 9 bilhões — em sério risco de ter de pedir falência imediata. Ainda mais importante, naquele dia, ele acreditou, como ainda acredita, que o colapso da Salomon teria estremecido as bases do sistema financeiro mundial.

Aquele domingo em agosto parece muito distante das negociações de outro domingo, 27 de setembro de 1987, quando Buffett e John Gutfreund — então presidente e CEO da Salomon — concordaram que a Berkshire Hathaway compraria US$ 700 milhões de ações preferenciais conversíveis da Salomon, o que equivalia a uma participação de 12% na companhia. O acordo permitiu que Gutfreund evitasse a tentativa hostil de tomada de controle liderada por Ronald Perelman, que parecia pronto para comprar uma grande quantidade de ações ordinárias da Salomon de determinados investidores sul-africanos que desejavam vendê-las. Com os US$ 700 milhões da Berkshire, Gutfreund pôde fechar um negócio que permitiu que a própria Salomon comprasse as ações sul-africanas — e, com isso, Perelman foi despachado.

Foi fácil ver por que Gutfreund recebeu com prazer Warren Buffett, o "white knight".* Foi menos fácil ver por que Buffett desejou vincular-se à Salomon, muito menos confiar a ela essa dinheirama, US$ 700 milhões — a maior quantia que ele jamais havia investido em uma única empresa. Ao longo dos anos, Buffett zomba-

---

* Literalmente, "cavaleiro branco", jargão do mercado financeiro para um investidor amigável procurado por uma empresa para defendê-la de uma tentativa de aquisição de controle (*takeover*) indesejada. (*N. da T.*)

ra dos banqueiros de investimento, lastimando seu entusiasmo por transações que proporcionavam honorários polpudos, mas que eram verdadeiros fracassos para seus clientes. Ele também falava, muitas vezes, de querer trabalhar apenas com pessoas de quem gostasse. De repente, lá estava ele, entregando montanhas de dinheiro da Berkshire, cuidadosamente acumuladas e economizadas, àqueles financistas farristas, inescrupulosos, fumantes de charutos caros, que logo ficariam famosos pelo livro *O jogo da mentira*?

Diversas razões explicam essa ação, mas nenhuma delas é suficientemente boa à luz do que se seguiu. Uma é que Buffett enfrentara problemas por alguns anos para encontrar ações que ele identificava como tendo um valor razoável e estava procurando alternativas de renda fixa. Uma segunda é que a proposta da Salomon veio de John Gutfreund, o qual Buffett vira fazendo um trabalho íntegro, nada ganancioso e favorável aos clientes para a GEICO, a qual a Berkshire era, então, acionista majoritária (atualmente, ela possui 100% da GEICO). Buffett gostava de Gutfreund — e ainda gosta.

Uma terceira explicação era simplesmente a de que Buffett acreditava que os termos da transação valiam a pena. Na verdade, as ações preferenciais conversíveis são investimentos de renda fixa acoplados a um bilhete de loteria. Nesse caso, os papéis pagavam 9% e eram conversíveis após três anos em ações ordinárias da Salomon a US$ 38 por ação — em comparação com o nível de US$ 30 em que a ação vinha sendo negociada. Se Buffett não convertesse as ações, elas deveriam ser resgatadas em cinco anos, com início em 1995. Para Buffett, parecia uma proposta decente. "Não é um 'triplo', o que é o desejável", disse-me em 1987, "mas pode acabar funcionando bem".

Para alguns dos tipos cerebrais e peritos em matemática na Salomon, essa avaliação teria sido qualificada como o eufemismo do ano. Desde o começo, eles acreditaram — e assim disseram à imprensa — que Buffett havia explorado o medo que Gutfreund tinha de Perelman e conseguira um papel dos sonhos, com um dividendo elevado demais ou um preço de conversão baixo demais, ou alguma combinação de ambos. Nos anos seguintes, essa opinião persistiu na Salomon e, mais de uma vez, executivos da empresa (embora nunca Gutfreund) foram até Buffett com propostas para acabar com as preferenciais.

É justo dizer que Buffett poderia ter levado essas ofertas mais a sério se soubesse que o futuro traria o escândalo destruidor da empresa e arrasador de seus lucros que irrompeu em agosto de 1991 — e que virou o mundo de cabeça para baixo, tanto para a Salomon quanto para ele.

Algumas informações importantes: antes da crise, a Salomon estava destinada a ter um excelente ano de negócios, manchado somente pela investigação realizada pelo Tesouro de um leilão de títulos ocorrido em maio, no qual se acreditava que a companhia talvez tivesse forçado uma escassez artificial. Apesar desse problema, cada ação da Salomon subiram para US$ 37, preço muito próximo do ponto de conversão de Buffett, de US$ 38.

Para relatar a história do que aconteceu, podemos começar com Buffett em Reno. Sim, Reno, o lugar escolhido por dois executivos de uma subsidiária da Berkshire para o encontro anual com Buffett. Ao chegar a Reno na tarde de quinta-feira, dia 8 de agosto, Buffett contatou seu escritório e descobriu que John Gutfreund, naquele momento no caminho de Londres para Nova York, desejava falar com ele naquela noite. O escritório de Gutfreund informou que ele estaria no escritório principal de advocacia da Salomon — Wachtell Lipton Rosen & Katz —, e Buffett concordou em telefonar para ele às 22h30, horário de Nova York.

Ponderando sobre o telefonema, Buffett concluiu que as notícias não poderiam ser ruins, uma vez que Gutfreund não estava em Nova York para tratar do assunto. Talvez, pensou ele, Gutfreund tivesse feito um acordo para vender a Salomon e precisava da anuência rápida dos diretores. Ao se dirigir para o jantar em Lake Tahoe, Buffett disse a seus companheiros que talvez ouvissem "boas notícias" antes do fim da noite — uma caracterização que indicava que Buffett estava disposto a cair fora desse negócio supostamente bom em que havia ingressado quatro anos antes.

Na hora marcada, interrompendo o jantar, Buffett foi até um telefone público para fazer a ligação telefônica. Após um pouco de demora, ele foi transferido para o presidente da Salomon, Tom Strauss, e para seu advogado, Donald Feuerstein, que lhe disseram que, uma vez que o avião de Gutfreund estava atrasado, eles, então, apresentariam um informe resumido a Buffett sobre "um problema" que havia surgido. Falando calmamente, eles disseram que uma investigação da Wachtell Lipton, feita a pedido da Salomon, descobrira que dois de seus operadores de títulos governamentais, incluindo um executivo graduado, o gerente Paul Mozer (um nome que Buffett desconhecia), haviam infringido as regras de negociação do Tesouro em mais de uma ocasião entre 1990 e 1991.

Mozer e seu colega, disseram Strauss e Feuerstein, haviam sido suspensos, e a empresa estava, na ocasião, tomando as providências para notificar os regulares e divulgar uma nota para a imprensa. Feuerstein, então, leu um esboço da nota para Buffett e acrescentou que, mais cedo naquele mesmo dia, havia conversado com o diretor da Salomon Charles T. Munger, também vice-presidente da Berkshire e assessor de Buffett, sobre tudo o que era importante.

A nota distribuída à imprensa continha apenas alguns detalhes sobre os pecados de Mozer. No entanto, um relato mais detalhado foi emergindo nos dias seguintes, descrevendo um homem em guerra com o Tesouro por causa das regras de negociação que ele desprezava. Uma nova regra, promulgada em 1990 para evitar que gigantes, como, por exemplo, a Salomon, manipulassem o mercado, decretava que uma única empresa não poderia fazer uma oferta por mais de 35% dos títulos do Tesouro que estivessem sendo oferecidas em determinado leilão. Em dezembro de 1990 e, novamente, em fevereiro de 1991, Mozer simplesmente ignorou essa regra: primeiro, fez uma oferta para o limite permitido da Salomon, de 35%; segundo, submeteu, sem autorização, ofertas separadas em nome de determinados clientes; e, terceiro, simplesmente colocou os títulos que esses licitantes haviam ganhado na própria conta da Salomon, sem nunca dizer aos clientes sequer uma palavra sobre todo o ocorrido. Como resultado, a Salomon emergiu com mais de 35% dos títulos leiloados e com mais poder de mercado.

Naquela noite de quinta-feira, em meio a outras conversas em telefones públicos, Buffett não ouviu todos esses detalhes, nem detectou, no tom prosaico de Strauss e Feuerstein, qualquer razão para ficar especialmente alarmado. Assim, ele voltou para o jantar.

Somente no sábado, quando conseguiu falar com Munger, então de férias em uma ilha ao norte de Minnesota, foi que Buffett percebeu a extensão do problema. Munger, advogado por formação, havia interrompido a narração de Feuerstein dois dias antes para explorar o que ele queria dizer — para usar as palavras que estavam em uma folha com "pontos para discussão" redigidos pelos advogados para aqueles telefonemas — com "uma parte do problema conhecida desde o final de abril". Na linguagem dos autores — ou seja, a "voz passiva" —, essa frase levanta uma pergunta óbvia: "Quem sabia?"

Munger insistiu nessa pergunta e descobriu que Mozer, acreditando que estava prestes a ser desmascarado, revelara as infrações nos leilões de fevereiro a seu chefe, John Meriwether, no final de abril. Chamando o comportamento de Mozer de "potencialmente destruidor de carreira", Meriwether imediatamente levou as notícias até Strauss e, alguns dias mais tarde, reuniu-se com Strauss, Gutfreund e Feuerstein para decidir o que fazer. Feuerstein advertiu os outros de que o ato de Mozer provavelmente era "criminoso", e o grupo concluiu que o Federal Reserve de Nova York deveria ser avisado do que havia acontecido. Porém, na ocasião, ninguém fez nada sobre o tal aviso — nem em abril, nem em maio e nem em junho ou julho. Essa foi a inércia que Buffett mais tarde chamou de "inexplicável e imperdoável", e que agravou a crise até o limite.

Ao conversar com Buffett naquele sábado, Munger chamou a falha prolongada dos gestores para agir de "chupar o dedo", termo que Buffett julga ter ouvido repetidas vezes quando ele mesmo conversou com Strauss e Feuerstein. Porém, ele não acredita que os dois homens tenham feito qualquer esforço adicional para informá-lo claramente sobre a atuação da alta gerência naquele desastre. Mais tarde, alguns dos reguladores da Salomon fizeram uma reclamação semelhante, dizendo que haviam sido informados sobre a falha no cumprimento do dever por parte da alta gerência, mas com palavras amenas e pouco específicas que não comunicaram bem o que havia acontecido.

Mesmo assim, isso os deixou em uma posição bem melhor do que o público, o qual, na nota da imprensa de 9 de agosto, não tomou qualquer conhecimento de quanto a gerência sabia na época. Em sua conversa telefônica com Feuerstein, Munger, categoricamente, questionou a omissão. Porém, Feuerstein disse que os gerentes e seus advogados estavam preocupados com a ameaça que revelações excessivas fariam à "capacidade de financiamento" da empresa — sua capacidade de rolar os bilhões de dólares em dívidas de curto prazo que venciam todo dia. Então, o plano da Salomon era dizer a seus diretores e reguladores que a gerência sabia do comportamento impróprio de Mozer, mas evitar dizer isso em público. Munger não gostou do plano e considerou esse comportamento nada transparente ou inteligente. Contudo, uma vez que não se considerava um perito em "capacidade de financiamento", ele se acalmou.

No entanto, quando ele e Buffett conversaram no sábado — com a história da Salomon exposta com grande destaque na primeira página do *New York Times* —, eles resolveram insistir na revelação imediata de todos os fatos. Na segunda-feira, Munger comunicou suas fortes opiniões ao amigo íntimo e assessor de Gutfreund, Martin Lipton, da Wachtell Lipton, e foi informado de que a questão seria discutida durante uma reunião de diretoria conduzida por telefone, agendada para a tarde da quarta-feira. Buffett, nesse ínterim, conversou com Gutfreund, o qual afirmou que a questão significava apenas "alguns centavos no preço da ação".

Na reunião de diretoria de quarta-feira, os diretores ouviram a leitura de um segundo comunicado à imprensa, o qual incluía três páginas de detalhes e uma admissão franca de que a alta gerência sabia, desde abril, das transgressões cometidas por Mozer em fevereiro. Porém, uma sentença mais adiante colocou os diretores em rebuliço telefônico. Ela dizia que a gerência havia, então, fracassado em informar os reguladores por causa da "pressão de outros negócios". Buffett, ao ouvir isso em Omaha, lembra-se de chamar essa desculpa claudicante de "ridícula". Mais tarde, a explicação no comunicado à imprensa foi alterada para incorporar as seguintes palavras: "Devido à falta de atenção suficiente à questão, essa determinação não foi imediatamente implementada"; outro exemplo ligeiramente menos reticente de uso da voz passiva, mas inflexível na recusa em atribuir qualquer culpa.

A ofensa real daquela reunião de diretoria de quarta-feira, contudo, não foi uma ofensa de linguagem, mas uma omissão flagrante: o fato de Gutfreund não ter informado à diretoria que havia recebido, no dia anterior, uma carta do Federal Reserve Bank de Nova York com algumas palavras apocalípticas. A carta era assinada por um vice-presidente executivo do banco, mas qualquer um que a lesse saberia que, por trás dela, havia 1,93 metro de força e temperamento irlandeses, na figura de Gerald Corrigan, presidente do banco. Corrigan, nessa ocasião, sabia o suficiente para ter ficado furioso com esse comportamento em sua área de jurisdição. A carta dizia que as "irregularidades" nos leilões da Salomon colocavam em questão "a continuidade de seu relacionamento comercial" com o Fed e afirmava que o Fed estava "profundamente preocupado" com a falha da gerência da Salomon em divulgar a tempo aquilo que soubera sobre Mozer. Ela solicitava um relatório abrangente, em um prazo de dez dias, sobre todas as "irregularidades, violações e falhas de supervisão" que a Salomon sabia terem acontecido.

Mais tarde, Buffett soube que Corrigan esperava que a carta fosse imediatamente encaminhada aos diretores da Salomon, os quais ele acreditava que reconheceriam com igual presteza que a alta gerência precisava ser mudada. Quando os diretores não agiram, Corrigan achou que eles o estavam desafiando — mas, em vez disso, eles simplesmente ignoravam o fato. Buffett não tomou conhecimento de qualquer carta do Fed até mais tarde, na mesma semana, quando conversou com Corrigan e, mesmo assim, Buffett presumiu que o Fed enviara apenas um pedido de informações. Buffett não viu a carta até mais de um mês depois, após ouvir Corrigan referir-se formalmente a ela em audiências no Congresso.

Na opinião de Buffett, a crença do Fed de que sua carta fora ignorada aumentou a fúria com que os reguladores chegaram à Salomon alguns dias mais tarde. Segundo Warren, houve muitas "questões vitais" que Gutfreund, Strauss e Feuerstein ocultaram dos diretores nos meses anteriores, o tempo todo agindo como se tudo estivesse perfeitamente normal. Porém, o não encaminhamento da carta do

Fed para a diretoria foi, em sua opinião, "a bomba atômica". Ou talvez, diz ele, uma descrição mais crua seja apropriada: "Compreensivelmente, o Fed sentiu, a essa altura, que os diretores haviam se associado aos gerentes para cuspir em sua cara".

É razoável perguntar o que estava acontecendo com as ações da Salomon enquanto tudo isso se passava. Estavam enfaticamente mais baixas, de mais de US$ 36 por ação na sexta-feira a menos de US$ 27 na quinta-feira, quando a segunda nota da imprensa deixou o mercado em rebuliço. Contudo, as ações foram apenas a fachada para uma questão muito mais grave, uma estrutura financeira empresarial que, na quinta-feira, começava a rachar, pois a confiança na Salomon estava ruindo. Não é bom para qualquer empresa mobiliária perder a confiança do resto do mundo. Porém, se ela é "dependente de crédito" ao extremo, como a Salomon, não consegue suportar uma mudança negativa nas percepções. Buffett compara a necessidade da Salomon de confiança à necessidade dos mortais por ar: quando o bem necessário está presente, nunca é notado. Quando falta, é tudo que se nota.

Infelizmente, a erosão da confiança ocorreu em uma empresa que havia atingido um tamanho enorme. A Salomon, em agosto de 1991, chegara a US$ 150 bilhões em ativos (não computando, claro, os muitos itens fora do balanço) e estava entre as cinco maiores instituições financeiras dos Estados Unidos. Sustentando a companhia no lado direito do balanço, estavam — acredita? — somente US$ 4 bilhões em patrimônio dos acionistas e, acima disso, cerca de US$ 16 bilhões em títulos de médio prazo, papéis de bancos e papéis comerciais. Esse total de cerca de US$ 20 bilhões era a base de capital que sustentava os demais US$ 130 bilhões em passivos, a maioria de curto prazo, com vencimento em prazos que variavam entre um dia e seis meses.

O fato mais importante a respeito desses passivos é que os credores de curto prazo calçam tênis de corrida o tempo inteiro. Eles não têm qualquer entusiasmo por ganhar uma fração extra de um ponto percentual em juros se acharem que seu capital está até mesmo ligeiramente em risco. Simplesmente acenar com uma taxa vantajosa para eles é, na realidade, algo contraproducente, uma vez que isso os leva a suspeitar de que existe algum risco oculto. Além disso, ao contrário dos bancos comerciais, cujos credores podem olhar para o FDIC ou para a doutrina "grande demais para fracassar", as empresas mobiliárias não têm um "paizão" declarado cuja mera presença é uma barreira para evasão de dinheiro.

Assim, naquela quinta-feira, a Salomon começou a vivenciar uma fuga. Ela começou repentinamente na forma de investidores que desejavam vender esse gigantesco corretor e formador de mercado, a Salomon, seus próprios papéis de dívidas — especificamente, os títulos de médio prazo que estavam pendentes. A Salomon sempre fora um formador de mercado nesse tipo de título, mas essa era, em geral, uma operação tranquila, uma vez que ninguém desejava vender. No entanto, havia uma enxurrada de vendedores. A resposta dos operadores da Salomon foi baixar suas ofertas, na tentativa de deter o fluxo — desesperadamente, na verdade, porque cada recompra de papéis que eles faziam derretia a base de capital que sustentava toda a estrutura da Salomon. Finalmente, após os operadores terem comprado cerca de US$ 700 milhões de papéis, a Salomon fez o impensável: deixou de negociar os próprios títulos. Isso fez o restante de Wall Street parar também. Se a Salomon não queria comprar seus próprios papéis, certamente ninguém mais o faria.

    Naquela noite de quinta-feira, enquanto os jornais divulgavam as histórias dos eventos extraordinários do dia na Salomon — quando o guichê do caixa fecha, não existe mais como manter a situação em sigilo —, John Gutfreund e Tom Strauss conversaram por telefone com Gerry Corrigan. Havia problemas por todos os cantos e, naquela conversa, Gutfreund e Strauss questionaram a capacidade deles de continuar na chefia da Salomon.

    Na manhã seguinte, às 6h45 (horário de Omaha), Buffett foi acordado por um telefonema. Na linha, estavam Gutfreund, Strauss e Marty Lipton. Gutfreund disse que ele e Strauss estavam se demitindo, e a questão de quem assumiria ficou, de certa forma, pairando no ar. Mais tarde, Gutfreund revelou que ele pedira a Buffett para assumir o comando. Buffett acha que ele se voluntariou. Ele não chegou a qualquer decisão definitiva enquanto estava em casa, mas, em vez disso, disse que chamaria os nova-iorquinos quando chegasse ao escritório, a cinco minutos de distância dali. Uma vez lá, ele leu um fax que acabara de chegar de um artigo daquele dia do *New York Times*, cujas manchetes da primeira página diziam: WALL STREET VÊ UMA SÉRIA AMEAÇA À SALOMON BROS.; POSSÍVEIS DEMISSÕES NO ALTO ESCALÃO E DESERÇÕES DE CLIENTES. E, às 7h15, ele ligou de volta para o grupo da Salomon e disse que assumiria o comando até que as coisas melhorassem.

    Até hoje, os jornais relatam que ele entrou para proteger os US$ 700 milhões da Berkshire, mas isso parece demasiadamente simplista. Claro, ele desejava a segurança daquele investimento. Porém, além disso, era o diretor de uma empresa com problemas extremos e, de uma forma que poucos diretores fazem, sentiu-se na obrigação de fazer algo em prol de todos os acionistas. Além disso, ele tinha um emprego — o de CEO da Berkshire — que poderia, por algum tempo, administrar com uma mão enquanto ajeitava os problemas com a outra e, pelo montante de US$ 1 por ano que ganhava na Salomon, ele não precisava gastar tempo elaborando um contrato de trabalho. Tudo bem, ele sabia que estaria mudando sua vida — e que não era para melhor. "Porém, alguém tinha de assumir esse trabalho", disse ele na ocasião e vem dizendo desde então, "e eu era a pessoa certa para fazer isso".

Naquela manhã de sexta-feira, Buffett fez planos para pegar um avião e voar para Nova York. Contudo, o grupo da Salomon pediu-lhe para ficar em seu escritório à espera de um telefonema de Corrigan, que demorou para ligar. Enquanto Buffett esperava, o mercado acionário abriu, mas as negociações das ações da Salomon, não. Então, veio o telefonema de Corrigan. Foi curto e mostrava que ele estava disposto a ceder um pouco na questão do "cronograma de dez dias" agora que Buffett estava entrando em cena. Não tendo visto a carta do Fed, Buffett não tinha qualquer ideia sobre a que Corrigan se referia, mas entendeu, a partir do contexto, que o Fed estava solicitando informações. Quando a conversa terminou, Buffett pegou um avião e viajou para Nova York, chegando lá em torno das 16h. A essa altura, a Salomon havia divulgado a notícia de que ele assumiria interinamente a presidência, e a bolsa de valores de Nova York começara a negociar as ações da empresa. No breve tempo em que a negociação esteve aberta, as ações foram comercializadas de forma intensa e subiram US$ 1, fechando pouco abaixo de US$ 28.

Naquele dia, a exposição do próprio Buffett incluiu uma reunião noturna com Corrigan na sede do Fed. Gutfreund e Strauss também estavam presentes, e os três homens entraram em uma sessão totalmente desprovida da cordialidade com que Buffett normalmente é recebido. Corrigan disse, com ar sério, que não achava que as presidências interinas funcionavam bem; advertiu Buffett de que ele não deveria tentar enganar Corrigan buscando ajuda de "amigos de Washington"; e, em um comentário assustador, porém misterioso, disse a Buffett para estar preparado para "qualquer eventualidade".

Em seguida, ele pediu a Buffett para se retirar enquanto conversava em particular com Gutfreund e Strauss, dois homens que haviam sido amigos dele por muito tempo — o tempo verbal no passado se faz necessário aqui. Quando ambos surgiram, Gutfreund disse a Buffett que Corrigan expressara com emoção o arrependimento pessoal com relação ao papel que estava desempenhando ao encerrar sua carreira. Gutfreund, duro até o fim, repudiou, irritado, o incidente ao falar com Buffett, dizendo que não estava disposto a conceder "absolvição" a Corrigan. Hoje em dia, Warren, ao recordar aqueles momentos estranhos, assinala que

George Washington também chorou enquanto assinava a ordem oficial para a execução do major Andre, um espião britânico. E, da mesma forma com Corrigan, ele assinou.

Para Buffett, o restante da sexta-feira e todo o sábado foram dedicados a decisões operacionais cruciais. Uma delas foi a decisão acerca da sorte de John Meriwether, que, ao tomar conhecimento dos delitos de Mozer, correra para contar a seus superiores, mas, em seguida, tinha, de bom grado ou não, sido flagrado na teia de falta de transparência. Marty Lipton, muito visível naqueles dias de crise, desejava que Meriwether fosse demitido, e boa parte dos membros do conselho de administração compartilhava o sentimento dele, em uma tentativa de se agarrar a qualquer medida capaz de salvar a empresa.

Porém, Buffett, que não estava convencido de que seria justo demitir Meriwether, continuou procurando mais compreensão do que verdadeiramente recebera após abril. Ele soube algo no sábado, quando dois advogados da Wachtell Lipton passaram mais de uma hora explicando a Buffett e aos membros sobreviventes do conselho de administração da Salomon o que haviam aprendido em sua investigação, a qual tivera início nos primeiros dias de julho. Em seguida, mais tarde no sábado, a questão do que fazer com Meriwether tornou-se irrelevante, uma vez que ele mesmo decidiu que era melhor pedir demissão.

A decisão ainda maior que Buffett precisava tomar era determinar qual integrante do grupo executivo da Salomon Brothers se tornaria o novo responsável pelas operações mobiliárias, que, àquela altura, estavam prestes a perder seus dois chefes, Gutfreund e Strauss. Então, no sábado, nos escritórios de Wachtell Lipton, Buffett conversou individualmente com cerca de dez membros do conselho de administração da Salomon, perguntando a cada homem quem, naquele grupo, considerava mais qualificado para administrar o negócio. A maioria apoiou Deryck Maughan, naquela ocasião com 43 anos, que recentemente retornara da chefia dos escritórios da Salomon em Tóquio e fora nomeado corresponsável pelas operações do banco de investimento. O próprio Maughan teve uma resposta sutil: "Acho que, quando você perguntar a muitos dos outros quem eles desejam, descobrirá que sou eu." Buffett também sabia que Gutfreund achava que a escolha deveria recair sobre Maughan. Assim, Warren encontrou o próximo ocupante do cargo naquele dia. Porém, não falou nada a Maughan ou a qualquer outra pessoa, pois a diretoria da Salomon — escalada para se reunir em sessão emergencial às 10 horas no domingo, 18 de agosto — precisaria ratificar a decisão e, de fato, eleger o próprio Buffett.

Se todos os reguladores tivessem passado aquele fim de semana inteiro dormindo, a reunião de diretoria, ainda assim, teria sido um evento histórico. Porém, coincidentemente, no sábado, os reguladores da Salomon estavam colocando os toques finais em um míssil teleguiado. Ele atingiu os escritórios da Salomon no centro de Manhattan pouco antes das 10h do domingo, por meio de um telefonema do Tesouro dizendo que, em poucos minutos, seria anunciada a proibição da participação da Salomon nos leilões do Tesouro, tanto em seu próprio nome quanto em nome de seus clientes.

Buffett recebeu a mensagem em uma pequena sala, na qual conversava com algumas pessoas, sendo duas delas Gutfreund e Strauss, os quais iriam pedir demissão na reunião. Os três homens imediatamente concluíram que a notícia significava a falência da Salomon — não por causa do prejuízo econômico que seria causado pela proibição decretada pelo Tesouro, mas porque o mundo interpretaria as notícias como "Tesouro para Salomon: vá pro inferno". Além disso, esse golpe atingiria uma empresa já abalada por problemas de crédito e que mal conseguia manter-se de pé.

Tampouco havia tempo para realizar manobras: já fora divulgado que Buffett apareceria às 14h30 em uma entrevista coletiva, e uma multidão de jornalistas era esperada. Pior do que isso, a tirania de um mercado mundial assolava a organização. O mercado japonês abriria no final da tarde e, depois, Londres, e, em seguida, Nova York. Notícias ruins cairiam como uma cascata de um mercado para o outro e se concentrariam em apenas uma ideia: o crédito da Salomon havia acabado. Em uma empresa dependente de crédito, outras ideias eram irrelevantes. Essa, por si só, destruiria a empresa.

Na pequena sala onde receberam as notícias, Buffett e os outros avaliaram suas opções. Eles viam três possíveis rumos a serem tomados. Primeiro, fazer o Tesouro rescindir ou, pelo menos, modificar a proibição. Segundo, fingir que nada de grave havia acontecido, emitir declarações confiantes e esperar que o mundo acreditasse — em outras palavras: mentir. Terceiro, abrir um processo de liquidação por meio de uma declaração de falência, esperando, assim, quebrar de forma honrosa, minimizar os danos e espalhar seus efeitos de forma equitativa entre os credores da Salomon.

A segunda estratégia foi descartada pouco antes de ser articulada. As outras duas sobreviveram e foram exploradas simultaneamente. Isso significava que advogados especializados em falência precisavam ser convocados. Uma equipe da Wachtell Lipton foi reunida e incumbida de investigar como uma gigantesca companhia mobiliária internacional faria para pedir falência, em um domingo, possivelmente precisando de algum juiz — arrancado da frente da televisão enquanto assistia a um jogo de beisebol e comia pipoca —, que poderia suspeitar de que algum datilógrafo descuidado houvesse acrescentado um zero àquele número de US$ 150 bilhões, e que, em qualquer caso, provavelmente, nunca teria ouvido falar de um derivativo ou de um *repo* (acordo de recompra) ou de inadimplências. Em resumo, o pedido de falência, se as coisas chegassem a esse ponto, seria um pesadelo.

Em um sentido pessoal, teria sido assim para Buffett também. O perfil de seu cargo estava à beira de mudanças drásticas que o deixariam sem qualquer razão para lá permanecer: ele viera salvar a Salomon, e não liderá-la durante o interminável processo de falência. Muitas outras pessoas poderiam fazer esse trabalho, pensou ele.

Então, ainda cedo naquele domingo, Buffett chegou à conclusão de que recusaria o cargo de presidente se a falência viesse a ocorrer. Ele não tinha ilusões, contudo, sobre o furor que se seguiria, uma vez que sabia que sua saída seria vista como o abandono de um navio em via de naufrágio ou, pior ainda, como a causa desse naufrágio. Muito tempo antes, Buffett dissera a seus três filhos que uma vida inteira se faz necessária para construir uma reputação, mas são necessários apenas cinco minutos para destruí-la. À medida que o domingo ia passando, ele dizia a si mesmo que poderia estar se aproximando desses cinco minutos.

Porém, isso não reduziu a vasta energia que ele colocava no Plano A: obter a revogação da proibição. Buffett decidiu que ele mesmo seria responsável pelos contatos com o Tesouro e também falou, naquele mesmo dia, com o presidente do Fed, Alan Greenspan. Gutfreund e Strauss foram incumbidos de encontrar Corrigan, que não foi localizado com facilidade. Meriwether, ao prestar ajuda, ficou encarregado de contatar Richard Breeden, presidente do SEC. Essa tentativa acabou se revelando totalmente infrutífera. Quando Meriwether conseguiu alcançá-lo, Breeden disse que havia participado da decisão do Tesouro, que a Salomon era "podre até à raiz"; e que a empresa não deveria esperar nenhuma ajuda dele.

No dianteiro do Tesouro, a logística apresentou um problema inicial. Quando Buffett tentou quase imediatamente retornar a ligação ao oficial do Tesouro que entregara a terrível mensagem, a linha estava ocupada. A companhia telefônica concordou em interromper a chamada, mas houve confusão, erros e atrasos. No momento em que Buffett conseguiu falar com o porta-voz do Tesouro, o anúncio da proibição fora divulgado pelas redes de notícias e se espalhara rapidamente ao redor do mundo.

O porta-voz do Tesouro, então, fez com que o secretário do Tesouro, Nicholas Brady — naquele momento, em visita a Saratoga Springs, Nova York, onde assistia a corridas de cavalo —, telefonasse para Buffett. Os dois homens tinham uma convivência amigável havia anos, mas não podiam ter imaginado que se confrontariam naquela manhã de domingo. Com a voz embargada pela emoção e a tensão, Buffett explicou sua posição, dizendo ao secretário que a Salomon não tinha condições de suportar o boicote do Tesouro e que estava contatando peritos para preparar um possível pedido de falência. Buffett enfatizou o tamanho gigantesco da Salomon e a natureza global de seus negócios. Ele previu que a falência da empresa seria calamitosa, tendo efeitos em cascata que afetariam o mundo inteiro e causariam caos em um sistema financeiro que subsiste na ideia de pagamentos imediatos.

Não é fácil comunicar os cenários do dia do juízo final. Em resposta, Brady mostrou-se amistoso e compreensivo, mas inclinado a pensar que aquela conversa de falência e calamidades financeiras era absurda. Ele não podia conceber que Buffett pudesse recusar assumir o cargo ou fracassar em sua execução. Brady também tinha ciência plena das condições em que a situação estava: o anúncio já fora divulgado e revertê-lo seria um problema enorme.

Porém, para o alívio de Buffett, Brady não encerrou o diálogo. Ao contrário, foi fazer algumas ligações e, em seguida, continuou a conversar com Buffett. Em um dos detalhes mais estranhos do dia, Buffett falava em telefones da Salomon que haviam sido programados para não tocar, mas para piscar uma luzinha verde quando alguém chamasse. Por mais tempo do que ele gosta de recordar, Buffett ficou olhando fixamente para o telefone, esperando que o secretário do Tesouro fizesse acender aquela luz.

Em cada chamada, Buffett tentava convencer Brady da seriedade da situação e da sensação que sentia de que eles estavam em um trem descontrolado que precisava ser parado — e que isso era *possível*, assim que todos percebessem que se tratava de um acidente a ser evitado. Em certo momento nas conversas com Brady, toda a angústia e o sentimento de futilidade de Buffett foram resumidos em uma única sentença: "Nick, este é o dia mais importante de minha vida."

Brady disse: "Não se preocupe, Warren, superaremos isso." Porém, aquilo não significava que ele havia mudado de opinião de forma alguma.

Foi necessária a entrada de Corrigan nas chamadas telefônicas durante a tarde para fazer a diferença. Esse foi o homem que dissera a Buffett para se preparar para "qualquer eventualidade" e que definiu seu termo ao confirmar a proibição. Porém, Corrigan agora ouvia com atenção e parecia acreditar no discurso de Buffett sobre a quebra da Salomon e sobre seus planos pessoais para deixar o cargo em caso de um pedido de falência. Corrigan disse a Brady e a outro regulador que também estava na linha com eles: "É melhor conversarmos entre nós."

Buffett voltou para a sala da diretoria e esperou junto com os outros diretores. Seis andares abaixo, mais de cem jornalistas e fotógrafos (entre os quais esta autora), estavam reunidos para participar da coletiva de imprensa programada para as 14h30. Do lado de fora da sala de diretoria, alguns dos membros do conselho de administração que Buffett havia entrevistado no sábado andavam de um lado para o outro, convocados porque um de seus integrantes seria nomeado chefe de operações da Salomon.

Então exatamente às 14h30, Jerome Powell, secretário assistente do Tesouro, chamou Buffett para ler uma declaração do que o Tesouro estava disposto a aceitar. Era apenas metade do que estava sendo solicitado, ou talvez dois terços, dizendo que a proibição autônoma da Salomon fora removida, enquanto a proibição de negociar em nome dos clientes permanecia. "Isso servirá?", perguntou Powell. "Acho que sim", respondeu Buffett. A diretoria, então, rapidamente elegeu Buffett como presidente interino da Salomon Inc., e Deryck Maughan foi eleito membro da diretoria e chefe de operações da Salomon Brothers. Buffett encontrou Maughan e disse "Você foi escolhido", e os dois desceram para a coletiva com a imprensa, iniciada às 14h45.

O começo foi abrupto: "Sou Warren Buffett e nesta tarde fui eleito presidente interino da Salomon Inc." Alguns minutos mais tarde, ele chegou à recém-divulgada declaração do Tesouro, lida em voz alta. Quando terminou, houve aplausos abafados do fundo do auditório e o som de funcionários correndo com as novidades. Buffett, então, enfrentou mais de duas horas de perguntas do tipo: "Como você lidará com a necessidade de estar tanto aqui quanto em Omaha?" E a resposta foi imediatamente disparada de volta: "Minha mãe bordou meu nome em minha roupa de baixo, então não haverá problemas."

Na segunda-feira, as manchetes não diziam "Vá para o inferno"; elas demonstravam-se compreensivas quanto à reversão, assim como à proibição. As ações da Salomon abriram na hora programada e foram negociadas de forma ordenada, caindo cerca de um ponto e meio.

Apontando um paradoxo, Buffett diz hoje que todo o episódio envolvendo o Tesouro, por mais excruciante que tenha sido na época, provavelmente deu à Salomon um estímulo que não poderia ter sido obtido de outra forma. A reversão, aparecendo às 14h30, enviou uma mensagem ao mercado de que aquele regulador todo-poderoso — o Tesouro — considerava que a Salomon estava em boas condições. Se esse endosso não tivesse se materializado, na segunda-feira, os mercados de títulos de dívida teriam sido forçados a fazer a própria avaliação sobre a solvência da Salomon, e quem sabe que tipos de pensamentos eles tirariam do éter.

A Salomon emergiu daquele fim de semana com estamina suficiente para superar, de forma claudicante e com dificuldade, alguns meses extremamente complicados, nos quais o presidente interino reduziu a alavancagem por meio de uma contenção violenta do balanço, pechinchou com bancos o dinheiro de que a Salomon precisava desesperadamente e esperou, acima de tudo, que o delito de Mozer (o qual lhe custaria quase quatro meses na prisão após ter se declarado culpado por mentir para o Fed) não viesse a enredar a própria Salomon em causas criminais. No fim, a companhia fez um acordo para pagar US$ 290 milhões, resultado que refletiu, principalmente, a cooperação extraordinária que Buffett decretou que se deveria dar tanto aos reguladores quanto à polícia a fim de esclarecer toda a situação.

Uma grande vassoura nessa limpeza foi Robert Denham, advogado da Califórnia que frequentemente trabalhava para a Berkshire e que Buffett trouxe para trabalhar na Salomon em tempo integral. Quando maio de 1992 chegou, com muitos dos principais problemas da Salomon sob controle, Buffett voltou para Omaha, e Denham o substituiu como presidente da Salomon Inc. e supervisor dos interesses dos acionistas. Depois de fazer com que recebessem US$ 9 bilhões de ações da Travelers, Denham passaria a ocupar algum outro cargo.

E a parcela da Berkshire dos US$ 9 bilhões? Vale cerca de US$ 1,7 bilhão, embora algumas das ações da Travelers que a Berkshire receberá estejam comprometidas com os proprietários de um título conversível da Berkshire. Sobre essa complicação, você não precisa obter informações adicionais, nem analisar profundamente outras acrobacias que Buffett fez com as ações da Salomon. Apenas observe o seguinte: uma ação da Salomon está, neste exato momento, valendo cerca de US$ 81 em ações da Travelers. A Berkshire possui algumas ações da Salomon que comprou em 1987 ao preço efetivo de US$ 38 e outras ações adquiridas mais tarde a um preço médio de cerca de US$ 48.

Em resumo, Buffett disse, em 1987, que a Salomon não seria uma vitória arrasadora — e ela não foi. Por outro lado, esse resultado não equivale a perder de goleada. "Eu diria que ganhamos de um a zero", declara Buffett, "mas não sem antes levar umas bolas na trave".

E, em seguida, chegando perto de um resumo filosófico da Salomon, ele faz uso de uma de suas expressões favoritas: tudo dá certo no final.

Extraído de "Agora escuta essa"

10 de janeiro de 1994

Comentário irônico de Buffett dois anos e meio após o estouro da crise da Salomon

Warren Buffett, 63, presidente da Berkshire Hathaway, grande investidor na Salomon Inc., sobre a multa e a condenação à cadeia impostas a Paul Mozer, que precipitou o escândalo dos leilões do Tesouro da empresa: "Mozer vai pagar US$ 30 mil e foi condenado a quatro meses de prisão. Os acionistas da Salomon — inclusive eu — pagaram US$ 290 milhões, e eu fui condenado a trabalhar dez meses no cargo de presidente."

Especial de Nebraska

26 de setembro de 1988

POR TERENCE PARÉ

Warren E. Buffett, investidor de Omaha que se orgulha de produzir resultados extraordinários fazendo coisas comuns, acaba de fazer algo extraordinário para produzir um resultado comum. Em uma carta enviada aos acionistas da Berkshire Hathaway, seu conglomerado com sede em sua terra natal, Buffett, 58 anos, anunciou os planos de transferir a negociação das ações da empresa do mercado de balcão para a Bolsa de Valores de Nova York (NYSE).

Isso é extraordinário porque a bolsa exige que as companhias que se candidatem a ser listadas tenham, pelo menos, 2 mil acionistas com no mínimo um "lote inteiro" de 100 ações. A Berkshire não possui. Uma vez que suas ações são negociadas a cerca de US$ 4.300 cada, poucas pessoas podem comprar um lote inteiro, e a empresa possui relativamente poucas ações emitidas — menos de 3% do número médio entre as empresas listadas na bolsa. Buffett sempre se recusou a desdobrar a ação — em parte, para desencorajar os especuladores — e, em vez disso, esperou até que a bolsa alterasse a regra, o que recentemente ocorreu. Isso permitirá que a Berkshire Hathaway seja negociada em lotes inteiros de dez ações. Assim que a SEC aprovar, Buffett se candidatará a ser listado.

A mudança não foi feita com o objetivo de elevar o preço astronômico da ação. Na verdade, Buffett escreveu para seus investidores: "A Berkshire deverá ser negociada, e esperamos que assim o seja, na NYSE, a preços semelhantes àqueles que ela teria comandado no mercado de balcão, dadas as circunstâncias econômicas semelhantes." Seu objetivo é menos excitante. Uma vez que a margem dos formadores de mercado é, em geral, mais estreita na Bolsa de Nova York, é um pouco mais barato negociar as ações listadas nela.

Uma dica quente de Warren Buffett: é hora de comprar Freddie Macs

19 de dezembro de 1988

POR BRETT DUVAL FROMSON

Este artigo revela uma verdadeira raridade: Buffett dá uma dica sobre uma ação. A razão para isso ser tão raro é que Buffett normalmente não fala sobre as ações que está comprando ou vendendo. No entanto, como a legenda de uma foto que acompanhava este artigo explicou, ele fez uma exceção neste caso porque a Berkshire — dona de uma instituição de poupança com direito a compra antecipada — atingira o número máximo de ações da Freddie Mac que podia possuir.

Assim, essa dica sobre a ação foi mesmo boa? Foi excelente. Um investidor que tivesse comprado ações da Freddie Mac no início de dezembro de 1988 (quando a edição de 19 de dezembro da Fortune *chegasse às mãos dos leitores) teria pagado um preço, ajustado para desdobramentos, de cerca de US$ 4 por ação. Se o investidor a tivesse mantido em carteira por dez anos — até dezembro de 1998 —, poderia tê-la vendido a preços próximos de US$ 60. Os investidores que seguiam as dicas de Buffett podiam, na verdade, ter mantido sua posição por muito tempo, uma vez que a Berkshire reteve em sua carteira quase todas as ações da Freddie Mac que tinha — aproximadamente 60 milhões de ações — ao longo da década de 1990.*

Entretanto, quando a década terminou, Buffett estava pronto para vender. Em 2000, um ano em que o preço das ações da Freddie variou entre US$ 37 e US$ 70, a Berkshire se desfez de mais de 95% de sua posição, registrando um ganho de capital elevado, de cerca de US$ 3 bilhões. As vendas foram feitas fora do escrutínio público, porque a Berkshire havia recebido permissão da SEC para manter suas vendas em sigilo — ou seja, a companhia foi autorizada a omitir qualquer menção da Freddie nos assim chamados registros 13-F — até que estivessem completas. Uma vez encerradas, a Berkshire emendou seus 13-Fs, e Buffett revelou, no relatório anual de 2000, que sua posição na Freddie havia diminuído em muito. Ele não acrescentou detalhe algum, no entanto, para as vendas terem sido feitas.

Mais tarde, as razões tiveram de ser reveladas por causa das "lambanças" da própria Freddie Mac. Em 2003, foi divulgada a notícia de que a Freddie regularmente reportara seus lucros de forma enganosa e teria de revisá-los. Em 2007, a agência reguladora da Freddie, o Office of Federal Housing Enterprise Oversight (OFHED), tentava fazer com que Leland Brendsel, que fora demitido de sua função de presidente da Freddie, devolvesse uma grande parcela de sua remuneração. Buffett foi, então, chamado como testemunha pelos reguladores, que esperavam que ele — corretamente — confirmasse que havia vendido as ações da Berkshire em 2000 porque perdera o respeito pelos gestores da Freddie.

Dessa forma, Buffett reconheceu que tivera vários encontros com Brendsel e achara que ele se esforçava, de uma forma pouco inteligente, para obter lucros de dois dígitos — digamos, 15%. Ganhos dessa ordem não surgem naturalmente para empresas financeiras, Buffett disse, e os gerentes que os buscam podem "começar a maquiar os números". A Freddie também fizera um investimento grande e pouco ortodoxo do qual Buffett não gostou, e ele se perguntou o que mais de ruim podia estar acontecendo que ele não sabia. "Nunca há apenas uma barata na cozinha", Buffett declarou. Os reguladores ganharam a causa, e Brendsel foi multado em um total de US$ 16 milhões.

No fim das contas, Buffett podia ter demorado mais para vender a participação da Berkshire na Freddie. Destaque durante a bolha imobiliária, a Freddie continuou se saindo bem no mercado acionário — sobrevivendo às vendas da Berkshire, ao escândalo dos lucros e às mudanças radicais dos principais executivos — até outubro de 2007. Assim, suas ações despencaram, tornando-as uma baixa central da crise financeira. Recentemente, a Freddie era uma ação barata que estava sendo negociada a cerca de US$ 0,25. — CL

Grandes oportunidades de investimentos surgem quando companhias excelentes são cercadas por circunstâncias incomuns que levam suas ações a serem mal avaliadas.

Assim disse o profeta Warren Buffett, presidente da Berkshire Hathaway e supremo garimpeiro de ações. Em sua opinião, a Federal Home Loan Mortgage Corp., também conhecida como Freddie Mac, é exatamente esse tipo de oportunidade. Como uma empresa de capital misto, da mesma forma que sua prima mais velha, a Fannie Mae (Federal National Mortgage Association), ela gera um retorno expressivo de 23% sobre seu capital e é negociada por menos de oito vezes os lucros previstos para 1988. "A Freddie Mac tem três vantagens", diz Buffett. "Você tem um índice preço/lucro baixo em uma empresa com um histórico incrível. Você tem lucros crescentes. E tem uma ação que, indubitavelmente, ficará muito mais famosa entre os investidores em ações."

A instituição de poupança que é subsidiária da Berkshire Hathaway já é proprietária ou já contratou a compra de cerca de US$ 108 milhões de ações da Freddie Mac — o máximo permitido. Muitos dos amigos e associados de Buffett também investiram — inclusive Louis Simpson, vice-presidente da GEICO, e William Ruane, presidente da Sequoia Fund. O investidor comum deveria pensar em se juntar à turma de Buffett? Em uma palavra, sim.

A Freddie Mac ajuda a tornar realidade o sonho americano da casa própria. Criada pelo Congresso em 1970, a empresa compra hipotecas residenciais de credores, garante-as contra a inadimplência, embala-as em pacotes que são considerados títulos mobiliários e as vende a investidores, inclusive a muitas instituições de poupança. De 1970 a 1987, o mercado para hipotecas residenciais convencionais cresceu a uma taxa composta anual de mais de 13%, e nunca a menos de 5,5% ao ano. Isso não é de todo ruim, mas o que torna o negócio impressionante é a falta de concorrência. A Fannie Mae é o único outro jogador importante; a grande diferença entre eles é que a Freddie revende praticamente todas as suas hipotecas, enquanto a Fannie mantém em carteira uma quantidade substancial delas.

Juntas, a Freddie e a Fannie controlam 90% do mercado. Diz Buffett: "Com exceção de um monopólio, esse é o melhor esquema possível". O futuro do duopólio da família Freddie-Fannie parece encorajador. O mercado é capaz de expandir por anos a fio. Até o momento, apenas 33% das hipotecas residenciais convencionais foram "securitizadas", deixando muito espaço para crescimento. Ademais, instituições de poupança logo contarão com outro incentivo poderoso para comprar mais papéis lastreados em hipotecas. Em 1990, as instituições de poupança com hipotecas em sua carteira serão obrigadas a manter reservas maiores contra inadimplências do que se possuíssem um portfólio diversificado de hipotecas transformadas em títulos mobiliários.

Das duas, a Freddie pode ser a melhor aposta. Ao longo da última década, seu retorno sobre o capital tem sido, em média, mais do que duas vezes superior ao da Fannie. Uma vez que os gerentes da Freddie compram apenas hipotecas de alta qualidade, a taxa de inadimplência da empresa para hipotecas domésticas com taxa convencional prefixada é um mero 0,4% de seu portfólio de US$ 230 bilhões. Com uma carteira de tamanho semelhante, a Fannie tem 1,1% de inadimplência. O presidente Leland Brendsel e os outros gerentes da Freddie Mac limitam sua exposição aos picos das taxas de juros, os quais prejudicam os emissores de hipotecas porque aumentam seu custo de financiamento enquanto abaixam o preço das hipotecas no mercado secundário. Brendsel mantém apenas US$ 15 bilhões em seu balanço, em comparação com os US$ 102 bilhões da Fannie Mae.

A exposição mais baixa da Freddie à elevação das taxas de juros pode ser uma boa razão para a Berkshire Hathaway ter vendido ações da Fannie há algum tempo e comprado mais da Freddie. Segundo o vice-presidente da Berkshire Hathaway, Charles Munger: "Não consigo pensar em um elogio melhor do que comprar todas as ações que estou autorizado a comprar." Por lei, ninguém pode possuir mais do que 4% das ações emitidas da Freddie Mac.

As ações da Freddie Mac apresentam algumas peculiaridades. Primeiro, a ação é mais corretamente chamada de "participação preferencial". Os acionistas preferenciais normalmente recebem pagamentos de dividendos fixos, mas os da Freddie recebem os primeiros US$ 10 milhões ao ano em dividendos e 90% de qualquer distribuição posterior é garantida. A segunda peculiaridade para o possível investidor é que a Freddie é negociada no mercado de balcão em uma base "a ser emitida" até 3 de janeiro, quando ela será listada na Bolsa de Valores de Nova York. Até hoje, as regras da Federal Home Loan Bank Board (FHLBB) permitiam que apenas as instituições-membros possuíssem as participações preferenciais, uma vez que haviam fornecido o capital inicial da Freddie. A FHLBB decidiu acabar com essa restrição porque a falta de liquidez resultante mantinha o preço da ação muito abaixo do que seria o caso em um mercado livre. A mudança deve levantar cerca de US$ 2 bilhões para as instituições de poupança famintas por capital.

As ações da Freddie a serem emitidas começaram a ser negociadas em outubro. A maior parte dos investidores institucionais ainda não descobriu seu apelo ou não a comprou porque suas regras a proíbem de possuir ações a serem emitidas; os fundos mútuos e as seguradoras raramente as compram. Pode parecer que os profissionais mandam no mercado acionário, mas, no caso da Freddie Mac, pela primeira vez, a vantagem é do investidor individual. E há um bônus. Uma vez que não é possível tomar posse imediata das ações a serem emitidas, é possível pagar uma entrada de 30% agora e liquidar o saldo mais tarde. Nesse caso, você não precisa pagar a conta até 10 de janeiro.

O QUE ACONTECEU NA MESA DE BRIDGE

Um baralho bastante completo
5 de junho de 1989
POR JULIA LIEBLICH

Inspirado por um artigo de capa da *Fortune* que mostrava o bilionário e jogador de bridge Warren Buffett, a American Contract Bridge League organizou uma partida que colocou Buffett e outros cinco grandes executivos para jogar contra uma equipe composta de políticos. O resultado: Executivos, 54; Políticos, 39. Os espectadores pagaram US$ 100 por cabeça para ver o jogo em Washington. O dinheiro vai para a fundação educativa da liga e para o programa Reading is Fundamental. "Todos jogaram bem", disse o CEO da CBS, Laurence Tisch, que foi capitão da equipe vencedora. Seus colegas, além de Buffett, foram Alan Greenberg (presidente da corretora Bear Stearns) e Jimmy Cayne — o diretor executivo dela; Malcolm Forbes, presidente da revista *Forbes*; e George Gillespie III, sócio do poderoso escritório de advocacia Cravath Swaine & Moore. O congressista Arlan Stangeland (um republicano de Minnesota), capitão dos legisladores, declarou sobre o resultado final: "Foi uma goleada."

Criando confusão

15 de janeiro de 1990

POR ALAN DEUTSCHMAN

O diretor executivo da Bear Stearns, James Cayne, já ganhou torneios nacionais de bridge, mas, quando uma revista masculina o entrevistou sobre sua paixão pelo jogo, ele não soube ficar calado. O periódico *M* perguntou-lhe sobre seus colegas de equipe — seu chefe, o presidente da Bear Stearns (e mágico amador) Alan Greenberg, além de [Tisch, Forbes, Gillespie e Buffett, conforme mencionado anteriormente] que formam a Corporate America's Six Honchos (CASH).* Cayne não apenas criticou seus parceiros ("eles não sabem nem como um bom jogador de bridge se parece"), como também afirmou que as mulheres não apresentam tranquilidade emocional para ser exímias jogadoras de bridge — ou negociadoras de ações. Sob pressão intensa, disse Cayne, 52, uma mulher "provavelmente precisará ir ao banheiro e enxugar as lágrimas". Essas palavras não ajudarão a Bear Stearns a se defender contra dois processos por discriminação sexual, sendo que um vem de uma negociadora feminina.

Cayne diz que as citações da *M* foram fabricadas, distorcidas ou descontextualizadas. Em uma carta enviada aos empregados da Bear Stearns, ele escreveu: "Sinceramente, peço desculpas a todos pela impressão totalmente falsa dada pelo artigo e lhes garanto que discordo de seu conteúdo." O escritor, Duncan Christy, diz que as citações — transcritas de uma fita — são "meticulosamente precisas".

O que pode ter ocorrido com Cayne? Galantemente, o advogado George Gillespie "confessa" ser um jogador menos talentoso do que seu colega. Porém, Cayne conhece ao menos um jogador de bridge de primeira linha que é uma mulher — sua técnica, a grande mestre Judi Radin, 39 anos. O ponto de vista dela: "Talvez Jimmy se tenha deixado levar. Ele é um bom sujeito, mas é intenso demais. Antes de o artigo ser publicado, ele me avisou que eu não iria gostar." Radin agora precisa preparar sua equipe para o próximo jogo, contra um grupo de parlamentares ingleses. Não está previsto que a primeira-ministra Margaret Thatcher participe.

Nota da organizadora: Os americanos ganharam da equipe da Câmara dos Comuns britânica, mas perderam para a da Câmara dos Lordes.

---

* Algo como "Os seis chefões da América empresarial". A sigla em inglês forma a palavra "dinheiro". (*N. da T.*)

Extraído de "Como viver com 1 bilhão"

11 de setembro de 1989

EXCERTOS DE UM ARTIGO ESCRITO POR ALAN FARNHAM

Warren Buffett, que ainda trabalha dez horas por dia, apesar de seus US$ 3,6 bilhões sempre diz: "Estou fazendo o que mais gostaria de fazer no mundo e tenho feito isso desde os 20 anos." O que o motiva é a admiração que tem por seus colegas na empresa. "Escolho cada uma das pessoas com quem trabalho. Esse acaba sendo o fator mais importante. Não interajo com pessoas de quem não gosto ou pelas quais não sinto admiração. Essa é a chave. É como um casamento."

Quando se trata de doações pessoais, Buffett acredita que escolher causas é mais difícil do que escolher ações. "Nas ações, você está procurando coisas que são óbvias e fáceis de fazer. Você tenta identificar as barras com 50 centímetros de altura por cima das quais é possível saltar. No entanto, na arena da caridade, estamos lidando com os problemas mais intratáveis e difíceis de resolver ao longo da história. Os mais importantes são todos barras de 2 metros." O controle da população e a diminuição da ameaça nuclear, as duas causas que a fundação de Buffett apoia, "são barras tão altas que não consigo vê-las. Maluquices puras".

Embora Buffett tenha gasto somente algo entre US$ 10 milhões a US$ 15 milhões nessas causas até agora, pretende doar muito mais. Waldemar Nielsen [especialista em fundações e autor de *The Golden Donors*] acredita que Buffett ainda nem aqueceu: "Ele é um daqueles raros sujeitos que é não apenas um grande empreendedor no campo dos negócios, mas também um grande empreendedor no campo da filantropia. Não existe nada parecido há muito tempo."

A Buffett Foundation receberá quase todas as ações de Buffett quando ele morrer. E ele não acha que impor muitas restrições a seus curadores seja uma atitude sábia: "É como dizer-lhes em que investir dez anos após minha morte. Eu preferiria ter uma pessoa inteligente, bem-intencionada e de alto nível examinando os problemas da atualidade com olhos abertos, não através dos meus olhos fechados em um caixão. Ao administrar empresas, descobri que os melhores resultados acontecem quando pessoas de alto nível têm liberdade para fazer seu trabalho. Fique por perto. Se você for suficientemente jovem, verá como tudo acaba."

Nota da organizadora: Conforme descrito em "Warren Buffett entrega tudo" (ver página 256), Buffett mudou de ideia com relação a doar a maior parte de seu dinhei-

ro para a *Buffett Foundation em 2004, após o falecimento de sua primeira mulher, Susie, em homenagem a quem a fundação foi nomeada. Em vez disso, ele está gradualmente doando a maior parte de sua fortuna para a Bill and Melinda Gates Foundation.*

O texto completo de "Como viver com 1 bilhão" está disponível em fortune.com/buffettbook (em inglês).

Extraído de "Agora escuta essa"
23 de outubro de 1989

Warren Buffett, 59 anos, investidor bilionário e presidente da Berkshire Hathaway, sobre por que tomou emprestados US$ 400 milhões e colocou o dinheiro em títulos de dívida do Tesouro: "O melhor momento para comprar ativos pode ser quando é mais difícil arrecadar dinheiro."

NOVOS WARREN BUFFETTS?
E O ANTIGO?

EXIBINDO UMA MANCHETE QUASE *impossível de resistir, o primeiro artigo desta dupla de 1989 continha algumas palavras de sabedoria de Buffett e descrições de 12 jovens gerentes financeiros que o autor da história, Brett Fromson, havia identificado como investidores que possivelmente tinham talento comparável ao de Buffett.*

Fromson, ao que se constatou, era muito perspicaz. Mais de vinte anos após a publicação do artigo, nove dos 12 retratados ainda são bem conhecidos no mundo dos investimentos: Jim Chanos; Jim e Karen Cramer (que eram casados naquela época e agora estão divorciados); Glenn Greenberg, com seu então sócio John Shapiro (eles se separaram em 2009); Seth Klarman; Eddie Lampert; Richard Perry; e Michael Price. Quanto aos outros, John Constable administra uma empresa de gestão financeira bem-sucedida nos subúrbios de Filadélfia; Randy Updyke, um lobo solitário que Fromson arrancou da obscuridade quando escreveu sobre ele, gerencia uma sociedade de investimento em Sun Valley; e Tom Sweeney, gerente de fundo na Fidelity, quando o artigo foi publicado, aposentou-se da profissão de investidor.

Este livro é sobre Buffett, razão pela qual decidimos apresentar um excerto com a parte do artigo que diz respeito a ele, sem publicar novamente os perfis dos 12 gerentes financeiros. Porém, o artigo completo está disponível em fortune.com e também acessível por meio de uma pesquisa no Google, no qual ele aparece junto ao nome de quase todas as pessoas citadas nas próximas páginas.

O segundo texto, "E agora um olhar sobre o antigo", começa com a história encantadora de como Homer Dodge, professor de física, foi até Omaha e convenceu Buffett a gerenciar seu dinheiro. A esse incidente, acrescentaremos um posfácio, sobre o filho de Homer, Norton, que morreu em novembro de 2011, aos 84 anos. Norton foi brindado com um longo obituário no New York Times, sendo o tamanho talvez um tanto surpreendente para um homem que era um professor (de economia) pouco conhecido. Porém, um parágrafo no obituário identificou Norton Dodge como o filho de um observador precoce de Buffett e passou a explicar o que Norton fez com grande parte de sua herança. Ele se tornou um colecionador ávido de arte soviética não conformista, ou seja, trabalhos criados por dissidentes que, clandestinamente, protestavam contra os atos opressivos do Kremlin. Mais tarde, ele doou a maior parte de sua coleção muito valiosa para a Rutgers University. Sua irmã, Alice, também foi durante toda a vida uma doadora em causas ligadas à educação.

E aí está um ponto que desejo ressaltar: embora o próprio Buffett nunca tenha se interessado em doar para instituições culturais e educacionais, outros acionistas de Berkshire fizeram isso — e muito generosamente. Alguns exemplos: o Polytechnic Institute of Brooklyn (agora parte da New York University) beneficiou-se significantemente de US$ 750 milhões dos espólios deixados por um de seus professores, o nativo de Nebraska Donald Othmer, e por sua mulher, Alice; o novo centro de artes performáticas da cidade de Kansas inclui o Helzberg Hall, doado por Barnett e Shirley Helzberg, cuja joalheria foi comprada pela Berkshire; e, em Omaha — é claro —, existe o Holland Performing Arts Center, nomeado em homenagem a Richard e Mary Holland; e o Sorrell Center for Health Science Education, na University of Nebraska Medical School, cujos maiores doadores foram Bill e Ruth Scott. Tanto os Holland quanto os Scott começaram a investir com Buffett nos dias em que ele tinha uma sociedade (quando Bill Scott trabalhava também para Buffett como um comprador de títulos de dívida).

No início de 2012, a Berkshire tinha um valor de mercado de US$ 202 bilhões, a nona maior capitalização de mercado da Fortune 500. *A imensa porção de Buffett daquilo — mais de US$ 40 bilhões, com muitos bilhões já doados — foi comprometida quase integralmente com fins filantrópicos. Ninguém sabe quantos outros sócios da Berkshire virão a ser grandes doadores também, mas é provável que se tornem uma multidão.* — CL

Extraído de "Seriam esses os novos Warren Buffetts?"

30 de outubro de 1989

EXCERTO DE UM ARTIGO DE BRETT DUVAL FROMSON

Você gostaria de se tornar sócio de alguém que conseguisse dobrar seu investimento a cada três ou quatro anos *ad infinitum*? Ou seja, gostaria de investir com o próximo Warren Buffett? As riquezas fluem para os investidores que, cedo na vida, encontram excelentes gerentes financeiros. Seguramente, Buffett é um dos melhores. Atualmente, seus primeiros clientes valem dezenas de milhões de dólares. Ele realizou essa façanha fazendo o dinheiro, de forma consistente e confiável, crescer a taxas compostas de cerca de 25% ao ano. Os investidores jovens que você conhecerá aqui apresentam sinais de um talento comparável. Porém, mesmo que pudessem gerar um retorno de apenas 20% ao ano — a maioria conseguiu atingir, pelo menos, esse patamar até então —, US$ 10 mil investidos com eles hoje valeriam US$ 5,9 milhões em 2025.

O que revela seu potencial? O excelente desempenho de seus investimentos, é lógico. Porém, isso não é conclusivo, sobretudo entre gerentes jovens que não costumam ter um histórico de dez anos. Mais importante são certos traços de caráter. O próprio Buffett destaca a "ética elevada. O gerente de investimento deve colocar o cliente em primeiro lugar em tudo que faz". No mínimo, o gerente deveria ter seu patrimônio líquido investido, juntamente com o dinheiro de seus clientes, a fim de evitar potenciais conflitos de interesse. Os aqui retratados colocaram o grosso de seus bens junto com os de seus clientes. Buffett diz que ele investiria apenas com alguém que cuidasse do dinheiro de sua mãe também (como ele fazia).

A inteligência ajuda; mas, acima de determinado nível, essa não é a distinção de destaque entre os gerentes de investimento. Diz Buffett: "Você não precisa de um cientista nuclear. Investir não é um jogo no qual uma pessoa com QI de 160 vence a outra com QI de 130." O tamanho do cérebro do investidor é menos importante do que sua habilidade de separar o racional do emocional. "A racionalidade é essencial quando outros estão tomando decisões com base na ganância ou em temores de curto prazo", diz Buffett. "É nesse momento que se ganha dinheiro."

O texto completo de "Esses são os novos Warren Buffetts?" está disponível em fortune.com/buffettbook (em inglês).

E agora um olhar sobre o antigo

30 de outubro de 1989

POR BRETT DUVAL FROMSON

No rigoroso verão de 1956, um professor de física de Vermont, com 67 anos, estacionou seu jipe em uma rua arborizada em Omaha. Procurando o homem que ele acreditava que se tornaria um dos maiores investidores dos Estados Unidos, Homer Dodge dirigiu 2.500 quilômetros sozinho, na esperança de convencer Warren Buffett, então com 25 anos, a gerenciar as economias de sua família. O perspicaz Dodge fora cliente do antigo patrão de Buffett, Benjamin Graham, o pai da análise financeira moderna, mas Graham tinha acabado de liquidar sua empresa de investimento.

Buffett se lembra do encontro: "Homer me falou: 'Eu gostaria que você cuidasse do meu dinheiro.' Eu retruquei: 'A única coisa que estou fazendo é uma sociedade com minha família.' Ele, então, disse: 'Bem, eu gostaria de ter uma com você.' Então, estabeleci uma com Homer, sua mulher, filhos e netos." Os Dodge entregaram US$ 100 mil a Buffett. Quando Homer Dodge morreu, em 1983, essa soma se multiplicara e se transformara em dezenas de milhões.

O que Dodge identificou que a maioria das pessoas não identificara? Seu filho, Norton, disse: "Meu pai percebeu imediatamente que Warren era um analista financeiro brilhante. Porém, foi mais do que isso." O Dodge mais velho reconheceu em Buffett um artesão com talentos singulares que amava o processo de investimento e que dominava todas as suas ferramentas.

Os Dodge espalharam as notícias entre seus amigos e, no início da década de 1960, um pequeno coro de sócios limitados cantava louvores a Buffett. Um homem ficou tão encantado com a música ouvida que entregou um cheque de US$ 300 mil ao jovem mágico sem nem mesmo tê-lo encontrado. Ele simplesmente anexou um cartão de visitas no qual escreveu "estou dentro". Quem era essa alma que tanto confiava em Buffett? O futuro bilionário Larry Tisch. "A reputação de Warren era excelente. Ele acreditava no valor e era um homem íntegro", diz Tisch. "Eu não fiz aquilo de forma displicente — US$ 300 mil valiam muito mais naquela época, sobretudo para mim."

Buffett havia se preparado habilidosamente para a arte de escolher ações. Ele tinha uma abordagem bem-fundada para servir de base a seus investimentos — comprar ações com base em seu valor, não em sua popularidade. Sua cidade natal oferecia tudo de que precisava — família, amigos, bons hambúrgueres (dos quais Buffett é fã inveterado) e muito poucas distrações. Acima de tudo, Warren tinha um intelecto superior. Seu associado de longa data, Charles Munger, hoje vice-presidente do conglomerado de Buffett, a Berkshire Hathaway, declara: "Havia mil pessoas em minha turma da Faculdade de Direito em Harvard. Eu conhecia os melhores alunos. Não havia ninguém tão capaz quanto Warren. Seu cérebro é um mecanismo admiravelmente racional. E, uma vez que ele se articula bem, você pode enxergar aquele cérebro danado em funcionamento."

Buffett estruturou suas sociedades de forma a minimizar quaisquer interrupções desnecessárias dos investidores. Ele explica: "Eu disse a eles: 'O que farei é formar uma sociedade em que gerenciarei a carteira de investimentos e terei meu dinheiro lá, junto com o seu. Garantirei a você um retorno de 6%, e terei direito a 20% de todos os lucros acima disso. E não lhe direi quais papéis possuímos, porque isso se torna uma distração. Tudo que desejo fazer é entregar um cartão de pontuação quando deixo o campo de golfe. Não desejo que você me siga por aí e me observe errar uma tacada em um buraco e acertar outra mais adiante." Seus sócios aceitaram as condições porque sabiam que ele estava totalmente comprometido com os investimentos. O banqueiro de investimento de Omaha, Charles Heider, declara: "Eu disse à minha família: 'Olha, Warren pensará em como investir nosso dinheiro sete dias na semana.'"

Buffett procurou por informações em lugares que outros gerentes de investimentos praticamente nem tocavam. Veja, por exemplo, seu trabalho na American Express em 1963, durante o Caso do Óleo de Salada. As ações da empresa haviam despencado após a descoberta de que uma subsidiária talvez fosse responsabilizada por dezenas de milhões de dólares em pedidos de indenização oriundos da venda de azeite de salada que não existia. Buffett e sua equipe concluíram, por meio de visitas a varejistas, que o negócio principal de cartões de crédito e cheques de viagem continuava sendo altamente lucrativo. Isso o convenceu de que deveria comprar grandes quantidades da ação abalada. O preço dela quintuplicou em cinco anos.

Como todos os grandes artesãos, Buffett aprecia a consistência. Marshall Weinberg, da corretora Gruntal & Co., lembra-se de jantar com ele em Manhattan. "Ele comeu um misto-quente excepcional. Alguns dias depois, íamos comer fora novamente. Ele disse: 'Vamos naquele restaurante de novo.' Eu disse: 'Mas já fomos lá.' E ele retrucou: 'Precisamente. Por que arriscar outro lugar? Sabemos exatamente o que será servido.' E isso", diz Weinberg, "é o que Warren também procura nas ações. Ele só investe em empresas em que há pouca probabilidade de decepção".

Meus erros

9 de abril de 1990

Excerto da carta de Buffett aos acionistas que consta do relatório anual da Berkshire Hathaway de 1989

Em geral, cerca de 80% do conteúdo das Cartas do Presidente anuais de Warren Buffett abordam assuntos específicos da Berkshire. O restante consiste em comentários no melhor estilo Buffett. A verdade é que trechos de ambos os tipos podem funcionar bem em um artigo da Fortune, e provamos isso ao longo dos anos transformando seis excertos variados dessas cartas em artigos, sendo este o primeiro. No relatório anual da Berkshire — cabe observar —, o trecho aqui reproduzido tinha um título diferente. Ao se referir implicitamente ao quarto de século em que Buffett esteve no comando da Berkshire, era chamado "Erros dos primeiros 25 anos (Uma versão condensada)". Nosso título, em seu lugar, resumia tudo como "Meus erros".

O conteúdo do texto — um CEO ressaltando seus erros — era obviamente pouco comum, até mesmo extraordinário, para um relatório anual. Claro, é relativamente fácil fazer uma confissão desse tipo quando se administra uma empresa cujas ações aumentaram mais de 400 vezes nos 25 anos em questão (subindo de cerca de US$ 18 por ação para US$ 7.450). Mesmo assim, neste artigo, Buffett revela que o histórico poderia ter sido ainda melhor — se ele tivesse simplesmente sido menos estúpido em determinadas situações.

Quando este livro for publicado, estaremos perto do marco gerencial dos cinquenta anos de Buffett, do ponto em que ele prometeu mais uma vez catalogar seus erros. "Não faltará material", disse-me recentemente. — CL

Para citar Robert Benchley: "Ter um cão ensina a um menino o que é fidelidade, perseverança e dar três voltas no chão antes de se deitar." Essas são as desvantagens da experiência. Todavia, é uma boa ideia rever os erros passados antes de cometer novos. Então, olhemos rapidamente para os últimos 25 anos.

Meu primeiro erro, certamente, foi comprar o controle da Berkshire. Embora eu soubesse que seu negócio — a fabricação de tecidos — era pouco promissor, senti-me atraído pela compra porque o preço parecia baixo. Compras de ações desse tipo se provaram razoavelmente recompensadoras em meus primeiros anos, embora, no momento em que a Berkshire surgiu, em 1965, eu apenas estivesse começando a perceber que a estratégia não era a ideal.

Se você comprar uma ação a um preço suficientemente baixo, em geral, haverá algum "soluço" na evolução do negócio que lhe dará a chance de desfazer sua posição com um lucro decente, muito embora o desempenho do negócio no longo prazo possa ser terrível. Chamo esse tipo de abordagem ao investimento de "guimba". Uma guimba encontrada na calçada que tem em seu potencial apenas uma baforada remanescente e pode não oferecer uma sessão de fumo muito satisfatória, mas o "preço de pechincha" fará com que essa baforada seja toda lucro.

A menos que você seja um liquidante, esse tipo de abordagem para a compra de empresas é tolo. Primeiro, o preço original de "pechincha" provavelmente não acabará sendo tão barato assim. Em uma empresa problemática, mesmo quando um problema é resolvido, logo outro surge —, nunca há apenas uma barata na cozinha. Segundo, qualquer vantagem inicial que você consiga será rapidamente corroída pelo baixo retorno auferido pela empresa. Por exemplo, se você compra uma empresa por US$ 8 milhões que pode ser vendida ou liquidada por US$ 10 milhões e rapidamente opta por uma dessas alternativas, é possível realizar um retorno alto. Porém, o investimento será decepcionante se a empresa for vendida por US$ 10 milhões após dez anos e, nesse ínterim, anualmente tenha lucrado e distribuído apenas alguns pontos percentuais sobre seu custo. O tempo é amigo da empresa maravilhosa e inimigo da medíocre.

Você poderia pensar que esse princípio é óbvio, mas eu precisei aprendê-lo da forma mais difícil — na realidade, precisei aprendê-lo diversas vezes. Imediatamente após a compra da Berkshire, adquiri uma loja de departamentos de Baltimore, a Hochschild Kohn, comprada através de uma empresa chamada Diversified Retailing, que, mais tarde, foi fundida com a Berkshire. Eu a comprei com um desconto substancial sobre o valor contábil, o pessoal era excelente e o negócio incluiu alguns atrativos adicionais — valores imobiliários não registrados e um significativo "colchão" de inventário LIFO. Como eu poderia perder? Então — três anos mais tarde, eu tive a sorte de vender o negócio por um preço mais ou menos igual ao que pagara. Após o término de nosso casamento empresarial com a Hochschild Kohn, tive memórias como as do marido na música country "My Wife Ran Away With My Best Friend e I Still Miss Him a Lot".

Eu poderia dar-lhes outros exemplos pessoais de burrice ao estilo "compra de pechincha", mas tenho certeza de que vocês compreenderam a ideia: é muito melhor comprar uma empresa maravilhosa a um preço justo do que uma empresa medíocre a um preço maravilhoso. Charlie [Munger] entendeu isso rapidamente; eu precisei de muito tempo para aprender a lição. Porém, agora, ao comprar empresas ou ações, procuramos instituições excelentes acompanhadas de gerentes excelentes.

Isso nos leva direto a uma lição relacionada: bons jóqueis terão um bom desempenho quando montados em cavalos bons, mas não em pangarés esgotados. Tanto o negócio têxtil da Berkshire quanto a Hochschild Kohn tinham pessoas capazes e honestas administrando-as. Os mesmos gerentes empregados em uma empresa com boas características econômicas teriam alcançado excelentes resultados. Porém, eles nunca iriam fazer um grande progresso enquanto tentavam correr em areia movediça.

Várias vezes, eu disse que, quando um gerente com uma reputação brilhante tenta administrar uma empresa com reputação econômica ruim, é a reputação da empresa que permanece intacta. Apenas gostaria de não ter sido tão enérgico na criação de exemplos. Meu comportamento combina com o admitido por Mae West: "Eu era a Branca de Neve, mas fui me deixando levar."

Mais uma lição relacionada: devagar com o andor que o santo é de barro. Após 25 anos de compra e de supervisionar uma grande variedade de empresas, Charlie e eu ainda não aprendemos como solucionar problemas empresariais difíceis. Porém, aprendemos a evitá-los. Fomos bem-sucedidos porque nos empenhamos em identificar os obstáculos de 50 centímetros de altura que poderíamos saltar, em vez de adquirirmos qualquer habilidade para pular os de 2 metros.

A descoberta pode parecer injusta, mas tanto nas empresas quanto nos investimentos costuma ser muito mais lucrativo simplesmente ater-se ao fácil e ao óbvio do que resolver o difícil. Certas horas, problemas difíceis precisam ser encarados, como ocorreu quando lançamos nosso jornal dominical em Buffalo [desafiando um concorrente estabelecido]. Em outros exemplos, uma excelente oportunidade de investimento ocorre quando uma empresa maravilhosa se depara com um problema de curto prazo imenso, mas passível de solução, como foi o caso muitos anos atrás tanto da American Express quanto da GEICO. (...) No cômputo geral, no entanto, tivemos melhores resultados evitando dragões do que os matando.

Minha descoberta mais surpreendente: a importância impressionante nos negócios de uma força invisível que poderíamos denominar "o imperativo institucional". Na faculdade de administração, não recebi qualquer indicação da existência desse imperativo e não o compreendi intuitivamente quando ingressei no mundo empresarial. Naquela época, eu acreditava que gerentes sábios e com experiência tomariam decisões comerciais racionais de forma automática. Porém, ao longo do tempo, aprendi que não é bem assim. Ao contrário, frequentemente a racionalidade definha quando o imperativo institucional entra em ação.

Por exemplo: (1) como se governada pela primeira lei de Newton, uma instituição resistirá a qualquer mudança em sua direção atual; (2) exatamente da mesma forma que o trabalho se expande para preencher o tempo disponível, projetos ou aquisições empresariais se materializarão para absorver os recursos disponíveis; (3) qualquer desejo empresarial do líder, por mais tolo que seja, será rapidamente apoiado por estudos estratégicos, com taxas de retorno detalhadas, preparados por seus asseclas; e (4) o comportamento de empresas semelhantes, estejam elas se expandindo, adquirindo, estabelecendo remuneração ou qualquer outra coisa, será imitado sem crítica alguma.

A dinâmica institucional — e não a venalidade ou a estupidez — faz com que as empresas tomem esses rumos, os quais são, com frequência, desencaminhadores. Após cometer alguns erros (que me custaram bastante) porque ignorava o poder do imperativo, tentei organizar e gerenciar a Berkshire de maneira a minimizar sua influência. Além disso, Charlie e eu tentamos concentrar nossos investimentos em empresas que parecem estar cientes do problema.

Após alguns outros erros, aprendi a participar de negócios apenas com pessoas de quem gosto e em quem confio e admiro. Como já observei, essa política, por si só, não é garantia de sucesso: uma companhia têxtil ou uma loja de departamentos de segunda classe não prosperará simplesmente porque seus gerentes são homens que você teria prazer de ver casados com sua filha. No entanto, um proprietário — ou um investidor — pode realizar maravilhas se conseguir se associar a pessoas assim em empresas que apresentam características econômicas decentes. De modo inverso, não desejamos nos unir a gerentes que não possuam qualidades admiráveis, não importa quão atraentes sejam as perspectivas de suas empresas. Nunca alcançamos sucesso ao fazer um bom negócio com uma pessoa ruim.

Alguns de meus piores erros não foram publicamente visíveis; foram compras de ações e empresas cujas virtudes eu compreendia e, mesmo assim, não tive sucesso. Não é pecado perder uma excelente oportunidade que esteja fora de sua área de competência. Porém, eu deixei de fazer algumas compras vultosas que me foram servidas de bandeja e que eu estava muito bem-equipado para compreender. Para os acionistas da Berkshire —inclusive eu —, o custo dessa falta de iniciativa foi imenso.

Nossas políticas financeiras consistentemente conservadoras podem parecer ter sido um erro, mas, segundo minha visão, não o foram. Em retrospectiva, está claro que índices de alavancagem significativamente mais altos, embora ainda convencionais, na Berkshire, teriam produzido retornos consideravelmente melhores sobre o patrimônio líquido do que a média de 23,8% que realizamos na prática. Mesmo em 1965, talvez pudéssemos ter avaliado, àquela altura, que havia uma probabilidade de 99% de uma alavancagem mais elevada render bons frutos. Ao mesmo tempo, poderíamos ter enxergado apenas uma chance de 1% de que algum fator de choque, externo ou interno, levasse um índice de endividamento convencional a produzir um resultado em algum lugar entre a angústia temporária e a inadimplência.

Não teríamos gostado dessas probabilidades de 99 contra 1 — e nunca gostaremos. Uma pequena probabilidade de sofrimento ou desgraça não pode, em minha opinião, ser compensada por uma grande chance de retornos adicionais. Se suas ações são sensatas, você certamente obterá bons resultados; na maioria dos casos, a alavancagem apenas faz tudo caminhar mais rápido. Charlie e eu nunca tivemos muita pressa: apreciamos o processo muito mais do que os resultados — embora tenhamos aprendido a conviver com esses também.

Daqui a 25 anos, esperamos reportar os erros dos primeiros cinquenta. Se estivermos por aqui em 2015 para fazer isso, temos certeza de que essa [confissão] ocupará muito mais páginas do que ocupa agora.

Extraído de "Os filhos dos ricos e famosos"

10 de setembro de 1990

Excertos de um artigo de Alan Farnham

Nem perdulários, nem bêbados ou idiotas, esses herdeiros e herdeiras de bilionários trabalham duro — muito embora não precisem fazê-lo.

Eles são exóticos. Alguns são neuróticos. São crianças bilionárias — árvores jovens inclinadas pelo vento verde do dinheiro...

... Alguns herdeiros aprendem a usar sua fortuna de forma positiva, como uma ferramenta. Eles escapam das armadilhas de sua classe e levam uma vida completa e produtiva, realizando aquilo que se propuseram a fazer. Como eles alcançam o sucesso? O que os motiva? As razões variam do orgulho pessoal a uma vocação para a aventura. Boa parte depende da forma como foram criados. Dizer aos filhos cedo e francamente o que eles herdarão tende a ser um bom começo...

O filho de Warren Buffett, Howard, sabe que o pai pretende usar o dinheiro que ganhou na Berkshire Hathaway para frear o crescimento da população. No entanto, Howard, 35 anos, não desperdiçou tempo reclamando. Ele cultiva milho e soja nos arredores de Omaha e, em 1989, foi eleito vereador do condado de Douglas, em Nebraska.

Ter de atender às expectativas que acompanham o nome da família pode ser algo amedrontador. Seu pai famoso é a razão de Howard Buffett nunca ter montado uma banca para vender limonada na infância. "Eu me senti desmotivado para tentar. Parecia que eu seria incapaz de fazer algo que fosse tão bem-sucedido quanto o que ele fizera. E o que eu fizesse poderia refletir mal nele." A sombra do Buffett mais velho expande-se pela imaginação de seu neto de 6 anos. Diz Howard: "O pequeno Howie tem dez ações da Coca-Cola, compradas com dinheiro que economizou. Um dia, minha esposa estava explicando que há uma primeira vez para tudo, e ele disse: 'Acho que nunca haverá uma primeira vez em que conseguirei comprar uma ação da Berkshire Hathaway.'"

Todas as crianças ricas sofrem de um tipo de discriminação que poderia ser chamada de "abastismo". (...) Howard Buffett não se deixa abalar: "Existem pessoas nojentas com dinheiro e pessoas nojentas sem dinheiro." Ele regularmente é vítima da suposição do público de que qualquer um que se chame Buffett deve ser rico. "Certa noite em um restaurante", lembra-se, "saquei o talão de cheques para pagar a conta e um cara disse: 'Ah, eu gostaria de ter *esse* talão de cheques!' Eu não tive a paciência de lhe dizer: 'Não, companheiro, na verdade, você não gostaria.'" Embora ele tente se comportar como se a riqueza do pai não existisse, fazê-lo por muito tempo é quase impossível. "Quando eu voltar para o escritório esta tarde, haverá nove mensagens", diz ele. "Oito delas serão de alguém desejando algo de meu pai." (...)

Howard Buffett diz: "Há determinadas coisas que você precisa fazer com os filhos, tenha dinheiro ou não. Minha mãe e meu pai me ensinaram a ser responsável: limpar a casa e cortar a grama. Quando você faz algo errado, arca com as consequências." Ensinar o filho Howie a conviver com privilégios não foi fácil. Quando o herói de basquete, Michael Jordan, visitou Omaha, Howie queria sentar-se à mesa principal, junto com outros dignitários. Howard pai teve de explicar que ele não tinha o direito automático de estar lá...

Quase todos os filhos de bilionários desejam, de fato, trabalhar (...) [Eles] compreendem que, ao iniciar uma carreira ou montar uma empresa, aumentarão a autoestima e ganharão a independência de seus pais. Porém, quando os pais financiam o experimento, os ganhos podem ser efêmeros.

Howard Buffett cultiva 165 hectares de terra e ama seu trabalho: "Sou fazendeiro há nove anos. É uma forma de trabalho muito independente — tudo depende de você. Essa atividade lhe ensina um sistema de valores e lhe fornece instrumentos para alcançá-lo." Até agora, está tudo bem.

Exceto por uma coisa. "Papai é o dono da terra. Eu pago uma parcela da renda bruta como aluguel. Provavelmente não deveria dizer isso a você, mas o aluguel varia de acordo com meu peso. Tenho 1,72 metro de altura e peso cerca de 90 quilos. Ele acha que estou acima do peso ideal — que eu deveria pesar 83. Se estou acima do peso, ele vale 26% da renda bruta. Se estou abaixo, 22%. É a versão da família Buffett do programa dos Vigilantes do Peso. Não me importo, na verdade. Ele está demonstrando sua preocupação com minha saúde. Porém, o que me importa, de fato, é que, mesmo a 22%, ele está recebendo uma renda maior do que qualquer outra pessoa. De alguma forma, ele sempre consegue controlar o que o cerca."

O texto completo de "Os filhos de ricos e famosos" está disponível em fortune.com/buffettbook (em inglês).

O Toque de Midas com desconto

5 de novembro de 1990

POR EDMUND FALTERMAYER

Turbulência e confusão ocasionalmente contribuem para boas pechinchas. Considere a Berkshire Hathaway, semelhante a uma força avassaladora que, de forma incompreensível, dá um passo para trás. Já cambaleando antes mesmo que Saddam Hussein e as preocupações com a recessão torpedeassem o mercado, o preço da ação da empresa de Omaha caiu 36%, este ano, para US$ 5.550 por ação, mais de duas vezes a queda do índice de 500 ações da Standard & Poor. Para o CEO Warren Buffett, 60 anos, o mago do investimento que tem 42% das ações da Berkshire, isso se traduz em uma perda no papel de US$ 1,5 bilhão — ou US$ 215.450 por hora. E também significa uma oportunidade de compra para outros.

Conforme Michael Price, que administra o fundo Mutual Shares, de US$ 1,3 bilhão (e é ele mesmo um investidor altamente perspicaz), diz: "É uma forma de o investidor que privilegia o crescimento defensivo participar do mercado acionário." Outros gerentes de investimentos recomendam a ação, inclusive John Tilson, que administra o Pasadena Growth Fund, de US$ 63 milhões, de alto desempenho, para a Roger Engemann Associates. Ele tem comprado ações da Berkshire.

O próprio Buffett não demonstra qualquer perda de confiança, nem mesmo em relação às suas perdas no papel. Diz ele: "Não passei a comer hambúrgueres simples em vez de duplos." E quanto ao jatinho da empresa, apelidado de *The Indefensible*? "Isso será a última coisa a ser vendida", brinca ele.

Buffett assumiu a Berkshire Hathaway em 1965 e, no momento em que a ação atingiu seu pico, no final de 1989, o preço havia multiplicado 741 vezes, de US$ 12 a ação para US$ 8.900. Porém, um ano de baixa não é uma experiência nova para Buffett: o preço da ação da Berkshire caiu 55% em 1974. Instituição singular que atua em três ramos diferentes, a empresa é uma seguradora de imóveis e contra acidentes que também desempenha o papel de veículo de investimento de Buffett; ela também possui uma coleção de operações de industrialização, publicação e vendas no varejo. Em 1989, essas empresas — que incluem a editora da enciclopédia *World Book* —, como um conjunto, auferiram um lucro médio surpreendente de 57%.

Uma possível explicação para a queda deste ano no preço da ação da Berkshire: algumas de suas maiores participações acionárias estão nas áreas de comunicação, publicação e seguro, indústrias cujas ações foram duramente atingidas nos últimos meses.

O nome Buffett também pode ter perdido parte da magia, que anteriormente ajudou a fazer com que o preço da ação atingisse um prêmio alto sobre o valor contábil por ação. Alguns gerentes de investimentos reclamam de suas transações do tipo "white knight" com a Salomon Inc., a Gillette, a USAir e a Champion International. Em parte para ajudar essas companhias a intimidar eventuais tentativas de tomada de controle hostil, Buffett comprou ações preferenciais que podem ser convertidas em grandes blocos de ações comuns. O gerente de carteira John Neff, do Windsor Fund da Vanguard, diz que vê "alguns pontos negativos nesses negócios", uma vez que essas transações ajudaram a isolar o gerenciamento de cada uma das empresas. Buffett disse que, em última instância, a Berkshire atingirá retornos satisfatórios com essas ações preferenciais somente se as ações ordinárias das empresas tiverem um bom desempenho.

Diz Tilson, da Pasadena: "O mercado talvez esteja dizendo a Buffett: 'Você não é mais o mesmo, parceiro.' Porém, eu não acho isso." Usando um modelo de computador, a empresa de Tilson calculou que a ação da Berkshire recentemente foi negociada a US$ 510 menos do que ela realmente vale. "Por causa do desconto", considera Tilson, "você está comprando as habilidades de Warren Buffett a praticamente nada". Para um investidor, esse é um preço convidativo.

Buffett compra "junk"

22 de abril de 1991

POR JENNIFER REESE

Há muito tempo Wall Street se pergunta se investidores renomados encontrariam barganhas na situação tumultuada do mercado de títulos de dívida classificados na categoria "junk" (de alto risco). Assim, entra Warren Buffett. No relatório anual de 1990 da Berkshire Hathaway, o CEO bilionário revela que a Berkshire investiu US$ 440 milhões em títulos de dívida de alto rendimento da RJR Nabisco. Buffett, que no ano passado fez um estudo intensivo do mercado dos títulos de dívida "junk", diz em uma entrevista: "A carnificina foi ainda maior do que eu imaginava."

Ele concluiu que os títulos de dívida RJR eram um investimento melhor do que os outros de tipo semelhante por ele examinados porque a empresa é bem gerenciada, e seu crédito, melhor do que se pensa. Buffett estima que o valor de mercado de seus títulos de dívida da RJR é agora cerca de US$ 175 milhões acima de seu custo.

Se acredita que deveria ter comprado mais? Diz ele: "Em retrospectiva, há muitas coisas que eu desejaria ter feito. Porém, não levo o retrospecto muito a sério quando analiso as decisões de investimentos. Você é pago somente pelo que faz."

Extraído de "Agora escuta essa"

5 de abril de 1993

Warren E. Buffett, 62 anos, o bilionário CEO da Berkshire Hathaway, sobre por que o custo das opções de ações na mão dos gerentes deveria ser reconhecido na demonstração dos resultados das empresas:

"Se as opções não são uma forma de remuneração, o que são? Se a remuneração não é uma despesa, o que é? E, se as despesas não deveriam entrar no cálculo dos lucros, onde deveriam ser colocadas?"

BUFFETT E A COCA-COLA

QUASE 25 ANOS ATRÁS, *em 1988, o então presidente da Coca-Cola, Donald Keough, telefonou para seu amigo de longa data e antigo vizinho de Omaha, Warren Buffett, e lhe fez uma pergunta: "Warren, o volume de negociação das ações da Coca-Cola indica que alguém anda fazendo compras pesadas. Esse alguém poderia ser você?" Buffett respondeu: "Bem, mantenha isso em segredo entre você e Roberto. Mas, sim, sou eu." Keough, exultante, desligou para contar as novidades a seu chefe, o CEO Roberto Goizueta, enquanto Buffett voltava às compras.*

A queda do mercado em 1987 havia atingido duramente a Coca-Cola, e Buffett adquirira uma imensa quantidade de ações da empresa em 1988 e 1989, aderindo ao famoso conselho que ele próprio cunhou: "Seja ganancioso quando outros forem medrosos." Ele terminou suas compras em 1994, tendo acumulado o belo e redondo número de 400 milhões (ajustado para desdobramentos) de ações da Coca-Cola. A posição, que em 1994 dava à Berkshire uma participação de 7,8% na Coca-Cola, custou quase US$ 1,3 bilhão, ou seja, um preço médio ligeiramente inferior a US$ 3,25 por ação.

Esse foi o começo de um excelente relacionamento — no cômputo geral. Porém, Buffett, que serviu na diretoria da Coca-Cola entre 1989 e 2007, usou seu poder em uma ocasião para destituir um CEO da Coca-Cola e, em outra, para revogar uma decisão da gerência que ele considerava ruim para a empresa. Aqui estão três trechos de artigos da Fortune; *o primeiro foi publicado nos dias iniciais felizes do relacionamento Buffett/Coca-Cola; os outros, em tempos de controvérsia.*

Extraído de "A melhor marca do mundo"

31 de maio de 1993

Excertos de um artigo de John Huey

Diz Buffett: "Quando você se depara com uma única boa ideia para uma empresa em sua vida, tem sorte e, em termos fundamentais, essa é a melhor empresa do mundo. [Seu produto] vende por um preço extremamente moderado. É universalmente apreciado — o consumo *per capita* em quase todos os países sobe quase todos os anos. Não existe nenhum outro produto como esse." (...)

Sobre Goizueta e Keough: "Se você tem o time recordista dos Yankees de 1927, tudo o que deseja é sua imortalidade", diz Buffett (...) "Contanto que tenhamos o tipo de pessoas que são tão focadas quanto eles, não me preocupo com a empresa. Se você me desse US$ 100 bilhões e me mandasse tirar a liderança dos refrigerantes no mundo da Coca-Cola, eu os entregaria de volta a você e lhe diria que isso não poderia ser feito."

Goizueta morreu em 1997, Keough se aposentou, e o novo CEO, Douglas Ivester, parecia mais um novato em campo do que um craque experiente como Ruth ou Gehrig. No início de 2000, a Fortune *publicou uma história exclusiva cujos parágrafos de abertura estão a seguir:*

Extraído de "O que realmente aconteceu na Coca-Cola"

10 de janeiro de 2000

POR BETSY MORRIS E PATTIE SELLERS

Em primeiro lugar, esclareçamos o mistério sobre por que Doug Ivester — com 52 anos e após pouco mais de dois anos no emprego — repentinamente pediu demissão como diretor-executivo e CEO da Coca-Cola. Ele foi empurrado. Com força.

Certamente, ele estava sitiado por causa de uma série de percalços durante seu curto e infeliz mandato. Porém, assessores que trabalhavam com ele no dia a dia — e que ficaram tão chocados quanto qualquer pessoa quando o obstinado executivo jogou a toalha — relatam que tudo transcorria normalmente no primeiro dia de dezembro, uma quarta-feira, quando Ivester pegou um avião de Atlanta para Chicago para participar de uma reunião de rotina com os executivos do McDonald's.

Quando voltou, tudo parecia haver mudado. O que não foi divulgado publicamente até agora é que, enquanto esteve em Chicago, Ivester participou de outra reunião muito particular — convocada por dois dos mais poderosos diretores da Coca-Cola, Warren Buffett e Herbert Allen. Na reunião, os dois diretores informaram a Ivester que eles haviam perdido a confiança em sua liderança.

Na maior parte do ano passado, Buffett havia permanecido nos bastidores, enquanto Allen tivera várias conversas com Ivester sobre seu estilo rígido de gerenciamento. Dessa vez, foi diferente, segundo fontes bem-colocadas e informadas sobre a situação. Juntos, Buffett e Allen, os dois pesos-pesados da diretoria, disseram a Ivester que haviam chegado a uma conclusão irreversível: ele não era mais o homem que deveria liderar a Coca-Cola. Era hora de mudar.

A reunião transcorreu em clima amistoso — até mesmo solidário — e, aparentemente, terminou sem uma conclusão quanto ao próximo passo. É concebível que Ivester pudesse ter decidido lutar contra a decisão. Porém, também é concebível que Buffett e Allen poderiam ter decidido forçar a questão, talvez tão cedo quanto a próxima reunião de diretoria, agendada para duas semanas depois. A liderança deles entre os diretores é incontestável, considerando que a Berkshire Hathaway (na qual Buffett possui uma participação de 31%) controla cerca de 200 milhões de ações, ou seja, 8,1% da Coca-Cola, enquanto Allen possui ou controla 9 milhões de ações.

O que quer que estivessem pensando ao sair da reunião, Ivester retornou a Atlanta e convocou uma reunião de diretoria de emergência para aquele domingo, durante a qual pediu demissão. Seu anúncio surpreendeu executivos, diretores, empregados e Wall Street — surpreendeu até mesmo o homem que foi nomeado para substituí-lo: Doug Daft, um australiano de 56 anos, cuja experiência abrangia principalmente a gestão dos negócios da Coca-Cola na Ásia.

Daft entrou acreditando que a Coca-Cola precisava diversificar e incluir bebidas que não tivessem cola como base. Meses após assumir o cargo, no início de 2000, ele defendeu uma fusão de US$ 15,7 bilhões com a Quaker Oats, dona da Gatorade. O negócio seria feito com ações da Coca-Cola, e isso colidiu com a forte convicção de Buffett de que o uso de ações em uma fusão, muitas vezes, leva o comprador a abrir mão de mais valor do que recebe. Em seguida, houve uma reunião de diretoria da Coca-Cola que durou cinco horas e na qual Buffett desempenhou papel de liderança na argumentação contra o negócio. Eis meu relato do debate da Coca-Cola (parte de uma caixa de texto em um artigo de 2001).

Uma caixa de texto extraída de "A máquina de valor"

19 de fevereiro de 2001

POR CAROL LOOMIS

Buffett foi uma voz destacada, embora de forma alguma o único diretor a se opor, no processo de persuadir a Coca-Cola a desistir de seu plano de comprar a Quaker Oats. Ele se manterá calado em uma reunião de diretoria se uma proposta em discussão atingir apenas levemente o patrimônio dos acionistas. Contudo, se o prejuízo for grande, ele não ficará quieto, pois, nesse caso, ele acha que o preço que a Coca-Cola está disposta a pagar, todo ele em ações, é simplesmente excessivo. Os termos teriam levado a Coca-Cola a abrir mão de mais de 10% de seu patrimônio em troca de algo que Buffett considerava que não assegurava aos acionistas da Coca-Cola um retorno aceitável, mesmo no longo prazo. No momento em que Buffett acabou de apresentar seus argumentos, o plano para comprar a Quaker estava efetivamente derrotado. Debater com Buffett sobre preço não é, para a maioria das pessoas, uma experiência recompensadora. Ele é simplesmente lógico e inteligente demais para ser vencido.

Sob o comando de Daft e de seu sucessor como CEO, Neville Isdell, o crescimento da Coca-Cola perdeu o vigor e as ações da empresa definharam. O CEO seguinte, Muhtar Kent, assumiu em 2008, exatamente na hora em que surgiu a crise de crédito. No entanto, ele presidiu uma fase de crescimento saudável nos últimos anos e, em meados de 2012, as ações da Coca-Cola estavam sendo negociadas a US$ 39 por ação (em comparação com o máximo de todos os tempos de US$ 41, estabelecido durante o ano-bolha de 1998).

A Berkshire ainda é dona de 400 milhões de ações. Em comparação com seu preço de custo de cerca de US$ 1,3 bilhão, elas eram avaliadas em US$ 15,6 bilhões em meados de 2012. As recompras de ações por parte da Coca-Cola fizeram com que *a participação da Berkshire subisse para 8,9% daquilo que Buffett ainda considera (bem, deixando de lado a Berkshire) o maior e melhor negócio do mundo.* — CL

Os textos completos dos três artigos sobre a Coca-Cola selecionados aqui estão disponíveis em fortune.com/buffettbook (em inglês).

Como Buffett encara o risco

4 de abril de 1994

Excerto da carta de Buffett aos acionistas no relatório anual da Berkshire Hathaway de 1993

A estratégia que adotamos nos impede de seguir o dogma convencional de diversificação. Muitos peritos diriam, então, que nosso padrão deve ser mais arriscado do que aquele empregado por investidores convencionais. Nós discordamos disso. Acreditamos que uma política de concentração de carteira pode bem *diminuir* o risco caso ela aumente, como deveria, tanto a intensidade com que um investidor pensa sobre uma empresa quanto o nível de conforto que ele precisa sentir com suas características econômicas antes de comprá-la. Ao postular essa opinião, definimos o risco, usando termos sacados do dicionário, como a possibilidade de perda ou dano.

Os acadêmicos, no entanto, gostam de definir o "risco" de um investimento de forma diferente, afirmando que é a volatilidade relativa de uma ação ou de uma carteira de ações — isto é, sua volatilidade comparada àquela de um universo grande de ações. Empregando bancos de dados e teorias estatísticas, esses acadêmicos computam com precisão o "beta" de uma ação — sua volatilidade relativa no passado — e, então, elaboram teorias misteriosas de investimento de capital e de alocação de capital em torno desse cálculo. Em sua ânsia por uma estatística única para medir o risco, contudo, eles esquecem um princípio fundamental: é melhor estar aproximadamente certo do que precisamente errado.

Para os proprietários de uma empresa — e essa é a forma como pensamos sobre os acionistas —, a definição de risco pelos acadêmicos está muito longe da realidade, a ponto de engendrar absurdos. Por exemplo, de acordo com a teoria baseada no beta, uma ação que caiu repentinamente em comparação com o mercado — como aconteceu com o Washington Post quando o compramos, em 1973 — torna-se "mais arriscada" ao preço mais baixo do que era ao preço mais alto. Essa descrição teria, então, feito *algum* sentido para alguém a quem foi oferecida a empresa inteira a um preço muito reduzido?

Na realidade, o verdadeiro investidor *aprecia* a volatilidade... uma vez que um mercado que oscila violentamente significa que preços irracionalmente baixos serão periodicamente atribuídos a empresas sólidas. É impossível ver como a disponibilidade de tais preços pode aumentar os riscos para um investidor que está totalmente livre para ignorar o mercado ou explorar suas falhas.

Buffett depara-se com uma corrente de ar descendente de US$ 200 milhões

17 de novembro de 1994

Por Colin Leinster

Responda rápido: qual é a forma mais rápida de se tornar um milionário na indústria de transporte aéreo? Resposta: comece com 1 bilhão. Assim versa a piada de Warren Buffett, que, pela estimativa da *Fortune*, está sentado em cima de uma perda no papel de cerca de US$ 200 milhões em seu investimento de US$ 358 milhões no cambaleante USAir Group.

Porém, em particular, Buffett está obviamente falando de forma menos bem-humorada. Os documentos distribuídos aos acionistas antes da assembleia geral de 1994 da USAir contêm o que equivale a um alerta. Ele e Charles Munger, vice-presidente da Berkshire Hathaway, empresa e braço de investimento de Buffett, pedirão demissão de seus cargos na diretoria da USAir se a empresa não conseguir concessões, na forma de cortes de custos, do sindicato que representa seus funcionários. A USAir tem os custos mais elevados entre as transportadoras domésticas e procura reduzir suas despesas fixas em US$ 1 bilhão, dos quais US$ 500 milhões viriam da mão de obra.

Da mesma forma que outros acionistas importantes, Buffett se nega a fazer comentários públicos sobre o destino da USAir. Porém, o acidente de 8 de setembro próximo a Pittsburgh, no qual morreram 132 pessoas, tornou ainda mais incerto um futuro que já era nebuloso. Inicialmente, observadores acreditaram que o desastre encorajaria os pilotos, mecânicos e comissários de bordo a concordar com cortes mais profundos. Porém, esse otimismo logo esmoreceu. Robert Flocke, porta-voz da Air Line Pilots Association, disse: "No passado, todas as vezes que a empresa teve problemas, apelou para os pilotos e, depois, gastou o que ganhou."

O analista John Pincavage, do Transportation Group, ressalta que a USAir, deficitária e ilíquida, não tem qualquer controle sobre outros componentes importantes de seus custos, tais como os preços de combustível. Diz ele: "Não há muita margem para qualquer problema, nenhuma barreira entre a USAir e seu desaparecimento."

A porta-voz da USAir, Andrea Butler, insiste que qualquer coisa parecida com um processo de concordata "é uma última hipótese. A gerência está mais focada em negociar contratos de trabalho produtivos". É bem possível que a empresa tenha de acrescentar a participação nos lucros e a representação na diretoria à sua oferta atual. Essas vantagens foram parte da maneira como a Northwest e a TWA resolveram suas divergências com os sindicatos.

Nota da organizadora: o fracasso de Buffett na USAir, no início da década de 1990, atraiu tanta atenção pública — e, sem dúvida, produziu tantas risadas — que muitas pessoas pensam até hoje que o investimento foi uma perda dolorosa para a Berkshire. Porém, em 1996, um novo CEO, Stephen Wolf, assumiu a empresa e empreendeu aquilo que Buffett descreveu no relatório anual da Berkshire de 1997 como a "ressuscitação" que beira um "milagre". As ações da USAir saíram de seu ponto mais baixo, de US$ 4, para um pico de US$ 75 — e o valor dos direitos de conversão das ações preferenciais conversíveis da Berkshire subiu vertiginosamente. Os dividendos das preferenciais, que não haviam sido distribuídos, foram pagos e foram também, por causa do atraso, acompanhados de pagamentos compensatórios. Uma vez que as ações preferenciais certamente serão resgatadas em 1998, Buffett afirmou no relatório anual de 1997: "Na conjuntura atual, é praticamente certo que nossa participação na US Airways renderá um lucro decente — isto é, se excluirmos o custo dos meus calmantes — e o lucro pode até mesmo ser indecente." O ganho em dólares nunca foi informado. Porém, mais tarde, no relatório anual de 2007, Buffett o chamou de "substancial". Ele também observou o que havia acontecido com a USAir entre esses anos: "A empresa faliu. Duas vezes."

BUFFETT E GATES

JUNTAMOS ESSES DOIS *artigos porque apareceram sequencialmente e têm a virtude compartilhada de mostrar a amizade — a* surpreendente *amizade— entre Buffett e Gates em seus anos iniciais. O que temos aqui, afinal, não é só uma diferença de idade de 25 anos, mas também um abismo na época (embora menos profundo hoje) entre os interesses obsessivos de ambos: os investimentos (no caso de Buffett) e a tecnologia (no caso de Gates).*

Em 1991, mesmo assim, uma amiga comum desses titãs da indústria, Meg Greenfield, responsável pela página editorial do Washington Post *e amiga de longa data da mãe de Gates, Mary, os uniu. Greenfield, na realidade, estava fascinada com sua ideia: "Eu sabia muito bem", Greenfield relatou à* Fortune *em meados da década de 1990, "que esse era um par interessante".*

O local do encontro foi a casa de campo, nos arredores de Seattle, dos pais de Gates; Meg e Bill Greenfield, que cresceram em Seattle e mantinham uma casa por lá, trouxeram suas visitas: Buffett e a CEO do Washington Post Co., Katharine Graham. Eles foram para a reunião no velho carro Subaru apertado de Greenfield. Bill e sua namorada (que logo se tornaria sua esposa), Melinda French, chegaram de modo impressionante, em um helicóptero. Bill esperava, mesmo após aterrissar, ir embora cedo: ele não queria ter ido, mas cedeu aos desejos de sua mãe para comparecer.

Sua opinião mudou imediatamente quando começou a conversar com Buffett. As mentes de ambos se conectaram, como se cada homem tivesse rapidamente percebido que, pelo menos dessa vez, estavam em igualdade de condições em termos de brilho intelectual. Esse foi o início de uma amizade íntima que dura até hoje — e que, em particular, acabou fazendo história no campo da filantropia.

De volta ao cerne dos artigos que seguem: o primeiro foi uma caixa de texto dentro de um longo artigo sobre Gates. O segundo texto, escrito pelo próprio Gates, trata ostensivamente de sua opinião sobre um novo livro sobre Buffett de autoria de

Roger Lowenstein. Porém, mais da metade do artigo é simplesmente Gates apresentando, de forma multifacetada, suas impressões sobre Buffett.

O segundo artigo também é, até onde sei, singular na história da Fortune, *sendo provavelmente o único em nossos mais de oitenta anos a ter sido publicado primeiro em outra revista de negócios, especificamente a* Harvard Business Review. *O artigo, apesar de tudo, pareceu tão interessante aos editores da* Fortune *— um bilionário falando sobre outro — que conseguimos a permissão de Bill Gates para republicá-lo na íntegra. Obrigada ao autor, mais uma vez.* — CL

Os amigos bilionários

16 de janeiro de 1995

POR BRENT SCHLENDER

Quem disse que não é possível atribuir um valor à amizade? Quando os amigos são Bill Gates e Warren Buffett, o total chega a cerca de US$ 19 bilhões, com uma margem de erro de algumas centenas de milhões de dólares para mais ou para menos.

Nos últimos quatro anos, os dois homens mais ricos da América — no momento, Buffett é o número 1 — cultivaram uma amizade intrigante que atravessa as gerações e que provavelmente tem a riqueza como a maior semelhança. "Somos um par bastante estranho, não é?", diz Buffett, presidente da Berkshire Hathaway Inc., o qual tem medo declarado da tecnologia. Buffett, 64 anos, é a epítome do investidor da Era Industrial, ganhando bilhões com suas participações em empresas que lidam com artigos dos mais básicos — fabricantes de itens como sapatos, refrigerantes e lâminas de barbear. Gates, por outro lado, é o Midas da Era da Informática, que ganhou bilhões vendendo material puramente intelectual.

Ambos foram apresentados por uma amiga em comum, Meg Greenfield, responsável pela página editorial do *Washington Post*, que, assim como Gates, é uma nativa de Seattle. De tempos em tempos, os bilionários dão conselhos gratuitos um para o outro. Por anos, Gates tentou em vão convencer Buffett de que ele deveria, pelo menos, pensar em comprar um computador pessoal. (Warren finalmente comprou um a pedido de outro amigo, para poder jogar bridge pela internet. Entre seus parceiros de jogo, está o pai de Bill Gates.) E Buffett, que voa pelo país em um jato usado que ele chama *The Indefensible*, ofereceu a Gates alguns conselhos sábios sobre esses símbolos de status empresarial. Diz Buffett: "Eu lhe disse que não tive um até os 55 anos, e que talvez ele também devesse deixar algo por fazer para quando atingisse uma idade mais avançada."

Buffett também ajudou Gates a encontrar uma pechincha na compra de um anel de diamantes quando ele ficou noivo há alguns anos. Gates inventou uma desculpa para surpreender sua futura mulher, Melinda French, em uma viagem até Omaha para escolher um anel na Borsheim's, a renomada joalheria de propriedade da Berkshire Hathaway. Bill ri ao recordar: "Warren mandou abrir a loja em um domingo só para nós. Quando estávamos a caminho, ele me disse que, quando ficou noivo pela primeira vez, gastou 6% de seu patrimônio líquido em um anel e que, como sinal de amor verdadeiro, eu deveria fazer o mesmo por Melinda."

Ocasionalmente, ambos brincam sobre qual dos dois tem mais dinheiro. Sabendo que Gates é um jogador inveterado, Buffett, certa vez, levou um par de dados "esquisitos" para uma reunião informal. Conforme o próprio Warren disse: "Eu estava tentando colocá-lo no segundo lugar para sempre, mas Bill imediatamente entendeu o que estava acontecendo, é claro." Ele também brincou dizendo que, "se soubesse que era com Bill que eu estava disputando em leilão o bloco de desenhos de Leonardo da Vinci, eu teria feito o preço subir ainda mais".

Do que Gates mais gosta em relação a Buffett? O bom papo. Segundo ele, "Warren é bastante humilde e, mesmo assim, sabe bem como descrever coisas complexas. Em um nível superficial, é engraçado quando ele cita, digamos, Mae West ao descrever sua filosofia do investimento, mas, é lógico, na verdade ele está falando sobre algo muito mais profundo. Ele é assim o tempo inteiro, então estou sempre aprendendo alguma coisa sobre ele".

Gates sobre Buffett

5 de fevereiro de 1996

POR BILL GATES

Roger Lowenstein inicia sua biografia sobre Warren Buffett com uma ressalva. Ele revela que é um investidor de longa data na Berkshire Hathaway, a empresa que, sob o comando de Buffett, viu o preço de sua ação subir de US$ 7,60 para aproximadamente US$ 30 mil em 33 anos.

Ao escrever essa crítica do livro de Lowenstein, também devo começar com uma ressalva. Não tenho como escrever de forma neutra ou isenta sobre Warren, uma vez que somos amigos íntimos. Recentemente, passamos férias juntos na China com nossas esposas. Acho suas piadas engraçadíssimas. Acredito que seus hábitos alimentícios — muitos hambúrgueres e muita Coca-Cola — são excelentes. Em resumo, sou seu fã.

É fácil ser fã de Warren e, sem dúvida, muitos leitores de *Buffett — A formação de um capitalista americano* vão se unir a esse contingente que cresce cada vez mais. O livro de Lowenstein é um relato singelo da extraordinária vida de Buffett. Ele não transmite integralmente como Warren é divertido, humilde e charmoso, mas sua singularidade pode ser percebida. É difícil acreditar que alguém saia dizendo: "Olha, sou parecido com esse cara."

As linhas gerais da carreira de Warren são bastante conhecidas, e o livro oferece detalhes interessantes. Lowenstein apresenta a vida de Warren desde seu nascimento em Omaha, em 1930, até a primeira compra de uma ação, aos 11 anos de idade, e de seu estudo da profissão de investimento em títulos mobiliários do lendário Benjamin Graham, da Columbia University, até a criação da Buffett Partnership, aos 25 anos. O autor descreve o sigilo que Buffett mantinha sobre as ações que escolhia para a sociedade, e sua transparência contrastante com relação a seu princípio orientador, o qual consiste em comprar ações a preços de banana e mantê-las pacientemente em carteira. Como Warren explicou em uma das cartas que escreveu para seus sócios: "Essa é a pedra angular de nossa filosofia de investimento: nunca acredite que vai conseguir vender a um preço bom. Faça com que o preço de compra seja tão atraente que até uma venda medíocre dê bons resultados."

Lowenstein descreve como Warren assumiu o controle da Berkshire Hathaway e usou os recursos oriundos de seus negócios decadentes na indústria têxtil para comprar ações em outras empresas. O livro investiga como a Berkshire se transformou em uma *holding* e como sua filosofia de investimento evoluiu quando Warren aprendeu a olhar além dos dados financeiros e a reconhecer o potencial econômico de franquias únicas, como jornais em posições dominantes. Hoje, a Berkshire é proprietária de companhias como a See's Candies, o Buffalo News e a World Book, assim como de participações grandes em empresas, tais como American Express, Capital Cities/ABC (prestes a se tornar parte da Disney), Coca-Cola, Gannett, Gillette e Washington Post Co.

Provavelmente, os leitores acabarão a obra sentindo-se mais bem-informados sobre temas relacionados a investimentos e negócios, mas, se essas lições irão se traduzir em resultados melhores no campo dos investimentos, isso não é garantido. O dom de Warren é ser capaz de se antecipar à multidão, e conseguir realizar algo assim exige mais do que memorizar seus aforismos — embora Warren seja cheio de aforismos que merecem ser memorizados.

Por exemplo, Warren gosta de dizer que você não precisa ter uma opinião sobre cada ação ou oportunidade de investimento, nem deveria se sentir mal se uma ação que não escolheu subir significativamente. Warren diz que, em sua vida inteira, você deve somente fazer um número reduzido de tentativas, e adverte que devemos fazer o trabalho cuidadosamente, para que essas poucas tentativas sejam, de fato, frutíferas.

Seu gosto por investimentos de longo prazo é refletido em outro aforismo: "Você deve investir em empresas que até mesmo um idiota seja capaz de administrar, porque, algum dia, um idiota o fará." Ele não acredita em empresas que dependem da excelência de cada funcionário para ser bem-sucedidas. Nem acredita que excelentes profissionais são de grande ajuda quando os fundamentos de um negócio são ruins. Ele diz que, quando gerentes bons são colocados em uma empresa fundamentalmente ruim, é a reputação da empresa que permanece intacta.

Warren coloca gerentes eficientes nas empresas da Berkshire e tende a deixá-los agir sozinhos. Sua proposta básica para os gerentes é que, quando uma empresa gera dinheiro — o que as empresas boas tendem a fazer —, os gerentes podem confiar em Warren para investi-lo sabiamente. Ele não estimula os gerentes a diversificar. Espera-se que os gerentes se concentrem nas empresas que conhecem bem para que Warren fique livre para se concentrar no que faz bem: investir.

Minha reação ao conhecer Warren me surpreendeu. Sempre que alguém me diz: "Você precisa conhecer meu amigo fulano de tal; ele é o cara mais inteligente de todos os tempos", adoto uma postura defensiva. A maioria das pessoas conclui rapidamente que alguém ou algo que elas encontraram pessoalmente é excepcional. Essa é a natureza humana. Todos desejam conhecer alguém ou algo superlativo. Como resultado, as pessoas superestimam o mérito daquilo a que foram expostas. Então, não me impressionou muito o fato de as pessoas chamarem Warren Buffett de único.

Para dizer a verdade, fiquei bastante cético quando minha mãe sugeriu que eu tirasse um dia de folga para encontrá-lo em 5 de julho de 1991. Sobre o que eu e ele supostamente conversaríamos, índices preço/lucro? Quero dizer, passar um dia inteiro com um cara que só faz escolher ações? Sobretudo quando há tanto trabalho a fazer? Você está brincando?

Então, eu disse à minha mãe: "Vou trabalhar no dia 5 de julho. Estamos muito ocupados. Desculpe-me."

E ela retrucou: "Kay Graham estará lá."

Bem, isso chamou minha atenção. Eu nunca havia encontrado Graham, mas fiquei impressionado com quanto ela havia se saído bem ao administrar o Washington Post Co. e com o papel daquele jornal na história da política. Coincidentemente, Kay e Warren eram excelentes amigos há anos, e um dos investimentos mais astutos de Buffett foi em ações do Post. Kay, Warren e dois jornalistas importantes estavam, por acaso, na área de Seattle juntos e, devido a uma circunstância extraordinária, todos se espremeram em um pequeno carro naquela manhã para uma longa viagem até a casa de fim de semana de minha família, que fica distante da cidade. Algumas das pessoas que foram estavam tão céticas quanto eu. "Vamos passar o dia todo na casa dessas pessoas?" Alguém, no carro, acanhado, perguntou. "O que vamos fazer durante o dia inteiro?"

Minha mãe insistiu muito para que eu fosse. "Passarei algumas horas lá e, depois, vou embora", falei a ela.

Quando cheguei, Warren e eu começamos a conversar sobre como o ramo dos jornais estava mudando com a chegada de varejistas que faziam menos propaganda. Então, ele começou a me perguntar sobre a IBM: "Se você fosse construir a empresa do início, o que faria de diferente? Quais são os ramos com potencial de crescimento para a IBM? O que mudou?"

Ele fez perguntas interessantes e contou histórias instrutivas. Não há nada de que eu goste mais do que aprender e nunca havia conhecido alguém que pensasse sobre os negócios de forma tão clara. Nesse primeiro dia, ele me ensinou um exercício analítico intrigante que costuma fazer. Ele escolhe um ano — digamos, 1970 — e examina as dez companhias com maior valor patrimonial na época. Depois, passa para 1990 e analisa o desempenho dessas empresas. Seu entusiasmo em relação ao exercício foi contagioso. Acabei ficando no evento pelo dia inteiro e, antes de ele ir embora com os amigos, até concordei em pegar um avião para Nebraska para assistir a um jogo de futebol americano com ele.

Quando se está com Warren, fica aparente o quanto ele ama seu trabalho. Isso se revela de muitas formas. Quando ele explica algo, nunca diz: "Ei, eu sou especialista nisso e vou impressioná-lo." Trata-se mais do seguinte: "Isso é muito interessante, e é, na verdade, muito simples. Vou explicar a você, e você perceberá como fui tolo por demorar tanto para perceber." E, quando ele compartilha a ideia, usando seu perspicaz senso de humor para ajudar a explicar o que se passa, tudo parece muito simples.

Warren e eu nos divertimos muito ao usar as mesmas informações que todos os outros estão usando e conceber novas formas de olhar para elas que são tão originais quanto, de certa forma, óbvias. Cada um de nós tenta fazer esse exercício o tempo inteiro usando nossas respectivas empresas, mas é particularmente agradável e estimulante discutir essas ideias um com o outro.

Somos muito francos e nem um pouco antagônicos. Nossos interesses empresariais não se sobrepõem muito, embora sua *World Book Encyclopedia* impressa concorra com meu Microsoft Encarta eletrônico. Warren não se envolve com empresas ligadas à tecnologia porque gosta de investimentos nos quais é possível prever os vencedores daqui a dez anos — um feito quase impossível no ramo da tecnologia. Infelizmente para Warren, o mundo da tecnologia não conhece limites. Com o passar do tempo, a maioria dos negócios será afetada pelo alcance abrangente da tecnologia — embora a Gillette, a Coca-Cola e a See's devam continuar em uma posição segura.

Uma área na qual, de fato, competimos de vez em quando é a matemática. Certa vez, Warren me apresentou quatro dados estranhos, cada qual com uma combinação única de números (de 0 a 12) em seus lados. Ele propôs que cada um de nós escolhesse um dos dados, descartasse o terceiro e o quarto e apostasse em quem tiraria o número mais alto com mais frequência. Ele, elegantemente, me deixou escolher primeiro. Em seguida, disse: "Ok, uma vez que você escolheu primeiro, que tipo de probabilidades me oferecerá?"

Eu sabia que algo estava acontecendo. "Deixe-me dar uma olhada nesses dados", disse eu.

Após estudar os números de suas faces por algum tempo, falei: "Essa é uma proposta perdedora. Você escolhe primeiro."

Assim que ele escolhia um dado, eu precisava de alguns minutos para calcular quais dos três dados remanescentes eu deveria escolher em resposta. Devido à seleção cuidadosa dos números em cada dado, eles não eram transitivos. Cada um dos quatro dados poderia ser vencido por um dos outros: o dado A tenderia a vencer o dado B; o dado B tenderia a vencer o dado C; o dado C tenderia a vencer o dado D; e o dado D tenderia a vencer o dado A. Isso significava que não havia nenhuma primeira escolha de dado que seria vencedora; somente uma segunda escolha vencedora. Era contrário às nossas intuições, da mesma forma que muitas coisas no mundo dos negócios.

Warren é excelente com números, e eu também adoro matemática. Porém, ser bom com números não significa necessariamente que somos bons investidores. Meu amigo não supera outros investidores apenas por computar melhor as probabilidades — de forma alguma esse é o caso. Warren nunca faz um investimento em que a diferença entre fazê-lo e não fazê-lo reside no segundo dígito decimal da conta. Ele não investe, a menos que a oportunidade pareça muito boa.

Um hábito de Warren que admiro é o de manter sua agenda livre de reuniões. Ele é bom em dizer não. Ele sabe o que gosta de fazer — e aquilo que faz, faz incrivelmente bem. Ele gosta de ficar sentado em seu escritório e ler e pensar. Há algumas coisas que ele faz além disso, mas não muitas. Um ponto para o qual Lowenstein chama a atenção e que é absolutamente verdadeiro é que Warren tem hábitos arraigados. Ele cresceu em Omaha e quer continuar em Omaha. Ele conhece um determinado número de pessoas e gostaria de passar algum tempo com elas. Não é uma pessoa que busca coisas novas e exóticas. Warren, que acabou de completar 65 anos, ainda vive na casa de Omaha que comprou aos 25. Sua afinidade com a rotina também se estende às práticas de investimento. Warren se concentra em empresas com as quais se sente confortável. Ele não faz muitos investimentos fora dos Estados Unidos.

Há algumas empresas que ele concluiu serem excelentes investimentos no longo prazo. E, apesar da matemática óbvia, de que deve existir um preço que antecipa integralmente todo o bom trabalho que essas empresas farão no futuro, ele simplesmente não vende as ações delas, seja lá qual for o preço. Acho que sua relutância em vender é mais motivada pela filosofia do que pela otimização, mas quem sou eu para criticar o investidor mais bem-sucedido do mundo? A relutância de Warren em vender se ajusta às outras tendências que ele tem.

Warren e eu compartilhamos determinados valores. Ambos nos sentimos pessoas de sorte por termos nascido em uma época em que nossas habilidades mostraram-se tão compensadoras. Tivéssemos nascido em um momento diferente, nossas habilidades talvez não teriam sido de tanto valor. Uma vez que não planejamos gastar boa parte do que acumulamos, podemos nos assegurar de que nossa riqueza beneficiará a sociedade. Em certo sentido, ambos trabalhamos para a caridade. De qualquer maneira, nossos herdeiros receberão apenas uma pequena fatia daquilo que acumulamos, porque ambos acreditamos que passar riquezas imensas para os filhos não seria bom para eles nem para a sociedade. Warren gosta de dizer que quer dar a seus filhos dinheiro suficiente para fazerem algo, mas não o suficiente para não fazerem nada. Eu pensava nesse tema antes de conhecer Warren, e ouvi-lo mencionar o assunto cristalizou meus sentimentos.

Lowenstein é um bom colecionador de fatos, e *Buffett — A formação de um capitalista americano* foi escrito de forma competente. Warren me disse que o livro é correto em muitos aspectos. Ele diz que escreverá um livro algum dia, mas, tendo em vista quanto ama trabalhar e quanto é difícil escrever um livro (digo isso com base em minha própria experiência), acho que ainda serão necessários muitos anos antes de ele realizar seu desejo. Quando o livro sair, tenho certeza de que será um dos livros sobre negócios mais interessantes de todos os tempos.

Agora mesmo, as cartas aos acionistas dos relatórios anuais da Berkshire Hathaway escritas por Warren estão entre a melhor literatura comercial. Grande parte da análise de Lowenstein deriva dessas cartas, como seria de esperar. Se, após ler *Buffett*, você ficar intrigado com o homem e seus métodos, recomendo veementemente que leia os relatórios anuais — até mesmo os de dez ou 15 anos atrás. Eles podem ser encontrados em muitas bibliotecas.

Outros livros foram escritos sobre Warren Buffett e suas estratégias de investimentos, mas, até Warren escrever um livro, este é o que deve ser lido.

Originalmente intitulado, "O que aprendi com Warren Buffett", escrito por Bill Gates. Direitos autorais de 1995 pela Microsoft Corp. Originalmente publicado pela Harvard Business Review (exemplar de janeiro/fevereiro de 1996). Reimpresso com permissão da Microsoft Corp.

Extraído de "Esclarecendo a bagunça dos derivativos"

20 de março de 1995

Um trecho de um artigo de Carol Loomis

Eis os dois últimos parágrafos desse artigo:

Dadas todas as complicações apresentadas pelos derivativos, não se pode esperar que os diretores externos tenham um conhecimento profundo dos contratos feitos por suas empresas. A maioria dos presidentes de empresa também não domina esse jogo. No final, a escolha dos riscos a serem "hedgeados", de quais derivativos empregar ao fazê-lo e de como estabelecer um limite claro entre gestão de risco e especulação costuma ser deixada para o pessoal financeiro no final do corredor — alguns deles, apesar dos graves problemas registrados no passado recente, não obstante, podem ainda acreditar que administram um centro de lucros. E, do outro lado da linha telefônica, estão vendedores de derivativos tentando vender a última inovação, a qual certamente não será um hedge dos mais simples.

Não é um quadro muito otimista — não para um problema tão grande quanto os derivativos. Então, talvez precisemos de novas ideias, uma abordagem inovadora, uma sugestão tão radical que nunca foi cogitada. Eis uma delas: Warren E. Buffett, presidente da Berkshire Hathaway, diz que lidaria com os derivativos exigindo que cada CEO confirmasse, em seu relatório anual, o entendimento de cada contrato de derivativos celebrado por sua empresa. Diz Buffett: "Confirme isso e acredito que você simplesmente resolverá quase todos os problemas que existem." Em um mercado que parece gostar da complexidade e do obscurantismo, essa solução não é viável. É simples demais. Contudo, ele está certo.

Dois itens extraídos de "Agora escuta essa"

3 de abril de 1995

Warren E. Buffett, 64, presidente da Berkshire Hathaway, a qual vende doces, sapatos e outros itens produzidos pela empresa, em sua reunião anual:

"Embora gostemos de pensar na reunião como uma experiência espiritual, devemos lembrar que até a religião mais santa inclui o ritual do dízimo."

29 de maio de 1995

Charles T. Munger, 71, vice-presidente da Berkshire Hathaway, referindo-se às causas jurídicas que envolvem a empresa:

"Eles nos intimaram a entregar os papéis de nosso departamento de pessoal. Não apenas não tínhamos esses papéis, como também não tínhamos nenhum funcionário."

Extraído de "Por que Warren Buffett está apostando alto na American Express"

30 de outubro de 1995

Excertos da caixa de texto de um artigo de Linda Grant

Quando Buffett está acumulando ações, ele não deseja que esse fato seja divulgado. Quando as notícias vazam — geralmente por causa da necessidade de se fazer um registro junto à SEC —, e Buffett acha que poderá comprar ainda mais ações, ele não falará muito sobre a razão pela qual gosta da empresa. Isso foi o que aconteceu com a American Express em 1995. A imprensa de negócios, inclusive a Fortune, clamava por explicações, mas Buffett permanecia calado.

Então, escrevemos nossa história mesmo assim, inclusive exibindo-a na capa com um título mais cético do que o título interno acima. A capa dizia: "Por que Warren Buffett aposta bilhões neste castelo de cartas?" A realidade é que a autora desse artigo e os editores da Fortune que trabalhavam não se entusiasmavam com as perspectivas futuras da Amex de forma alguma, mas tinham de lidar com o fato perturbador de que Buffett aparentemente gostava da ideia.

Nossa abordagem a esse problema foi escrever um longo artigo começando e terminando com Buffett, e que também incluía uma caixa de texto sobre ele, mas que também abordava, em detalhes, as dificuldades enfrentadas por Harvey Golub, o novo CEO da empresa. Golub viera da empresa de consultoria McKinsey. A Fortune tinha a opinião de que os talentos de um consultor — cortar custos e vender divisões, sobretudo — talvez não fossem ideais para restaurar o prestígio que a Amex havia perdido no início da década de 1990.

Eis o que a Fortune tinha a dizer sobre Buffett em diversos parágrafos e na caixa de texto. No final, relataremos o que ele próprio, por fim, teve a dizer sobre o assunto.

O começo da história

Warren Buffett adora contar uma parábola sobre a irracionalidade do mercado acionário. Nos idos de 1963, um escândalo envolvendo estoques falsos de azeite de salada em uma pequena subsidiária da American Express fez despencar o preço das ações da Amex. Qual a gravidade desse problema? Para verificar isso, Buffett passou uma tarde com o caixa da Ross's Steak House, em Omaha, para ver se as pessoas deixariam de usar seus cartões verdes. O escândalo não parecia haver causado indigestão em qualquer um dos clientes; então, Buffett aproveitou a oportunidade para comprar 5% da empresa por US$ 13 milhões. Mais tarde, vendeu sua participação com um lucro de US$ 20 milhões.

Agora, Buffett espera reviver a história — com números muito maiores. Nos últimos anos, o CEO da Berkshire Hathaway acumulou mais de 49 milhões de ações da American Express, uma participação de 10,1%. Seu valor, de aproximadamente US$ 2,2 bilhões, torna esse negócio um dos maiores investimentos de Buffett, juntamente com a Coca-Cola, a Gillette e a Capital Cities/ABC. Mais uma vez, ele acredita que Wall Street tem uma visão irracionalmente negativa das ações da Amex. O problema dessa vez não é o azeite, mas um contingente de problemas extenso e bem conhecido: uma equipe executiva quase disfuncional, liderada por James Robinson III, danificou a marca no início da década de 1990; sua grande estratégia de construir um supermercado financeiro ruiu como um castelo de cartas, com a corretora Shearson Lehman, subsidiária da Amex, absorvendo até US$ 4 bilhões em capital antes de ser vendida no ano passado. Mais recentemente, o combalido cartão American Express vinha perdendo participação no mercado para o Visa e o MasterCard, à medida que se tornava cada vez mais difícil vender o principal benefício dos consumidores da Amex — prestígio. E os negócios internacionais da empresa, dizem os analistas, estão em um marasmo.

Investidor sempre paciente, Buffett — cujo patrimônio vale US$ 14,2 bilhões, de acordo com as últimas contas — acredita que os problemas mais recentes são apenas uma distração. O que ele gosta é exatamente daquilo que o tornou rico no passado: uma marca importante, combinada com um fluxo de caixa saudável. Afinal, a American Express, de acordo com o grupo de marketing londrino Interbrand, ainda é uma das dez marcas mais reconhecidas no mundo. Buffett acredita que a empresa permanece como "um sinônimo de integridade financeira e de alternativa ao dinheiro em todo o mundo". Como ele explicou aos acionistas da Berkshire Hathaway na reunião anual da última primavera: "De longe, o fator mais importante no futuro [da Amex] por muitos anos ainda será o cartão de crédito. Acreditamos que a gerência do American Express tem ideias positivas sobre (...) como manter o cartão especial." Buffett provavelmente não está muito preocupado com a perda de participação da empresa no mercado. Mais provavelmente, ele está apostando que a Amex, até mesmo se deixar de crescer significativamente, virá a se tornar um participante de nicho muito rentável no mercado de cartões.

Porém, se a American Express corresponder às expectativas de Buffett, terá de criar um novo interesse em sua marca — o que não é tarefa fácil...

E no final do artigo:

Não importa quão difíceis serão os desafios que a Amex enfrentará no futuro, raramente é sábio apostar contra Warren Buffett. Afinal, ele tem apostado em marcas fortes como a Coca-Cola e a Gillette e tem ganhado muito dinheiro. Ele também investiu com sucesso na seguradora de veículos GEICO, que, como a Amex, tem um fluxo de caixa forte. Quando Buffett dá uma tacada, costuma ser porque está apoiando uma gerência consistente. O que é difícil de ver dessa vez é como um grupo de consultores pode ganhar uma bolada em um jogo dos mais implacáveis.

POR QUE BUFFETT ACHOU QUE VALIA A PENA COMPRAR A AMEX, 30 DE OUTUBRO DE 1995

Uma caixa de texto de Linda Grant

Quase todos sabem que Warren Buffett é um discípulo zeloso do investimento em valor, a abordagem defendida pela lenda de Wall Street, Benjamin Graham, nas décadas de 1930 e 1940. Os investidores em valor compram ações apenas quando acreditam que o mercado está temporária e irracionalmente avaliando uma companhia muito abaixo daquilo que denominam seu valor intrínseco.

Porém, muita gente está enganada com relação à compra por Buffett de aproximadamente US$ 2 bilhões de ações da American Express. A Wall Street tem evitado essas ações nos últimos anos, na medida em que a Amex começou a perder participação no mercado e a sofrer com problemas em sua antiga subsidiária de corretagem, a Shearson Lehman. Porém, talvez tenham sido todas as más notícias que atraíram Buffett em primeiro lugar. Afinal, um princípio primário de Graham é pensar por si mesmo e compreender a diferença entre preço e valor. Ele também aconselhou os seguidores a vasculhar o mercado em busca de pechinchas.

O investidor em valor Robert G. Hagstrom Jr., autor de *O jeito Warren Buffett de investir* e gerente da carteira de ações da Focus Trust, de Filadélfia, ressalta que, para entender qualquer investimento de Buffett, os investidores devem partir de sua filosofia, conforme explicitada em sua carta aos acionistas da Berkshire Hathaway em 1989. Buffett escreveu que o valor de qualquer empresa hoje é "calculado levando-se em conta todos os fluxos de caixa futuros — os que entram e os que saem — e descontando-os às taxas de juros atuais. Avaliadas dessa forma, todas as empresas — dos fabricantes de chicotes de cavalo às operadoras de telefonia celular — tornam-se equivalentes do ponto de vista econômico".

> Em outras palavras, Hagstrom acredita que Buffett determina o valor de uma ação como se ela fosse um título de dívida. Ele começa com os "ganhos líquidos do proprietário", os quais consistem nos lucros reportados, somados à depreciação e à amortização, e deduzidos os investimentos de capital. Para a Amex, esse resultado foi US$ 1,4 bilhão no ano passado, a mesma quantia que a companhia reportou como sendo seu lucro, embora isso nem sempre seja o caso. Em seguida, ele pergunta: se a Amex fosse um título de dívida com cupons anuais de US$ 1,4 bilhão, quanto cresceria o cupom e quanto valeria o título daqui a dez anos?
> "É difícil determinar o cupom de uma empresa", diz Hagstrom, "uma vez que é preciso fazer estimativas delicadas com relação à taxa de crescimento".
> Essa é uma teoria financeira muito básica, mas, é claro, o segredo está na execução. Até agora, ninguém desvendou o código de avaliação de Buffett; no entanto, Hagstrom tentou. Seu modelo calcula o valor intrínseco de uma ação da Amex em US$ 86,77. A diferença entre US$ 86,77 e o preço de mercado recente da Amex (cerca de US$ 44) representa uma margem de segurança. "É um colchão grande", diz Hagstrom, "que protegerá os investidores até mesmo se a Amex perder dinheiro em um ano ruim". Por gostar do resultado da equação, o próprio Hagstrom decidiu comprar cerca de 8 mil ações da Amex para sua própria conta.

Isso foi tudo o que a Fortune *teve a dizer em sua edição de 30 de outubro de 1995 sobre Buffett e a American Express. E, quando o próprio Buffett finalmente começou a falar sobre o assunto — o que não aconteceu antes de sua carta anual aos acionistas de 1997 —, será que também delineou em detalhes um conjunto de razões profundamente analíticas sobre o que o motivara a comprar ações da Amex? De jeito nenhum. Em vez disso, ele admitiu que havia recebido uma dica enquanto jogava golfe.*

O pano de fundo por trás do conselho é que, em 1991, a Berkshire comprara US$ 300 milhões de American Express Percs, um instrumento mobiliário que era essencialmente uma ação comum que, em seus primeiros três anos, continha dois elementos que contrabalançavam um ao outro. Especificamente, a Berkshire recebia pagamentos de dividendos extras naqueles anos, mas também estava sujeita a um limite na apreciação de preço que poderia realizar. Em agosto de 1994, as Percs seriam convertidas em ações ordinárias e, ainda naquele verão, Buffett tentava decidir se continuaria com as ações da Amex ou se as venderia.

Os fatos o empurravam em duas direções, Buffett escreveu em sua carta de 1997: ele considerava que o CEO da Amex, Harvey Golub, era excelente e capaz de atingir o potencial pleno da companhia; Warren estava preocupado, no entanto, com a concorrência implacável que a Amex enfrentava das outras empresas de cartões, sobretudo a Visa. "Pesando os argumentos", Buffett disse, "tendi a optar pela venda".

Porém, pouco tempo depois, ele estava jogando golfe certo dia de 1994 em Prouts Neck, Maine, com Frank Olson, o CEO da Hertz. Buffett escreveu em sua carta: "Frank é um gerente brilhante, com conhecimento íntimo sobre o negócio de cartões. Então, desde o primeiro buraco, comecei a interrogá-lo. Quando chegamos ao segundo buraco, Frank já havia me convencido de que o cartão de crédito empresarial da Amex era um excelente negócio, e eu decidira não vendê-la. Durante os últimos nove buracos, eu me tornei comprador e, em alguns meses, Berkshire se tornou proprietária de 10% da empresa."

Desde o final de 1994, na metade do caminho da compra por Buffett da American Express, Berkshire realizou, até meados de 2012, um lucro total anual médio composto próximo de 13%. (Incluído nesse cálculo está o valor, na data de distribuição, de uma empresa desmembrada da Amex em 2005, a Ameriprise; a distribuição foi tratada como um dividendo especial da Amex, o qual — como todos os dividendos — entrou no cálculo do lucro total.) Em meados de 2012, as ações da Amex da Berkshire tinham um custo base de US$ 1,3 bilhão e um valor de mercado de US$ 8,8 bilhões.

Ótimo, mas isso não significa dizer que faltou drama à Berkshire enquanto manteve participação na Amex. Entre julho de 2007 e março de 2009, enquanto as ações financeiras despencavam, o preço da ação da Amex caiu de US$ 65 para US$ 10, antes de começar a subir de novo. Naturalmente, Buffett apenas observou pacientemente. Quando este livro estava no prelo, a ação da Amex era negociada a US$ 59. Enquanto isso, a empresa recomprou grandes quantidades de suas próprias ações, a ponto de a Berkshire agora ser proprietária de 13% da empresa. — CL.

O texto completo de "Por que Buffett achou que valia a pena comprar a Amex" está disponível em fortune.com/buffettbook (em inglês).

Um dom que doa — Um pouco de Buffett

18 de março de 1996

POR BETHANY MCLEAN

O preço de US$ 32.800 da Berkshire Hathaway tem frustrado tanto os proprietários que desejam doá-las (até mesmo uma ação estaria sujeita a impostos de doação) quanto os investidores de pequeno porte que desejam possuir as ações quentes de Warren Buffett. Em 6 de maio, os acionistas votarão o plano de Buffett para vender pelo menos US$ 100 milhões de novas ações da Classe B pelo baixo preço de cerca de US$ 1.000 cada. As ações atuais, a serem renomeadas Classe A, poderão ser convertidas em Classe B a qualquer momento. "Queremos apenas atrair aqueles que são atraídos por nós", Buffett diz. Para dissuadir uma enorme quantidade de conversões, ele alerta que as ações da Classe B são "um pouquinho inferiores" às da Classe A existentes: elas têm menos direitos de voto e não têm o direito de opinar das As originais sobre as doações da empresa. Porém, para os doadores e pequenos investidores, esses Bs bebês permitem que você compre um Buffett real.

O show de Bill e Warren

20 de julho de 1998

EDITADO POR BRENT SCHLENDER

O show foi de Bill Gates e Warren Buffett, em um palco da University of Washington, palestrando, por assim dizer, mas, principalmente, fazendo-o através de respostas a perguntas. Como introdução, simplesmente reimprimirei (com pequenos ajustes editoriais) os excelentes parágrafos com que a Fortune *deu início a esse evento histórico e "duopolista". — CL*

A fila de alunos se estendia por todo o saguão e saía pela porta do edifício Husky Union da University of Washington, em Seattle, em uma tarde agradável de sexta-feira no final de maio. Era possível deduzir, pela abundância de calças cáqui bem-passadas e camisas sociais (e a falta de brincos no nariz), que essa não era a fila de compra de ingressos para um show do Phish. Ao contrário, esse grupo de alunos bem-vestidos buscava os melhores lugares para assistir, entre todas as opções, a uma palestra — se bem que era uma palestra muito especial. Os alunos e alguns convidados de sorte deveriam ser apresentados a um raro diálogo público entre os dois empresários mais ricos no sistema solar: Bill Gates e Warren Buffett.

Os amigos bilionários conceberam o evento para coincidir com a visita de fim de semana de Buffett ao lar de Gates, logo após a reunião de cúpula anual para CEOs organizada pela Microsoft. O superinvestidor e o sumo pontífice da informática convidaram cerca de 350 alunos da faculdade de administração para participar da sessão e convidaram também o Public Broadcasting System e a Fortune *para documentar o evento.*

Enquanto os alunos se espalhavam pelo andar de baixo, Gates e Buffett batiam papo com suas esposas e um pequeno grupo de amigos que incluía, entre outros, Katharine Graham, ex-CEO do Washington Post Co., e o pai e a irmã de Bill. Eles saboreavam frutas frescas em um camarim temporário, enquanto um maquiador passava pó compacto no nariz de Bill e aparava as sobrancelhas desalinhadas de Warren, fazendo Susie Buffett rir. Em determinado momento, o Oráculo de Omaha entreteve o grupo com uma imitação desengonçada do sinal de "V de vitória" de Richard Nixon.

Quando o momento do espetáculo chegou, os dois corajosamente posaram para fotos e trocaram farpas como velhos colegas de faculdade. A principal preocupação dos outros convidados era que os titãs não falassem demais, de modo que todos pu-

dessem voltar para o lar dos Gates a tempo de jogar bridge. Parecia ser uma alegre reunião familiar — com a ressalva de ser uma família do mais alto nível.

Para um convidado naquele camarim, talvez a impressão mais impactante fosse a afeição que atravessa gerações entre os mais famosos bilionários da América. (Só para lembrar, naquele dia, o patrimônio líquido de Gates, com 42 anos, pairava em torno de US$ 48 bilhões, em comparação com os US$ 36 bilhões de Buffett. Warren — que, apenas alguns anos atrás, era considerado mais rico do que Gates — conseguia permanecer 25 anos mais velho, no entanto.) A presença de Buffett parecia acalmar Gates, que se mostrou descontraído e gregário, apesar das disputas jurídicas da Microsoft com as agências antitruste do governo americano e o estresse de acolher dezenas de CEOs proeminentes nos dois dias anteriores. Embora Bill comece, finalmente, a aparentar sua idade — pés de galinha agora aparecem nos cantos de seus olhos, e ele já não é mais tão magro quanto antes —, os Buffett e Graham ainda o bajulam como se fosse um jovem genial. Ele, por sua vez, os trata com um toque de deferência cordial, um contraste acentuado com seu semblante costumeiro de debatedor.

Finalmente, os dois se encaminharam para o palco, pausando nos bastidores enquanto o reitor da faculdade de administração da University of Washington, Bill Bradford, fazia uma introdução. Infelizmente, as palavras do reitor, as quais louvavam, acima de tudo, a Microsoft por contratar alunos da University of Washington, não foram muito relevantes ao evento. A conversa engraçada, filosófica e extraordinária que se seguiu foi muito mais do que uma palestra de motivação de um empregador local e seu amigo. Faça sua própria avaliação. — Brent Schlender

O que acontece quando você coloca um par de amigos bilionários na frente de 350 alunos? Resposta: US$ 84 bilhões de inspiração. Em uma reunião de mentes incomparáveis (e patrimônio líquido não consumível), Buffett e Gates meditam sobre assumir riscos, motivar empregados, confrontar erros e devolver. Resultado: algo extremamente próximo à sabedoria.

Como chegamos lá

Warren e Bill explicam como se tornaram mais ricos do que Deus

BUFFETT: Pensei que deveria começar esse evento anunciando que Bill e eu fizemos uma pequena aposta sobre quem receberia mais aplausos. Sugeri que eu apostasse minha casa contra a dele. Acabamos concordando em uma quantia pequena, mas, evidentemente, não é uma quantia muito pequena para Bill, porque, pouco antes de entrarmos no palco, ele me deu esta camisa do Nebraska Cornhusker para vestir e, em seguida, vestiu uma camisa roxa da University of Washington.

Eles nos pediram para começar falando, nós dois, sobre como chegamos na posição em que estamos, e, em seguida, continuaremos com as perguntas de vocês. Como cheguei aqui é muito simples no meu caso. Não é uma questão de QI, tenho certeza de que vocês ficarão felizes em saber. O importante é a racionalidade. Sempre olho para o QI e o talento como representativos da potência do motor, mas o resultado — a eficiência com a qual o motor funciona — depende da racionalidade. Muitas pessoas começam com um motor de 400 cavalos, mas conseguem apenas gerar 100 cavalos de potência. É muito melhor ter um motor de 200 cavalos e conseguir usá-lo todo.

Então, por que pessoas inteligentes fazem coisas que interferem na obtenção dos resultados aos quais têm direito? É uma questão de hábitos, caráter e temperamento, e de se comportar de forma racional. Não atrapalhar. Como disse, todos aqui têm a capacidade de fazer tudo que eu faço e muito mais. Alguns de vocês farão; outros, não. Para os que não farão, será porque vocês atrapalham a si mesmos, não porque o mundo não lhes deu permissão.

Portanto, tenho uma pequena sugestão para vocês: escolham a pessoa que mais admiram e, em seguida, escrevam por que a admiram. Vocês não podem nomear a si mesmos. Depois, anote o nome da pessoa que, francamente, você menos estima, e escreva as qualidades que lhe chamam a atenção nessa pessoa. As qualidades daquele que você admira são traços que você, com um pouco de prática, pode tornar seus e que, se praticados, se tornarão formadores de hábitos.

As correntes dos hábitos são leves demais para ser sentidas até se tornarem pesadas demais para ser quebradas. Na minha idade, não consigo alterar qualquer hábito que tenho. Estou parado. Porém, daqui a vinte anos, você terá os hábitos que decidir colocar em prática hoje. Então, sugiro que vocês observem o comportamento que admiram nos outros e os tornem seus próprios hábitos, e observem o que vocês realmente julgam desprezível nos outros e decidam que essas serão as características que vocês não reproduzirão. Se fizerem isso, descobrirão que é possível converter toda a sua potência em resultados efetivos.

GATES: Acho que Warren está absolutamente certo em relação aos hábitos. Tive sorte porque, na infância, fui exposto aos computadores, os quais eram muito caros e de capacidade bastante limitada, mas, ainda assim, fascinantes. Eu e alguns amigos conversávamos muito sobre isso e decidimos que, devido ao milagre da tecnologia dos chips, os computadores se tornariam algo que todos poderiam usar. Não víamos nenhum limite para o potencial do computador e, de fato, pensávamos que a programação era algo perfeito. Então, contratamos amigos que escreviam programas para ver que tipo de ferramenta esses poderiam ser — uma ferramenta para a Era da Informação que poderia amplificar sua capacidade mental, em vez de apenas aumentar sua força muscular.

Ao buscar esse objetivo com uma concentração inacreditável e ao estar presente no limiar da indústria, fomos capazes de construir uma empresa que tem desempenhado papel central naquilo que vem sendo uma revolução enorme. Contudo, felizmente, a revolução ainda está no começo. Faz 23 anos que lançamos a empresa. Porém, não há dúvidas de que, se pegarmos os hábitos que formamos e nos mantivermos fiéis a eles, os próximos 23 anos deverão nos dar muito mais potencial e talvez até mesmo nos levar para muito próximos à nossa visão original: um computador em cada mesa em todas as casas.

Fiquei pensando em como vocês definem o sucesso, do ponto de vista pessoal.

BUFFETT: Tenho certeza de que sei como definir felicidade, porque sou feliz. Tenho a oportunidade de fazer aquilo que gosto todos os dias do ano. Consigo fazê-lo com pessoas de quem gosto e não preciso me associar a ninguém que me dê nojo. Para mim, o trabalho é a melhor diversão e, quando chego no meu escritório, acho que deveria me deitar de costas e pintar o teto. É muito divertido. A única coisa no trabalho de que não gosto — e isso ocorre apenas a cada três ou quatro anos — é que, ocasionalmente, tenho de demitir alguém.

Dizem que sucesso é obter aquilo que se deseja e felicidade é desejar aquilo que se tem. Não sei qual deles se aplica neste caso, mas tenho certeza de que eu não faria nada de diferente. Ao entrar no mercado de trabalho, eu os aconselharia a trabalhar para uma organização de pessoas que vocês admiram, porque isso os motivará. Sempre me preocupo com pessoas que dizem: "Farei isso por uns dez anos; não gosto muito disso. E, depois, farei isso..." É um pouco como se guardar para fazer sexo na idade avançada. Não é uma boa ideia.

Já recusei negócios com empresas que eram financeiramente atraentes, porque eu não gostava das pessoas com quem teria de trabalhar. Não via qualquer sentido em fingir. Envolver-se com pessoas que deixam meu estômago embrulhado — eu acho que isso é muito parecido com casar por dinheiro. É provável que seja uma ideia ruim em qualquer circunstância, mas é absolutamente estapafúrdia se você já é rico, certo?

GATES: Concordo que o ponto-chave é que você precisa gostar do que faz todos os dias. Para mim, trata-se de trabalhar com pessoas muito inteligentes e tentar resolver problemas novos. Todas as vezes que pensamos: "Ei, tivemos um pouquinho de sucesso", tomamos bastante cuidado para não perder muito tempo com isso, porque o padrão está cada vez mais alto. Sempre recebemos informações de clientes nos dizendo que as máquinas são complicadas demais e que não são naturais o suficiente. A concorrência, os progressos tecnológicos e a pesquisa tornam a indústria de computadores e, sobretudo, a programação o campo mais excitante que existe, e acho que tenho o melhor emprego nesse ramo.

BUFFETT: Você não acha que a Dairy Queen é mais importante do que isso? [Berkshire Hathaway havia comprado a International Dairy Queen no outono anterior, por US$ 585 milhões.]

GATES: Você pode gerenciar a Dairy Queen, Warren. Eu passarei lá para comprar sorvetes.

BUFFETT: Aumentaremos o preço quando você for lá.

Começar um novo negócio é muito arriscado. Como determinar quando é a melhor oportunidade para começar uma nova empresa?

GATES: Quando comecei a Microsoft, estava tão entusiasmado que não pensei nela como algo muito arriscado. É verdade, eu poderia ter falido, mas tinha um conjunto de habilidades que eram extremamente valiosas no mercado de trabalho. E meus pais ainda estavam dispostos a me deixar voltar para Harvard e terminar meu curso se eu assim o quisesse.

BUFFETT: Você sempre terá um emprego comigo, Bill.

GATES: O que me amedrontou foi quando comecei a contratar meus amigos e eles esperavam ser remunerados. E, assim, tivemos clientes que faliram — clientes com os quais eu contava para seguir em frente. Depois, inventei essa abordagem incrivelmente conservadora de que queria ter dinheiro suficiente no banco para cobrir um ano da folha de pagamentos, até mesmo se eu não recebesse uma única fatura. Mantive-me o mais fiel possível a isso o tempo todo. Temos cerca de US$ 10 bilhões agora, o que deve bastar para o próximo ano.

De qualquer forma, se você vai começar uma empresa, é necessário ter tanta energia que é preciso superar a sensação de risco. Além disso, não acredito que vocês devam, necessariamente, fundar uma empresa no início de suas carreiras. Em primeiro lugar, é bastante recomendável trabalhar para uma empresa e aprender como ela age. No nosso caso, Paul Allen e eu tínhamos medo de que outros pudessem chegar lá antes de nós. Acabou que poderíamos, provavelmente, ter esperado mais um ano, porque as coisas começaram um pouco devagar, mas marcar presença bem no início parecia muito importante para nós.

Como você conseguiu que as pessoas o apoiassem?

GATES: Primeiro, você enfrentará ceticismo. Se você é jovem, é difícil alugar um escritório. Não era possível alugar um carro com menos de 25 anos, então eu sempre pegava táxis para visitar os clientes. Quando as pessoas me pediam para ir conversar em um bar, bem, eu não podia entrar no bar.

Isso é divertido porque, quando as pessoas no início estão céticas, dizem: "Ah, esse garoto não sabe de nada." Porém, quando você mostra a eles que tem um produto muito bom e algum conhecimento de causa, então eles costumam ficar bastante entusiasmados. Bem, pelo menos neste país, nossa juventude foi uma imensa ajuda para atingirmos determinado patamar.

O mundo é nossa ostra

Por que Warren tem certeza de que todos os chineses desejarão tomar Coca-Cola.

Sendo um homem de negócios, como você globaliza suas empresas?

BUFFETT: [Na Berkshire Hathaway], não globalizamos nossas empresas diretamente. Nossos dois maiores investimentos são a Coca-Cola e a Gillette. Na

Coca-Cola, 80% dos lucros são oriundos do exterior, enquanto a Gillette tem dois terços de seus lucros oriundos de outros países. Então, elas estão participando de uma evolução mundial nos padrões de vida, e nos globalizamos nos juntando a elas. Posso ficar sentado em Omaha e deixar Doug Ivester [CEO da Coca-Cola] pegar um avião e voar pelo planeta.

GATES: Nossa empresa é verdadeiramente global. O padrão dos computadores pessoais é global. Aquilo que você precisa em uma planilha na Coreia ou no Egito é quase igual ao que precisamos nos Estados Unidos. Precisamos fazer algumas adaptações para as línguas locais, e essa é uma parte divertida de nossa empresa — compreender as línguas bidirecionais e os alfabetos grandes que você encontra no chinês, japonês e coreano.

Na realidade, nossa participação no mercado é muito mais alta fora dos Estados Unidos do que internamente, porque é relativamente difícil estabelecer subsidiárias locais e compreender as condições, a distribuição e os relacionamentos locais. Uma vez que grande parte de nossos concorrentes tem sede nos Estados Unidos e não é tão proficiente nos negócios internacionais, prosperamos até mais nesses outros países.

A maior parte de nosso crescimento virá de fora dos Estados Unidos. Aqui, chegaremos ao ponto em que será, em grande parte, um mercado de reposição. Agora, isso não significa que os clientes americanos não desejem programas de computador melhores, os quais possam ver, ouvir e aprender. Porém, fora dos Estados Unidos, ainda nos deparamos com o fenômeno do crescimento inicial rápido.

O que os estimulou a fazer uma viagem juntos para a China em 1995, e como essa viagem afetou suas decisões comerciais globais desde então?

GATES: Fomos para a China por muitas razões. Em parte, para relaxar e nos divertir. Encontramos alguns McDonald's por lá; assim, não nos sentimos muito longe de casa. Foi também muito estimulante ir e ver todas as mudanças em curso, ver partes diferentes do país e conhecer alguns de seus líderes.

A China é um mercado no qual a Microsoft já vinha investindo. Aumentamos muito esse investimento desde então. Como uma porcentagem de nossas vendas, no entanto, é minúscula — bem abaixo de 1% —, então, embora ele vá dobrar todos os anos durante os próximos cinco anos, é realmente apenas com uma perspectiva sobre os próximos dez anos que podemos dizer que vale a pena estarmos lá.

Embora cerca de 3 milhões de computadores sejam vendidos todos os anos na China, as pessoas não pagam por programas. No entanto, algum dia, elas pagarão. E, mesmo que pratiquem pirataria, queremos que elas pirateiem o nosso sistema. Elas ficarão de certa forma viciadas e então nós, de alguma forma, descobriremos uma maneira de faturar em cima disso algum dia na próxima década.

BUFFETT: Minha família ficou surpresa por eu ter ido. Nunca viajei para além dos limites de meu condado em Nebraska. Tive momentos maravilhosos e também confirmei meus pressentimentos de que muita Coca-Cola será vendida por lá no futuro. Disse a todos os chineses que encontrei que o refrigerante funciona como um afrodisíaco.

Inovações "somos" nós
Warren pondera sobre a goma de mascar da internet.

Vocês dois são inovadores em suas respectivas indústrias. Qual seria sua definição de inovação?

BUFFETT: Eu não inovo muito em meu trabalho. Na verdade, tenho apenas duas funções: uma é alocar capital, o que adoro fazer. E a segunda é ajudar 15 ou vinte gerentes graduados a manter um grupo de pessoas entusiasmadas com relação ao que fazem quando não têm qualquer necessidade financeira de fazê-lo. Pelo menos, três quartos dos gerentes que temos são ricos além de qualquer possível necessidade financeira e, por isso, meu trabalho é ajudar meu pessoal graduado a se manter bastante interessado para desejar pular da cama às seis horas e trabalhar com todo o entusiasmo que tinham quando eram pobres e estavam começando. Se eu fizer essas duas coisas, eles farão a inovação.

GATES: O mercado tecnológico dá muitas reviravoltas. Provavelmente, a razão pela qual é um ramo tão divertido é que nenhuma empresa pode se dar ao luxo de descansar sobre seus louros. A IBM foi mais dominante do que qualquer empresa jamais será na tecnologia e, mesmo assim, eles erraram algumas curvas da estrada. Isso faz qualquer um acordar todos os dias pensando: "Humm, vamos tentar nos assegurar de que hoje não é o dia em que erraremos a curva da estrada. Vamos descobrir o que está acontecendo no campo do reconhecimento do discurso ou da inteligência artificial. Certifiquemo-nos de que estamos contratando os tipos de pessoas que podem combinar essas coisas, e certifiquemo-nos de que não sejamos pegos de surpresa."

Às vezes, nós, de fato, somos pegos de surpresa. Por exemplo, quando a internet surgiu, nós a classificamos como nossa quinta ou sexta prioridade. Não foi como se alguém me contasse a respeito dela e eu falasse: "Não sei como soletrar isso." Eu disse: "É, ela está na minha lista; então, está tudo bem." Porém, chegou o momento em que percebemos que a internet estava crescendo a uma taxa mais rápida e era um fenômeno muito mais profundo do que havíamos reconhecido em nossa estratégia. Então, como um ato de liderança, tive de criar um sentimento de crise e passamos alguns meses trocando ideias e e-mails, e fizemos alguns retiros. Por fim, uma nova estratégia se formou, e nós dissemos: "Ok, aqui está o que vamos fazer; eis como vamos nos medir internamente; e eis o que o mundo deveria pensar sobre o que vamos fazer."

Esse tipo de crise surge a cada três ou quatro anos. Você precisa escutar cuidadosamente todas as pessoas inteligentes na empresa. É por isso que uma empresa como a nossa precisa atrair muitas pessoas que pensam de formas diferentes; ela precisa permitir muita discórdia e, depois, precisa reconhecer as ideias corretas e colocar bastante energia para levá-las adiante.

Que países e empresas estão mais bem preparados para levar vantagem na Era da Informação que está revolucionando a sociedade?

BUFFETT: Quando se pensa sobre esse assunto, 15 anos atrás, este país tinha quase um complexo de inferioridade em relação à sua capacidade de competir no mundo.

GATES: Todo mundo falava sobre como os japoneses haviam dominado os produtos eletrônicos domésticos, sobre como a indústria de computadores seria o próximo ramo a ser conquistado, sobre como o sistema de trabalho intensivo deles era, de alguma forma, superior e sobre o fato de que teríamos de repensar por completo o que estávamos fazendo. Agora, se olharmos o que aconteceu com os computadores pessoais ou com os negócios em geral, ou para a forma como alocamos capital, e como deixamos a mão de obra circular, os Estados Unidos emergiram em uma posição muito forte. Então, o principal beneficiário de toda essa tecnologia da informação foi os Estados Unidos.

Em lugares como Cingapura, Hong Kong e os países escandinavos, as pessoas estão adotando a tecnologia basicamente com a mesma velocidade que nós. E há alguns países que, em relação a seu nível de renda, estão indo atrás da tecnologia com mais empenho ainda do que nós, porque acreditam muito na educação. Na Coreia e em muitas partes da China, vemos uma penetração incrível de computadores pessoais até mesmo nas camadas de renda muito baixa, porque as pessoas decidiram que eles são uma ferramenta que ajuda seus filhos a alcançar sucesso.

O mundo todo se beneficiará significativamente. Haverá essa mudança que dirá que, em vez de sua renda ser determinada por seu país natal, será determinada por seu nível de educação. Hoje, uma pessoa com doutorado, na Índia, ganha muito menos que outra com a mesma titulação nos Estados Unidos. Quando a internet permitir que os serviços e conselhos sejam transportados de forma tão eficiente quanto os produtos são transportados por via marítima, então teremos um mercado de trabalho igualmente aberto para esse engenheiro na Índia e para o engenheiro aqui nos Estados Unidos. E isso beneficia a todos, porque estamos tirando melhor vantagem dos recursos. Então, os países desenvolvidos obterão os benefícios iniciais dessas coisas. Porém, mais cedo ou mais tarde, as pessoas nos países em desenvolvimento que tiveram a sorte de obter uma boa educação devem ser aquelas que têm mais a ganhar com tudo isso.

BUFFETT: Eu não entendi a princípio, mas é imensa. A revolução tecnológica mudará o mundo de maneira dramática e rápida. De forma irônica, no entanto, a maneira como lidamos com isso é exatamente oposta à de Bill. Procuro empresas nas quais acredito ser possível prever como serão daqui a dez, ou 15, ou vinte anos. Isso significa empresas que terão uma aparência mais ou menos igual à de hoje, com a ressalva de que serão maiores e farão mais negócios internacionais.

Assim, foco na ausência de mudança. Quando examino a internet, por exemplo, tento descobrir como uma indústria ou uma empresa pode ser atingida negativamente ou mudada por ela e, então, eu a evito. Isso não significa que eu não pense que haja muito dinheiro a ser ganho por causa dessa mudança, simplesmente não acredito que eu seja a pessoa que ganhará muito dinheiro com ela.

Veja o caso da goma de mascar da Wrigley. Não acredito que a internet mudará a forma como as pessoas mascam chicletes. Bill, provavelmente, sim. Não acredito que ela mudará o fato de a Coca-Cola ser a bebida preferida cujo consumo *per capita* aumentará ao redor do mundo; não acredito que ela mudará o fato de as pessoas fazerem a barba ou a maneira como a fazem. Então, estamos procurando aquilo que é previsível, e você não encontrará o previsível naquilo que Bill faz. Como membro da sociedade, aplaudo o que ele está fazendo, mas, como investidor, mantenho um olho cauteloso nesse negócio.

GATES: Esse é um ponto em que concordo integralmente com Warren. Acredito que os multiplicadores das ações de tecnologia deveriam ser bastante inferiores aos multiplicadores de ações como a Coca-Cola e a Gillette, porque estamos sujeitos a reviravoltas nas regras. Sei muito bem que, daqui a dez anos, se a Microsoft ainda for líder, precisaremos ter conseguido superar, pelo menos, três crises.

Nos vemos no tribunal!

Bill e Warren falam sobre enfrentar as agências antitruste.

Qual é o papel apropriado da legislação antitruste na vida empresarial americana?

BUFFETT: Tivemos um caso civil antitruste no *Buffalo Evening News* em 1977. E, acredite ou não, no caso da Salomon, em 1991 — além de problemas com o Federal Reserve de Nova York, o SEC e o Departamento do Tesouro, e o procurador-geral do Distrito Sul de Nova York, também tivemos a divisão antitruste do Departamento de Justiça em nosso encalço. Não sei o que aconteceu com o Bureau of Indian Affairs. Eles não nos pegaram por alguma razão. Essas foram as duas únicas experiências que tivemos e, em nenhum dos casos, senti que havia feito algo errado. Gostaria de acrescentar que nunca recebemos qualquer sentença contra nós em ambos os casos.

Não sou um estudioso da legislação antitruste. Encontrei Bill oito anos atrás e ele é um excelente professor. Passou seis ou sete horas me explicando a

Microsoft. Cá estou agora, um ignorante total do mundo da tecnologia, e ele me explicou tudo com bastante clareza. Quando acabou sua explicação, comprei uma centena de ações para poder acompanhar esse mercado. Isso revela duas coisas: uma é que tenho um QI de cerca de 50 e a outra é que não acreditei que ele tivesse qualquer monopólio.

GATES: O papel principal da lei de concorrência é proteger os consumidores e se certificarem de que novos produtos sejam criados e de que esses produtos sejam inovadores. Você pode olhar para ramos diferentes da economia e perguntar: "Onde isso funciona bem?" Não importa a forma como você avalia, não há dúvidas de que um setor da economia se destacaria como absolutamente o melhor, e essa é a indústria dos computadores pessoais. Eu não digo a indústria de computadores como um todo, porque você precisa lembrar que, antes do surgimento dos computadores pessoais, a estrutura era muito diferente. As pessoas estavam presas. Ao comprar um computador da Digital, ou da IBM, ou da Hewlett-Packard, ou de qualquer outra empresa, os programas que você criava só rodavam naquele computador.

A visão da Microsoft era a de que todos aqueles computadores trabalhariam da mesma forma. A razão para isso é que, se você deseja ter diversos programas de computador excelentes, deve ter muitos computadores — milhões e milhões deles. Então, você precisa produzi-los a um preço barato e fabricá-los de uma maneira que não seja preciso testar o programa em cada computador diferente. O objetivo da indústria de computadores pessoais era ter todas as empresas competindo para tornar o computador mais portátil, mais rápido ou mais barato. Isso seria excelente para os consumidores e criaria um grande mercado para os programas.

O preço das máquinas antes de os computadores pessoais surgirem estava baixando a determinada velocidade e, desde esse surgimento, o preço tem caído a uma velocidade incrível. A variedade e a qualidade dos programas também aumentam a uma taxa fenomenal. Estamos no auge disso hoje. O número de novas empresas de software que estão sendo lançadas; o número de novos empregos que estão sendo criados; o nível de investimento; o número de empresas que acabam listadas em bolsa, existem muitos outros parâmetros. Está muito além do que era mesmo há três anos. Então, os consumidores estão se saindo muito bem.

Parte da dinâmica dos computadores pessoais é que, em vez de solicitar aos desenvolvedores de programas que dupliquem o trabalho uns dos outros, pegamos tudo que é típico em todas aquelas aplicações e incorporamos aquelas características ao Windows. Portanto, para coisas como a conexão com a internet, em vez de todos terem de fazer isso sozinhos, incorporamos isso nele. Essa tem sido a evolução — interfaces gráficas com o usuário; apoio em disco rígido; apoio ao trabalho em rede; agora apoio pela internet, inclusive o navegador.

Acredito que as leis antitruste da forma como estão escritas são boas. Há pessoas que defendem que poderiam ser mais fracas, mas isso é do interesse dos acadêmicos. Quando vou fazer um negócio, tomo muito cuidado e converso com nossos advogados antes para ter certeza de que estamos a centenas de quilômetros de distância de qualquer coisa que possa ser questionável. Então, é um pouco surpreendente nos encontrarmos em meio a uma controvérsia antitruste. Graças aos céus, temos o Judiciário, um ambiente no qual os fatos são testados e as pessoas podem ver se a concorrência trabalhou como deveria e tem proporcionado benefícios aos consumidores. Não há dúvida alguma em nossa mente no que diz respeito ao resultado de tudo isso.

Entretanto, seremos o foco de muitas polêmicas, porque abrir um processo é algo gigantesco. Você tem o governo impondo esse desafio e falando com muita grandiloquência, e isso é apenas algo que teremos de nos assegurar de que não nos desviará do que realmente somos.

Qual é o valor real de uma empresa?
Warren explica por que as ações da Berkshire custam mais do que um Lexus.

Sr. Buffett, soube que você tem uma política contrária aos desdobramentos de ações, e gostaria que você comentasse sobre o histórico da Microsoft em termos dos desdobramentos de ações.

BUFFETT: De fato, nunca senti que, se entrasse em um restaurante e dissesse: "Quero duas notas fiscais, em vez de uma", eu estaria, de fato, em uma situação melhor. Porém, também não tenho qualquer problema com as empresas que desdobram suas ações, e não acho que a Microsoft tenha sido prejudicada por isso.

Acho que nossa política é muito adequada para nós. Não há nada em minha formação religiosa que me cause repulsa nos desdobramentos de ações. Sou integrante da diretoria de três empresas, duas das quais fizeram desdobramentos de suas ações nos últimos dois anos. Acredito que, ao não desdobrar as ações da Berkshire, atraímos um grupo de investidores com uma orientação um pouco mais voltada ao longo prazo. O que se deseja fazer é atrair acionistas que sejam muito parecidos com você, com os mesmos horizontes temporais e expectativas. Não falamos sobre lucros trimestrais, não temos um departamento de relações com investidores e não temos chamadas em conferências com analistas de Wall Street, porque não queremos pessoas que estão focando no que acontecerá no próximo trimestre ou até mesmo no próximo ano. Desejamos pessoas que se juntem a nós porque desejam permanecer conosco até morrer.

Se fosse desdobrar a ação de forma significativa, haveria muita mudança nessa composição dos acionistas? Não, mas mudaria um pouco. E, lembrem-se, todos os assentos dos acionistas estão ocupados, exatamente como neste auditório. Se eu disser algo que ofenda todos vocês, e todos saírem e outro grupo entrar, estarei em melhor ou pior condição? Bem, isso depende de como eles são e de como vocês são. Porém, acho que já tenho um grupo muito bom de acionistas que apreciam essa política, e acredito que ela reforça um pouco isso.

GATES: Warren fez algo admirável ao sinalizar para as pessoas que é uma "ação diferente" e que elas deveriam pensar na Berkshire Hathaway como um tanto diferente da empresa típica. Ter esse preço de ação diferente é provavelmente algo bom, contanto que os jornais não atrapalhem tudo. Ele tem causado muitos problemas, vocês sabem, com a largura das colunas nas tabelas dos preços de ações.

Sr. Buffett, qual é a sua resposta àqueles que dizem que os métodos tradicionais de avaliação de empresas são obsoletos nesse mercado?

BUFFETT: Acredito que é difícil encontrar empresas que correspondam aos nossos testes de subvalorização neste mercado, mas não acho que os métodos de avaliação tenham mudado. Trata-se simplesmente de que, em alguns mercados, assim como em meados da década de 1970, todas as ações que você analisava estavam significativamente subvalorizadas. Certa vez, administrei uma sociedade de investimento por cerca de 13 anos, terminando em 1969, e encerrei as operações porque não conseguia encontrar nada. Eu não havia perdido a capacidade de avaliar empresas; simplesmente não havia nada mais que fosse bastante barato, e eu não estava no negócio de vender ações a descoberto.

No entanto, acredito que não exista mágica para avaliar qualquer ativo financeiro. Um ativo financeiro significa, por definição, que você desembolsa dinheiro hoje para receber de volta no futuro. Se todos os ativos financeiros fossem apropriadamente avaliados, todos seriam vendidos a um preço que refletiria todo o dinheiro que seria recebido deles para sempre até o Dia do Juízo Final, descontado de volta para o presente na mesma taxa de juros. Não haveria nenhum prêmio de risco, porque você saberia qual cupom havia sido impresso nesse "bônus" entre o dia de hoje e a eternidade. Esse método de avaliação é exatamente o que deve ser usado, esteja você em 1974 ou em 1998. Se eu não puder fazer isso, então não compro. Portanto, vou esperar.

Você procuraria um índice preço/lucro maior nesse momento do que fazia em 1969?

BUFFETT: Essa proporção seria afetada pelas taxas de juros. A diferença entre hoje e 1969 ou qualquer outro momento, em termos do cálculo do valor, não seria afetada por nada mais. Agora, se você analisar o mercado em geral, os retornos sobre o patrimônio líquido são muito maiores do que eram em 1969, ou 1974, ou em qualquer outro momento na história. Então, se você está dizendo que vai avaliar o valor do mercado em geral, a pergunta passa a ser: "Você embutiria os atuais 20% de retorno sobre o patrimônio líquido nas empresas americanas no agregado, e entenderia que aquilo é um número realista a ser fixado para esse futuro que vai até a eternidade?" Eu diria que essa é uma premissa razoavelmente impulsiva, a qual não deixa muita margem de segurança. E eu diria que os níveis do mercado atual descontam bastante essa situação, de forma que isso me torna bastante cauteloso.

Você acha que a tecnologia tem tornado as empresas mais eficientes a ponto de se pagar mais por elas?

GATES: Definitivamente, ocorre um salto único quando se começa a usar a tecnologia e, sobretudo, se as empresas americanas estiverem usando-a melhor do que seus concorrentes fora dos Estados Unidos. É possível obter a capacidade de se comunicar melhor e conseguir atingir escala global em muitas empresas que não conseguiriam antes.

Quando você analisa as empresas bastante lucrativas, aquelas que geram esses 20% de lucro sobre o patrimônio líquido e que estão entrando nesse mercado mundial — empresas como a Coca-Cola, Microsoft, Boeing ou GE — percebe que cada uma delas foi ajudada pela tecnologia. Porém, isso não consegue explicar por que, dez anos mais tarde, elas estariam conseguindo esse tipo de retorno sobre o patrimônio líquido. Quase certamente, existe algo efêmero em relação às condições atuais.

BUFFETT: Tenho certeza de que a tecnologia tornou as empresas mais eficientes e, se eu pensasse de outra forma, teria medo de dizer isso com Bill sentado bem aqui ao meu lado. Porém, a pergunta que vocês deveriam ponderar é esta: digamos que eu tenha descoberto uma forma de clonar Jack Welch e crie 499 clones dele. Jack continua administrando a General Electric e esses outros 499 administrando o restante das empresas da *Fortune* 500. A *Fortune* 500 terá um retorno maior sobre o patrimônio líquido daqui a cinco anos ou não?

Não acredito que a resposta a essa pergunta seja fácil. Porque, se você tem quinhentos Jack Welches trabalhando por aí, eles estão fazendo coisas de um jeito competitivo que provavelmente produziriam lucros mais baixos para a empresa americana do que seria registrado se você tivesse um grupo de bestas por aí e um cara como Jack competindo com ele. Se existe uma grande variação na qualidade de gestão, ela melhora muito as chances de um número significativo conseguir lucros extraordinários.

Então, eu diria que muitas coisas nos negócios, inclusive a tecnologia, realmente têm o mesmo efeito de assistir a um desfile: a banda começa a descer a rua e você, de repente, se levanta e fica na ponta dos pés. Trinta segundos mais tarde, todos os outros também ficam na ponta dos pés, suas pernas começam a doer e nem assim você consegue ver melhor.

O capitalismo tende a se autoneutralizar em termos de melhoramentos. Isso é maravilhoso porque significa que temos mais de tudo do que, de outra forma, teríamos. Porém, o verdadeiro truque é ficar na ponta dos pés sem que os outros percebam.

A recente onda de fusões tem sido incrível. Você pode falar sobre como qualquer uma dessas fusões criará valor para os acionistas?

BUFFETT: Na realidade, nós dois temos uma pequena declaração que gostaríamos de fazer...
[*risadas*]

Isso não terá fim. As fusões serão motivadas por considerações muito boas. É verdade que existem sinergias em muitas fusões. Porém, tendo sinergia ou não, elas continuarão a acontecer. Você não vira CEO de uma empresa grande se for medroso. Você não está livre dos instintos animais. E isso é contagioso. Fui diretor de 19 empresas públicas diferentes ao longo dos anos e posso dizer a vocês que a conversa gira muito mais em torno das aquisições e fusões quando os concorrentes daquela empresa específica estão engajados nesse tipo de atividade. Enquanto nossa economia funcionar da forma como funciona — e acho que ela funciona muito bem —, você verá muitas fusões. Um mercado geralmente ascendente tende a estimular fusões, porque o dinheiro de todos é mais útil nessas circunstâncias. [Algumas semanas mais tarde, a Berkshire Hathaway concordou em pagar US$ 23,5 bilhões em ações para adquirir a General Re, a terceira maior empresa de resseguros do mundo.]

GATES: Acho que é bom ter um ceticismo saudável. Porém, a General Motors foi criada a partir da reestruturação da indústria automobilística de empreendimentos com uma orientação especializada para empresas que faziam o trabalho como um todo. E quem não embarcou nessa foi basicamente triturado.

Compramos muitas empresas pequenas e eu diria que isso é vital para nós. Essas são empresas que, por conta própria, provavelmente não seriam bem-sucedidas, mas, quando suas habilidades são combinadas com as nossas, podemos criar um conjunto muito melhor de produtos do que de outra forma seria possível.

Eu penso no ramo bancário hoje, se você é um banco de tamanho médio, provavelmente precisará participar de tudo que está acontecendo. Não faz muito sentido ter tantos bancos neste país e, então, haverá alguns que procurarão crescer. Porém, há muitas fusões tolas também.

No final das contas, os acionistas ficam em uma situação melhor após uma fusão?

BUFFETT: Na maioria das aquisições, é melhor ser o comprado do que o comprador. O comprador paga por obter o direito de arrastar a carcaça do animal conquistado de volta para sua caverna.

Desconfio de quem simplesmente continua a fazer aquisições quase todas as semanas, no entanto. Se você analisar as empresas de destaque — digamos, uma Microsoft, uma Intel ou um Wal-Mart —, seu crescimento tem sido quase exclusivamente baseado em fontes internas. Em muitos casos, se alguma empresa estiver com febre de aquisições, sente que está usando dinheiro "esquisito", e essa situação tem determinados elementos em comum com aquele jogo de corrente por carta.

Além disso, gostaria de ver um período durante o qual as empresas fundidas simplesmente caminhassem isoladamente após a transação, em vez de fazerem mudanças na contabilidade e de registrarem grandes custos de reestruturação. Fico desconfiado quando há muita atividade. Gosto de ver crescimento orgânico.

Ah, droga!

Warren e Bill meditam sobre seus erros, seus parceiros de negócios e sucessão gerencial.

Qual foi a melhor decisão comercial que você já tomou?

BUFFETT: Foi simplesmente me jogar na piscina. O aspecto simpático do ramo dos investimentos é que não são necessários muitos negócios para se alcançar sucesso. Na realidade, se, quando vocês saíssem da faculdade de administração, cada um de vocês ganhasse um cartão de ponto com vinte pontos nele e, todas as vezes que tomassem uma decisão de investimento, gastassem um ponto — e isso é tudo a que vocês teriam direito —, vocês tomariam vinte decisões de investimento muito boas. E, eventualmente, poderiam ficar muito ricos. Vocês não precisam de cinquenta boas ideias de jeito nenhum.

Espero que o que fiz ontem tenha sido um bom investimento. Porém, eles sempre foram um tanto simples e óbvios para mim. A verdade é que você os conhece quando os vê. São muito baratos. Quando saí da Columbia University, percorri de cabo a rabo, folha por folha, os manuais da Moody — o manual das indústrias, o manual de transporte, o manual bancário e financeiro — apenas à procura de coisas. E encontrei ações com um multiplicador de uma vez os lucros. Uma foi a Genessee Valley Gas, uma empresa muito pequena lá do norte de Nova York, uma instituição de utilidade pública que estava sendo vendida a uma vez seus lucros. Não havia nenhum relatório de corretora sobre ela, absolutamente nada; foi necessário apenas virar a página. Funcionou tão bem que acabei lendo o livro uma segunda vez. Bill estava lendo a enciclopédia *World Book* naquela época. Desde então, ele a levou à falência.

GATES: Estávamos conversando, durante o café da manhã, sobre qual foi a pior de todas as decisões de investimento de Warren. É difícil encontrá-las porque o histórico dele é inacreditável. No entanto, decidimos que, em alguma medida, comprar aquela que deu nome à sua empresa — a Berkshire Hathaway — provavelmente foi sua pior decisão de investimento.

BUFFETT: Isso é verdade. Entramos em um negócio horrível porque era barato. É isso a que me refiro como a abordagem "guimba" para o investimento. Você vê essa guimba lá no chão, está encharcada e nojenta, mas ainda dá para mais uma baforada, e é grátis. Berkshire era assim quando a compramos — ela estava sendo vendida abaixo do valor do capital de giro —, mas foi um erro horrível, horrível.

Tomei muitas decisões ruins que nos custaram bilhões de dólares. Foram erros de omissão, em vez de erros de comissão. No entanto, não me preocupo em não ter comprado a Microsoft, porque não compreendia esse negócio. E eu não compreendia a Intel. Mas existem empresas que, de fato, eu compreendo — a Fannie Mae era uma que estava no âmbito de minha competência. Tomei a decisão de comprá-la e simplesmente não executei. Teríamos ganhado muitos bilhões de dólares. No entanto, não o fizemos. A contabilidade convencional não registra isso, mas acreditem em mim, aconteceu.

GATES: No meu caso, tenho de dizer que minhas melhores decisões comerciais tiveram a ver com a escolha de pessoas. Abrir uma empresa com Paul Allen provavelmente está no topo da lista e, em seguida, contratar um amigo — Steve Ballmer — que tem sido meu principal sócio comercial desde então. É importante ter alguém em quem você confia totalmente, que é totalmente comprometido, que compartilha sua visão e, ainda, que tem um conjunto um pouco diferente de habilidades e que também age como um tipo de controle sobre você. Algumas das ideias que você apresenta a ele, você sabe que ele dirá: "Ei, espere um minuto, você pensou sobre isso e isso?" O benefício de se trocarem estímulos mentais com alguém que tem esse tipo de brilho é que não apenas fica mais divertido fazer negócios, como também isso leva a grandes sucessos.

BUFFETT: Tenho um sócio como esse — Charlie Munger — há muitos anos e funciona para mim exatamente do jeito que Bill está falando. No entanto, é preciso fazer uma calibragem com ele, porque Charlie acha que tudo que faço é besteira. Se ele diz que é besteira da grossa, eu sei que é, mas, se ele simplesmente diz que é besteira, considero isso um voto a favor.

Parece que, em ambas as suas empresas, o sucesso é motivado por vocês mesmos e por suas capacidades de liderança. O que acontecerá quando se forem?

BUFFETT: Sua premissa está errada. Continuarei trabalhando até cerca de cinco anos após morrer e dei aos diretores um tabuleiro ouija para que eles possam continuar a manter contato. Porém, se o tabuleiro não funcionar, contaremos com pessoas excepcionais que podem fazer o que eu faço. As pessoas não vão parar de tomar Coca-Cola se eu morrer esta noite; elas não vão desistir de se barbear esta noite; não vão comer menos balas da See's, ou menos Dilly Bars, ou qualquer coisa do tipo. Essas empresas têm produtos impressionantes, têm gerentes excepcionais e tudo que você precisa no topo da Berkshire é de alguém que saiba alocar capital e assegurar que os gerentes certos se reportem a ele. Identificamos as pessoas para fazer isso, e a diretoria da Berkshire sabe quem elas são.

Na realidade, já enviei uma carta que diz o que deve ser feito e tenho outra, que já está endereçada, a qual será enviada na ocasião e começa assim: "Ontem, eu morri" e, então, relata quais são os planos da empresa.

GATES: Minha atitude é muito parecida com a de Warren. Quero continuar a fazer o que estou fazendo por muito, muito tempo. Acho que, provavelmente, daqui a dez anos, mais ou menos, muito embora eu ainda esteja totalmente envolvido com a Microsoft, porque ela é minha carreira, escolherei outra pessoa para ser CEO.

BUFFETT: Vejo algumas mãos na plateia aqui.

GATES: Isso será daqui a bastante tempo. Então, nossos gerentes mais graduados estão sempre se sentando e falando sobre sucessão em geral, porque desejamos ter certeza de que estamos dando às pessoas a oportunidade de promoção. Não desejamos jamais criar uma situação em que elas achem que tudo está emperrado e que precisam partir para algum outro lugar para enfrentar desafios maiores. Nosso crescimento ajuda bastante. Somos capazes de gerar empregos muito, muito importantes para as pessoas. Escolher essa próxima pessoa é algo a que dedico muita reflexão, mas, provavelmente, demorará cinco anos antes que eu tenha de fazer algo concreto a esse respeito. Se surgir alguma surpresa, bem, existe um plano de contingência.

A caridade começa quando estou pronto
Bill e Warren explicam por que doarão 99% de suas riquezas — algum dia.

Como dois dos empresários mais bem-sucedidos do mundo, que papel vocês se veem desempenhando para contribuir para suas comunidades? E como usam sua influência para estimular os outros a fazerem o mesmo?

BUFFETT: Ambos temos uma filosofia semelhante sobre esse tema. Sei, no meu caso, que mais de 99% serão devolvidos para a sociedade, simplesmente porque fomos tratados extraordinariamente bem pela sociedade.

Tenho sorte. Não corro muito rápido, mas sou construído de uma forma específica, de maneira que prospero em uma grande economia capitalista com muita ação. Não sou apto a jogar futebol americano; não sou apto a tocar violino. Por acaso, estou metido em algo que nossa sociedade recompensa imensamente. Como Bill, se eu tivesse nascido algum tempo atrás, teria sido uma refeição fácil para algum animal.

Não acredito no direito divino do útero. Francamente, não acredito ser correto que o quarterback do time de futebol americano de Nebraska no ano que vem seja o filho mais velho do quarterback do time de futebol de Nebraska de 22 anos atrás. Nem acredito que nossa equipe olímpica em 2000 deva ser escolhida da mesma família que formou parte da equipe olímpica nos diversos esportes respectivos em 1976.

Acreditamos em uma meritocracia no campo dos esportes e em muitos outros ramos. Então, por que não ter uma meritocracia em termos do que você recebe ao entrar no mundo, em termos de mercadorias produtivas? Deixemos os recursos fluírem para aqueles que os usam melhor e, então, acredito que eles os devolverão à sociedade quando chegarem ao final.

GATES: Essa é uma filosofia excelente, para não mencionar que passar adiante muito dinheiro pode ser ruim para as pessoas que o recebem.

BUFFETT: É melhor não colocar isso em votação.

Como você usa seu papel de empresário bem-sucedido para influenciar outros, até mesmo aqueles que não são tão bem-sucedidos, a doar?

BUFFETT: Permita-me sugerir outra forma de pensar sobre essa questão. Digamos que, 24 horas antes de você nascer, um gênio tenha aparecido e dito: "Você parece ser um vencedor. Tenho enorme confiança em você e o que vou fazer é deixá-lo estabelecer as regras da sociedade na qual nascerá. Poderá estabelecer as regras econômicas e as regras sociais e quaisquer regras que estabeleça se aplicarão durante sua vida e a vida de seus filhos."

E você dirá: "Bem, isso é bom, mas qual é a armadilha?"

E o gênio responde: "Eis a armadilha. Você não sabe se nascerá rico ou pobre, negro ou caucasiano, homem ou mulher, sadio ou enfermo, inteligente ou tolo." Então, tudo que você sabe é que sorteará uma bola de um barril que contém, digamos, 5,8 bilhões de bolas. Você participará daquilo que chamo de loteria ovariana. Esse é o evento mais importante que acontecerá em sua vida, mas você não terá controle sobre isso. Esse evento determinará o que vai lhe acontecer, muito mais do que suas notas escolares ou qualquer outra coisa.

Dessa forma, que regras você deseja ter? Não vou lhe contar as regras, e ninguém lhe contará — você precisa inventá-las. Porém, elas afetarão a forma como você pensa sobre o que faz em seu testamento e coisas desse tipo. É por isso que você desejará ter um sistema que produza mais e mais bens e serviços. Há uma grande quantidade de pessoas por aí e é desejável que elas vivam bem, e você deseja que seus filhos vivam melhor do que você viveu e deseja que seus netos vivam melhor do que seus filhos. Você desejará um sistema que mantém Bill Gates, Andy Grove e Jack Welch trabalhando por muito, muito tempo depois que eles não precisem trabalhar. Você deseja que as pessoas mais capazes trabalhem mais de 12 horas por dia. Então, precisará de um sistema que lhes dê incentivo para produzir bens e serviços.

No entanto, também é desejável contar com um sistema que cuide das bolas ruins, as que não tiveram sorte. Se você tem um sistema que está produzindo bens e serviços em volume suficiente, é possível tomar conta delas. Você não desejará pessoas preocupadas em adoecer na velhice ou com medo de voltar para casa à noite. Você deseja um sistema em que as pessoas, em certa medida, fiquem livres do sentimento do medo.

Então, você tentará projetar algo, presumindo que tenha os bens e serviços necessários para resolver esse tipo de coisa. Desejará igualdade de oportunidades — quer dizer, um bom sistema de educação pública — para fazer você sentir que cada talento por aí terá a mesma chance de contribuir. E seu sistema de impostos resultará de seu raciocínio sobre esse assunto. E o que você faz com o dinheiro que ganha é algo a mais a ser pensado. Enquanto você trabalha com isso, todos surgirão com ideias um pouco diferentes. Simplesmente sugiro que você jogue esse pequeno jogo.

Como vocês se veem como líderes em facetas da experiência humana que não sejam os negócios?

GATES: Se você é bom em alguma coisa, precisa tomar cuidado para ter certeza de que não acha que é bom em outras esferas da vida em que não é necessariamente tão bom. Chego todos os dias para trabalhar com uma equipe excelente de pessoas que estão tentando descobrir como fazer programas fantásticos de computador, ouvindo críticas e fazendo pesquisas. E é muito comum que, por eu ter sido muito bem-sucedido nisso, as pessoas cheguem e esperem que eu tenha conhecimento sobre tópicos que não domino.

Acho que existem algumas formas de administrarmos a empresa — a maneira como contratamos pessoas e criamos um ambiente e usamos as opções de ações — que também seriam lições boas para outras empresas. No entanto, sempre quero ter cuidado para não sugerir que encontramos as soluções para todos os problemas.

BUFFETT: Você pode aprender muito estudando a Microsoft e Bill. E pode aproveitar ao máximo essa aprendizagem estudando o que ele faz ano após ano. No entanto, se ele dedicar 5% ou 10% ao que está fazendo agora e, depois, espalhar o restante de sua atenção por um bando de outras atividades, bem, a sociedade seria prejudicada, na minha opinião.

Bill está certo, ocasionalmente existem coisas — como a reforma do financiamento das campanhas políticas — sobre as quais ele pode desejar assumir uma posição. No entanto, mesmo assim, não é desejável dizer que o mundo todo deveria seguir seu exemplo nesse caso. Suspeito de pessoas que são muito boas em uma empresa — também poderia ser um atleta bom ou um cantor bom — e que começam a achar que deveriam dizer ao mundo como se comportar em relação a tudo. Para nós, pensar que só porque ganhamos muito dinheiro temos melhores condições para dar conselhos sobre todos os assuntos — bem, isso é simplesmente loucura.

Nota da organizadora: tendo respondido à última pergunta, os dois bilionários agradeceram rapidamente os aplausos e saíram correndo do palco, deixando para trás uma plateia que claramente teria saboreado mais duas horas de convívio com eles. Mas não — eles tinham uma partida de bridge para jogar.

Uma casa construída sobre a areia

26 de outubro de 1998

POR CAROL LOOMIS

De todas as façanhas de Bill Gates, uma das mais extraordinárias é ter persuadido Warren Buffett a tirar férias. Como Buffett considera seu escritório em Omaha o lugar mais aprazível do mundo, estar em outro lugar não exerce qualquer atração para ele. Mesmo assim, Bill e Melinda Gates conseguiram que Warren e sua primeira esposa, a falecida Susie Buffett, os acompanhassem por duas semanas em uma viagem à China, em 1996, e por quase duas semanas ao Alasca e aos parques nacionais do Oeste dos Estados Unidos, em 1998.

Infelizmente para Buffett, sua partida em agosto para o Alasca naquele ano coincidiu com a decisão, poucas horas antes, de tentar comprar o imenso portfólio, cheio de problemas, de propriedade do agonizante fundo de hedge Long-Term Capital Management (LTCM). Essa história narra como aquela empresa, sob a administração de John Meriwether, tropeçou e como Buffett, eventualmente operando dos fiordes do Alasca, não conseguiu concluir a transação.

Em vez disso, um consórcio de 14 bancos providenciou, com certa relutância, US$ 3,6 bilhões para manter o LTCM solvente, por temer que a falência da empresa causasse perdas intoleráveis em suas posições comerciais. Um grupo supervisor, estabelecido pelos bancos, começou a liquidar as posições com cerca de 60 mil papéis do LTCM, trabalhando — ironicamente — com Meriwether e associados, que negociaram insistentemente um lugar para si mesmos no processo. Ao final de 1999, o grupo supervisor conseguiu devolver os US$ 3,6 bilhões investidos pelos bancos e, em 2000, o LTCM foi liquidado.

Não há como saber exatamente qual teria sido o resultado da transação para Buffett, tivesse ele, em vez disso, comprado aquela carteira de 60 mil papéis, uma vez que não há uma forma de dizer qual teria sido o grau de sucesso de seu consórcio, o qual incluía a Goldman Sachs, na liquidação da carteira. Solicitado recentemente a refletir sobre sua experiência com o LTCM, Warren diz que ainda lhe causa surpresa como os gerentes da empresa, famosos por sua capacidade intelectual, deixaram-se entrar em uma posição na qual poderiam perder todo o dinheiro. Esse tipo de comportamento não é socialmente aceito na Berkshire, onde há uma advertência contrária: "Você só precisa ficar rico uma vez."

Aparentemente sem nunca ter absorvido as implicações dessa mensagem, Meriwether tem, desde o desastre do LTCM, trabalhado, sem grande sucesso, em uma *segunda tentativa para ficar rico, ainda no mesmo ramo. Em 1999, ele lançou o fundo de hedge JWM Partners, o qual foi lucrativo por anos, atingiu cerca de US$ 3 bilhões em tamanho e, depois, sofreu grandes perdas durante a crise de crédito. O fundo foi liquidado em 2008. No ano seguinte, Meriwether abriu a JM Advisors Management, cujo desempenho no campo dos investimentos não foi publicamente divulgado.* — CL

O aspecto estranho sobre o fracasso do Long-Term Capital é que, embora tenha sido explicado incessante e habilmente pelos jornais, ele ainda é um mistério para muitos leitores. Na realidade, o caso tem tantas facetas e é tão complicado que sua totalidade desafia a compreensão. Por essa razão, a *Fortune* não afirma que essa história contará tudo que você precisa saber sobre o Long-Term Capital nem oferecerá mais do que um vislumbre de tudo que, certamente, ainda está por acontecer. No entanto, sabemos que compreendemos, de uma maneira que nenhuma outra publicação compreende, o papel desempenhado, nesse caso, pelo famoso investidor Warren Buffett, amigo de longa data desta que vos fala. O papel de Buffett nessa saga foi importante, dramático e teve até momentos de humor, chegando ao clímax em quatro dias específicos de setembro. Além disso, seu papel possivelmente ainda não terminou.

As linhas mestras do que ocorreu com o Long-Term Capital em setembro está entre os poucos fatos claros desse caso. Pela maior parte do mês, o imenso fundo de hedge esteve à beira da falência e, finalmente, foi salvo por uma injeção de US$ 3,6 bilhões de um consórcio composto por 14 bancos e corretoras — todos credores que temiam que a falência de um fundo devedor de mais de US$ 100 bilhões viesse a afetar as próprias finanças. O Federal Reserve Bank de Nova York também esteve muito envolvido no negócio. Ele desejava evitar o efeito dominó que uma liquidação rápida das participações do fundo causaria em um mercado global de títulos já cambaleante. Então, o New York Fed apadrinhou o resgate, reunindo os credores nos próprios escritórios e supervisionando as negociações.

No centro desse caso — sempre — estava o fundador e principal gerente do fundo de hedge, o ex-mago da Salomon Brothers, John Meriwether. Meriwether tinha se cercado de colegas brilhantes, muitos deles doutores em matemática e finanças, e os colocara para trabalhar no desenvolvimento de estratégias comerciais controladas por computador e supostamente à prova de qualquer imprevisto. Na sede da empresa de gestão do fundo de hedge, o Long-Term Capital Management, em Greenwich, Connecticut, é provável que haja mais pontos de QI por metro quadrado do que em qualquer outra instituição. Certamente, há mais ganhadores do Nobel por metro quadrado. O LTCM tem dois: Myron Scholes e Robert Merton, os quais, há menos de um ano, foram alegremente para a Suécia receber o maior prêmio mundial por realizações no campo da economia.

O desastre que atingiu essa equipe genial lembra a primeira linha do poema "Howl", do beatnik Allen Ginsberg: "Eu vi as melhores mentes de minha geração destruídas pela loucura..." No LTCM, as melhores mentes foram destruídas pela droga mais antiga e mais reconhecidamente viciante nas finanças: a alavancagem. Não tivesse o fundo se exposto muito além dos limites usuais, ainda poderia estar funcionando normalmente, fazendo um "feijão com arroz" e colocando aquelas células cerebrais para trabalhar. Porém, agora, seus estrategistas trocaram os ramos de louro pelo prêmio de lanterninha dos mercados financeiros, o qual consiste na grande desonra de ser, em grande medida, financeiramente devastado e visto como um perdedor incompetente.

Tudo isso suscita a pergunta de por que Warren Buffett escolheria esse pedaço específico de carcaça — e foi exatamente isso que ele fez. Seu plano teve início na quarta-feira, 23 de setembro. Ele interrompeu dias de reuniões que o New York Fed vinha promovendo com os bancos e as corretoras — a quem o Long-Term Capital devia imensas quantias —, que estavam sendo solicitados, por uma questão de interesse próprio, a aplicar dinheiro novo para evitar a falência do fundo. Os participantes eram um grupo extraordinariamente poderoso — cada banco e cada empresa participante enviaram seu CEO ou outro executivo graduado — e o clima ficou conturbado. Nenhum dos membros realmente desejava injetar dinheiro; mas, apesar disso, eles temiam a falência.

Enquanto o grupo de credores se preparava para se reunir naquela manhã de quarta-feira, William McDonough, presidente do New York Fed, foi informado de que a Goldman Sachs — ela própria um dos credores do Long-Term Capital — tinha uma proposta financeira alternativa para apresentar. McDonough suspendeu a reunião e ouviu a Goldman apresentar seus argumentos a favor da oferta, encabeçada pela Berkshire Hathaway, de Buffett, para assumir o controle do fundo. Os termos eram complicados — mais detalhes a esse respeito adiante —, mas, essencialmente, o grupo de Buffett propôs injetar US$ 4 bilhões e assumir a gestão do Long-Term Capital. Desses US$ 4 bilhões, US$ 3 bilhões viriam da Berkshire, US$ 700 milhões da seguradora American International Group e US$ 300 milhões da Goldman Sachs.

Essa oferta, então, foi apresentada a Meriwether, e foi então que ela começou a morrer. Há controvérsias no que diz respeito ao motivo. Buffett acredita que a negociação não aconteceu porque Meriwether e os outros dirigentes do LTCM simplesmente não quiseram aceitar seus termos, os quais teriam deixado os dirigentes da empresa com pouco dinheiro e nenhum emprego. Por sua parte, Meriwether e os outros sócios disseram a McDonough que a oferta de Buffett apresentava problemas estruturais e, por isso, não era viável.

Concordando com esse argumento, McDonough reiniciou a reunião e disse aos credores, essencialmente, que eles voltavam a ser a única saída. Um dos CEOs declarou, recentemente, à *Fortune* que McDonough havia explicado que o outro negócio não aconteceria porque tinha problemas "estruturais". Com muita relutância, os CEOs voltaram a negociar seu plano de recuperação, e cada participante acabou por investir uma soma muito grande: de US$ 100 milhões a US$ 350 milhões.

A *Fortune* perguntou a esse mesmo CEO o que aconteceria se McDonough tivesse dito que o negócio não se firmaria porque o Long-Term Capital não havia gostado dos termos. "Acho", respondeu o CEO, "que eu, provavelmente, teria mandado Meriwether se danar". Certamente, acrescenta ele, as negociações poderiam, então, ter se tornado um jogo de "quem cede primeiro". Talvez Meriwether tivesse reagido dizendo que preferia a falência a Buffett. Então, os credores voltariam à pergunta sobre se eles conseguiriam suportar a falência. Qual seria o primeiro a ceder?

Para compreender como tanto o Long-Term Capital quanto seus credores — e o Fed, ainda por cima — se meteram nessa encrenca surpreendente e por que Buffett se dispôs a intervir nesse caos aparente, é necessário analisar o caráter desse fundo de hedge e seu diretor, John Meriwether. Até agosto de 1991, Meriwether, agora com 51 anos, fora vice-presidente da Salomon, com responsabilidade pelos negócios de renda fixa e também pelas "transações proprietárias", ou seja, o investimento pela empresa de seu próprio dinheiro. Meriwether ganhava uma quantia imensa para a empresa, era amado e admirado a ponto de ser reverenciado pelas pessoas que trabalhavam para ele. "Aquilo que aconteceu na Guiana vem à mente", declarou, recentemente, um ex-executivo da Salomon Brothers. "John tinha seguidores que pareciam fazer parte de um culto."

Em seguida, veio o escândalo dos títulos de dívida do Tesouro da Salomon, precipitado por Paul Mozer, um dos principais subordinados de Meriwether. Como parte de uma série encadeada de revelações, Mozer admitiu para Meriwether, em abril de 1991, que havia falsificado ofertas para títulos do Tesouro; ele, imediatamente, dirigiu-se a seus superiores, John Gutfreund e Thomas Strauss, para lhes contar as novidades; todos concluíram que o Fed deveria ser informado;

e, então, ninguém fez nada. Quando o escândalo finalmente estourou, em agosto, Mozer foi demitido, e Gutfreund e Strauss se demitiram sob pressão. Para salvar a situação, chegou Buffett, dirigente da Berkshire, o maior acionista da Salomon.

Nos primeiros dois dias do regime de Buffett como presidente da Salomon, o destino de Meriwether parecia incerto. Muitos dos sócios-gerentes da Salomon se viraram contra ele e pediram sua saída. No entanto, Buffett não estava certo de que seria justo demitir Meriwether, uma vez que ele agira de forma responsável ao revelar de imediato os pecados de Mozer a seus superiores. No final, Meriwether tomou a decisão de se demitir, dizendo a Buffett que ele achava ser esse o melhor caminho para a empresa.

Aos poucos, alguns homens que haviam trabalhado para Meriwether deixaram a Salomon para se juntar a ele em negócios. As especificidades do que eles fariam surgiram em 1993, quando Meriwether anunciou planos de lançar um fundo de hedge chamado Long-Term Capital. Na realidade, o Long-Term Capital é composto de vários veículos de investimentos, alguns constituídos sob a forma de sociedades, outros de empresas; alguns domiciliados nos Estados Unidos, outros nas Ilhas Cayman. Por que as Cayman? Para que os investidores não domiciliados nos Estados Unidos, assim como determinados tipos de investidores americanos, pudessem evitar o imposto de renda americano — um ponto irritante, com certeza, ao lembrarmos que o Fed estava se contorcendo, por volta de setembro, para tentar salvar o fundo. No entanto, todos esses instrumentos repassam seu dinheiro para um fundo central chamado Long-Term Capital Portfolio L.P., uma sociedade estabelecida nas Ilhas Cayman.

Foi esse fundo que assumiu as posições que seus gerentes-investidores, Meriwether e sua equipe, ditaram. Desde o início, o fundo se mostrara diferente, na medida em que seus gerentes propuseram implantar estratégias comerciais que levariam algum tempo — de seis meses a dois anos ou mais — para dar lucro. Por essa razão, o LTCM estabeleceu que não permitiria que os investidores no fundo sacassem seu dinheiro trimestral ou anualmente, o que constitui a prática usual dos fundos de hedge, mas, ao contrário, eles teriam seu dinheiro investido no longo prazo até o final de 1997.

Quanto às estratégias, os gerentes do fundo propuseram fazer relativamente poucos negócios que contivessem riscos "direcionais" e, em vez disso, concentrar-se na captação de pequenos lucros em posições cuidadosamente "hedgeadas", sobretudo nos mercados de renda fixa. Alguns exemplos ilustrarão determinadas diferenças de risco, as quais são importantes nesta história. Imagine que um investidor individual decidisse comprar ações da Cendant, com base na hipótese de que ela estava destinada a subir. Isso seria um negócio direcional ou um "risco de posição". Presumindo que o investidor não tivesse feito a compra com dinheiro emprestado, o ganho ou a perda percentual em cada dólar em risco seria exatamente igual ao aumento ou à queda percentual nas ações da Cendant.

A principal estratégia do Long-Term Capital, em contraste, era fazer transações "hedgeadas", que ele acreditava que seriam bem-sucedidas — qualquer que fosse a tendência geral dos mercados. O fundo colocou sua tecnologia e seus cérebros financeiros para trabalhar, por exemplo, na identificação de setores do mercado de títulos e obrigações em que os retornos não haviam acompanhado os retornos em setores afins. O Long-Term Capital compraria, então, um dos títulos e venderia o outro a descoberto. Uma transação desse tipo pode proporcionar lucro sejam quais forem os movimentos das taxas de juros — para cima ou para baixo ou mesmo inalterados. Tudo que importa é que os dois fluxos de rendimentos, por fim, venham a convergir.

Nesse tipo de transação, o fundo nunca esperou ganhar um lucro grande sobre cada dólar em risco. Um investidor no Long-Term Capital se lembra de ligar para alguns de seus principais gerentes em 1996 e perguntar-lhes simplesmente quanto lucravam anualmente por dólar de capital. A resposta foi 67 pontos de base, ou 0,67 de um centésimo.

Retornos assim nunca deixariam os investidores felizes, a menos que o capital investido pudesse ser enormemente multiplicado, e é aí que entra a alavancagem. Confiante de que seu risco de posição era muito pequeno, o fundo contraiu um montante colossal daquilo que se chama "risco de balanço", empilhando um imenso lote de endividamento em cima de sua pequena fatia de capital. No momento, em 1996, quando o investidor estava obtendo sua resposta de 67 pontos-base, o fundo tinha uma proporção de US$ 30 em endividamento no balanço para cada US$ 1 de capital. Com uma alavancagem de 30 por 1, um retorno de 0,67% sobre cada dólar em risco produz um retorno saudável de 20% sobre o capital.

Uma alavancagem tão grande soa assustadora — e, em última análise, assim o foi. No entanto, o LTCM sempre afirmou que suas tecnologias financeiras e seus hedges meticulosamente construídos conferiam ao fundo um perfil de risco conservador. Em outubro de 1994, o LTCM esclareceu essa proposição em um documento enviado a seus investidores. Nesse documento, havia uma tabela que apresentava uma faixa de lucros que o fundo poderia almejar em um ano e a vinculava a probabilidades de prejuízo se algo saísse errado. Por exemplo, a tabela dizia que, se o fundo buscasse um lucro de 25% — o que era, na realidade, um objetivo típico para aquela operação —, a insignificante probabilidade de que ele, de fato, terminaria perdendo 20% ou mais era um em cem. A tabela jamais contemplou uma perda superior a essa.

Tudo isso seria cômico se não fosse trágico. Nos primeiros oito meses de 1998, o fundo perdeu aproximadamente 50% de seu capital e, em setembro, sangrou ainda mais, com a perda atingindo cerca de 90%. "O que isso diz a você", diz Warren Buffett, "é que, por baixo da elegância matemática — por baixo de todos aqueles betas e sigmas —, existe areia movediça".

Pelo menos um dos investidores da Long-Term Capital ficou perturbado com a mesma ideia. O investidor que foi informado sobre o lucro de 67 pontos-base escreveu duas notas para seu próprio arquivo depois daquela conversa. Recentemente, ele as mostrou à *Fortune*. Uma nota dizia: "Eles são iguais a qualquer empresa da Wall Street — Bear ou Salomon ou Goldman? São as mesas proprietárias, sem o pessoal, os custos fixos ou os negócios de agência."

A segunda nota apoiava-se em uma palavra do idioma iídiche, *kishka*, que, figurativamente, significa "coragem". Dizia a nota: "Não há nenhum controle mestre com *kishka* sobre a carteira. Temos um sistema de computador vencedor do Nobel. Ele entrará em colapso algum dia? Será que não seria preferível uma pessoa, com *kishkas*, nos controles?"

Levando em conta a aparente vitalidade do fundo em seus primeiros quatro anos, desde o final do inverno de 1994 até a primavera de 1998, poucos investidores estavam preocupados com *kishkas*. A estrutura do Long-Term Capital exige que seus investidores paguem honorários superiores ao normal à companhia de gestão: em primeiro lugar, 2% anuais sobre o capital que o investidor mantém no fundo; e, em segundo, 25% dos lucros ganhos. Mesmo assim, os investidores do fundo receberam 20% nos dez meses de 1994 em que ele esteve em operação, 43% em 1995, 41% em 1996 e 17% em 1997. Além disso, os números mensais de desempenho mostravam que os negócios do fundo funcionavam sem sobressaltos, revelando muito pouca volatilidade em seus resultados.

Como o canto da sereia, esses fatos trouxeram uma enxurrada de dinheiro novo. Isso foi verdade, muito embora os gerentes do fundo mantivessem um clima de sigilo rígido com relação às suas estratégias comerciais específicas, deixando seus investidores com poucas informações sobre como o fundo auferia seus lucros. No outono de 1997, a combinação de contribuições e ganhos reinvestidos elevou o capital do fundo para cerca de US$ 7 bilhões.

Nesse ponto, a situação tomou um rumo inesperado: o próprio LTCM concluiu que o fundo tinha capital demais para as oportunidades de investimentos abertas para ele e forçou muitos de seus investidores, notadamente aqueles que chegaram mais tarde, a sacar seu dinheiro. Muitos dos expulsos botaram a boca no trombone, chutando e gritando e, pelo menos, um protestou tão veementemente que o LTCM permitiu que ele permanecesse no fundo. A raiva aumentou, em parte, porque os principais executivos do LTCM e outras pessoas de dentro da empresa puderam manter todo o dinheiro que investiram no fundo. Em outras palavras, talvez os investimentos atraentes não fossem tão escassos. Quando a fumaça clareou, no final do ano de 1997, o fundo tinha US$ 4,7 bilhões em capital, dos quais cerca de US$ 1,5 bilhão pertencia a pessoas de dentro da empresa.

Nessa ocasião, o fundo também tinha um endividamento de US$ 125 bilhões, o que significava que seu índice de endividamento no balanço era de 25 para 1. No entanto, essa medida subestima drasticamente o verdadeiro grau de exposição, uma vez que o fundo sempre celebrou, de forma agressiva, contratos de derivativos fora do balanço que, por sua natureza, criam alavancagem adicional. Somente uma pessoa bem-informada de dentro da empresa poderia saber, a qualquer momento, qual o volume de exposição aos derivativos, mas esteja certo de que, se a alavancagem de balanço no final do ano de 1997 foi de 25 para 1, a alavancagem como um todo foi maior.

De certa forma, toda essa dívida deve sua existência a outro séquito de seguidores que Meriwether adquirira, o qual era composto de bancos e corretoras enamorados pela possibilidade de emprestar a ele. Os credores amam clientes grandes, ativos e sólidos, e essa era justamente a imagem projetada pelo Long-Term Capital.

A maioria dos credores do fundo não aparentava ter analisado criticamente sua alavancagem. Na realidade, muitos mostraram grande flexibilidade na concessão de empréstimos com termos favoráveis — a falta de exigência de garantias, por exemplo. Muitos também celebraram alegremente contratos de derivativos com o fundo, aumentando sua exposição total para algo que, desconhecido para eles, estava prestes a se tornar um desastre de grandes proporções.

O ano do desastre, 1998, começou bastante calmo, mas, em maio, mercados voláteis custaram ao fundo uma perda de 6% e, em junho, mais 10%. Essas chibatadas, sem precedentes na história do fundo, foram suficientes para fazer Meriwether escrever uma carta especial a seus investidores. Ela dizia que o LTCM estava "compreensivelmente decepcionado" com os resultados de maio e junho, mas, apesar disso, acreditava que "os lucros futuros esperados [das estratégias de investimento do fundo] eram bons". Em julho, a situação do fundo permaneceu essencialmente igual.

E, então, veio agosto — um terrível, terrível agosto. A Rússia desvalorizou sua moeda e os investidores do mundo fugiram rumo à qualidade. Não era nisso que o LTCM estivera apostando em diversas estratégias comerciais diferentes. Por exemplo, o fundo realizava, em algum momento, transações casadas que, na essência, apostavam em um estreitamento na diferença entre os rendimentos das obrigações comerciais classificadas como AA e títulos comparáveis do Tesouro americano. A aposta parecia boa porque a diferença estava bem acentuada em comparação com seus níveis históricos. No entanto, quando a fuga para a qualidade começou, os rendimentos dos títulos do Tesouro despencaram e a diferença entre os rendimentos dos papéis governamentais e comerciais se ampliou ainda mais dramática e incrivelmente. O resultado foi desastroso. O fundo perdeu 40% de seu capital só em agosto, deixando-o com apenas US$ 2,5 bilhões. Espantosamente, o endividamento ainda superava US$ 100 bilhões.

Nessa época, os diretores do fundo e, pelo menos, alguns credores ficaram muito nervosos. Engolindo seu orgulho por um instante, a equipe do LTCM iniciou uma busca por investidores que poderiam comprar parte de suas posições comerciais ou, de forma alternativa, injetar capital novo no fundo, proporcionando a ele, portanto, uma base mais forte. A equipe procurou, entre outros, determinados investidores que haviam sido expulsos da empresa no final de 1997, assim como os magnatas dos fundos de hedge George Soros e Julian Robertson. Todos disseram não.

Na noite de domingo, 23 de agosto, o LTCM abriu um front em Omaha. O homem designado para chamar Buffett foi Eric Rosenfeld, um diretor do LTCM e antigo negociante da Salomon que havia conquistado o respeito de Buffett por ajudar lealmente a Salomon a se recuperar após a crise de 1991. Rosenfeld, 45 anos, é normalmente bastante descontraído. No entanto, sobre isso, Buffett diz que havia uma sensação de urgência na oferta de Rosenfeld de vender para ele algumas das grandes posições de arbitragem de patrimônio do fundo. Buffett respondeu que não.

Na quarta-feira, Rosenfeld estava de volta ao telefone, dessa vez acompanhado por Meriwether. Será que Buffett poderia ir a uma reunião na manhã seguinte, em Omaha, com outro diretor da LTCM, Lawrence Hilibrand? Nesse encontro, Hilibrand, 39 anos, também um ex-negociador da Salomon bem-conceituado por Buffett, apresentou um quadro difícil, embora ainda incompleto, da carteira do Long-Term Capital e incitou Buffett a se tornar um grande investidor no fundo. Hilibrand também destacou uma razão para a pressa: quando agosto terminasse, alguns dias mais tarde, o fundo teria de relatar a seus investidores e credores quanto havia perdido no mês e teria prazer em lhes dizer também que havia assegurado acordos de financiamento que diminuiriam a alavancagem do fundo. Buffett se desculpou gentilmente, mas disse que não tinha qualquer interesse no negócio.

Mais tarde, Warren conversou com o vice-presidente da Berkshire, Charles Munger, e lembra-se de lhe ter dito que, embora as posições do fundo pudessem ter sido lógicas, ele não tinha desejo algum de transformar a Berkshire em investidora de um fundo de hedge. Ele também salientou o absurdo de "dez ou 15 sujeitos com um QI médio de talvez 170 se colocarem em uma posição na qual talvez perdessem todo o seu dinheiro".

Depois disso, Buffett não pensou muito no Long-Term Capital até o final da tarde de sexta-feira, 18 de setembro, quando retornou uma ligação de Peter Kraus, um sócio da Goldman Sachs que ele conhecia. Este disse que os ativos líquidos do Long-Term Capital — seu capital — haviam encolhido para US$ 1,5 bilhão e que a Goldman estava procurando pessoas desejosas de se tornar grandes investidores no fundo. Nenhum interesse, Buffett disse mais uma vez. No entanto, os dois homens acabaram trocando outras ideias relacionadas com o Long-Term Capital. Finalmente, Buffett começou a focar na ideia bastante grandiosa de que a Berkshire e a Goldman poderiam fazer uma oferta conjunta para comprar o fundo inteiro, descartar a equipe gerencial de Meriwether e assumir, eles próprios, a gestão do fundo. O conceito, diz Buffett hoje, era de permanecer pacientemente com a maioria das posições do fundo e pouco a pouco liquidá-las a um preço que Buffett considerasse um lucro decente.

Era uma ideia gigantesca, de um tamanho adequado aos bilhões que a Berkshire tinha disponíveis, mas não poderia ter vindo em pior momento. Buffett estava tentando sair do escritório para chegar à festa de aniversário de uma de suas netas. Naquela noite, ele havia reservado passagens de avião para Seattle a fim de se reunir com um grupo organizado por Bill Gates, que iria passar cerca de duas semanas fazendo turismo no Alasca e em vários parques do Oeste dos Estados Unidos. Era uma expedição extremamente atípica; Buffet, geralmente, não tem qualquer interesse em belezas naturais. No entanto, sua amizade íntima com Gates o levara, juntamente com a esposa, a fazer parte da excursão.

Se uma oferta visse a ser feita, então Buffett teria de desenvolvê-la com Kraus por telefone no meio de uma floresta. E foi assim que aconteceu, embora não sem momentos de frustração intensa. Basta dizer que nem mesmo um megabilionário pode estabelecer e manter uma conexão telefônica das profundezas de um fiorde do Alasca.

Contudo, a oferta de US$ 4 bilhões ganhou consistência durante quatro dias agitados, com a Goldman se negando a participar com mais de US$ 300 milhões e com a AIG, por sugestão de Buffett, sendo convidada a tomar parte. Esse convite ocorreu porque Buffett tinha um bom relacionamento com o presidente da AIG, Maurice "Hank" Greenberg, e acreditava que esse gesto poderia fortalecê-lo ainda mais. Outra faceta dessa negociação definiu que Goldman seria o administrador do fundo, uma vez que a propriedade estivesse nas mãos do grupo comprador.

É essencial compreender o que o grupo propôs comprar e a que preço. Ele desejava ser dono da carteira inteira do fundo e, para tanto, desejava comprar o fundo central, o Long-Term Capital Portfolio L.P. Esse era o fundo que tinha US$ 1,5 bilhão de capital naquela sexta-feira do dia 18 de setembro. Na quarta-feira seguinte, contudo, quando a oferta de Buffett foi feita, os ativos líquidos do fundo giravam, talvez, na casa dos US$ 600 milhões. Ninguém sabia ao certo. Em todo caso, Buffett — um homem que nunca paga um preço excessivo — desejava comprar o fundo com desconto, e sua oferta foi de US$ 250 milhões. Caso o montante tivesse sido aceito, ele teria ido para os antigos investidores do fundo — inclusive para a equipe executiva de Meriwether — e teria implicitamente significado que um fundo com valor de US$ 4,7 bilhões no começo de 1998 havia despencado e agora valia cerca de um vigésimo disso. Assim que os US$ 250 milhões fossem pagos, o grupo de Buffett teria imediatamente investido US$ 3,75 bilhões adicionais, os quais teriam restituído a capitalização do fundo a níveis adequados.

Pense um pouco mais sobre os US$ 250 milhões. Assim que a proposta foi colocada na mesa, ela se tornou o número que Meriwether, com o tempo, tentaria compreensivelmente "vender" em busca de mais dólares. Além disso, quando se está falando de uma proposta de US$ 4 bilhões e os mercados estão em turbulência, não é bom deixar uma oferta permanecer válida até perder o frescor. Então, Buffett colocou um prazo apertado em sua oferta. Ela foi enviada por fax a Meriwether às 11h40 da manhã de quarta-feira e ele foi informado de que a proposta expiraria em uma hora, às 12h30.

Nesse ínterim, McDonough e o grupo de credores já haviam passado dias montando o plano de recuperação e estavam se reunindo novamente naquele dia.

Então, antes mesmo de a oferta ser enviada por fax a Meriwether naquela manhã, a Goldman informou McDonough sobre a transação, e McDonough ligou para Buffett, agora em uma fazenda em Montana, para confirmar a oferta. Buffett diz que McDonough parecia encantado com a aparição repentina de um plano alternativo àquele que estava engendrando com os credores. Warren, então, telefonou para Meriwether e lhe disse que uma oferta estava a caminho. Buffett deixou claro que seu grupo desejava comprar todo o Long-Term Capital Portfolio. Meriwether não assumiu qualquer posição.

No entanto, quando o telefonema terminou, Meriwether rapidamente entrou em ação. Após uma breve conversa com o advogado interno do LTCM, ele telefonou para McDonough e lhe disse que a oferta de Buffett não funcionaria, porque ele próprio não tinha autoridade para fazer a venda. Meriwether é um sócio-geral da assim chamada empresa de carteira central, mas ela também tem outros sócios, e Meriwether afirmou que precisaria ter o voto de cada um antes de concordar com a venda. E, obviamente — ele disse —, isso não poderia ser feito antes das 12h30. Apoiando Meriwether na conversa, havia outro diretor do LTCM e um ex-colega de McDonough, David Mullis, que fora vice-presidente do Federal Reserve Board até começar a trabalhar para o LTCM, em 1994.

O grupo de Buffett não havia colocado sua oferta sem antes preparar o próprio parecer legal. Estudando os documentos disponíveis do Long-Term Capital, por mais incompletos que fossem, os advogados do grupo concluíram que a oferta era viável do ponto de vista de Meriwether. Além disso, todos do lado de Buffett acreditavam que, se Meriwether realmente tivesse algum interesse na oferta, poderia aceitá-la provisoriamente e resolver as complicações mais tarde.

No entanto, Meriwether não demonstrou qualquer interesse quando falou com McDonough. O presidente do Fed concluiu que não poderia desprezar o argumento jurídico de Meriwether ou, ainda mais, estender sua autoridade de banqueiro central a ponto de forçar Meriwether a vender. Resignado, McDonough retornou para seu bando de credores insatisfeitos e convenceu-os a adotar o plano de recuperação de US$ 3,6 bilhões.

Qual o efeito desse esquema sobre Meriwether e os outros investidores no fundo de acordo? Parte da resposta é que ficam com qualquer parte do capital deles que ainda exista no fundo, o que totalizava algo em torno de US$ 400 milhões no final de setembro. Esse é o número correto para comparar com os US$ 250 milhões de Buffett, embora seja válido mencionar que Buffett iria transferir dinheiro, enquanto os US$ 400 milhões permaneceriam presos no fundo.

Com relação a Meriwether e à equipe do LTCM, eles ainda administram o fundo, embora os credores tivessem, em linhas gerais, cortado seus honorários pela metade. Os credores também instalaram seis de seus funcionários na sede do LTCM com instruções para liquidar o fundo o mais rápido e da forma mais sensata possível. Terminar em um ano seria esplêndido, diz um investidor graduado de Wall Street.

Existe, é claro, outro cenário: um movimento rápido dos credores para encontrar um comprador — um Buffett, digamos — que se adiantaria e tiraria esse desastre de suas mãos imediatamente. Buffett faria isso? Talvez, uma vez que ele nunca telegrafa seus movimentos. No entanto, ele está ciente de que determinados credores pensaram nele.

Em todo caso, Warren retornou das férias e conseguiu assistir à cobertura, em 1º de outubro, pelo canal C-SPAN, das audiências da Câmara dos Deputados sobre o Long-Term Capital. A vinheta que ele mais gostou: a lembrança do congressista James Leach de que seu pai lhe advertira para evitar qualquer pessoa que fizesse negócios com sede nas Ilhas Cayman. Isso fazia Buffett lembrar-se de uma frase favorita que parece a conclusão perfeita para o Long-Term Capital: "Você nunca sabe quem está nadando nu até a maré baixar."

Jimmy e Warren Buffett são parentes?

21 de junho de 1999

POR TYLER MARONEY

Começaremos a responder a essa pergunta sobre os laços sanguíneos entre o Oráculo de Omaha e o Menestrel de Margaritaville ressaltando suas semelhanças — que são impressionantes. Ambos tocam instrumentos de cordas: Jimmy, uma guitarra exuberante; Warren, uma guitarra havaiana. ("Provavelmente toquei com músicos piores em meus conjuntos", brinca Jimmy.) Ambos lucraram com investimentos improváveis: Warren apostou em mobília, seguros e aspiradores de pó e, hoje, vale US$ 35 bilhões; Jimmy apostou na ilusão de um rato de praia encharcado de *piña colada* e forjou uma marca multimilionária com mais de trinta álbuns, oito filmes, uma linha de roupas, boates, um selo fonográfico individual, três romances na lista dos mais vendidos e centenas de artigos diferentes para lojas de souvenir. Jimmy é capricorniano, competente em acumular dinheiro; Warren é do signo de Virgem, com uma mente musical criativa.

Ambos mantêm o pé no chão ao se concentrar naquilo que já conhecem: Warren, evitando as ações tecnológicas; Jimmy explorando uma canção que gravou mais de uma geração atrás. Ambos atraem seguidores no que parece um culto: a turba nos concertos de verão de Jimmy; a turba de fãs de investidores nas assembleias de acionistas da Berkshire Hathaway presididas por Warren — o próprio Warren chama o evento de "Woodstock para capitalistas". Ambos evitam mudanças nas latitudes e nas atitudes: Warren é um torcedor fanático dos Huskers, da University of Nebraska; Jimmy ainda está se acabando na mítica Margaritaville. "Letargia beirando as raias da preguiça", assim Buffett descreve os fundamentos de seu estilo. (Esse é Warren falando de investimentos, não Jimmy falando em relaxar.) E, em seu clássico "Cheeseburger in Paradise", Jimmy sussurra: "Paraíso na Terra com uma fatia de cebola." Os hambúrgueres são a comida favorita de Warren.

No entanto, será que Warren e Jimmy são parentes? A *Fortune* acredita que sim, mas não consegue provar. Foi a irmã de Warren, Doris, a genealogista da família, que primeiro levantou a questão. Dois anos após enviar questionários para todos os 125 Buffett nos Estados Unidos, ela recebeu um telefonema de um Jimmy curioso. "Ele disse: 'Quero fazer parte de sua família porque vocês são ricos e famosos'", lembra-se Doris. "E eu disse: Isso é engraçado, nós queremos ser seus parentes porque você é rico e famoso.'"

A pesquisa de Doris descobriu três possíveis elos ancestrais: John Buffett, um pobre fazendeiro que fazia conservas no século XVII, em Long Island; um marinheiro de Terra Nova, a quem Jimmy presta uma homenagem em *Son of a Son of a Sailor*; e a Ilha Norfolk, no Pacífico Sul, a qual é habitada por centenas de Buffett (assim como muitos descendentes dos amotinados do *Bounty*). Ao descobrirem que a Ilha de Norfolk havia sido uma colônia penal, contudo, Doris e Jimmy perderam a esperança: séculos de procriação consanguínea misturaram as linhas familiares.

Apesar da falta de provas concretas de que os dois sejam parentes (até o momento em que essa matéria foi publicada, nenhum teste de DNA havia sido realizado), Warren e Jimmy tornaram-se amigos. Embora Jimmy insista que o "tio Warren" não lhe passa qualquer dica por baixo dos panos, os dois já foram vistos cantando juntos. "Acho que ele está tentando ser incluído em meu testamento", brinca o Buffett bilionário. "No entanto, do jeito que as coisas vão, prefiro estar no dele."

E a resposta final é ...

Oito anos e muitos avanços científicos mais tarde, Jimmy e Warren fizeram o teste de saliva necessário, em pequenos receptáculos, os quais foram submetidos a uma análise de DNA, realizada pela 23andMe (uma empresa cofundada por Anne Wojcicki, que, por acaso, é casada com Sergey Brin, cofundador do Google). Os resultados mostraram, infelizmente, que Jimmy e Warren não são parentes. Para encontrar ancestrais comuns a ambos, você precisaria voltar 10 mil anos, o que significa antes dos sobrenomes — e isso não conta. Caso encerrado. — CL

Afiem os dentes dos comitês de auditoria

22 de agosto de 1999

POR CAROL LOOMIS

Nos dias antes de o projeto de Sarbanes-Oxley tornar-se lei, os reguladores tiveram problemas para acabar com práticas contábeis inescrupulosas, e Buffett se manifestou sobre a questão. — CL

Ansioso para que as diretorias contem com comitês de auditoria melhores do que os que existem na atualidade, Arthur Levitt reuniu uma equipe especial para fazer recomendações de melhorias — e agora deseja que elas sejam adotadas. No entanto, quando a Bolsa de Valores de Nova York solicitou às suas empresas listadas que comentassem as recomendações, as respostas foram contundentes.

Acima de tudo, as empresas não gostaram de uma proposta que exigia que os comitês de auditoria fizessem o dever de casa e, então, atestassem nos relatórios anuais que as relações financeiras lá inseridas obedeciam a práticas contábeis padrão. Alguns dos que protestaram acreditavam que essa regra estimularia ações judiciais contra os membros dos comitês de auditoria. Outras viram uma confusão entre os papéis a serem desempenhados. Atestar, dizia uma carta, "é aquilo que o auditor externo é contratado para fazer".

Uma objeção sobre isso veio de Warren Buffett (...) que, no minuto em que levantou a mão nesse caso específico, aplaudira pública e cordialmente a campanha de Levitt contra a "massagem" dos lucros. No entanto, Buffett questionou a ideia de que um comitê de auditoria, reunindo-se algumas horas por ano, poderia atestar, de forma substantiva, os relatórios financeiros de uma empresa. Em vez disso, ele disse, o comitê precisa conhecer o que os auditores externos sabem — algo que "frequentemente não ocorre, mesmo (talvez sobretudo) quando grandes falhas existem".

Buffett disse que o comitê deveria exigir que os auditores dessem respostas detalhadas a três perguntas:

1. Se o auditor fosse isoladamente responsável pela preparação dos relatórios financeiros da empresa, ele os teria preparado de forma diferente, tanto em questões materiais quanto não materiais? Nesse caso, o auditor deveria explicar os argumentos da equipe administrativa e os próprios.

2. Se o auditor fosse um investidor, teria recebido as informações essenciais para a compreensão do desempenho financeiro da empresa no período reportado?

3. A empresa está seguindo o mesmo procedimento de auditoria interna que o auditor seguiria se ele próprio fosse o CEO? Caso contrário, quais são as diferenças e quais suas razões?

Buffett, então, disse — em itálico — que as respostas dos auditores deveriam ser explicitadas nas atas das assembleias. A questão, segundo ele, é impor uma "responsabilidade monetária" aos auditores, e essa é a única coisa que os levará a fazer seu trabalho de forma genuína, em vez de se tornar subservientes à gerência.

A *Fortune* pediu a Olivia Kirtley, presidente do American Institute of Certified Public Accountants e também CFO (Chief Financial Officer) da Vermont American Corp., sua opinião a respeito das ideias de Buffett. Ele "resumira" suas perguntas, ela disse, mas elas se enquadravam "no espírito" do que o próprio comitê de auditoria da AICPA recomenda a seus auditores externos.

É pouco provável que a clientela dela, composta por empresas de auditoria, apreciasse um plano que busca forçá-los a fazer bem seu trabalho ou a assumir responsabilidade monetária pelas falhas. Os auditores diminuíram seus problemas legais na década passada e conseguiram definir que as declarações financeiras são de responsabilidade dos gestores, também ajudados por leis novas e por uma decisão favorável do Supremo Tribunal. Como resultado, o número de ações judiciais enfrentadas por auditores caiu muito.

Claro, também foi durante essa década que os gerentes aprenderam todas as maneiras secretas de corresponder às "expectativas". Trata-se de uma simples coincidência ou a redução das consequências monetárias teria tornado os auditores menos diligentes e mais complacentes do que antes? Essa pergunta não tem resposta. No entanto, as três de Buffett têm.

O Sr. Buffett fala sobre o mercado acionário

22 de novembro de 1999

Um discurso de Buffett que Carol Loomis transformou em artigo

Warren Buffett raramente fala em público sobre o nível geral dos preços das ações — nem em seu famoso relatório anual nem nas assembleias anuais da Berkshire, tampouco nos raros discursos que profere. No entanto, na última metade de 1999, em quatro ocasiões, Buffett encarou esse tema frontalmente, expondo suas opiniões, tanto de forma analítica quanto criativa, sobre o futuro das ações no longo prazo. Assisti à última dessas palestras, proferida em setembro, para um grupo de amigos de Buffett e também assisti a uma gravação em vídeo da primeira palestra, proferida em julho, no encontro promovido pela Allen & Co. em Sun Valley, Idaho, para líderes empresariais. Dessas palestras extemporâneas (a primeira feita quando o índice industrial Dow Jones estava em 11.194), refinei um relato do que Buffett disse. Warren o revisou e agregou alguns esclarecimentos.

A mensagem central de Buffett está nas primeiras palavras deste artigo: "Atualmente, os investidores em ações estão esperando demais." No que se refere à embrionária internet, cuja promessa aumentou as esperanças dos investidores, ele passou a enfatizar como poucas pessoas ficaram ricas como resultado de duas outras indústrias transformadoras: a automobilística e a de aviação.

Em seus discursos, Buffett, certamente, não antecipou as baixas taxas de juros — títulos do Tesouro que pagam centavos, por exemplo — que prevalecem nos dias de hoje. Nem foi tão pessimista em relação aos lucros do mercado acionário quanto a realidade provou que eram.

No entanto, ele estava absolutamente certo em seu pessimismo geral sobre o mercado, tanto que, ainda hoje, ele diz: "Eu não mudaria uma palavra do que disse." Ele proferiu o discurso em um momento em que os investidores haviam se acostumado a um retorno total anual médio de 12% sobre seus ativos. Ele esperava, em vez disso, que 7% fossem uma estimativa razoável do que os investidores — antes da inflação — poderiam ganhar anualmente em termos de rentabilidade total sobre os 17 anos entre 1999 e 2016 (o artigo explica por que ele escolheu esse estranho número de anos). E esse era um número bruto, antes dos pesados custos de transação pagos pelos investidores — comissões, custos de ingresso e taxas de administração, por exemplo. Após esses custos, Buffett entendia que uma expectativa de lucro razoável seria da ordem de 6% ao ano.

No que constitui um fato lamentável, o lucro total do índice Dow Jones, composto anualmente, do final de 1999 até meados de 2012 foi de somente 3,32%. O número *equivalente para a S&P 500 (a qual não enfatiza nem os dividendos nem o Dow e sofreu muito mais do que o Dow com o estouro da bolha da internet) foi surpreendente: 1,26%.*

Por volta da data da publicação deste livro nos Estados Unidos, faltavam ainda quatro anos, claro, antes do final do prazo dos 17 anos. No entanto, eles terão de gerar resultados excelentes se os investidores quiserem recuperar rapidamente o terreno perdido e até mesmo terminar com um retorno anual médio de 6%. — CL

Atualmente, os investidores em ações estão esperando demais, e eu explicarei por quê. Inevitavelmente, isso me levará a falar sobre o mercado de ações, um assunto que, normalmente, estou pouco disposto a discutir. No entanto, eu gostaria de deixar um ponto claro desde o início: embora eu vá falar sobre o nível do mercado, *não* irei prever seus movimentos futuros. Na Berkshire, focamos quase exclusivamente na avaliação de empresas individuais, olhando apenas de uma forma muito limitada para a avaliação do mercado em geral. Mesmo assim, avaliar o mercado nada tem a ver com o lugar em que ele estará na semana, nos meses ou nos anos seguintes, uma linha de questionamento que nunca exploramos. O fato é que os mercados se comportam de maneiras que, às vezes por períodos prolongados, não estão relacionadas ao valor. Mais cedo ou mais tarde, no entanto, o valor conta. Então, o que irei falar — presumindo que seja correto — *terá* implicação nos resultados de longo prazo a serem obtidos pelos acionistas americanos.

Comecemos por definir "investimento". A definição é simples, mas, frequentemente, esquecida: investir é gastar dinheiro hoje para receber mais dinheiro de volta no futuro — mais dinheiro em termos *reais*, após levar em conta a inflação.

Agora, para obter alguma perspectiva histórica, olhemos os 34 anos antes deste — e aqui vemos uma simetria quase bíblica, no sentido de conter anos magros e anos gordos — para observar o que aconteceu no mercado acionário. Observe, para começar, os primeiros 17 anos do período, do fim de 1964 até 1981. Eis o que aconteceu nesse intervalo.

MÉDIA DO ÍNDICE INDUSTRIAL DOW JONES
31 de dezembro de 1964: 874,12
31 de dezembro de 1981: 875,00

Sei que sou conhecido como um investidor de longo prazo e um sujeito paciente, mas essa não é minha ideia de um grande avanço.

E eis um fato maior e bastante oposto: durante esses mesmos 17 anos, o PIB dos Estados Unidos — ou seja, os negócios feitos dentro deste país — quase quintuplicou, subindo 370%. Ou, se analisarmos outra medida, as vendas dos integrantes da *Fortune* 500 (uma mistura mutante de empresas, é verdade) mais do que sextuplicaram. E, mesmo assim, o Dow praticamente não saiu do lugar.

Para entender por que isso aconteceu, precisamos primeiro analisar uma das duas variáveis importantes que afetam os resultados do investimento: as taxas de juros. Elas agem sobre as avaliações financeiras da mesma forma que a gravidade age sobre a matéria: quanto maior a taxa, maior o puxão para baixo. Isso ocorre porque as taxas de retorno que os investidores precisam de qualquer tipo de investimento estão diretamente vinculadas à taxa sem risco que podem receber dos títulos públicos. Portanto, se a taxa do governo aumenta, os preços de todos os outros investimentos devem ser ajustados para baixo, para um nível que equilibre suas taxas de retorno esperadas. De modo inverso, se as taxas de juros do governo caem, o movimento empurra os preços de todos os outros investimentos para cima. A proposição básica é a seguinte: o que um investidor deveria pagar hoje por US$ 1 a ser recebido amanhã pode ser determinado apenas após olhar primeiro a taxa de juros livre de risco.

Consequentemente, toda vez que a taxa livre de risco apresenta mudança de um ponto de base — 0,01% —, o valor de cada investimento no país muda. As pessoas podem ver isso facilmente no caso das obrigações, cujo valor costuma ser afetado apenas pelas taxas de juros. No caso das ações ordinárias, ou de imóveis, ou fazendas, ou o que quer que seja, outras variáveis importantes estão quase sempre em jogo, e isso significa que o efeito das mudanças das taxas de juros é geralmente encoberto. Contudo, o efeito — como o puxão invisível da gravidade — está constantemente presente.

No período de 1964-1981, houve grande aumento nas taxas dos títulos públicos de longo prazo, as quais passaram de pouco acima de 4% no final do ano de 1964 para mais de 15% no final de 1981. A subida nas taxas teve um efeito depressivo imenso sobre o valor de todos os investimentos, mas o que chamou nossa atenção, certamente, foi o preço das ações. Então, *aí* — na triplicação do puxão gravitacional das taxas de juros — reside a maior explicação para a razão pela qual o tremendo crescimento na economia se fez acompanhar de um mercado acionário estável.

Então, no início da década de 1980, a situação se reverteu. Vocês se lembrarão de Paul Volcker assumindo a presidência do Fed e também de quanto ele foi impopular. Porém, seus feitos heroicos — fazendo severas críticas à economia e quebrando a espinha dorsal da inflação — levaram a tendência da taxa de juros a se reverter, com alguns resultados espetaculares. Digamos que você tivesse colocado US$ 1 milhão em um título do Tesouro americano de 30 anos a 14%, emitido em 16 de novembro de 1981, e reinvestisse os cupons. Ou seja, todas as vezes que você recebesse um pagamento de juros, usasse-o para comprar mais do mesmo título. No final de 1988, com os títulos públicos de longo prazo sendo negociados a 5%, você teria US$ 8.181.219 e teria realizado um lucro anual superior a 13%.

Esse retorno anual de 13% é melhor do que o desempenho das ações em muitos períodos de 17 anos na história — na maioria dos períodos de 17 anos, na realidade. Foi um grande resultado e veio de nada mais do que um entediante título de dívida.

O poder das taxas de juros também teve o efeito de fazer as ações subirem, embora outros aspectos que abordaremos mais adiante também tenham contribuído. E, então, eis o desempenho das ações ordinárias nesses mesmos 17 anos: se você investisse US$ 1 milhão no Dow em 16 de novembro de 1981, e reinvestisse todos os dividendos, teria US$ 19.720.112 em 31 de dezembro de 1998. E seu retorno anual teria sido de 19%.

O aumento nos valores das ações desde 1981 supera qualquer coisa que você possa encontrar na história. Esse aumento excede até mesmo aquele que você teria realizado se tivesse comprado ações em 1932, no fundo da Depressão — em seu dia mais baixo, 8 de julho de 1932, a Dow fechou a 41,22 — e os mantivesse em carteira por 17 anos.

O segundo fator de influência sobre os preços das ações durante esses 17 anos foram os lucros das empresas após os impostos, que o próximo quadro apresenta como uma porcentagem do PIB. Na realidade, o que esse quadro nos diz é que a parcela do PIB terminou, a cada ano, nas mãos dos acionistas das empresas americanas.

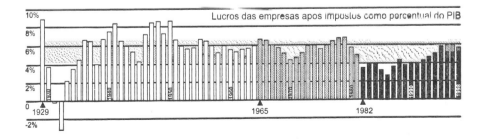

Como vocês podem ver, o quadro começa em 1929. Gosto muito do ano de 1929, porque foi quando tudo começou para mim. Meu pai trabalhava como vendedor de ações na época e, após o Crash, durante o outono, ele ficou com medo de telefonar para seus clientes — todas aquelas pessoas que haviam perdido tudo. Portanto, ele se limitava a ficar em casa durante a tarde. E não havia televisão na época. Assim, fui concebido, aproximadamente, em 30 de novembro de 1929 (e nasci nove meses mais tarde, em 30 de agosto de 1930) e fiquei, para sempre, com um tipo de sentimento prazeroso com relação ao Crash.

Como você pode ver, os lucros das empresas como um percentual do PIB subiram em 1929 e, então, despencaram. O lado esquerdo do quadro, na realidade, está repleto de aberrações: não só a Depressão, mas também um *boom* de lucros do tempo da guerra — atenuado pelos impostos sobre lucros excessivos — e outro *boom* após a guerra. No entanto, a partir de 1951, o percentual se estabilizou na faixa entre 4% e 6,5%.

Em 1981, no entanto, a tendência era direcionada ao limite inferior daquela faixa e, em 1982, os lucros caíram para 3,5%. Assim, àquela altura, os investidores deparavam-se com dois pontos negativos: os lucros estavam abaixo de sua média histórica e as taxas de juros estavam nas alturas.

E, tipicamente, os investidores projetaram para o futuro o que estavam vendo. Esse é um hábito característico deles: olhar para o espelho retrovisor, em vez de olhar pelo para-brisa. O que observavam, olhando para trás, deixava-os muito desencorajados com relação ao país. Eles projetavam taxas de juros altas; projetavam lucros baixos; e, por isso, avaliavam o Dow em um nível que era igual ao de 17 anos antes, muito embora o PIB tivesse praticamente quintuplicado.

Agora, o que aconteceu no período de 17 anos iniciado em 1982? Uma coisa que não aconteceu foi o crescimento comparável do PIB: nesse segundo período de 17 anos, o PIB menos que triplicou. No entanto, as taxas de juros começaram a baixar e, após o efeito Volcker se desgastar, os lucros começaram a subir — não de forma consistente, mas, ainda assim, com força real. Vocês podem ver a tendência dos lucros no gráfico, o qual mostra que, no final da década de 1990, os lucros após impostos como um percentual do PIB estavam se aproximando dos 6%, o que está na parte superior da faixa da "normalidade". E, no final de 1998, as taxas de juros de longo prazo do governo haviam caído para 5%.

Essas mudanças drásticas nos dois fundamentos mais importantes para os investidores explica grande parte, embora não toda, da multiplicação por dez do preço das ações — o Dow subiu de 0,875 para 9,181 — nesse período de 17 anos.

O que estava funcionando também, certamente, era a psicologia do mercado. Quando um mercado altista começa a ganhar força, uma vez que seja alcançado o ponto no qual todos ganharam dinheiro, independentemente do sistema utilizado, uma multidão é atraída para o jogo, em resposta não às taxas de juros e aos lucros, mas simplesmente pelo fato de que parece um erro não investir em ações. Na realidade, essas pessoas sobrepõem o fator "Eu não posso perder a festa" aos fatores fundamentais que comandam o mercado. Como o cão de Pavlov, esses "investidores" aprendem que, quando a campainha toca — nesse caso, a campainha que anuncia a abertura da Bolsa de Valores de Nova York, às 9h30 —, eles são alimentados. Através desse reforço diário, ficam convencidos de que Deus existe e que Ele deseja que todos fiquem ricos.

Hoje, olhando para trás, para a estrada que eles acabaram de trilhar, a maioria dos investidores tem expectativas cor-de-rosa. Uma pesquisa da Paine Webber e da Gallup Organization, divulgada em julho, mostra que os investidores menos experientes — aqueles que investem há menos de cinco anos — esperam uma rentabilidade anual nos próximos dez anos de 22,6%. Até mesmo aqueles que investem há mais de vinte anos esperam 12,9%.

Bem, eu gostaria de afirmar que não podemos chegar, nem mesmo remotamente, próximo daqueles 12,9% e de defender meu ponto de vista por meio do exame dos fatores-chave que determinam o valor. Hoje, se um investidor obtiver lucros suculentos no mercado durante dez, 17 ou vinte anos, uma ou mais de três hipóteses deve estar acontecendo. Vai demorar um pouco para eu falar sobre a última delas, mas eis as primeiras duas:

1. **As taxas de juros devem cair ainda mais.** Se as taxas de juros do governo, agora em um nível em torno de 6%, caíssem para 3%, esse fator, isoladamente, levaria o valor das ações comuns a praticamente dobrar. Em consequência, se você acha que as taxas de juros se comportarão dessa maneira — ou cairão para o nível de 1% vivido pelo Japão —, deveria ir para onde realmente tem condições de ganhar uma bolada: as opções sobre títulos públicos.

2. **A parcela do lucro das empresas no PIB deve aumentar.** Sabem, alguém me disse um dia que, em Nova York, há mais advogados do que pessoas. Eu acho que esse é o mesmo companheiro que pensa que os lucros se tornarão maiores do que o PIB. Quando você começa a torcer para que o

crescimento de um fator componente supere sempre o do agregado, se depara com determinados problemas matemáticos. Em minha opinião, você precisa ser exageradamente otimista para acreditar que os lucros das empresas como um percentual do PIB possam, por qualquer período continuado, sustentar-se muito acima dos 6%. Algo que baixará o percentual será a competição — que está viva e bem de saúde. Além disso, há uma questão de política pública: se os investidores em ações, no agregado, forem comer uma porção sempre crescente da pizza econômica americana, alguns outros grupos terão de concordar em receber uma porção menor. Isso causaria problemas políticos justificáveis — e, segundo minha visão, uma grande redistribuição da pizza simplesmente não irá acontecer.

Então, em que direção algumas dessas hipóteses razoáveis nos conduzem? Digamos que o PIB cresça a uma média de 5% ao ano — 3% de crescimento real, o que é muitíssimo bom, mais 2% de inflação. Se o PIB crescer a 5% e você não tiver uma ajuda das taxas de juros, o valor agregado das ações não crescerá muito. Sim, você pode aumentar um pouco o retorno por meio dos dividendos. No entanto, com as ações sendo vendidas nos preços de hoje, a importância dos dividendos para o retorno como um todo é muito menor do que costumava ser. Nem os investidores podem esperar sair ganhando porque as empresas estão ocupadas em aumentar seu lucro por ação através da recompra de ações. O fator de compensação aqui é que as empresas estão igualmente ocupadas em emitir novas ações, tanto através de ofertas primárias quanto por meio daquelas opções sobre as ações onipresentes.

Então, volto a minha hipótese de 5% de crescimento do PIB e lembro que esse é um fator limitador nos lucros que vocês receberão: não é possível esperar sempre realizar um aumento anual de 12% — muito menos de 22% — na avaliação das empresas americanas, se a lucratividade delas estiver crescendo apenas a 5%. O fato inescapável é que o valor de um ativo, seja qual for seu tipo, não pode crescer mais rápido do que seus lucros no longo prazo.

Agora, talvez, vocês prefiram defender uma hipótese diferente. Bastante justo. No entanto, apresentem-me suas premissas. Se você acha que o público americano terá um lucro de 12% ao ano com as ações, eu acho que você precisa dizer, por exemplo: "Bem, isso é porque espero que o PIB cresça 10% ao ano, os dividendos acrescentariam dois pontos percentuais aos retornos e as taxas de juros permaneceriam em um nível inalterado." Ou você terá de reorganizar essas variáveis mais importantes de alguma outra forma. A abordagem do tipo Fada Sininho — aplaudam se vocês acreditam nela — simplesmente não funcionará.

Além disso, é preciso lembrar que os lucros futuros sempre serão afetados pelas avaliações atuais e que devemos prestar atenção ao que você conseguirá comprar com seu dinheiro no mercado acionário neste exato momento. Eis dois números de 1998 para a *Fortune* 500. As empresas desse universo respondem por cerca de 75% do valor de todas as empresas americanas de propriedade pública, então, quando você analisa a 500, realmente está falando sobre a América S.A.

FORTUNE 500

Lucros de 1998: US$ 334.335.000.000

Valor de mercado em 15 de março de 1999: US$ 9.907.233.000.000

Ao nos debruçarmos sobre esses dois números, precisamos estar cientes de que o número referente aos lucros contém algumas peculiaridades. Os lucros em 1998 incluíram um item bastante incomum — um ganho contábil de US$ 16 bilhões que a Ford relatou de sua venda da Associates — e os lucros também incluíram, como sempre fazem na 500, os lucros de algumas empresas mútuas (como, por exemplo, a State Farm) que não possuem valor de mercado. Além disso, uma importante despesa das empresas, os custos da remuneração em forma de opções sobre ações, não é deduzida dos lucros. Por outro lado, o número referente aos lucros foi reduzido em alguns casos por baixas contábeis que provavelmente não refletiam a realidade econômica e poderiam simplesmente ser reinseridas nos balanços. No entanto, deixando de lado essas qualificações, os investidores diziam, em 15 de março deste ano, que pagariam substanciais US$ 10 trilhões para os US$ 334 bilhões em lucros.

Tenham em mente — esse é um fator crítico frequentemente ignorado — que os investidores como um todo não conseguem receber nada de suas empresas exceto o que as empresas ganham. Claro, você e eu podemos vender ações um para o outro a preços cada vez mais altos. Digamos que a *Fortune* 500 fosse apenas uma empresa e que cada uma das pessoas presentes em um escritório possuísse parte dela. Nesse caso, poderíamos nos sentar e vender uns para os outros seus pedaços a preços cada vez maiores. Você, pessoalmente, poderia superar o companheiro a seu lado comprando baixo e vendendo alto. No entanto, nenhum dinheiro deixaria o jogo quando isso acontecesse: você simplesmente tiraria o que ele colocou. Nesse ínterim, a experiência do *grupo* não teria sido afetada em nada, porque seu destino ainda estaria ligado aos lucros. O máximo absoluto que os proprietários de uma empresa, em agregado, poderiam receber dela no final — entre hoje e o Dia do Juízo Final — é o que essa empresa ganhar ao longo do tempo.

E ainda há outra qualificação importante a ser considerada. Se você e eu estivermos comercializando pedaços de nossa empresa nesta sala, poderíamos escapar dos custos da transação porque não haveria nenhum corretor por perto para pegar um pedaço de cada transação que fizéssemos. No entanto, no mundo real, os investidores têm o hábito de desejar trocar de cadeira ou de, pelo menos, obter conselhos sobre se assim deveriam fazer, e isso custa dinheiro — muito dinheiro. As despesas que eles assumem — eu as chamo de custos friccionais — abrangem uma ampla gama de itens. Temos a margem do formador de mercado, as comissões e os custos de ingresso e até mesmo as assinaturas de periódicos financeiros. E não desprezem essas despesas considerando-as irrelevantes. Se você estiver avaliando um imóvel para fins de investimento, não deduziria os custos de gestão ao calcular seu lucro? Sim, certamente — e, da mesma forma, os investidores no mercado acionário que estão calculando seus lucros precisam levar em conta os custos friccionais que pagam.

E qual é seu valor? Minha estimativa é que os investidores nas ações americanas paguem bem acima de US$ 100 bilhões por ano — digamos, uns US$ 130 bilhões — para trocar de cadeira ou para comprar conselhos sobre se assim deveriam agir! Talvez US$ 100 bilhões disso se refiram aos integrantes da *Fortune* 500. Em outras palavras, os investidores estão dissipando praticamente um terço de tudo que a *Fortune* 500 está ganhando para eles — aqueles US$ 334 bilhões em 1998 — transferindo-o para financiar trocas de cadeira e "assessores" especializados em cadeiras. E, quando essa transferência for finalizada, os investidores que possuem a 500 estão colhendo um lucro inferior a US$ 250 bilhões sobre seu investimento de US$ 10 trilhões. Em minha opinião, isso é uma colheita magra.

Talvez, por ora, vocês estejam discordando silenciosamente de minha estimativa de que US$ 100 bilhões fluem para os tais "assessores". Como eles cobram de vocês? Deixem-me contar como. Tudo começa com custos de transação, incluindo comissões, a margem do formador de mercado e a margem sobre as subscrições de ofertas: ajustando para levar em conta a dupla contagem, haverá, este ano, pelo menos 350 bilhões de ações negociadas nos Estados Unidos e eu estimaria que o custo de transação por ação para cada lado — isto é, tanto para o comprador quanto para o vendedor — ficará, na média, em seis centavos. Isso soma US$ 42 bilhões.

Passemos para os custos adicionais: custos pesados para pequenos sujeitos que têm contas com custo de administração fixo; taxas de administração para os grandes sujeitos; e, acima, uma batelada de encargos, elevando-se bem para os proprietários dos fundos mútuos de ações. Esses fundos agora têm ativos de cerca de US$ 3,5 trilhões, e chegamos à conclusão de que seu custo anual para os investidores — incluindo taxas de administração, custos de ingresso, taxas 12b-1, custos gerais de operação — equivale, pelo menos, a 1% ou US$ 35 bilhões.

E nenhum dos estragos que descrevi anteriormente inclui as comissões e as margens sobre as opções e os contratos futuros; os custos pagos pelos proprietários das anuidades variáveis; ou as muitas outras cobranças que os "assessores" conseguem inventar. Em resumo, US$ 100 bilhões de custos friccionais para os proprietários da *Fortune* 500 — o que representa 1% do valor de mercado da 500 — parecem, para mim, não apenas algo eminentemente defensável, como também uma estimativa, mas é bem possível que esteja sendo subestimada.

Parece também um custo horrendo. Certa vez, me contaram sobre uma charge de jornal em que um locutor de notícias diz: "Não houve transações na Bolsa de Valores de Nova York hoje. Todos estavam felizes com o que possuíam." Bem, se esse fosse realmente o caso, os investidores manteriam todos os anos cerca de US$ 130 bilhões em seus bolsos.

Deixe-me resumir o que tenho dito sobre o mercado acionário: acho que é muito difícil argumentar de forma persuasiva que as ações terão um desempenho, nos próximos 17 anos, parecido — *ligeiramente parecido* — com seu desempenho nos últimos 17. Se eu tivesse de escolher o retorno mais provável da combinação de valorização e dividendos que os investidores no agregado — repito, agregado — ganhariam em um mundo de taxas de juros constantes, com uma inflação de 2%, e aqueles custos friccionais sempre prejudiciais, seria o de 6%. Se você retirar o componente da inflação desse retorno nominal (o que seria necessário fazer, caso a inflação oscilasse), isso corresponderá a 4% em termos reais. E, se 1% for uma estimativa errada, acredito que é mais provável que o percentual seja menor do que maior.

Deixe-me voltar ao que disse antes: existem três fatores que poderiam permitir que os investidores realizassem lucros significativos no mercado olhando para o futuro. O primeiro é que as taxas de juros poderiam cair; e o segundo, que os lucros das empresas como uma parcela do PIB poderiam aumentar significativamente. Agora, eis o terceiro ponto: talvez você seja um otimista e acredita que, embora os investidores como um todo possam ter problemas, você mesmo será um vencedor. Tal pensamento talvez seja muito sedutor nesses primeiros dias da revolução da informação (na qual acredito sinceramente). Simplesmente escolha os vencedores óbvios, seu corretor lhe dirá, e aproveite a onda.

Bem, acho que seria instrutivo voltar e analisar algumas indústrias que transformaram este país muito mais cedo neste século: a indústria automobilística e a aeronáutica. Observemos, primeiro, os automóveis: tenho aqui uma página, entre 70 no total, de fabricantes de automóveis e caminhões que operaram nos Estados Unidos. Antigamente, havia um carro Berkshire e um carro Omaha. Naturalmente, tomei nota de ambos. No entanto, havia também um catálogo de telefones com muitos outros.

Como um todo, parece ter havido pelo menos 2 mil marcas de carros, em uma indústria que teve um impacto incrível na vida das pessoas. Se você tivesse previsto nos dias iniciais dos carros como essa indústria se desenvolveria, teria dito: "Eis a estrada para a riqueza." Então, em que ponto chegamos na década de 1990? Após uma carnificina empresarial incessante, baixamos para três fabricantes americanos de carros — e nenhum deles é uma bonança para o investidor. Então, eis uma indústria que causou grande impacto na América — e também um impacto enorme, embora não o previsto, sobre os investidores.

Às vezes, incidentalmente, é muito mais fácil, nesses eventos transformadores, saber quem serão os perdedores. Você poderia ter imaginado a importância do carro quando ele apareceu, mas, ainda assim, teria achado difícil escolher empresas que o fariam ganhar dinheiro. No entanto, havia uma decisão óbvia que você poderia ter tomado lá atrás — é melhor, eventualmente, virar essas coisas de cabeça para baixo —, e isso era vender cavalos a descoberto. Francamente, estou decepcionado porque a família Buffett não vendeu cavalos a descoberto durante todo esse período. E nós, de fato, não tínhamos nenhuma desculpa: vivendo em Nebraska, teria sido muito fácil pedir emprestado cavalos e evitar um *squeeze* dos vendidos.

POPULAÇÃO DE CAVALOS DOS EUA

1900: 21 milhões

1998: 5 milhões

A outra invenção comercial verdadeiramente transformadora do primeiro quarto de século, além do carro, foi o avião — outra indústria cujo futuro claramente brilhante teria feito os investidores salivarem. Então, voltei a verificar os fabricantes de avião e descobri que, no período de 1919-39, havia cerca de trezentas empresas, das quais apenas um punhado ainda respira hoje. Entre os aviões fabricados naqueles anos — devemos ter sido o Vale do Silício daquela época —, estavam tanto o Nebraska quanto o Omaha, dois aviões em que até mesmo o mais leal habitante de Nebraska não mais utiliza.

Vamos seguir para as falhas das empresas de aviação. Aqui [diz Buffett em sua palestra, agitando um pedaço de papel] está uma lista de 129 companhias de aviação que pediram falência nos últimos vinte anos. A Continental foi suficientemente inteligente para constar nessa lista duas vezes. Em 1992, na realidade — embora o quadro tivesse melhorado desde então —, o lucro auferido, desde a aparição da aviação, por todas as empresas do setor deste país era zero. Absolutamente zero.

Analisando esse quadro, gosto de pensar que, se estivesse presente em Kitty Hawk em 1903, quando Orville Wright decolou, teria sido bastante visionário, e animado pelo espírito público o suficiente — eu devia isso aos futuros capitalistas —, para abatê-lo. Quero dizer, Karl Marx não poderia ter feito tanto estrago aos capitalistas quanto Orville fez.

Não gastarei tempo com outros ramos glamourosos que mudaram nossa vida de forma dramática, mas, ao mesmo tempo, não tiveram êxito na entrega de prêmios para os investidores americanos: os fabricantes de rádios e televisões, por exemplo. No entanto, vou tirar uma lição dessas empresas: a chave para investir não é avaliar quanto uma indústria afetará a sociedade ou quanto crescerá, mas, ao contrário, determinar a vantagem competitiva de qualquer empresa e, acima de tudo, a durabilidade dessa vantagem. Os produtos ou serviços que têm fossos amplos e sustentáveis a seu redor são aqueles que recompensam os investidores.

Todo esse falatório sobre períodos de 17 anos me fez pensar — incongruentemente, admito — nos gafanhotos de 17 anos. O que uma geração atual dessas criaturas, programadas para levantar voo em 2016, poderia esperar encontrar? Eu os vejo entrando em um mundo no qual o público está menos eufórico em relação às ações do que está agora. É natural que os investidores se sintam decepcionados — mas apenas porque começaram esperando muito.

Irritados ou não, àquela altura, eles terão se tornado consideravelmente mais ricos, simplesmente porque o *establishment* empresarial americano que possuem terá continuado a andar para frente, aumentando seus lucros anualmente em 3%

em termos reais. Melhor de tudo, as recompensas dessa criação de riqueza terão fluído para os americanos em geral, que irão desfrutar de um padrão muito mais alto de vida do que o que têm hoje. Esse não seria um mundo nada mau — até mesmo se ele não fosse condizente com o que os investidores se acostumaram nos 17 anos que acabaram de passar.

Warren Buffett: o pregador

19 de maio de 2000

POR AMY KOVER

O presidente da Berkshire Hathaway, Warren Buffett, chama a assembleia anual dos acionistas de "Woodstock para capitalistas", mas o investidor Michael Cleveland tem uma analogia melhor: "Trata-se de uma pregação religiosa, e Buffett é o nosso pastor!" Por anos, os acionistas afluem para Omaha a cada primavera para ouvir Buffett pregar as virtudes de se investir em — e manter em carteira — empresas fortes e com histórico comprovado. À medida que os retornos incríveis foram se acumulando, também se acumularam as conversões ao "buffettismo".

No entanto, no ano passado, parece que Buffett perdeu seu toque divino. Este ano, o valor contábil por ação da Berkshire teve um desempenho inferior em 20,5 pontos percentuais ao do índice 500 do S&P — a primeira vez em vinte anos que ela teve um desempenho abaixo do índice. O problema: a maioria das ações abençoadas por Buffett — inclusive a Coca-Cola e a Gillette — despencou. Nesse ínterim, as ações principiantes da internet decolaram, criando muitos milionários instantâneos. Buffett continuou a se recusar a entrar no mercado da internet (ele não se sente confortável apostando em empresas e indústrias sujeitas a grandes incertezas). A Berkshire Hathaway caiu 50%, passando para um mínimo de 52 semanas de US$ 40.800 por ação, no início de março. O suficiente para balançar a fé até mesmo dos mais devotos.

Como qualquer bom pregador, Buffett tinha um poder maior a seu lado: Wall Street. Milagrosamente, a ação de sua empresa teve uma recuperação de 47%, para cerca de US$ 60 mil, logo antes da assembleia no final de abril. Ainda mais interessante, as ações tecnológicas estagnaram. "De qualquer forma, compramos esta ação com uma perspectiva de longo prazo", observa Brian Goebel, de Huntington Beach, Califórnia. "Não somos comerciantes de *day trade*."

Com certeza não. Ao contrário do clique novo-rico das empresas pontocom, os seguidores de Buffett não são glamourosos. Em vez de vestidos Prada esvoaçantes e sapatos altos Manolo Blahnik, o uniforme do fim de semana era uma camiseta verde-oliva da Berkshire (adornada com um punho segurando dinheiro) e um boné de beisebol combinando. Poucas pessoas entre as que faziam fila para pegar um pão doce e um café aparentavam poder bancar uma ação de US$ 60 mil da Classe A. A multidão ficou particularmente animada quando Buffett anunciou que a See's Candies, uma empresa que pertence integralmente à Berkshire, estava trabalhando em cooperação com a Mattel para produzir uma boneca Barbie vestida em um traje clássico de vendedora da See's da década de 1950. Todo mundo queria um formulário para fazer a encomenda.

Claro, o fim de semana não foi inteiramente dedicado a bonecas. O principal componente da conferência foi a assembleia, com duração de sete horas, no sábado, no cavernoso Omaha Civic Auditorium. Buffett começou o evento com um filme engraçado de uma hora no qual ele desafina em um ukulele e joga *Who wants to be a Millionaire?* com Regis Philbin. (Pergunta típica: Qual é o investimento mais seguro para o novo milênio? Buffett optou por uma chamada tábua da salvação para Bill Gates, após observar: "O investimento em valor não tem funcionado muito bem recentemente.") Então, a gangue passou a falar de negócios. Por quase cinco horas, os acionistas fizeram perguntas a Buffett e a seu vice-presidente, Charlie Munger. Alguns deixaram de lado sua postura de adoração, pressionando Buffett sobre o desempenho pouco expressivo da empresa no ano anterior. Um adolescente disse: "Comprei ações Classe B dois anos atrás para financiar a universidade. Quando elas caíram abaixo de US$ 1.500, decidi investigar cursos por correspondência." Buffett riu, como se dissesse: "Você me pegou."

Durante todo o fim de semana, Omaha tornou-se um mostruário comercial, exibindo as empresas variadas da Berkshire: International Dairy Queen, See's Candies, Dexter Shoe e World Book. Os acionistas compraram facas, colchões e diamantes a preços com desconto em uma voracidade espantosa. Na noite de sábado, Buffett atraiu os fiéis para um jogo de beisebol de segunda divisão (embora muitos tenham perdido metade do jogo fazendo fila para conseguir um autógrafo dele). E outros participaram de seu passatempo favorito: trocar histórias sobre Buffett. "Você passou de carro pela casa dele?", perguntou uma mulher. "É tão modesta!" Outra mulher diz que estudou com o presidente no ensino médio. Ela tirou uma foto com ele na última reunião de ex-alunos. "Fiquei toda convencida no dia seguinte", riu a mulher.

Alguns tinham razões mais prementes para fazer a peregrinação esse ano. Bong Jung, proprietário de ações da Berkshire há uma década, precisou voltar a entrar em contato com os valores de Buffett. "Tem sido difícil não ficar tentado pelas ações da internet", explica Jung. "No jogo de golfe, a conversa gira em torno de investimentos. Meu amigo está me dizendo que está ganhando 80% em tecnologia, enquanto minha ação caiu 30%! É difícil não ficar com inveja. Então, vim aqui para renovar minha fé." "Exatamente", adere sua esposa. "Renovar." Mais uma vez, o sábio Buffett deu a seus seguidores algo em que acreditar.

WARREN BUFFETT INVESTE NA PRIMEIRA-DAMA

20 de outubro de 2000

POR JEFFREY BIRNBAUM

Warren Buffett, membro do Partido Democrata durante a maior parte da vida, ao longo dos anos apoiou muitos dos candidatos desse partido. No entanto, ele atraiu atenção extraordinária — como o artigo que segue atesta — quando apoiou a tentativa de Hillary Clinton, em 2000, de ser eleita senadora pelo Estado de Nova York. O plano, então, ficou mais complicado em 2008, quando a senadora Clinton quis se tornar a candidata dos Democratas à presidência. Isso trouxe certos problemas para Buffett, uma vez que ele também havia desenvolvido um relacionamento cordial com outro candidato, Barack Obama.

Por meio de um amigo, Buffett conhecera Obama quando ele estava se preparando para concorrer ao cargo de senador por Illinois. Obama veio à Omaha, então, para almoçar e conversar. Buffett gostou do jovem e de seus pontos de vista, e os dois homens se tornaram amigos.

O que fazer em 2008, então, quando Clinton e Obama estavam ambos buscando a nomeação democrática? Buffett resolveu essa questão tornando-se, como ele mesmo dizia brincando, um "bígamo político". Ou seja, ele disse aos candidatos que apoiaria ambos — o que, de fato, foi feito.

E nós sabemos quem ganhou. — CL

Warren Buffett começou a vida como republicano. Ele herdou a preferência de seu pai, um congressista republicano que representou Nebraska por quatro mandatos. Buffett era tão zeloso que foi presidente do Young Republicans Club da University of Pennsylvania e, em 1948, planejou desfilar em cima de um elefante pelas ruas da Filadélfia para comemorar a eleição de Thomas Dewey — até Harry Truman derrotar Dewey.

Mas as coisas mudam. Buffett, hoje, é decididamente democrata. Ele até mesmo arrecadou e deu dinheiro para Hillary Clinton. É isso mesmo, o sábio de Omaha está colocando dinheiro na tentativa de Clinton de se eleger senadora por Nova York. Buffett foi para Columbia University representando a primeira-dama, juntamente com o ex-secretário do Tesouro, Robert Rubin. Ele também foi coanfitrião de eventos para arrecadar recursos para ela no Russian Tea Room, em Manhattan, e na casa em Omaha de Vin Gupta, CEO da Info USA.

Ele perdeu a razão? De forma alguma. "Eu apoio políticos, independentemente do partido, quando acho que suas ideias sobre questões importantes coincidem, em grande parte, com as minhas", diz Buffett, agora um democrata de carteirinha. Nesse caso, ele gosta da posição pró-escolha de Clinton em relação ao aborto e o apoio dela à reforma do financiamento das campanhas políticas, uma de suas causas preferidas (ao contrário de alguns dos doadores de Clinton, Buffett não dormiu na Casa Branca ou em Camp David — "nem mesmo em um sofá", observa ele). "Apoio as ideias dela — é simples assim", diz Buffett. "Foi também por essa razão que votei no marido dela." Ele também tem uma afinidade especial por Nova York. Sua empresa, a Berkshire Hathaway, é proprietária do *Buffalo News* e ele diz que o que acontece no Estado tem influência muito além de suas fronteiras.

A surpresa é saber que Buffett dá dinheiro aos políticos. Em anos recentes, ele tem pressionado muito e se mostrado publicamente a favor da reforma do financiamento das campanhas políticas. Ele tem focado sua ira no abuso mais flagrante do sistema, o famoso dinheiro "mole" — as contribuições ilimitadas para os partidos políticos. Para evitar ser rotulado de hipócrita, Buffett doa apenas dinheiro "duro" para candidatos federais, o qual é limitado a US$ 1 mil por eleição, por candidato. Em outras palavras, ele deu a Clinton US$ 2 mil (US$ 1 mil para a primária e US$ 1 mil para a eleição geral). Buffett também não pede a outros para contribuírem para seus candidatos preferidos. Ele diz que quer que as pessoas façam doações porque acreditam no candidato, não porque ele pede que o façam.

No entanto, o nome Warren Buffett em um convite para arrecadar recursos certamente atrairá uma multidão. E ele é muito cuidadoso na escolha dos candidatos que apoia. Eles têm sido, em sua maioria, democratas, inclusive seu amigo, o senador Bob Kerrey, de Nebraska, e, para presidente, o ex-senador de Nova Jersey, Bill Bradley. Ele também apoiou defensores da reforma do financiamento das campanhas políticas, como o senador democrata Russ Feingold, de Wisconsin, e o deputado de Connecticut, Chris Shays (um republicano). Em anos passados, ele apoiou legisladores bem-conceituados, como a senadora republicana Nancy Kassebaum, de Kansas, e o senador democrata Daniel Patrick Moynihan, cujo assento, no Senado, Clinton está lutando para ganhar. "Acho que ela é muito eficiente e articulada", Buffett diz sobre Clinton. "Se for eleita, será mais do que uma entre cem." Isso significa que a primeira-dama é um ativo subvalorizado?

ADMIRADO — REPETIDAS VEZES

A FORTUNE PUBLICA SUA LISTA das empresas mais admiradas todo ano e, este ano — 2001 —, nosso editor pinçou a Berkshire (e Buffett) de sua classificação em sétimo lugar na lista para escrever a respeito e retratá-la na capa. A história e, talvez, a visão do futuro justificaram aquela decisão. A Berkshire, então, se posicionou entre as dez empresas mais admiradas por cinco anos e lá permanece desde então, mesmo após a Fortune consolidar suas listas americana e "global" em uma lista "mundial" a partir de 2008. Nos últimos 15 anos, de 1997 a 2012, a Berkshire é a única empresa que sempre marcou presença entre as dez mais.

Buffett adora isso. A Berkshire ter terminado em uma posição alta em uma lista classificada por faturamento, como é a Fortune 500 (na qual a Berkshire ascendeu à categoria das dez mais), pouco importa para ele. No entanto, ele valoriza imensamente uma boa reputação. Falando com a Fortune, em 2010, sobre como uma empresa ganha confiança, ele disse: "Você não pode fazer isso em um dia, ou uma semana, ou um mês. Você o faz com um grão de areia por vez. A construção demora, mas a demolição é rápida."

Ser um objeto perene de admiração não impede que uma empresa tenha problemas operacionais, ou talvez deixe de fazer uso mais eficiente de seus ativos, e este artigo, "A máquina de valor", destaca as dificuldades insolúveis da Berkshire com sua subsidiária de Maine, a Dexter Shoe. Naturalmente, Buffett não antecipava problemas — ele foi um partidário entusiasta da aquisição — ao comprar a empresa em 1993, pagando com ações que tinham o valor de US$ 419 milhões. No entanto, Buffett subestimou em muito a concorrência internacional de custo baixo que a Dexter enfrentava e, no relatório anual de 1999, foi forçado a reconhecer que a empresa não ia bem. Em 2000, a Berkshire cancelou US$ 219 milhões de ágio contábil (goodwill). E, no ano seguinte, Buffett jogou a toalha, admitindo que: a) não devia ter comprado *a Dexter em primeiro lugar; b) em especial, não devia tê-la comprado com ações; e c) havia procrastinado na tentativa de resolver seus problemas.*

A gerência da Dexter foi confiada, em 2001, a outra empresa de calçados da Berkshire, cujos gerentes, Frank Rooney e Jim Issler, reduziram seus negócios — em meio a fechamentos de fábricas e demissões — a um pequeno número de operações. Em 2005, o nome Dexter havia desaparecido por completo do relatório anual da Berkshire.

Hoje, Buffett diz da Dexter: "Essa é, definitivamente, a pior aquisição que já fiz — até hoje."

Harold Alfond, presidente e proprietário majoritário da Dexter quando a Berkshire a adquiriu, além de filantropo renomado, antes e depois, morreu em 2007 e deixou a maior parte de sua fortuna para a Harold Alfond Foundation. Quando seu espólio foi finalizado, os ativos da fundação quintuplicaram, para US$ 500 milhões (cerca de 80% disso em ações da Berkshire). A fundação faz doações principalmente a causas educacionais, médicas e de desenvolvimento juvenil no Maine. Portanto, esse é outro exemplo — um paradoxal — de riqueza da Berkshire que vai para a filantropia. — CL

A MÁQUINA DE VALOR

19 de fevereiro de 2001

POR CAROL LOOMIS

Um pequeno quebra-cabeça, se você não se importar: descreva o que faz cada uma das dez empresas no topo da lista das Mais Admiradas.

A maioria dos leitores poderia responder facilmente no caso de oito desses modelos. Eles estão em megalojas (Wal-Mart), corretagem de valores mobiliários (Schwab), chips de computadores (Intel) e assim por diante. A General Electric é mais difícil de avaliar: consiste em serviços financeiros, mas também em uma rede de televisão e um império de equipamentos elétricos e aeroespaciais, que logo incluirá a Honeywell. No entanto, o verdadeiro enigma é a sétima classificada, a Berkshire Hathaway, de Omaha. Usando um lápis número 2 afiado, você poderia, por gentileza, escrever quinhentas palavras sobre o negócio dessa empresa?

Se você for igual a muitas pessoas, não conseguiria se lembrar mais de sete delas: "Essa é a empresa de Warren Buffett." Seria necessário um admirador da

Berkshire — e existem muitos deles — para elucidar os pontos delicados: o que temos aqui é uma combinação extremamente incomum de uma empresa operacional extremamente rentável — seguros em grande escala, mais uma colcha de retalho de outras empresas — e um CEO, agora com 70 anos, que investe o dinheiro dela e que, nesse departamento, tem a reputação de ser o melhor do mundo.

Nos 36 anos em que Buffett administra a empresa, o valor contábil por ação da Berkshire — a estatística de desempenho que melhor descreve o sucesso de uma empresa seguradora — cresceu, em média, acima de 23% ao ano. Ocorreram algumas guinadas desagradáveis, sobretudo no terrível ano de 1999. Porém, em 32 dos 36 anos, os resultados por ação da Berkshire superaram a rentabilidade geral da S&P 500, muitas vezes com facilidade. As ações da Berkshire, que Buffett não admite desdobrar em filhotes — nos aniversários de seus amigos, ele envia cartões que dizem: "Que você viva até que a Berkshire faça um desdobramento" —, têm acompanhado o sucesso da empresa e vão além. Nesses mesmos 36 anos, seu preço passou de cerca de US$ 12 por ação para US$ 71mil no final do ano, o que representa uma taxa anual de crescimento de 27%.

Por mais famoso que possa ser esse histórico, até mesmo muitos dos empresários que participam da votação das Mais Admiradas não compreendem a engenharia por trás da proposição de valor da Berkshire. Alguns talvez ignorem o fato de que estão votando — Minha nossa! — em uma empresa de seguros. No entanto, está muito claro que gostam de algo: este é o quinto ano consecutivo em que a Berkshire se classifica entre as dez mais.

Agora, vamos interromper este relato para fazer algumas revelações: sou também uma admiradora e amiga de longa data de Buffett, além de editora permanente de seu relatório anual (embora ele seja, sem dúvida alguma, o autor) e acionista da Berkshire há décadas. Buffett e eu conversamos há muito tempo sobre colaborar em um livro sobre sua carreira empresarial — em termos de palavras efetivamente escritas, isso tem sido muita conversa e pouca ação — e, como resultado, tenho tido acesso, o que é raro, às ideias dele.

O que sei, nesse momento, é que a Berkshire teve um ano extraordinário em 2000, de maneiras pouco reconhecidas. Não estou falando das ações, embora esse seja o indicador que a maioria dos seguidores da Berkshire acompanha. Enquanto as ações tecnológicas estavam nas alturas no início do ano, a Berkshire despencava. Ela tombou até US$ 40.800 em março, quando, segundo Buffett, "estávamos naquela outra lista — as Mais Admiradas pelos vendedores a descoberto". A ação, desde então, voltou para aqueles US$ 71 mil, o que representa um ganho de 74%

em relação ao ponto mais baixo. (No final de janeiro, a ação estava em US$ 68 mil.) O repique deixou a Berkshire com uma alta de 26,6% para o ano-calendário — em um ano de baixa para a maioria das empresas, inclusive sete das dez mais bem-classificadas na lista das Mais Admiradas.

E daí? A história real é o que estava acontecendo na empresa, e não com suas ações. Em uma grande demonstração de alocação de capital — que é seu maior talento —, Buffett concluiu ou iniciou a compra de não menos de oito empresas. Nesses casos, não estamos falando de ações (embora algumas das oito fossem de propriedade pública), mas, ao contrário, de empresas inteiras.

Das aquisições, a U.S. Liability, de Wayne, Pensilvânia, se junta ao império de seguros da Berkshire. As outras contribuem com novos pedaços de pano para a colcha de retalhos da Berkshire, integrando ramos tão ridiculamente diversos, e tão ligados à economia antiga, como tijolos e botas (Justin Industries, de Fort Worth), joalherias (a cadeia Ben Bridge, com sede em Seattle) e tapetes (Shaw Industries, de Dalton, Geórgia). O preço total das aquisições foi US$ 8 bilhões. Essa é uma quantia pequena, em comparação com os US$ 22 bilhões em ações que a Berkshire pagou pela resseguradora General Re em 1998. No entanto, os US$ 8 bilhões pagos pelas oito foram quase totalmente em dinheiro. Esse é um grande montante — mais do que cinco vezes, por exemplo, do US$ 1,5 bilhão que a Berkshire aplicou, alguns anos atrás, em seu maior investimento acionário de todos os tempos, a American Express. Nenhuma parte dos US$ 8 bilhões, no entanto, foi tomada por empréstimo. Buffett simplesmente meteu a mão no grande balde de ativos altamente líquidos, ao lado do qual fica pacientemente sentado, e entregou o dinheiro.

Quando todas as aquisições forem completadas, a Berkshire terá mais que dobrado o número de funcionários e terá acrescido cerca de US$ 13 bilhões em faturamento — embora US$ 5 bilhões dessa quantia, da Midamerican Energy, não venham a ser consolidados, por causa de restrições regulatórias. Mesmo assim, quando o faturamento de 2000 da Berkshire for divulgado, ele deve fechar próximo de US$ 30 bilhões. Este ano, pela primeira vez, a Berkshire figurará entre as cinquenta maiores empresas na lista da *Fortune* 500. Os lucros da empresa devem estar na casa dos US$ 3 bilhões, incluindo ganhos de capital significativos que a Berkshire realizou durante o ano, provenientes da venda de determinadas ações cuja identidade Buffett ainda não revelou.

Buffett nunca teve como meta galgar os primeiros lugares da lista da *Fortune* 500, tampouco tinha algum plano grandioso de aquisições — "além de atender ao telefone", diz ele — no começo de 2000. A verdade é que, no que se refere a criar valor para investidores, ele não enxerga o mundo da forma como muitos outros CEOs enxergam. Ele não foca no preço das ações de sua empresa; em determinado dia, ele pode nem saber em que patamar o preço está. Ele não busca sinergia; gosta de comprar empresas que gerem lucros saudáveis e deixá-las em paz. E ele é um rebatedor de beisebol ambidestro: sempre se mostrou disposto a comprar empresas inteiras ou, de outra forma, a comprar fatias de empresas no mercado acionário. Acontece que, em 2000, ele fez uma farra de aquisições do tipo empresa inteira.

E ele estava simultaneamente colocando capital novo no mercado acionário? Não. Ele tem comprado alguns títulos de dívida de alto risco, entre elas a Finova's (mas não a Conseco's — embora, recentemente, algumas publicações reportassem seu interesse). No entanto, ele foi um vendedor líquido de ações em 2000 e também em cada um dos quatro anos anteriores. Essa retirada coincide com sua conhecida opinião de que a rentabilidade futura das ações não tem como chegar perto do que os investidores ganharam nas décadas de 1980 e 1990. Entre as ações que ele conhecidamente desovou nos últimos anos, estão McDonald's e Disney.

Na realidade, apesar de toda a sua reputação de selecionador de ações, Buffett há muito prefere que a Berkshire cresça não pela compra de ações que sobem — o que a maioria das pessoas presumiria —, mas pelo acréscimo de empresas. Sim, isso também pode trazer problemas — e ele tem tido alguns —, mas Warren ainda prefere caminhar nessa direção.

A preferência é emocional, na medida em que ele gosta de lidar com os gerentes das subsidiárias da Berkshire e construir um negócio real e funcional. E também é frequentemente econômica, por causa dos impostos. Imagine que (1) uma subsidiária da Berkshire, como a See's Candies, ganhe US$ 10 milhões líquidos (após impostos); e que (2) a Coca-Cola, simultaneamente, ganhe US$ 125 milhões líquidos (após impostos), significando que a participação da Berkshire nisso — dado que ela é proprietária de 8% da Coca-Cola — seria de US$ 10 milhões. Os US$ 10 milhões ganhos pela See's são integralmente da Berkshire. Os US$ 10 milhões da Coca-Cola, no entanto, estão aprisionados: para capturar esse dinheiro, a Berkshire precisa pagar impostos adicionais, seja nos dividendos da Coca-Cola que ela recebe ou nos ganhos de capital que realiza ao vender ações da Coca-Cola (a empresa nunca vendeu uma só dessas ações). Se as oportunidades para reinvestimento do capital na Coca-Cola forem suficientemente interessantes, o que significa que os lucros "pertencentes" à Berkshire crescerão, Buffett, feliz, aceitará o fardo do imposto. No entanto, de outra forma, ele não tem problema algum em identificar os US$ 10 milhões ganhos "por dentro" como sua preferência.

Ele gosta de dinheiro de todos os tipos, certamente, e, na Berkshire, construiu uma máquina que produz quantias extraordinárias. O motor da máquina é o negócio de seguros da empresa, o qual gera essa maravilhosa coisa chamada "disponibilidade de caixa" — dinheiro que uma seguradora pode investir enquanto mantém os prêmios que, no devido tempo, servirão para pagar os sinistros. As empresas que Buffett compra com os recursos disponíveis também se tornam parte do maquinário, gerando dinheiro para investimentos adicionais.

Com relação ao que ele compra: Buffett gosta de empresas com preços sensatos — o que leva a evitar os leilões promovidos pelos banqueiros de investimentos — que geram caixa e contam com pessoas capazes, honestas e confiáveis na gerência. Ele deseja obter ganhos substanciais, certamente, mas não se importa com sua consistência: "Prefiro ter um lucro sobre capital inconstante de 15%", diz ele, muitas vezes, "a ter um estável de 12%". E ele quer empresas que consiga compreender e que não estejam sujeitas a grandes mudanças. É a mudança rápida na tecnologia que o tem mantido afastado dos investimentos em empresas de tecnologia. Ele acredita que não é possível estimar o fluxo de dinheiro que uma empresa de tecnologia estará gerando daqui a dez anos, então ele fica longe delas.

Para conseguir boas empresas a bons preços, ajuda ser reconhecido como um excelente proprietário — e Buffett tem essa reputação. Ele tem acumulado varejistas de móveis por um processo mais ou menos de boca em boca — o primeiro, em Omaha; o seguinte, em Utah; o próximo, Texas; depois, Massachusetts; e, por último, Iowa. Para alguns vendedores, a Berkshire é um refúgio, um campo de pouso, quando, digamos, alguns membros de uma família que controla uma empresa particular desejam dinheiro e outros querem continuar administrando o negócio. Para os últimos, Buffett promete independência e respeito e, em seguida — salvo algum problema inconciliável que simplesmente precise ser solucionado —, cumpre com o compromisso. "Não temos nenhum MBA viajando de um lado para o outro dizendo às pessoas o que fazer", afirma Buffett. "E Deus sabe que eu não saberia o que dizer a elas." Para as empresas listadas em Bolsa que podem também ter uma razão familiar por trás de sua venda ou que simplesmente desejam escapar do mundo frio dos preços de ações lastimáveis, exigências trimestrais irreais e compradores não amigáveis, ele é igualmente um refúgio.

Esses são parâmetros de aquisição que têm lógica em qualquer ano. No entanto, o ano 2000 foi caracterizado pelo clima de contração financeira que deu à

Berkshire vantagem na compra de empresas. O dinheiro disponível para compras de empresas foi encurtando com o passar do tempo, dificultando a venda das obrigações de alto risco e deixando nervosos os grandes investidores em ações. Na realidade, um banqueiro de investimentos de Nova York que visitou Buffett contou-lhe que achava que a Berkshire era a única casa de investimento no país na qual estaria disposto a investir US$ 5 bilhões para comprar uma participação acionária.

Não há melhor exemplo da vantagem da Berkshire — e da agilidade de Buffett em explorá-la — do que a compra da Johns Manville, a oitava aquisição do ano. O perfil da Manville, em 2000, incluía US$ 2 bilhões em receitas vindas de materiais de isolamento e materiais para telhados, mais de US$ 200 milhões em lucros, e um acionista controlador — um conselho curador estabelecido na época da concordata da Manville para assumir suas responsabilidades com o amianto. Em meados de 2000, um grupo especializado em aquisições fez uma proposta para adquirir a empresa por US$ 2,8 bilhões. No entanto, a empresa Manville, mais tarde, entrou em uma queda cíclica e os compradores depararam-se com problemas financeiros. Eles saíram de campo em 8 de dezembro, uma sexta-feira. Entre os que foram deixados na mão, estava o CEO da Manville, Charles "Jerry" Henry, que iria participar da aquisição da empresa e estava ansioso por se divorciar do conselho curador.

Buffett e o homem que, há muito, ele chama de sócio, o vice-presidente da Berkshire, Charles Munger (que vive em Los Angeles), ansiosamente acompanharam os acontecimentos com a Manville dos bastidores. E, três dias mais tarde, na segunda-feira, eles chamaram o conselho curador e ofereceram US$ 2,2 bilhões pela Manville, à vista, em espécie. O negócio foi sacramentado por telefone em 24 horas, e seu anúncio foi divulgado em 20 de dezembro. Naquela tarde, Jerry Henry ficou na frente dos empregados da Manville, em Denver, e anunciou, diante de aplausos: "Papai Noel existe. No entanto, ele não mora no Polo Norte. Ele está em Omaha."

Henry, 59 anos, desde aquele dia, reunia-se com Buffett em Omaha, por cerca de seis horas. Segundo Henry, ele entrou na reunião já pensando nos planos de aposentadoria e pronto para dizer "Estou fora" se tivesse qualquer indicação de que não conseguiria trabalhar com Buffett. Em vez disso, ele saiu revigorado da reunião: "Saí totalmente comprometido em fazer essa ideia funcionar. É fácil ver o que acontece com as empresas de Buffett. Você acaba dizendo que não quer decepcionar esse sujeito."

Para este artigo, conversei com os CEOs de todas as oito empresas compradas pela Berkshire. Ouvi apenas elogios ao novo proprietário. Verdade, não há razão para essas pessoas se queixarem publicamente de seu patrão, sobretudo a uma de suas amigas íntimas. No entanto, também é verdade que ouvi histórias dos vendedores sobre renúncias a dinheiro, justamente para viabilizar uma transação da Berkshire.

Ed Bridge, 44 anos, um codiretor da quarta geração da joalheria Ben Bridge, começou a pensar, alguns anos atrás, enquanto esteve doente, que deveria vender a empresa de propriedade privada extremamente estimada por sua família. Ele considerou a abertura das ações ao público, ou uma compra alavancada (LBO), ou a venda para um comprador "estratégico", o que significa alguém em um negócio afim. Entretanto, ele também fora encaminhado para a Berkshire por Barnett Helzberg, de Kansas City, o qual vendera seu negócio de joalherias para Buffett em 1995. Bridge não conseguia entender bem por que Buffett estaria interessado em sua empresa relativamente pequena, descrita por Bridge como "65 portas em 11 estados do Oeste". Bridge, contudo, conversou por telefone com Buffett no início do ano passado e, em seguida, enviou-lhe alguns dados financeiros. De volta, recebeu uma resposta entusiasmada de Buffett, lembrada por Bridge como: "Vocês, rapazes, são excelentes, excelentes, excelentes."

A transação estava praticamente consumada. No entanto, um comprador estratégico ouviu que Bridge estaria vendendo e começou a preparar uma oferta. "Eu acho", diz Bridge, "que provavelmente teríamos recebido 20% mais desse comprador do que recebemos da Berkshire. No entanto, também acho que teríamos destruído a empresa se tivéssemos seguido naquela direção". Assim, no início de maio, ele e Buffett acertaram os detalhes do negócio (inclusive um preço que não foi publicamente divulgado). Eles não apertaram as mãos, porque nunca haviam se encontrado até aquele ponto. Buffett não teve qualquer problema com isso — "Eu compro empresas por telefone o tempo inteiro", disse ele a Bridge —, mas Bridge realmente desejava ver aquele sujeito em pessoa. Ele teve a chance em maio, quando Buffett, a caminho de uma conferência da Microsoft, parou para visitar Bridge.

Os gerentes e funcionários com quem ele conversou naquele dia tiveram horas de sua atenção: ele parece incansável quando faz algo de que gosta. Eles também receberam uma dose do Buffett usual: aparência do Meio-Oeste e com óculos de grau; cabelo grisalho muito mal penteado; paletó desabotoado, suspensórios e, provavelmente, a mesma gravata que havia usado por um mês inteiro; fala simples, repleta de metáforas. Uma diretriz que Buffett deu naquele dia é familiar para muitos de suas empresas: "Simplesmente continuem fazendo o que estão fazendo. Nunca diremos a um jogador excepcional que ele precisa mudar o jeito como bate a bola."

Bridge também se lembra de que, quando ele e Buffett passaram em frente a uma loja da See's Candies, Buffett repetiu de cabeça seu faturamento em dólares. Em resposta à admiração de Bridge por esse feito de memória, Warren respondeu: "Bem, adoro números." Isso fez Bridge lembrar o alerta do diretor de uma subsidiária da Berkshire quando Bridge o questionou sobre Buffett: "Não mostre a ele nenhum número que você não deseje que ele veja, porque ele se lembrará dele."

A febre de aquisições de Buffett naturalmente levanta uma questão: qual foi o desempenho de suas compras anteriores? Em geral, elas foram muito bem-sucedidas, mas nem todas foram vencedoras inquestionáveis. A General Re, compra efetuada por US$ 22 bilhões em 1998, tem enfrentado dificuldades no difícil mercado de resseguros e foi atingida por seus próprios erros de formação de preços. Ela está superando essas adversidades e apresentou resultados melhores em 2000, mas alguns analistas do ramo dos seguros afirmam que Buffett errou ao fazer essa compra. Ele próprio lamenta qualquer negócio que precisa ser pago em ações, como este, porque não gosta de ceder pedaços de propriedade da Berkshire. No entanto, ele diz que está confiante de que a Gen Re se transformará em um ativo valioso para a companhia de Omaha.

Nas empresas de Buffett fora do ramo dos seguros — os fabricantes, varejistas e empresas de serviço, em outras palavras —, no cômputo geral, as margens de lucro parecem boas, sobretudo levando-se em conta que essas empresas são quase todas mundanas. Em 1999, as empresas lucraram US$ 700 milhões (antes de calculados os impostos) sobre US$ 5,7 bilhões em receitas. Após os impostos, suas margens ficaram em torno de 7,7%, percentual bastante superior à média de 5% das empresas da *Fortune* 500.

Além disso, os gerentes de muitas subsidiárias da Berkshire trabalham sujeitos a acordos de compensação que os estimulam a usar o mínimo de capital possível — e a rapidamente despachar qualquer dólar extra para a matriz de Omaha. ("É por isso", diz Buffett, "que sempre venho ao escritório nos sábados para abrir a correspondência pessoalmente".) A propósito, assim que os dólares chegam à matriz, não são usados para pagar Buffett: o salário dele na Berkshire é de US$ 100 mil ao ano e não deve ser aumentado. Por outro lado, ele é dono de 31% das ações da Berkshire, avaliadas, recentemente, em cerca de US$ 32 bilhões (portanto, não precisa sentir pena dele).

Em seu grupo de empresas fabris, a maior decepção de Buffett tem sido a Dexter Shoe, uma empresa de Maine que ele comprou no início da década de 1990, por cerca de US$ 440 milhões em ações. Enfrentando concorrência estrangeira severa, a Dexter tentou arduamente persistir com a produção nos Estados Unidos e tudo que recebeu por seus esforços foram lucros drasticamente reduzidos e, mais tarde, prejuízos. Fazendo o tipo de declaração na qual tem muito pouca experiência, Buffett dirá, em seu relatório anual, que claramente pagou caro demais pela Dexter e que multiplicou o erro ao fazer o pagamento em ações. Ele acrescentará que não considera ter havido qualquer falha da gerência da Dexter.

No entanto, ocasionalmente ele tem lidado com outras situações em que a gerência era claramente o problema e se viu forçado a demitir algumas pessoas. Alguns dos problemas surgiram em empresas que ele comprou de famílias, nas quais os gerentes mais velhos, bastante competentes e que inicialmente estavam no comando, não tiveram filhos com habilidades comparáveis (talvez a razão pela qual, ele reconhece, os mais velhos tenham optado pela venda). Ele encontrou esse tipo de problema na Fechheimer, fabricante de uniformes de Cincinnatti, que a Berkshire comprou em 1986, quando era administrada por dois irmãos com mais de 60 anos. Um irmão, então, se aposentou e o outro, o CEO, adoeceu. O filho do CEO assumiu, mas não conseguiu dar conta do recado e foi retirado do cargo. Alguns anos se passaram sem a definição de quem seria o CEO. Finalmente, em 1999, Buffett tentou algo raro: fazer uma polinização cruzada, promovendo o gerente de uma de suas seguradoras, Brad Kinstler, para diretor da Fechheimer. "E ele é simplesmente excelente", diz Buffett, com alívio. "Talvez devêssemos tentar esse tipo de ação com mais frequência."

O vigor com que Buffett se lança para consertar sua máquina, ou fazer qualquer coisa que envolva a Berkshire, desmente seus 70 anos. Contudo, sua idade é um assunto que, frequentemente, aflige as mentes dos acionistas da empresa. A preocupação deles é racional, em face do que a Berkshire é. Primeiro, é uma coleção excelente de ativos, cujo valor sobreviveria a uma eventual ausência de Buffett. Segundo, é a capacidade dele para investir o fluxo de caixa desses ativos — e esse talento, provavelmente, é insubstituível.

O tópico *idade* atraiu especial atenção no último verão, quando Buffett se submeteu a uma cirurgia para a retirada de diversos pólipos (todos benignos) em seu cólon. Ele se recuperou rapidamente, retomou sua corrida matutina e voltou a comer hambúrgueres, batatas fritas cobertas de sal e o ocasional sundae da Dairy Queen, tudo acompanhado de Coca-Cola.

Contudo, a cirurgia levou a imprensa a rever o que ele dissera em seu relatório anual sobre sucessão gerencial. Se ele fosse morrer hoje, seu filho de 46 anos, Howard, presidente de uma empresa de máquinas agrícolas em Assumption,

Illinois, e também um fazendeiro ativo, se tornaria presidente não executivo da Berkshire. O trabalho abrangente que o patrão faz agora seria dividido entre duas pessoas. Louis Simpson, 64 anos, que gerencia os investimentos da GEICO — uma subsidiária da empresa — provavelmente assumiria a carteira de ações da empresa. A tarefa de fiscalizar as subsidiárias operacionais da Berkshire iria para alguma pessoa fora da empresa que Buffett já selecionou, mas não identificou publicamente. Em um artigo de outubro, o *Wall Street Journal* especulou que três executivos das subsidiárias da Berkshire ocupavam posição privilegiada: Ajit Jain, 49, que trabalha com Buffett na preparação de transações de seguro grandes e misteriosas; Tony Nicely, 57, diretor da GEICO; e Richard Santulli, 56, CEO da Executive Jet.

Buffett diz que qualquer um deles poderia fazer o trabalho melhor do que ele — "mas, por favor, não conte isso para eles". De qualquer forma, Warren já tem uma solução: "Esqueça-se de desdobrar a ação; vamos simplesmente desdobrar minha idade."

O fato é que é difícil levar qualquer discussão de sucessores a sério porque Buffett (e seu médico) considera sua saúde boa e simplesmente planeja continuar fazendo seu trabalho indefinidamente. Ele ama seu trabalho — ama! Jack Welch tem o mesmo amor, certamente, mas a GE tem regras de aposentadoria e a Berkshire não. Recentemente, Buffett enviou a Welch um lembrete de brincadeira a esse respeito, após Welch, 65, ter feito um comentário para o *Financial Times* sobre idade: "Não há nada pior do que ver o presidente velho babando sentado na cadeira." Buffett enviou essa frase por fax a Welch com uma mensagem rabiscada: "Jack, não toleramos esse tipo de fala na Berkshire. Mantenho Charlie no palco" — esse seria o vice-presidente Munger, 77, no palco da assembleia anual da Berkshire — "para que os acionistas saibam que poderia ser pior".

Pode parecer estranho perguntar a uma pessoa de 77 anos se acha que seu amigo de 70 ainda está afiado, mas foi isso que fizemos recentemente com Charlie Munger, que é conhecido por sua astúcia. Perguntamos a Munger se ele vê qualquer diminuição dos poderes mentais de Buffett ou de sua habilidade de pensar de forma pouco convencional? Munger primeiro apareceu com uma típica resposta totalmente monossilábica: "Não." Cutucado para elaborar, ele disse que o Buffett de hoje talvez seja "um pouco melhor" do que o Buffett de todos os outros dias passados. "Pois ele sabe mais", diz Munger. "Agora, já vi um número suficiente de pessoas envelhecerem para saber que as coisas podem mudar rapidamente. Algumas pessoas estão andando a 150 quilômetros por hora e, então — como acontece com as laranjeiras —, entram em rápido declínio. Portanto, não se pode extrapolar. Mesmo assim, não vejo a menor diminuição nas capacidades mentais de Buffett." Munger acrescenta que a Berkshire construiu a vantagem da reputação que tem. "Isso dá a você alguns atalhos", diz ele. "Basicamente, fizemos um acordo para comprar a Johns Manville sem encontrar fisicamente qualquer uma das pessoas."

Para aqueles que o conhecem, também parece que Buffett continua aparecendo com ideias novas. Elas não têm muito a ver com a inovação na área de produtos, a menos que você considere a dedicação dele em ajudar a See's a escolher novos sabores de pirulito. No entanto, a Berkshire tem, repetidas vezes, lidado com seus acionistas de forma inovadora: dando-lhes um "manual do proprietário" que apresenta os princípios operacionais da Berkshire; permitindo-lhes determinar pessoalmente (com base na quantidade de ações detidas por cada um) para onde as contribuições filantrópicas da Berkshire deveriam ser direcionadas; até mesmo estruturando uma assembleia anual que concede aos acionistas uma oportunidade para fazer aos chefes (Buffett e Munger) qualquer pergunta relacionada com o negócio.

E, certamente, a assembleia anual em Omaha é, em si, única. Cerca de 10 mil acionistas comparecem, muitos de fora do país, para um fim de semana inteiro de festividades: um jogo de beisebol no qual Buffett faz o primeiro arremesso, geralmente sem qualquer precisão; compras descontroladas ("Tenho *esperança*", diz Buffett) na joalheria da Berkshire — a Borsheim's; e aquelas horas de ensinamentos de Buffett e Munger, porque é exatamente isso que ocorre na assembleia.

Em resumo, essa é uma empresa que coloca os acionistas em primeiro lugar — embora talvez haja um ponto no qual Buffett e alguns de seus grupos de fiéis discordem. Além de Buffet, nunca encontrei um CEO que não pensasse que suas ações estavam subvalorizadas. Buffett, no entanto, atravessou períodos — um em 1988, quando a Berkshire subiu acima de US$ 80 mil — em que ele sentiu que a ação estava sobrevalorizada. E ele sofreu por isso, pois não gosta de pensar nos acionistas da Berkshire comprando ou vendendo a preços significativamente diferentes daquilo que ele considera a zona de justiça. "Eu direi o seguinte", disse ele recentemente. "Sinto-me mais incomodado quando o preço da Berkshire fica muito alto do que quando fica muito baixo." Essa heresia o levará a ser destituído do topo das dez Mais Admiradas?

Para os acionistas da Berkshire, as ideias novas que provavelmente importam mais são aquelas que saem da seguradora central da empresa, a National Indemnity. Durante anos, a seguradora construiu reputação mundial por sua disposição de emitir uma apólice para cobrir praticamente qualquer risco, de qualquer tamanho (embora a empresa sempre limite sua exposição), se o prêmio for satisfatório. Calcular as probabilidades dessas apólices é um projeto conjunto de Buffett e Ajit Jain — ambos eminentemente preparados para a tarefa —, e os dois, às vezes, levam a Berkshire a territórios estranhos. Seriam necessárias muitas páginas para discutir esse tópico a fundo, mas eis um exemplo: no ano passado, eles subscreveram uma apólice protegendo a Grab.com contra a possibilidade de pagar um prêmio de US$ 1 bilhão (com um valor presente de US$ 170 milhões), uma isca que a Grab.com usava para atrair milhões de pessoas para sua página na internet, de forma a reunir informações sobre elas que seriam úteis ao comércio. O jogo para os visitantes da página era escolher sete números entre 1 e 77; boletins advertiam para o fato de que as chances de alguém escolher os sete números corretos eram ínfimas. Ninguém sabia isso melhor do que Buffett e Jain — e ninguém ganhou. No entanto, obviamente alguém poderia ter ganhado, o que teria aberto um rombo enorme nos lucros da Berkshire. "Eu não teria dado uma festa se tivéssemos precisado pagar a indenização", diz Buffett, "mas nos arriscamos com cautela, como fizemos o tempo todo. É isso que fazemos e que praticamente ninguém mais está disposto a fazer".

Jain, cujo escritório se localiza em Connecticut, é alguém que viu uma mudança real em Buffett. No início da década de 1990, ambos costumavam conversar quase todas as noites em torno das 21h, horário de Omaha, sobre os eventos do dia no ramo dos seguros. Então, Buffett começou a jogar bridge pela internet, e é nessa atividade que, agora, ele normalmente está envolvido às 21h. Jain diz que não tem problemas com a mudança: "Simplesmente conversamos antes ou depois do jogo de bridge."

Depois de eu ter jogado bridge inúmeras vezes com Buffett, tanto como sua parceira quanto como sua adversária, cheguei a pensar que, de alguma forma, seu estilo nesse jogo lembrava seu estilo de fazer negócios e investir (embora ele seja muito mais exigente com alguns de seus parceiros de bridge do que com seus gerentes). No bridge, ele não emprega algumas das convenções modernas de lances que a maioria dos jogadores considera padrão. Ele conhece todas as probabilidades no jogo e tanto faz lances quanto joga com elas em mente. Ele é analítico e focado quando joga, e continua melhorando — embora não seja exatamente o que os entendidos em bridge chamem de perito. Quando comete um erro tolo, tende a ser muito crítico consigo. "Não acredito que fiz isso", disse ele recentemente, após uma mão. "Meu erro foi inacreditável." A observação acusatória me faz lembrar algo que, certa vez, ele disse sobre seus erros em negócios: "Não me importa se ninguém mais soubesse. De qualquer forma, eu saberia."

Os registros mostram que não devem ter ocorrido tantos erros assim. E, dada a boa saúde continuada, é provável que Buffett continue a polir o recorde também. Um fato interessante sobre a Berkshire no momento é que suas três maiores participações — Coca-Cola, American Express e Gillette — têm novos CEOs (Douglas Daft, na Coca-Cola; Kenneth Chenault, na American Express; e James Kilts, um executivo da Nabisco que acabou de ser contratado pela Gillette). Isso dará a Buffett algo em que se concentrar. E, como ele diz, com entusiasmo: "Há todas essas empresas maravilhosas que possuímos para analisar."

Ele também ainda tem dinheiro. "Este lugar me faz lembrar Mickey Mouse fazendo o papel de aprendiz de feiticeiro em *Fantasia*", diz ele. "O problema dele foi a água que jorrava. Nosso problema é o dinheiro." Mas não há um furo no bolso de Buffett — a paciência é um dos pontos fortes dele. Agora que ele está envolvido em aquisições em série, de qualquer forma, você não desejará apostar na possibilidade — a menos que se proteja com uma apólice de seguros da Berkshire — de que ele não fará uma nova investida.

Uma carta da Coluna ao Leitor da *Fortune*

26 de março de 2001

POR CHARLES WALLMAN

"**A** máquina de valor" é um excelente artigo, mas eu gostaria de discordar de um ponto que você ressaltou: "Buffett não está buscando sinergia." Esteja ele procurando isso ou não, Buffett tem uma capacidade surpreendente de consegui-la. Repetidas vezes, uma boa rentabilidade sobre o capital se transforma em excelente rentabilidade sob o guarda-chuva da Berkshire. Considere See's Candy, Buffalo News, Scott Fetzer etc. Dobre o retorno sobre o capital e terá muito mais do que o dobro do valor intrínseco da empresa.

Embora o histórico de sinergia seja interessante, a fonte desse histórico é importante. Buffett é o único dirigente de conglomerado que conheço que não se atrela ao modelo de comando e controle. Nesse passo, ele criou um modelo de gestão novo.

Buffett é um dos maiores gerentes da história. Ele criou o conglomerado mais bem-sucedido da década de 1960, os hedges contra a inflação mais bem-sucedidos da década de 1970 e está em vias de criar o maior matador de categoria (*category killer*) de todos os tempos (uma coleção de matadores de categoria). Ele deve ser reconhecido por seu desempenho como gerente.

CHARLES WALLMAN
Washington Island, Wisconsin

Warren Buffett discorre sobre o mercado de ações

10 de dezembro de 2001

Uma palestra de Buffett que Carol Loomis converteu em artigo

A palestra de Buffett no conclave de empresários (ver página 228), organizado pela Allen & Co. em 1999, em Sun Valley, Idaho, foi tão extensamente admirada, que Herbert Allen, presidente da empresa, pediu a Buffett uma reprise dois anos mais tarde. Novamente, trabalhei com Buffett para transformar sua palestra (proferida em julho de 2001) em um artigo para a Fortune. Na página de abertura, aguçamos a curiosidade do leitor com a seguinte pergunta: "Então, onde estamos agora — com o mercado acionário parecendo refletir um panorama de lucros desanimador, uma guerra estranha e a confiança do consumidor abalada?"

A discussão de Buffett — uma amostra de seu pensamento pouco convencional — volta-se para diversos temas que o preocupam: a resiliência da economia americana; a incapacidade dos investidores, incluindo sobretudo os fundos de pensão, de ignorar o espelho retrovisor; a importância do preço na avaliação da hora da compra.

Na realidade, nos dois anos entre sua primeira palestra e a segunda, o índice industrial Dow Jones caiu de 11.194 para 9.500, quando a bolha da internet foi esvaziando. No que se refere aos preços, as expectativas de Buffett a respeito dos lucros das ações no longo prazo haviam, por essa razão, melhorado.

Mas nem tanto. Um gráfico no artigo, baseado em medidas estabelecidas por Buffett, mostrou que os preços ainda estavam historicamente elevados em relação ao PIB. O quadro ficou famoso: com o passar dos anos, recebi várias ligações e e-mails solicitando à Fortune para atualizá-lo. E, de fato, acabamos fazendo isso, elaborando uma nova versão do quadro no início de 2009 (ver página 379), quando, por algum tempo, parecia que as ações nunca atingiriam o fundo do poço. — CL

A última vez que lidei com esse assunto, em 1999, dividi os 34 anos anteriores em dois períodos de 17, os quais, em termos de anos magros e anos gordos, foram surpreendentemente simétricos. Eis o primeiro período. Como você pode ver, durante 17 anos, o Dow subiu exatamente um décimo de 1%.

MÉDIA DO ÍNDICE INDUSTRIAL DOW JONES

31 de dezembro de 1964: 874,12

31 de dezembro de 1981: 875,00

E eis o segundo, marcado por uma alta de mercado incrível que, enquanto eu expunha meus pensamentos, estava prestes a terminar (embora eu ainda não soubesse disso).

MÉDIA DO ÍNDICE INDUSTRIAL DOW JONES

31 de dezembro de 1981: 875,00

31 de dezembro de 1998: 9.181,43

Agora, você não conseguiria explicar essa divergência fora do comum nos mercados por, digamos, diferenças no crescimento do Produto Interno Bruto. No primeiro período — aqueles anos desanimadores para o mercado —, o PIB, na verdade, cresceu mais do que duas vezes tão rápido que no segundo período.

GANHO NO PRODUTO INTERNO BRUTO

1964-1981: 373%

1981-1998: 177%

Então, qual era a explicação? Concluí que as tendências contrastantes do mercado foram causadas por mudanças extraordinárias em duas variáveis econômicas críticas — e por uma força psicológica relacionada que acabou por entrar no jogo.

Aqui, preciso lembrá-lo da definição de "investimento", que, embora simples, frequentemente é esquecida. Investir é gastar dinheiro hoje para receber mais amanhã.

Isso nos leva à primeira das variáveis econômicas que afetaram os preços das ações nos dois períodos — as taxas de juros. Em economia, as taxas de juros agem da mesma forma que a gravidade se comporta no mundo físico. Sempre, em todos os mercados, em todas as partes do mundo, a menor mudança nas taxas altera o valor de todos os ativos financeiros. É possível ver isso claramente no caso dos preços oscilantes dos títulos de dívida. No entanto, as regras se aplicam também a terras agrícolas, reservas de petróleo, ações e todos os outros ativos financeiros. E os efeitos sobre os valores podem ser imensos. Se as taxas de juros são, digamos, de 13%, o valor presente por dólar que você receberá de um investimento no futuro não é nem de perto tão alto quanto o valor presente por dólar se as taxas forem de 4%.

Portanto, eis o registro das taxas de juros nas datas-chave em nosso período de 34 anos. Elas subiram significativamente — isso foi ruim para os investidores — na primeira metade do período e baixaram drasticamente — uma vantagem para os investidores — na segunda metade.

TAXAS DE JUROS, TÍTULOS DE LONGO PRAZO DO GOVERNO

31 de dezembro de 1964: 4,20%

31 de dezembro de 1981: 13,65%

31 de dezembro de 1998: 5,09%

A outra variável crítica em nossa análise é quantos dólares os investidores esperam receber das empresas nas quais investiram. No primeiro período, as expectativas caíram significativamente porque os lucros das empresas não pareciam bons. No início da década de 1980, o aperto econômico instituído pelo presidente do Fed, Paul Volcker, na realidade, levou a lucratividade das empresas a um nível que as pessoas não viam desde a década de 1930.

O resultado é que os investidores perderam a confiança na economia americana: eles estavam olhando para um futuro que acreditavam que seria atormentado por dois pontos negativos. Primeiro, não acreditavam que os lucros das empresas seriam bons. Segundo, as taxas de juros excepcionalmente elevadas (que prevaleciam na época) fizeram com que eles descontassem mais ainda aqueles lucros magros. Esses dois fatores, juntos, resultaram na estagnação do mercado acionário de 1964 a 1981, embora aqueles anos fossem marcados por imensa melhora no PIB. As empresas do país cresceram, enquanto a avaliação dos investidores daquelas empresas encolheu!

E, então, a reversão daqueles fatores criou uma fase em que incrementos muito menores do PIB se fizeram acompanhar de uma bonança para o mercado. Primeiro, houve um grande aumento na rentabilidade. Segundo, uma brusca queda nas taxas de juros, o que tornava um dólar de lucro futuro em uma quantia muito mais valiosa. Ambos os fenômenos eram reais e representavam um combustível poderoso para uma alta de mercado excepcionalmente forte. E, com o passar do tempo, o fator psicológico que mencionei foi acrescentado à equação: as transações especulativas explodiram, simplesmente por causa dos movimentos de mercado que as pessoas já haviam visto. Mais tarde, analisaremos a patologia dessa doença perigosa que reaparece com frequência.

Dois anos atrás, eu acreditava que as tendências favoráveis fundamentais tinham, em grande medida, se esgotado. Para que o mercado subisse de forma significativa, seria necessário que as taxas de juros de longo prazo caíssem muito mais (o que sempre é possível) ou que houvesse uma melhora mais acentuada na rentabilidade das empresas (o que parecia algo menos provável na época). Se você der uma olhada em um gráfico de cinquenta anos de lucros após impostos como percentual do Produto Interno Bruto, descobrirá que a taxa normalmente varia entre 4% — esse foi seu patamar no péssimo ano de 1981, por exemplo — e 6,5%. É raro a taxa superar 6,5%. Nos anos de ótimos lucros de 1999 e 2000, a taxa esteve abaixo de 6%, e este ano ela pode cair abaixo de 5%.

Então, você tem minha explicação desses dois períodos de 17 anos tão diferentes. A pergunta é: o que esses períodos do passado do mercado nos revelam sobre o futuro?

Para sugerir uma resposta, gostaria de lembrar o século XX. Como você sabe, esse foi realmente o século dos Estados Unidos. Tivemos o advento dos carros, aviões, rádio, televisão e computadores. Foi um período incrível. Na realidade, o crescimento *per capita* da produtividade americana, medida em dólares reais (ou seja, descontado o impacto da inflação), foram impressionantes 702%.

O século incluiu alguns anos muito difíceis, certamente — como os anos da Depressão entre 1929 e 1933. No entanto, uma análise década por década do PIB *per capita* [a qual é apresentada no próximo gráfico] mostra algo extraordinário: como nação, fizemos um progresso relativamente consistente ao longo de todo o século. Então, você poderia supor que o valor econômico dos Estados Unidos — pelo menos conforme é medido por seus mercados financeiros — também teria crescido a um ritmo razoavelmente consistente.

Não foi isso que aconteceu. Sabemos, de nosso exame inicial do período de 1964-98, que o paralelismo acabou por completo naquela era, e o século como um todo também sustenta esse ponto. No seu início, por exemplo, entre 1900 e 1920, o país estava avançando, expandindo o uso de eletricidade, automóveis e telefones. No entanto, o mercado mal se moveu, registrando um aumento anual de 0,4%, que era, *grosso modo*, análogo aos lucros magros entre 1964 e 1981.

MÉDIA DO ÍNDICE INDUSTRIAL DOW JONES

31 de dezembro de 1899: 66,08

31 de dezembro de 1920: 71,95

No período seguinte, tivemos o *boom* do mercado da década de 1920: o Dow foi de 430% para 381 em setembro de 1929. Passaram-se 19 anos — *19 anos* — e o Dow estava em 177, metade do nível em que começara. Isso é verdadeiro embora a década de 1940 tenha demonstrado de longe o maior ganho no PIB *per capita* (50%) de qualquer década do século XX. Depois veio um período de 17 anos, quando as ações finalmente dispararam, aumentando 500%. E então os dois períodos discutidos no início: estagnação até 1981 e o *boom* desenfreado que encerrou este século surpreendente.

Para decompor os fatores de outra forma, tivemos três mercados de alta imensos que abrangeram cerca de 44 anos, durante os quais o Dow subiu mais de 11 mil pontos. E tivemos três períodos de estagnação, abrangendo cerca de 56 anos. Durante esses 56 anos, o país fez grandes progressos econômicos, mas o Dow, na realidade, *perdeu* 292 pontos.

Como isso pode ter acontecido? Em um país próspero em que as pessoas estão focadas em ganhar dinheiro, como é possível ter tido três períodos prolongados e angustiantes de estagnação que, no agregado — deixando de lado os dividendos —, teriam feito você perder dinheiro? A resposta reside no erro em que os investidores repetidamente incorrem — aquela força psicológica que mencionei: as pessoas são habitualmente guiadas pelo espelho retrovisor e, na maior parte do tempo, pelas paisagens imediatamente atrás delas.

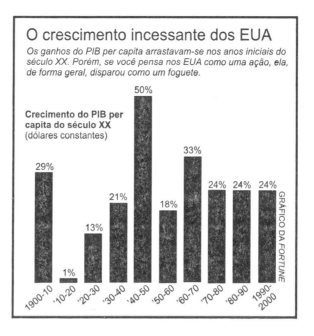

A primeira parte do século XX oferece uma ilustração vívida daquela miopia. Nos primeiros vinte anos, as ações rendiam mais do que as obrigações de baixo risco. Esse relacionamento hoje parece estranho, mas na época era quase axiomático. As ações eram conhecidas por serem mais arriscadas, então por que comprá-las a menos que você pagasse um prêmio?

E então apareceu um livro de 1924 — fino e inicialmente desprezado, mas destinado a mover o mercado como nunca antes —, escrito por um homem chamado Edgar Lawrence Smith. O livro, intitulado *Common Stocks as Long Term Investments*, narrava um estudo que Smith fizera dos movimentos dos preços das ações nos 56 anos terminados em 1922. Smith começara seu estudo com uma hipótese: as ações se sairiam melhor em tempos de inflação, e os títulos de dívida se sairiam melhor em tempos de deflação. Era uma hipótese perfeitamente razoável.

No entanto, considere as primeiras palavras do livro: "Estes estudos são o registro de um fracasso — o fracasso dos fatos em sustentar uma teoria preconcebida." Smith continuou: "Os fatos reunidos, no entanto, pareciam merecer um exame adicional. Se eles não provaram aquilo que esperávamos que provassem, pareceria desejável soltá-los e segui-los até qualquer destino que eles possam nos levar."

Ora, havia um homem inteligente, que conseguiu fazer algo que talvez seja a coisa mais difícil no mundo. Charles Darwin costumava dizer que, sempre que encontrava um fato que contradizia uma conclusão desejável, ele se obrigava a anotar as novas descobertas em trinta minutos. De outra forma, sua mente trabalharia para rejeitar a informação dissonante, da mesma forma que o corpo rejeita transplantes. A inclinação natural do homem é ater-se às suas crenças, sobretudo se forem reforçadas pelas experiências recentes — uma falha em nossa constituição que influencia o que acontece em mercados de alta seculares e períodos prolongados de estagnação.

Para relatar o que Edgar Lawrence Smith descobriu, citarei um pensador lendário — John Maynard Keynes, que, em 1925, escreveu uma crítica do livro, chamando, assim, atenção para a obra. Em sua crítica, Keynes descreveu "talvez a ideia mais importante do Sr. Smith (...) e certamente sua contribuição mais original. As empresas industriais gerenciadas de forma eficiente não distribuem, em regra, o total de seus lucros entre os acionistas. Nos bons anos, se não em todos, elas retêm parte de seus lucros, reinvestindo-os nos negócios. Dessa forma, *existe um elemento de juro composto* (itálico de Keynes) operando em favor de um investimento industrial sólido".

Era simples assim. Não era nem novidade. As pessoas, certamente, sabiam que as empresas não estavam desembolsando 100% de seus lucros. No entanto, os investidores não haviam refletido sobre as implicações desse ponto. Aqui, no entanto, estava esse sujeito Smith dizendo: "Por que as ações tipicamente superam em desempenho os títulos de dívida?" Uma razão importante é que as empresas retêm os lucros, que, mais tarde, geram ainda mais lucros — e dividendos também.

Essa descoberta inflamou uma alta de mercado sem precedentes. Reanimados pelas ideias de Smith, os acionistas investiram pesadamente nas ações, antecipando dois benefícios: sua rentabilidade inicial mais alta sobre os títulos e o crescimento. Para o público americano, essa nova compreensão foi como a descoberta do fogo.

No entanto, em pouco tempo esse mesmo público estava queimado. As ações atingiram níveis que primeiro empurraram para baixo sua rentabilidade, para perto daquela dos títulos, e, no final das contas, empurraram a rentabilidade ainda para mais baixo. O que aconteceu depois deve parecer sinistramente familiar aos leitores: o mero fato de os preços das ações estarem subindo tão rapidamente tornou-se o principal motivo para as pessoas correrem para as ações. O que em 1925 alguns poucos compraram pela razão *correta*, em 1929 muitos compraram pela razão *errada*.

De maneira astuta, Keynes antecipou uma perversidade desse tipo em sua crítica de 1925. Ele escreveu: "É perigoso (...) aplicar ao futuro argumentos indutivos com base na experiência passada, a menos que seja possível distinguir as razões fundamentais pelas quais a experiência passada foi o que foi." Se você não consegue fazer isso, ele disse, pode cair na armadilha de esperar resultados no futuro que se materializarão apenas se as condições forem exatamente iguais às que prevaleciam no passado. As condições especiais que ele tinha em mente, certamente, derivavam do fato de que o estudo de Smith cobria cinquenta anos, durante os quais as ações renderam, em média, mais do que os títulos de baixo risco.

O erro de cálculo colossal que os investidores fizeram na década de 1920 ocorreu periodicamente, de uma forma ou de outra, diversas vezes desde então. A monumental ressaca do público de sua farra com as ações na década de 1920 durou, como vimos, até 1948. O país era, então, intrinsecamente muito mais valioso do que era vinte anos antes; a rentabilidade dos dividendos representava mais do que o dobro da rentabilidade dos títulos; ainda e, assim, os preços das ações estavam a menos da metade do seu pico de 1929. As condições que produziram os resultados impressionantes de Smith reapareceram — turbinadas. No entanto, em vez de ver o que estava à vista de todos no final da década de 1940, os investidores estavam marcados pelo mercado amedrontado do início da década de 1930 e evitavam se expor à dor.

Não pense por um momento que os pequenos investidores são os únicos responsáveis por dar tanta atenção ao espelho retrovisor. Analisemos o comportamento dos fundos de pensão profissionalmente gerenciados nas últimas décadas. Em 1971 — na época dos Nifty Fifty —, os gerentes dos fundos de pensão, sentindo-se otimistas em relação ao mercado, colocaram mais de 90% de seu fluxo de caixa líquido em ações, um comprometimento recorde na época. E então, alguns anos depois, o teto caiu e as ações ficaram muito mais baratas. Daí, o que os gerentes dos fundos de pensão fizeram? Desistiram de comprar porque as ações estavam mais baratas!

FUNDOS DE PENSÃO PRIVADOS

% de fluxo de caixa em ações ordinárias

1971: 91% (recorde)

1974: 13%

Essa é a única coisa que nunca compreenderei. Falando de um gosto pessoal meu, vou comprar hambúrgueres pelo resto da vida. Quando os hambúrgueres caem de preço, cantamos o "Coro Aleluia" na casa dos Buffett. Quando os hambúrgueres sobem, choramos. Para a maioria das pessoas, ocorre da mesma forma com tudo que comprarão na vida — *exceto* as ações. Quando as ações caem e você consegue comprar mais com o dinheiro que tem, as pessoas não gostam mais delas.

Esse tipo de comportamento é mais surpreendente ainda quando praticado pelos gerentes dos fundos de pensão, os quais, de direito, deveriam ter o horizonte temporal mais longo entre todos os investidores. Esses gerentes não precisarão do dinheiro em seus fundos amanhã, nem no próximo ano, tampouco na próxima década. Então, eles têm total liberdade para sentar e relaxar. Uma vez que eles não operam com recursos próprios, a ambição crua não deveria distorcer suas decisões. Eles deveriam simplesmente pensar no que faz mais sentido. No entanto, eles se comportam como simples amadores (apesar de serem pagos como se tivessem capacidades especiais).

Em 1979, quando senti que as ações eram uma compra óbvia, escrevi um artigo, "Os gerentes dos fundos de pensão continuam tomando decisões de investimento com os olhos firmemente fixados no espelho retrovisor". "Essa abordagem do tipo 'generais que lutam a última guerra' provou-se onerosa no passado e é provável que se prove igualmente onerosa desta vez." Isso é verdade, disse, porque "as ações agora estão sendo vendidas em níveis que, no longo prazo, devem gerar um rendimento muito superior ao dos títulos".

Considere as circunstâncias em 1972, quando os gerentes dos fundos de pensão ainda compravam ações freneticamente: o Dow terminou o ano a 1020, tinha um valor contábil médio de 625 e mostrou um lucro de 11% sobre o valor contábil. Seis anos mais tarde, o Dow estava 20% mais barato, seu valor contábil havia subido aproximadamente 40% e o rendimento sobre o valor contábil foi de 13%. Ou, como escrevi na época, "as ações estavam claramente mais baratas em 1978, quando os gerentes dos fundos de pensão não as compraram, do que estavam em 1972, quando as compraram desenfreadamente".

Na época do artigo, os títulos privados de longo prazo rendiam cerca de 9,5%. Então, eu fiz uma pergunta aparentemente óbvia: "Seria possível obter melhores resultados, em vinte anos, de um grupo de 9,5% de obrigações de empresas americanas de primeira linha com vencimento em 1999 do que de um grupo de ações do tipo Dow compradas, em agregado, em torno do valor contábil e provavelmente rendendo, no agregado, cerca de 13% sobre o valor contábil?" A própria pergunta contém a resposta.

Agora, se você tivesse lido aquele artigo em 1979, teria sofrido — ah, como teria sofrido! — por cerca de três anos. Eu não era tão bom naquela época em prever os movimentos dos preços das ações no curto prazo, e não sou bom agora. Nunca tive a menor ideia de como o mercado acionário se comportaria nos seis meses seguintes, ou no ano seguinte ou nos dois anos seguintes.

No entanto, acho que é muito fácil ver o que é provável acontecer em um prazo mais longo. Ben Graham nos disse: "Embora o mercado de ações funcione como uma máquina de votos no curto prazo, age como uma balança no longo prazo." O medo e a ambição desempenham papéis importantes quando os votos estão sendo lançados, mas não são registrados na balança.

Na minha opinião, não é difícil dizer que, ao longo de um período de vinte anos, um título de 9,5% não teria um desempenho tão bom quanto esse título disfarçado chamado Dow que você poderia comparar abaixo da paridade — ou seja, do valor contábil — e que estava rendendo, em média, 13%.

Permitam-me explicar o que quero dizer com esse termo que foi sorrateiramente introduzido aqui, "título disfarçado". Um título, como a maioria de vocês sabe, vem com determinado vencimento e com uma série de pequenos cupons. Um título de 6%, por exemplo, paga um cupom de 3% a cada seis meses.

Uma ação, ao contrário, é um instrumento financeiro que representa um direito sobre as distribuições futuras realizadas por determinada empresa, sejam elas pagas em forma de dividendos, sejam usadas na recompra de ações ou para fechar as contas após a venda ou a liquidação. Esses pagamentos são, na realidade, "cupons". O conjunto de proprietários que as recebe mudará, pois os acionistas vêm e vão. No entanto, o resultado financeiro para os proprietários de empresas como um todo será definido pelo tamanho e a data desses cupons. Estimar esses detalhes é a base da análise de investimentos.

Contudo, é muito difícil aferir o tamanho desses "cupons" para as ações individuais. É mais fácil, no entanto, para os grupos de ações. Lá em 1978, como mencionei, tínhamos o Dow com lucros de 13% sobre o valor contábil médio de US$ 850. Os 13% só poderiam representar um ponto de referência, não uma garantia. Além disso, se você estivesse disposto, na época, a investir por um período em ações, estaria, na realidade, comprando uma obrigação — a preços que, em 1979, raramente avançavam acima da paridade — a um valor principal de US$ 891 e um possível cupom de 13% sobre o principal.

Como isso seria pior do que um título de 9,5%? A partir desse ponto, as ações forçosamente superariam o desempenho dos títulos no longo prazo. Isso, incidentalmente, foi verdadeiro durante a maior parte de minha vida profissional. No entanto, como Keynes me lembraria, a superioridade das ações não é inevitável. Elas detêm vantagem apenas quando determinadas condições prevalecem.

Deixe-me mostrar a vocês outro ponto sobre a mentalidade de rebanho entre os fundos de pensão — um ponto talvez acentuado por um pouco de interesse próprio da parte daqueles que administram os fundos. No quadro a seguir, temos quatro empresas conhecidas — como muitas outras que eu poderia ter selecionado — e os lucros esperados sobre os ativos, em seus fundos de pensão, que eles usaram no cálculo de qual débito (ou crédito) eles deveriam fazer anualmente para as pensões.

	Lucros esperados em seus fundos de pensão		
	1975	1978	2000
Exxon	7,0%	7,8%	9,5%
General Electric	6,0%	7,5%	9,5%
General Motors	6,0%	7,0%	10,0%
IBM	4,8%	5,5%	10,0%
Governamentais de longo prazo produzido por títulos	8,0%	10,4%	5,5%

Agora, quanto mais alta for a taxa esperada que uma empresa usa para as pensões, mais altos serão os lucros reportados. Essa é simplesmente a forma como funciona a contabilidade no ramo das pensões — e espero, para sermos relativamente breves, que você simplesmente acredite em minha palavra.

Como mostra a tabela, as expectativas em 1975 eram modestas: 7% para a Exxon, 6% para a GE e GM e menos de 5% para a IBM. O elemento estranho dessas premissas era que os investidores poderiam, na época, comprar títulos governamentais não resgatáveis de longo prazo que pagavam 8%. Em outras palavras, essas empresas poderiam ter enchido sua carteira de investimentos inteira com títulos sem risco com rentabilidade de 8%, mas elas, contudo, usaram premissas mais baixas. Em 1982, como você pode ver, elas haviam alterado pouco suas premissas — em sua maioria, para cerca de 7%. No entanto, agora você poderia comprar títulos governamentais de longo prazo a 10,4%. Você poderia, na realidade, garantir esse lucro por décadas comprando as famosas faixas (*strips*) que lhe assegurariam uma taxa de reinvestimento de 10,4%. Para todos os efeitos, seu sobrinho idiota poderia ter gerido o fundo e atingido uma rentabilidade muito mais alta do que as premissas de investimento que as empresas estavam usando.

Por que uma empresa assumiria 7,5% quando poderia conseguir aproximadamente 10,5% em títulos do governo? A resposta é novamente o espelho retrovisor: os investidores que haviam passado pelo colapso dos *Nifty Fifty* no início da década de 1970 ainda estavam sentindo a dor daquela época e estavam desatualizados em suas ideias sobre os rendimentos. Eles não conseguiram fazer o ajuste mental necessário.

Agora, avance para 2000, quando tínhamos títulos governamentais de longo prazo a 5,4%. E o que diziam as quatro empresas em seus relatórios anuais de 2000 sobre as expectativas para seus fundos de pensão? Eles estavam usando premissas de 9,5% e até mesmo de 10%.

Gosto das apostas e adoraria fazer uma grande aposta com o principal gerente financeiro de uma dessas quatro empresas ou com seus atuários ou auditores, que pelos próximos 15 anos não conseguirão atingir as taxas médias postuladas. Simplesmente mire a matemática, em primeiro lugar. É provável que a carteira de ações de um fundo consista em um terço de títulos de dívida, sobre os quais — presumindo uma mistura conservadora de papéis com uma diversidade apropriada de vencimentos — o fundo hoje não pode esperar ganhar muito mais de 5%. É simples ver, então, que o fundo precisará ganhar em média mais do que 11% nos dois terços que estão comprometidos com ações para ganhar cerca de 9,5% no cômputo geral. Essa é uma premissa bastante otimista, sobretudo em face das despesas de investimento substanciais incorridas por um fundo típico.

As premissas corajosas, no entanto, fazem maravilhas pelos resultados. Ao adotar aquelas taxas de expectativa apresentadas na coluna da extrema direita, as empresas reportam lucros muito maiores — muito maiores — do que se usassem taxas mais baixas. E isso certamente não é ignorado pelas pessoas que estabelecem as taxas. Os atuários que desempenham um papel nesse jogo não sabem nada de mais sobre os lucros futuros dos investimentos. O que eles sabem, de fato, é que seus clientes desejam taxas altas. E um cliente feliz é um cliente que retorna.

Estamos falando de números grandes aqui? Analisemos a General Electric, a empresa mais valiosa e mais admirada do país. Eu mesmo sou um grande admirador. A GE administra seu fundo de pensão extraordinariamente bem há décadas, e suas premissas sobre taxas de retorno são típicas do grupo. Uso a GE como um exemplo simplesmente por causa de seu destaque.

Se pudéssemos voltar a 1982, veríamos que a GE registrou um *débito* de pensões de US$ 570 milhões. Essa quantia custou à empresa 20% de seus lucros brutos (antes de debitarmos os impostos). No ano passado, a GE registrou um *crédito* pensionário de US$ 1,74 bilhão. Isso representou 9% dos lucros brutos da empresa. E representou 2,5 vezes o lucro de US$ 684 milhões da divisão de eletrodomésticos. Um crédito de US$ 1,74 bilhão é simplesmente muito dinheiro. Reduza essa premissa de pensão o suficiente e você anulará a maior parte do crédito.

O crédito de pensão da GE, e o de muitas outras empresas, deve sua existência a uma regra do Financial Accounting Standards Board que entrou em vigor em 1987. Desse ponto em diante, as empresas equipadas com as premissas corretas e que atingiam o desempenho de fundo necessário poderiam começar a creditar a receita pensionária em seus demonstrativos financeiros. Ano passado, segundo a Goldman Sachs, 35 empresas do S&P 500 derivaram mais de 10% de seus lucros de créditos de pensão, até mesmo enquanto, em muitos casos, o valor de seus investimentos de pensão encolhia.

Infelizmente, o tema das premissas de pensão, embora seja de importância crítica, raramente surge nas reuniões de diretoria das empresas. (Eu mesmo fui membro em 19 diretorias e nunca ouvi uma discussão séria sobre esse assunto.) E agora, certamente, a necessidade de discutir é de suma importância porque essas premissas que estão sendo feitas, com todos os olhos voltados para trás, para as glórias da década de 1990, são extremas. Convido-o a perguntar ao CFO (Chief Financial Officer) de uma empresa que tenha um fundo de pensão grande com benefícios definidos quais ajustes seriam necessários aos lucros da empresa se a premissa de pensão fosse reduzida para 6,5%. E, se você quer ser realmente malvado, pergunte quais eram as premissas da empresa nos idos de 1975, quando tanto as ações quanto os títulos tinham retornos prospectivos maiores do que têm agora.

Com os relatórios anuais de 2001 ainda por aparecer, será interessante verificar se as empresas reduziram suas premissas com relação aos lucros de pensão futuros. Considerando a rentabilidade extremamente baixa nos últimos tempos e as reprises que provavelmente nos aguardam, acho que qualquer um que decida não reduzir suas premissas — CEOs, auditores e atuários todos juntos — está se arriscando a ser processado por enganar os investidores. E diretores que não questionam o otimismo assim demonstrado simplesmente não estarão fazendo seu dever.

A viagem que fizemos pelo último século prova que a irracionalidade extrema do mercado irrompe periodicamente — e, de modo convincente, sugere que os investidores desejosos de sucesso deveriam aprender a lidar com o próximo surto. Precisamos de um antídoto e, na minha opinião, trata-se da quantificação. Se você quantifica, não ascenderá em direção ao brilhantismo, mas também não afundará na loucura.

Em uma base macro, a quantificação não precisa ser nada complicada. A seguir, um gráfico englobando quase 80 anos revela o valor de mercado de todas as ações como um percentual dos negócios do país — ou seja, como uma porcentagem do PIB. A proporção tem determinadas limitações em informar a você aquilo que precisa saber. No entanto, provavelmente é a melhor medida isolada de onde as avaliações estão em qualquer momento. E, como você pode ver, quase dois anos atrás, a proporção aumentou para um nível sem precedentes. Isso deveria ter sido um sinal claro de alerta.

Para mim, a mensagem desse gráfico é a seguinte: se a relação percentual cair para a zona de 70% ou 80%, é provável que a compra de ações funcione muito bem para você. Se a proporção se aproximar de 200% — como aconteceu em 1999 e em parte de 2000 —, você está brincando com fogo. Como é possível ver, recentemente, a proporção atingiu 133%.

Mesmo assim, essa é uma queda considerável desde que falei sobre o mercado em 1999. Arrisco-me, então, a dizer que o público americano deveria esperar lucros sobre o patrimônio líquido nos próximos dez a vinte anos (incluindo dividendos e presumindo 2% de inflação) de talvez 7%. Esse é um número bruto, sem levar em conta os custos friccionais, como comissões e taxas. Em termos líquidos, acredito que os lucros poderiam ser da ordem de 6%.

Hoje em dia, os "hambúrgueres" do mercado acionário, aparentemente, estão mais baratos. A economia do país cresceu e as ações estão mais baixas — o que significa que os investidores estão ganhando mais por seu dinheiro. Eu esperaria agora ver os lucros de longo prazo subirem até perto de 7% após os custos. Nada mau — ou seja, a menos que você ainda esteja derivando suas expectativas da década de 1990.

A CARTA DE AMOR QUE TODOS QUEREM

16 de setembro de 2002

Uma caixa de texto de Jerry Useem

A caixa de texto a seguir foi inserida em um artigo pós-Enron descrevendo a pressa das empresas em se transformar em instituições-modelo.

Quais são as palavras mais desejadas na América empresarial hoje? É simples: "Sinceramente, Warren."

Com empresas competindo para mostrar uma boa aparência, uma carta de louvor do superinvestidor Warren Buffett tornou-se o melhor Selo de Aprovação de Boa Administração. A General Electric recebeu uma por anunciar que contabilizaria as opções sobre ações entre suas despesas. "Por muito tempo, a GE trouxe coisas boas para nossa vida", escreveu Buffett. "Agora, a GE trouxe coisas boas para a contabilidade."

A Standard & Poor's também recebeu uma por sua nova medida de "lucratividade central". "Sua decisão é, ao mesmo tempo, corajosa e correta", escreveu Buffett em sua carta, da qual a S&P gostou tanto que a colocou em sua página na internet. "No futuro, os investidores olharão para essa iniciativa como um evento de destaque." Outras empresas sortudas que também receberam cartas foram o Bank One e a Amazon.

"Ele é a única pessoa ou entidade por aí que ainda tem uma reputação imaculada", diz o analista da S&P Robert Friedman. Bem, algumas outras vozes ainda comandam credulidade, tal como John Bogle, o fundador sem papas na língua do Vanguard Group. Porém, como Bogle soube que uma palestra que dera sobre contabilidade empresarial fora bem recebida? "[Buffett] me enviou uma nota extremamente gentil após ter lido aquela palestra", disse ele.

O ORÁCULO DE TUDO

11 de novembro de 2002

POR ANDY SERWER

Nos 47 anos em que Warren Buffett administrou a Berkshire Hathaway, as ações da empresa caíram cerca de 40% a 50% em quatro momentos distintos. Identificaremos três desses episódios — 1973-1974, 1987-1988 e 2007-2008 — e passaremos para o outro culpado: a bolha da internet. Este artigo de capa aborda Buffett no final de 2002, quando a bolha claramente havia estourado e as ações A da Berkshire haviam voltado a subir de pouco acima de US$ 40 mil no início de 2000 para mais de US$ 70 mil. Nesse ínterim, as fofocas sobre Buffett diziam que, afinal, ele não era uma relíquia, como muitas autoridades do mercado impiedosamente o chamaram nos dias em que suas cabeças estavam na bolha.

Andy Serwer, que à época estava escrevendo vários textos para a Fortune *sob a alcunha* Street Life *e que, em 2006, tornou-se editor-gerente da revista, foi indicado por acaso para o artigo "O retorno de Buffett", em um momento em que Buffett se dirigia à Califórnia com um grupo de homens em uma excursão para jogar golfe. Não que o próprio Buffett fosse jogar golfe; ele não poderia fazê-lo, por causa do manguito rotador rompido. No entanto, há duas décadas, esse grupo jogava em Pebble Beach, Spyglass e Cypress Point, ano sim ano não, e Buffett não estava inclinado a desistir da farra.*

Assim, Andy foi para Pebble Beach também. Ele passou o dia todo com Buffett: em uma área com vista panorâmica (enquanto os quartos de ambos ainda não estavam prontos); no quarto de Buffett; e à noite, quando Buffett e os golfistas se reuniam. Entre outros, estavam Charlie Munger, Tom Murphy (da Cap Cities/ABC), George Gillespie (da Cravath Swaine & Moore), Don Graham (do Washington Post) e Sandy Gottesman e meu marido, John Loomis (da First Manhattan Co.).

Andy decidiu rapidamente que não seria nada ruim conduzir a totalidade de suas atividades como repórter em Pebble Beach. Como era de se prever, nenhuma outra reportagem o levou até lá desde então. — CL

Há décadas, o nome Warren Buffett invoca a imagem de um investidor com toque de Midas — uma alma séria, franca, profunda e preocupada com o valor, que (como dúzias de biografias e guias de investimentos para iniciantes lhe dirão) acredita em comprar "empresas", não ações. Sua influência sobre o mercado acionário rivaliza com a dos presidentes do Federal Reserve e dos Estados Unidos; seu estilo de investimento é estudado e copiado por legiões de seguidores de Wall Street a pequenas cidades do interior; suas cartas no relatório anual da Berkshire Hathaway são lidas (e citadas) como se fossem o próprio evangelho.

Portanto, é um pouco estranho, no mínimo, ver o *homem* Warren Buffett vestindo um pijama. É uma manhã californiana suntuosa, e eu estou sentado com Buffett, 72 anos, em sua espaçosa suíte no andar térreo do Lodge, em Pebble Beach. Do lado de fora, o sol de outubro brilha. A vista da baía de Carmel é magnífica. O *green* do 18º buraco emoldura a cena à direita; uma grande árvore de cipreste o faz à esquerda. Com relação ao Oráculo de Omaha, bem, ele está descontraído, beliscando a omelete servida no quarto, relaxando em um roupão branco de tecido atoalhado e pijamas azul-bebê.

Apropriadamente, nessa paisagem perfeita da Costa Oeste, estamos falando sobre a bolha tecnológica do século que acaba de estourar. "Foi uma alucinação em massa", diz Buffett, "disparada, a maior em minha vida". Um tema amedrontador, embora ele pareça não estar muito preocupado. Não há arrependimento em seu rosto. Talvez pelo fato de não ter participado de nenhuma daquelas tolices — seja da bolha ou de seu estouro.

O que nos leva a outra faceta de Buffett: o fato de não só ter acertado a maior parte de seus investimentos ao longo do tempo, mas também de ter estado — em sua própria forma calma e discreta — certo sobre as opções de ações e a reforma contábil, correto em relação à morte da ética empresarial, correto, de forma surpreendente, com relação ao mercado acionário.

Na realidade, no que se refere a esses temas, ele acerta há anos. O que mudou nos últimos meses de escândalos executivos, uma economia que patina e um mercado extremamente pessimista, é que o restante do mundo parece estar retornando à visão de mundo de Buffett. Levemos esse assunto um passo adiante: cada vez mais pessoas parecem estar esperando (ou pelo menos desejando) que ele interfira e corrija seus erros anteriores. Por controlar, por meio da Berkshire Hathaway, uma das fontes mais líquidas de capital na Terra, Buffett pôde recentemente adiantar-se e comprar partes imensas do capitalismo americano, sobretudo em setores duramente afetados como telecomunicações, serviços públicos e energia. Ele está fazendo o que sempre fez todos esses anos: comprando no fundo do mercado, não no topo.

Por mais simples que esse feito soe, ninguém ainda foi capaz de igualá-lo. Para nós, meros mortais, já é razão suficiente para observar cada movimento dele. E essa também é a razão pela qual a *Fortune* retornou a esse sujeito. Quando solicitamos um pouco do tempo precioso de Buffett, recebemos, em vez disso, uma olhadela extraordinária de 48 horas na mente do Oráculo de Omaha e uma conversa extensa que abordou temas desde bombas nucleares até títulos de alto risco, de Barry Bonds a Barry Switzer e Eliot Spitzer.

Neste exato momento, contudo, estamos conversando sobre uma época em que muitos acreditavam que ele estava errado. Difícil de imaginar, mas não faz muito tempo que muitas pessoas em Wall Street e no Vale do Silício rotulavam esse investidor lendário de irrelevante e acabado. A visão de mundo de Buffett parecia fora de sintonia. As regras do jogo haviam mudado, e ele simplesmente não percebera. "Warren Buffett deveria dizer: 'Peço desculpas'", esbravejou Harry Newton, editor da *Technology Investor Magazine*, no início de 2000. "Como foi que ele deixou de ver as revoluções do silício, do *wireless*, do DSL, do cabo e da biotecnologia?"

É desnecessário destacar que isso foi na época de exuberância irracional, quando a Nasdaq pairava nas alturas e as ações da Berkshire despencavam. A fixação de Buffett no valor (e em valores também), seu foco no longo e não no curto prazo — isso era coisa do passado. O que estava errado com a cultura das opções de ações, engenharia financeira e "ética situacional" (para usar uma das frases do próprio Buffett)? O negócio funcionava, não é?

"Alguma vez o incomodou", pergunto a ele, "que as pessoas dissessem que você estava ultrapassado?"

"Nunca", responde ele, com a voz amável e grave. "Nada disso me incomoda. Você não consegue se dar bem nos investimentos a menos que pense de forma independente. E a verdade é que você não está nem certo nem errado simplesmente porque as pessoas concordam com sua opinião. Você está certo porque suas informações e seu pensamento estão certos. No final, é tudo que conta. E não houve qualquer dúvida sobre as informações ou sobre o pensamento estarem corretos."

Meu tempo com Buffett começa em Omaha, em um domingo, e continua no Gulfstream, da NetJets, até Monterey, onde sua irmã Bertie nos pega e leva de carro até Pebble Beach. Lá, devido ao rompimento do músculo rotator esquerdo, ele passa a maior parte do tempo entocado em seu quarto, em vez de no campo de golfe em seu encontro bienal tradicional com um grupo de oito jogadores. A lesão não é um grande problema para Buffett. Em primeiro lugar, não dói tanto assim; em segundo, ele não é tão apaixonado por golfe. ("Eu tenho a maior *handicap* de qualquer membro de Augusta", alardeia ele.) A lesão no ombro lhe proporciona mais tempo para trabalhar — ler, escrever e telefonar —, que é o que ele adora fazer.

Há apenas uma coisa lógica a ser feita quando você tem o maior cérebro financeiro do mundo encurralado em um quarto com uma asa machucada: formular perguntas sobre o mercado acionário. O problema é que Buffett não gosta de falar sobre os preços das ações *per se* — embora o tenha escrito em um artigo da *Fortune* de novembro de 1999, no qual indicou vigorosamente que o mercado estava alto demais. (Os historiadores poderiam muito bem observar os paralelos entre aquele artigo e o alerta que Bernard Baruch reconhecidamente deu na década de 1920.) A *Fortune* publicou um artigo de acompanhamento sobre suas opiniões no ano passado, em que Buffett disse que muitas empresas seriam forçadas a rebaixar suas expectativas inflacionadas da rentabilidade de seus fundos de pensão. (Está comprovado que ele estava correto.) E ele ressaltou que o valor de todas as ações americanas estava, na época, um terço total mais alto do que o produto interno bruto americano, bem acima do pico daquele índice em 1929. A mensagem era clara: as ações poderiam continuar a cair. (E ele estava certo novamente.)

Portanto, o que Buffett pensa sobre o mercado agora? Não muito mais do que: "A bolha estourou, mas as ações ainda não estão baratas." Não há dúvida, no entanto, de que agora é uma época melhor para comprar ações do que em 1999, confirma ele. Os preceitos de investimento de Buffett também permanecem firmes: "Os investidores precisam evitar as consequências negativas de comprar empresas da moda e ruins e tentar determinar os pontos de inflexão do mercado", assinala ele. "Comprar um fundo de índice para o longo prazo faz o maior sentido." E que tal comprar ações da Berkshire Hathaway? "Não sei nada sobre isso; estão um pouco altas neste exato momento", diz ele, "mas eu preferiria possuí-las a ter as da S&P 500. Quando estávamos falando sobre recomprar nossas ações [no início de 2000, na época em que elas caíram abaixo dos US$ 40 mil], agora isso foi um sinal *importante!*" Ele deixou escapar uma de suas gostosas risadas, colocando os pés em cima da mesa de centro de vidro. Suas ações voltaram a superar US$ 70 mil desde então. Investidores, anotem: da próxima vez que Buffett falar sobre uma recompra, *corram para comprar!*

O centro da vida de Buffett não é o mercado acionário como um todo, mas sua empresa, a Berkshire Hathaway — e compreender como ela funciona é a chave para compreender o pensamento do empresário. Para isso, consultei primeiro o sócio de Buffett, Charlie Munger, que é um dos membros do grupo de golfistas, juntamente com Tom Murphy, ex-presidente da CapCities, e Don Graham, CEO do Washington Post Co. "A Berkshire é operada de maneira tão extrema que acho que muitas pessoas não a compreendem completamente", Munger me diz. "Tomamos decisões muito rapidamente e temos menos custos fixos do que qualquer outro lugar de porte semelhante no mundo."

É muito difícil exagerar exatamente quão diferente a Berkshire Hathaway é das outras empresas. Oficialmente, trata-se de um conglomerado com operações de tamanho considerável no ramo de seguros. Ela detém grandes participações acionárias em gigantes dos Estados Unidos, tais como a Coca-Cola, a Gillette e a American Express. A Berkshire também tem grande interesse em empresas de utilidade pública e gasodutos e é proprietária de uma cornucópia espantosa de operações mundanas — coisas como varejistas de mobília, joalherias e fábricas de calçados.

A empresa tem crescido sem um plano mestre ou metas estratégicas; contudo, a composição física da Berkshire dá aos investidores uma ideia muito boa da mente de Buffett. Por exemplo: por anos, a Berkshire foi mais bem conhecida como uma seguradora com grandes investimentos em ações. No entanto, algumas coisas aconteceram. Primeiro, Buffett basicamente parou de comprar blocos imensos de ações de empresas. Suas aquisições do *Washington Post*, por exemplo, datam da década de 1970. Por que ele parou? Simples: há anos, os preços das ações estão altos demais para seu gosto. "Eu comprei minha primeira ação há sessenta anos", diz Buffett. "Desses sessenta anos, provavelmente cinquenta foram atraentes para comprar ações comuns. Em uns dez anos, não consegui encontrar nada." Muitos desses dez anos, de forma notável, foram os recentes.

Em vez disso, Buffett passou a comprar empresas inteiras (frequentemente, da economia antiga e da variedade privada), muitas das quais estavam sendo vendidas a preços bastante baixos durante o crescimento do mercado tecnológico. Algumas das aquisições também foram de operações de seguros, mas outras formam parte da cornucópia antes mencionada — tintas Benjamin Moore, tapetes Shaw, uma empresa de utilidade pública chamada MidAmerican Energy e, mais recentemente, a Pampered Chef, um comerciante direto, de propriedade privada, de utensílios de cozinha. O resultado é que os famosos investimentos acionários da Berkshire perderam alguma importância relativa (recentemente, essa carteira de ações valia algo em torno de US$ 26 bilhões). E, embora o segmento de seguros tenha crescido, a parte do conglomerado constituído de fábricas e empresas de serviço é hoje muito maior do que antes. A parte de seguros ainda é responsável por metade do faturamento da Berkshire; em uma base relativa, contudo, ela está caindo.

Por meio da aquisição dessas várias empresas — algo em torno de vinte nos últimos cinco anos —, o número de funcionários que trabalham nas empresas da Berkshire Hathaway cresceu bastante. Hoje, mais de 145 mil companheiros ao redor do país podem levantar-se e dizer: "Eu trabalho para Warren Buffett." Isso faria da Berkshire a 25ª maior empregadora privada nos Estados Unidos. (O que significa mais funcionários do que a PepsiCo ou a Marriott.)

Como Warren Buffett encontra novas empresas para acrescentar ao rebanho? Em geral, elas o procuram. Atualmente, Buffett diz, aparecem duas variedades de vendedor: "Agora estamos recebendo dois tipos de telefonemas. Somos contatados por pessoas que desejam apenas a nós [significando que elas desejam que suas empresas se tornem empresas da Berkshire], e agora recebemos ligações de pessoas que só querem dinheiro — e rápido. Somos os compradores que podem fazer surgir dinheiro em um fim de semana."

Entre os membros da primeira categoria — a dos vendedores que o procuram porque desejam fazer parte da Berkshire —, está a última aquisição de Buffett, a Pampered Chef. Se você simplesmente odeia cozinhar, talvez nunca tenha ouvido falar dessa empresa. No entanto, se não se encaixa nessa descrição, é muito provável que já conheça a empresa. Os "consultores" da Pampered Chef vendem artigos de cozinha e utensílios em reuniões organizadas nas casas deles. É como se fosse uma versão luxuosa da Tupperware.

Vinte anos atrás, a fundadora Doris Christopher tomou emprestados US$ 3 mil de uma apólice de seguro de vida para fundar a empresa, para poder trabalhar em horário flexível e passar mais tempo com suas filhas pequenas. Hoje, sua empresa tem faturamento superior a US$ 700 milhões, vindos de cerca de 70 mil comerciantes diretos, os quais fazem mais de 19 mil demonstrações domésticas por semana. (Em relação aos lucros, podemos apenas dizer que a Pampered é muito lucrativa, com margens de dar água na boca.)

Embora sua empresa estivesse prosperando, Christopher sabia que precisava de um plano no caso de ela morrer ou decidir, com a idade, retirar-se da empresa. Ela ouvira falar de Warren Buffett anos atrás, "e, no fundo da minha cabeça, pensava: 'Não seria excelente fazer parte da empresa desse homem?' No entanto, descartamos a ideia na época". O nome da Berkshire surgiu novamente, entretanto, e, em meados de setembro, os banqueiros de Christopher na Goldman Sachs contataram Buffett, que imediatamente gostou do que viu.

Em apenas alguns dias, Christopher e seu presidente, Sheila O'Connell Cooper, estavam voando de Chicago a Omaha para um encontro com o Oráculo. "Senti em poucos minutos — assim como Doris — que éramos feitos um para o outro", diz Buffett, que lhe fez imediatamente uma oferta. Ele é efusivo quando fala sobre a Pampered Chef: "Eu não conhecia essa empresa há dois meses, mas pude reconhecer que Doris e Sheila amavam administrar a Pampered Chef. Tudo que preciso fazer é não atrapalhá-las. É uma história melhor do que a minha." Bem, nem tanto.

Para Buffett, contudo, essa história tem todos os componentes corretos: a Pampered é uma franquia de propriedade privada que cresce aceleradamente e apresenta margens altas — e que já é grande para começar. O fato é que, para Buffett, o tamanho importa. Isso porque a Berkshire está crescendo, na realidade, muito rapidamente e é uma empresa muito maior do que foi há dez anos. O faturamento anual cresceu de US$ 3 bilhões para, aproximadamente, US$ 38 bilhões durante esse tempo — com a maior parte desse crescimento vindo de aquisições como a Gen Re e a Shaw. "Eles disseram que a Berkshire não *funcionaria em uma escala maior*", zomba Munger, de 79 anos. "Bem, eles estavam errados."

Embora a Berkshire tenha claramente crescido (e ainda crescerá), a dieta de aquisições de Buffett está limitada, em sua maior parte, a peixes grandes. Com algumas exceções, uma empresa precisa agora ter em torno de US$ 50 milhões em lucros antes dos impostos para Buffett até mesmo considerar comprá-la. Essa é a razão por que ele diz que talvez amplie sua busca por empresas em outros países.

A razão é simples: uma aquisição precisa ser bastante grande para ter qualquer impacto na rentabilidade da Berkshire — um indicador, devemos ressaltar, que tende a se comportar de maneira um tanto errática. Isso se deve, em parte, ao fato de que, em qualquer ano, a Berkshire pode auferir imensos ganhos de capital, um fator que torna o acompanhamento dos lucros líquidos da empresa no curto prazo um exercício um tanto infrutífero. Exemplo: por causa dos prejuízos com seguros relativos ao 11 de Setembro, os lucros do ano passado mergulharam 76%, para US$ 795 milhões, igualando o lucro da empresa em 1995. No entanto, em 2000, os lucros mais do que dobraram, para US$ 3,3 bilhões.

Se esse tipo de oscilação o incomoda, olhe para outro lugar. Buffett está interessado apenas em investidores com um horizonte de longo prazo.

Uma noite, em Pebble Beach, Buffett me convida para me juntar a ele e a seus amigos para jantar na aconchegante casa de sua irmã Bertie, na cidade vizinha, Carmel. É uma reunião informal: algumas bebidas e um jantar bufê, com os adorados San Francisco Giants de Bertie jogando em uma gigantesca televisão. A conversa aqui é parecida com a de qualquer grupo de homens. Muito esporte, um assunto que Buffett domina tão bem quanto qualquer um deles — embora uma pontada de tristeza atravesse rapidamente seu rosto quando eu o lembro de que seu Nebraska Cornhuskers está fora da lista dos 25 melhores times de futebol americano universitário pela primeira vez em décadas. Em um momento durante a noite, Buffett, com sua onipresente Coca-Cola sabor cereja na mão, curva-se e me diz: "Para mim, a MidAmerican começou aqui, você sabe. Nesta casa." Ele está se referindo ao que é provavelmente a próxima pedra fundamental da Berkshire — a MidAmerican Energy Holdings Co., uma empresa de utilidade pública que trabalha na área de energia elétrica e gasodutos, baseada em Des Moines. Disse a ele que não sabia e perguntei se ele poderia explicar melhor. Quase exatamente três anos atrás, parece, Bertie estava dando outra festa para seu irmão e um grupo diferente de amigos. Um dos convidados era Walter Scott, presidente da empresa de telecomunicação Level 3 e também ex-CEO da Peter Kiewit Sons, uma grande companhia de construção de Omaha.

"Walter me puxou para o lado e perguntou se podia falar comigo por um minuto em outra sala", diz Buffett. "Ele falou sobre essa empresa de serviços públicos chamada MidAmerican, com a qual se envolvera, que não estava indo a lugar algum. Eles haviam tentado explicar a empresa para Wall Street, mas os analistas não gostaram dela porque estavam procurando empresas como a AES ou a Calpine, que tinham aquilo que era chamado 'velocidade de transação' [significando que elas estavam fazendo muitos negócios]. Walter disse que havia a ideia de fazer uma venda privada da MidAmerican e me perguntou se eu estaria interessado. Respondi que sim."

É preciso lembrar que, naquela época, muitas ações de empresas de serviços públicos estavam tão quentes e sobrevalorizadas quanto as incubadoras da internet ou as ações B2B. A Calpine e a AES, por exemplo, foram negociadas a US$ 56 e US$ 70, respectivamente, em seus picos mais altos. Hoje, cada uma é vendida por cerca de US$ 2. A origem da bolha dos serviços públicos remonta à Lei de Política Energética de 1992, a qual atraiu empresas para o lado aparentemente atraente e desregulado do ramo. (Os serviços públicos desregulados produzem energia em uma base especulativa, sem clientes garantidos, mas podem vender essa energia a taxas de mercado. Um serviço público regulado tem clientes garantidos e taxas reguladas.) À medida que cada vez mais dinheiro jorrava nas empresas desreguladas, Dave Sokol, o CEO da MidAmerican, viu o que imaginou ser uma tremenda oportunidade: os ativos regulados estavam sendo negligenciados.

Em meados da década de 1990, a MidAmerican comprou serviços públicos regulados na Califórnia, em Iowa e na Grã-Bretanha. No entanto, enquanto a Enron e outras de seu gênero alardeavam índices preço/lucro de 30 a 50, a MidAmerican estava sendo negociada de seis a oito vezes seus lucros. "Não conseguíamos entender o que as outras empresas estavam fazendo", diz Sokol. "Elas continuavam construindo usinas elétricas e acrescentando capacidade. Acho que imaginavam que a demanda subiria para sempre. E suas empresas comercializadoras também eram um mistério. Os lucros pareciam impossíveis para nós." Nesse ínterim, as ações da MidAmerican estavam fracas. Então, Sokol decidiu, em outubro de 1999, abandonar os mercados públicos e vender para Buffett. A Berkshire acabou efetivamente comprando 80% da empresa por US$ 35,05 a ação — um custo de US$ 3,3 bilhões.

A noção de tempo de Buffett pode não ter sido impecável, mas estava bem próxima disso. No verão de 2001, o negócio da energia desregulada — mencionada pela Enron — começou seu colapso espetacular. No início desse ano, a situação tornara-se insustentável para muitos desses jogadores, inclusive para a Williams Cos., que, repentinamente, precisava de uma grande quantia de dinheiro. O que a Williams tinha a oferecer era o gasoduto Kern River, que transportava 850 milhões de pés cúbicos de gás (cfg) por dia por mais de 1.500 quilômetros, das Montanhas Rochosas para Las Vegas e Califórnia. O preço na etiqueta: US$ 950 milhões — o que era inferior em centenas de milhões ao preço que o mercado a teria avaliado dois anos antes.

Ainda mais doce para Buffett foi a compra pela MidAmerican, nesse julho passado, do gasoduto Northern Natural Gas, de 4,3 bilhões cfg por dia, e 26.700 quilômetros. Com um prazer óbvio, Buffett se recosta no sofá e conta a história, como se relatasse a captura de um atum gigante: "A Northern Natural era uma empresa importante em Omaha. Em 1986, um sujeito apareceu de Houston com uma empresa menor e disse: 'Vamos fazer uma fusão, e eu me mudarei para Omaha.' A maioria das pessoas de Omaha sente que foi lograda, porque, em seis ou oito meses, a empresa acabou voltando para Houston. Claro, o sujeito de Houston era Ken Kay, e a empresa tornou-se a Enron. Quando a Enron passou por problemas há um ano, eles fizeram essa transação com a Dynegy em que a empresa investiu US$ 1,5 bilhão e mais ou menos pegou a Northern Natural como garantia. Então, a Dynegy assumiu o gasoduto por US$ 1,5 bilhão e, em seguida, a Dynegy começou a enfrentar problemas. Aí, eles nos telefonaram em uma sexta-feira e disseram que precisavam de uma transação na semana seguinte que estávamos certos que seria fechada em dinheiro. Então, enviamos uma equipe para lá e assinamos um contrato na manhã da segunda-feira seguinte."

Eis como a matemática funciona: a Enron efetivamente vende o gasoduto para a Dynegy em janeiro por US$ 1,5 bilhão. A Dynegy a repassa para a MidAmerican de Buffett seis meses mais tarde por, veja só, US$ 928 milhões. Ótimo!

A MidAmerican, agora, transporta cerca de 10% do gás da nação. "Pode ser que nunca façamos outra transação, mas ela poderia ser uma empresa muito grande", diz Buffett. "A MidAmerican é útil porque tem uma escala grande." Uma escala potencialmente muito grande. A Berkshire poderia, no final das contas, terminar investindo cerca de US$ 10 bilhões a US$ 15 bilhões ou mais nessa empresa. Se isso soa como uma soma gigantesca, considere que a Berkshire agora gera uns US$ 5 bilhões em fluxo de caixa anualmente de seus investimentos, seguros e empresas operadoras. "Temos US$ 100 milhões por semana para os quais preciso ficar procurando um destino", diz ele. "É um problema bom, mas é um problema, sobretudo se eu fizer algo tolo com aquilo — e isso pode acontecer facilmente."

Após o jantar na casa de Bertie, Don Graham, Buffett e eu nos amontoamos no Ford Taurus alugado de Graham e começamos a tentar encontrar o caminho de volta para Pebble Beach; no entanto, essa é uma tarefa difícil. A noite está escura como carvão e eu estou sentado no banco de trás com um mapa tentando navegar. "Estou feliz por Don estar dirigindo", diz Buffett, enquanto andamos pela profusão de estradas oceânicas escuras de Pebble Beach. "Não gosto de dirigir à noite. Não enxergo muito bem."

Sim, ele é um ser humano — até mesmo enquanto avança nos anos. Ele tem US$ 100 milhões por semana para decidir onde investir, mas tem problemas para dirigir à noite. Mais cedo em nossa visita, Buffett me deixou em cólicas com palíndromos obscenos. (Desculpe-me por não citá-los, mas esta é uma revista familiar.) Esse pode ser o mesmo cidadão público que escreve textos na página de opinião do *New York Times* sobre tramoias na contabilidade de ações?

Outra contradição aparente: o homem em quem os acionistas confiam para desafiar a gravidade está novamente dizendo àqueles mesmos acionistas que a gravidade sempre ganha.

Em parte por causa do tamanho cada vez maior da Berkshire, Buffett tem advertido seu rebanho há anos de que o desempenho futuro das ações da empresa deles não poderia igualar-se aos lucros espetaculares do passado. O futuro tornou-se o presente em 1999, quando a Berkshire teve seu pior lucro relativo da história. A métrica que Buffett gosta de usar para avaliar seu desempenho é comparar a mudança anual no valor contábil por ação da Berkshire com o retorno total da S&P 500. Em 1999, o valor contábil da Berkshire subiu 0,5%, enquanto a S&P decolou 21% (ou seja, desempenho negativo relativo de 20,5% pontos). Desde então, a empresa tem voltado a apresentar um desempenho acima do normal, embora 2001 tenha produzido outra anomalia da Berkshire. Foi o primeiro ano em que seu valor contábil declinou. A queda de 6,2% deve-se, em grande parte, ao fato de que as operações de seguros da Berkshire perderam mais de US$ 2 bilhões como resultado do ataque terrorista ao World Trade Center.

Essas são as notícias ruins. As boas são que, por causa do 11 de Setembro, os preços no ramo dos seguros se firmaram (significando que o custo de cobertura subiu), o que é potencialmente bom para a rentabilidade das operações de seguros da Berkshire. (Recentemente, houve rumores no mercado de que a Berkshire comprará a Employers Re, a empresa de resseguros da GE.) Com a queda da S&P em cerca de 20% até hoje e as operações da Berkshire, na maioria das vezes, caminhando bem — em 30 de junho, o valor contábil subira 7,6% —, outro ano de desempenho relativo superior parece provável. Com relação às ações da Berkshire — bem, elas com certeza apresentaram um bom desempenho recentemente. Em 10 de março de 2000, a Nasdaq chegou a seu pico (intradiário) de 5.132. Nesse mesmo dia, a Berkshire atingiu US$ 40.800, o nível mais baixo em muitos anos. Recentemente, a Nasdaq foi negociada a 1.270, uma baixa de 75%, enquanto a Berkshire foi negociada por US$ 74 mil, uma alta de 81%. E, certamente, a BRK apresentou um desempenho muito superior ao da S&P 500 por um, dois, cinco, dez, 15 anos — você escolhe o período.

Na semana após minha visita a Buffett, conversei com alguns dos CEOs das empresas da Berkshire. Hoje em dia, eles perfazem aproximadamente quarenta, e Buffett — com felicidade — destaca que, em 38 anos de Berkshire, nem mesmo um decidiu deixar o rebanho para trabalhar em outro lugar. Isso, em parte, reflete um aspecto subestimado da capacidade gerencial de Buffett: o trato com as pessoas. "Ele é o melhor avaliador de talento humano que existe", diz Rich Santulli, que toma conta da NetJets, uma empresa que aluga partes fracionárias de aviões. "E as pessoas *querem* trabalhar para ele."

Se olharmos o sucesso das empresas de Buffett, Santulli tem razão. Trata-se de um grupo extraordinário de CEOs, impressionante não só por sua capacidade, mas também por seu amor ao trabalho. Há diversos octogenários no grupo, inclusive Al Ueltschi, 85, CEO da Flight Safety, e Frank Rooney, 80, da empresa de calçados H.H. Brown.

Joe Brandon, por outro lado, aos 43 anos, é um dos mais jovens CEOs da Berkshire. Nomeado presidente da General Re há um ano, ele também ocupa um dos cargos mais difíceis da Berkshire. Mesmo antes de 11 de Setembro, Gen Re — a qual Berkshire comprou por US$ 22 bilhões em ações, em 1998 — enfrentava problemas. Seu trabalho na área de subscrições tem sido indisciplinado; seus lucros, abaixo da média. Buffett chegou ao ponto de se desculpar com os acionistas pelo desempenho da empresa.

E aí, Joe, como o velhinho tem tratado você? "Ele tem me apoiado de todas as maneiras", insiste Brandon. "Sim, você está trabalhando para um dos sujeitos mais inteligentes do mundo; portanto, é melhor se preparar. No entanto, as pessoas não entendem o excelente administrador que ele é." O argumento de Brandon é certeiro e novamente ignorado. Em parte, isso se deve ao próprio Buffett. "Só compro as empresas e saio do caminho", diz Buffett repetidas vezes. Bem, nem tanto.

Examine com atenção e descobrirá que Buffett está envolvido em cada uma de suas empresas, dependendo de seu interesse e de a empresa específica atrair sua atenção. Por exemplo, Brandon diz que fala com Buffett mais de uma vez por semana. No entanto, Warren fala com Ajit Jain, responsável pelas outras operações de resseguro da Berkshire, todos os dias. Isso ocorre não por Jain estar fazendo um trabalho ruim. Ao contrário, Buffett lhe dirá que ele é um de seus executivos mais competentes; trata-se simplesmente de que envolver-se com megarriscos — os Jogos Olímpicos, por exemplo — tem grandes implicações financeiras para a Berkshire. É verdade também que estabelecer preços de seguro para negócios gigantescos como esse é uma disciplina da qual Buffett gosta muito. Com relação a algumas de suas outras empresas, eis o que Buffett diz: "A GEICO me envia números todas as terças-feiras — atividades na internet, negócios fechados na internet, informações telefônicas concluídas. Amo tudo isso. A Shaw me envia os resultados de vendas diárias por fax. E, perto do Natal — um mês antes —, gosto de receber o faturamento diário de nossas joalherias e de nossa empresa de doces."

Até mesmo com a enorme pilha de números que analisa, e embora trabalhe muito, Buffett não é um chefe tirano. "Sim, eu preciso de patins para conseguir acompanhá-lo", diz Debbie Bosanek, sua secretária há nove anos, "mas nunca o vi nervoso. Contudo, acho que ele não gosta de ouvir mentiras. Se você comete um erro e lhe diz, tudo bem, mas não é uma boa ideia esconder algo dele". Tom Murphy, o fundador da CapCities, acrescenta: "Ele acorda todas as manhãs e vai para o trabalho se divertir. Não é trabalho. Ele só se relaciona com pessoas de quem gosta; então, nunca fica estressado." Buffett é, provavelmente, um dos poucos CEOs na América que passa a maior parte do dia lendo. Não escreve e mails e não existem reuniões inúteis na sede da Berkshire. "Warren tem dores de cabeça agudas quando se senta em uma sala cheia de pessoas em torno de uma mesa, e muitas pessoas dizendo coisas tolas sem parar", diz seu sócio, Charlie Munger. Buffett e Munger, que estão juntos há mais de quarenta anos, costumavam conversar o tempo todo, mas menos agora: "A essa altura, Warren já sabe basicamente tudo que eu penso. De vez em quando, sei algo que é útil para ele."

O ponto mais importante é que a capacidade de Buffett de distribuir seu tempo e poder cerebral entre todas essas diversas empresas é tão impressionante quanto sua reconhecida habilidade na alocação de capital. "A maioria das pessoas muito inteligentes costuma tornar tudo mais complicado", diz Don Graham, da Washington Post Co., empresa da qual Buffett é membro da diretoria. "Ele tem uma capacidade extraordinária para expressar as coisas com clareza e simplificá-las."

Mas espere um minuto — pare a música. Deve haver algumas pessoas por aí que não gostam dele, certo? Sim, é claro. A lista é longa, na realidade. Buffett tem se expressado com veemência sobre a necessidade de contabilizar as opções sobre ações, por isso o pessoal do Vale do Silício não é muito fã dele. Alguns também destacam que, apesar de todas as queixas de Buffett sobre governança empresarial, a Berkshire tem muito poucos diretores externos. Warren doa dinheiro para a Planned Parenthood, então não é a pessoa favorita daqueles que condenam o aborto. A maioria dos banqueiros de investimento não gosta dele — eles não conseguem enganá-lo — e ele não é amigo dos analistas de Wall Street — ele não lhes dá qualquer orientação. E, como alguém (o único!) que, rotineira e consistentemente, supera o mercado, ele deve levar os discípulos da teoria do mercado eficiente à loucura. Harvey Pitt pode ter certa bronca dele, uma vez que Buffett tem sido pouco elogioso a respeito de seu desempenho. E há também a questão dos 16.712 votos lançados no início do ano *contra* a indicação de Buffett para a diretoria da Berkshire. (Só para lembrar, ele recebeu 1.140.816 votos a favor.)

No entanto, em geral, a dimensão de Buffett nunca foi tão elevada — e ele está usando essa proeminência para emitir opiniões sobre questões econômicas e políticas significativas. Além da batalha contra as opções sobre ações, por exemplo, ele tem falado em seu apoio a um fundo federal de seguro contra o terrorismo, semelhante ao FDIC. "Um ataque nuclear levaria a indústria seguradora à falência", diz ele. "O governo federal teria de socorrer o país de qualquer forma. Por que não criar o fundo antes que algo aconteça, em vez de depois?"

Se falar sobre a hecatombe nuclear no sexto buraco de Pebble Beach é estranho, não parece importunar Buffett. "Uma bomba nuclear", diz ele, "é a coisa mais deprimente que há. Vai acontecer. É inevitável. Não vejo qualquer forma de não acontecer. No entanto, podemos reduzir as probabilidades. Se existe uma probabilidade de 10% de algo acontecer em determinado ano — e não sei se essa é a probabilidade correta; ninguém sabe —, então as chances de que acontecerá em cinquenta anos são de 99,5%. Se você reduz para 3%, há cerca de 78% de chance. Se abaixa para 1% por ano, há cerca de 40% de chance. Então, reduzir as probabilidades por ano de algo acontecer obviamente aumenta muito as probabilidades de que seus filhos viverão sem isso acontecer. Você não consegue livrar-se do conhecimento. Você pode tentar controlar os materiais. Você nunca se livrará da intenção. Trata-se do problema supremo da humanidade."

Mais tarde, naquela tarde, enquanto o sol poente emoldurava os últimos nove buracos atrás da janela de Buffett, fiz a pergunta inevitável a ele: sua sucessão. Ou, expondo a questão de uma forma menos delicada, o que acontecerá quando ele morrer? Buffett já passou por isso milhões de vezes, e tem milhões de tiradas — "Espero que as ações não subam muito", essa é uma de suas favoritas. No entanto, dessa vez, ele ficou sério. "Olha, esta empresa perdurará por anos após minha saída", diz ele. "As empresas continuarão por mais cinquenta anos. Temos uma excelente equipe de gerentes. Eles sabem como a Berkshire funciona. É muito simples."

Mesmo? Bem, essa é a uma ocasião em que eu me permito discordar. O problema não é tanto as empresas operacionais. Presumivelmente, aqueles gerentes ficariam e continuariam a cunhar dinheiro. E não importa se as seguradoras são extremamente complicadas; as habilidades de alocação de capital de Buffett é que seriam difíceis de replicar. Até mesmo os amigos de Warren pensam secretamente sobre como substituí-lo.

Com relação à família de Buffett, eles estão ligados à Berkshire de hoje e à Berkshire de amanhã de diversas formas diferentes. A mulher de Buffett, Susie, é um dos membros da diretoria da empresa e vive em São Francisco — porém, frequentemente viaja com Buffett. (Há mais de vinte anos, Buffett vive em Omaha com uma mulher chamada Astrid Menks. É um acordo único, mas que parece satisfazer a todos.) Susie Buffett também é CEO da Buffett Foundation. As ações da Berkshire de Buffett, que hoje valem US$ 34 bilhões, passarão para Susie quando ele morrer (presumindo que ele morra primeiro) — e, depois, quando ela morrer, na prática, todos os seus bens irão para a Buffett Foundation, a qual, então, distribuirá os bens. O filho mais velho de Buffett, Howard, até recentemente executivo de uma empresa de implementos agrícolas, também é diretor da Berkshire e, depois da morte do pai, se tornaria presidente não executivo da empresa. Os outros dois filhos de Buffett, Susie — dona de casa — e Peter — músico — são curadores da fundação.

Quando Buffett partir para sempre, a fundação se tornará uma das maiores organizações filantrópicas no mundo — embora um ponto intrigante seja que Buffett não designou um destino para o dinheiro. Os fiduciários da fundação terão total liberdade de ação sobre esse desembolso. Por enquanto, esse pode ser o único legado glorioso de Buffett que ainda não está totalmente claro.

Uma carta da Coluna do Leitor da *Fortune*

17 de fevereiro de 2003

POR ROBERT H. PASCHOAL

O texto em negrito em "Jogando com o mercado de dividendos" (*Investor's Guide*, de dezembro de 2003) que dizia "Nem todo pagador de dividendos é um bom investimento. Muitos dos mais tentadores são bastante arriscados" me fez lembrar algo. Em janeiro de 1956, comprei algumas ações de uma empresa têxtil, porque ela parecia estar pagando dividendos de 8,5%. No entanto, os dividendos ainda não haviam acompanhado a queda na rentabilidade líquida. Vendi as ações um ano mais tarde, com um prejuízo de 64%. Esse foi o maior erro da minha vida. A empresa era a Berkshire Hathaway, a qual Buffett [assumiu] alguns anos após esse acontecimento. Por favor, não me digam quanto vale hoje a ação que vendi.

ROBERT H. PASCHALL
Bishop, Califórnia

Evitando uma "megacatástrofe"

17 de março de 2003

Excerto da carta de Buffett aos acionistas no relatório anual da Berkshire Hathaway de 2002

"Armas financeiras de destruição em massa." Esse ataque de Buffett aos derivativos — uma frase que rapidamente ficou famosa no mundo inteiro — fez sua aparição pública inaugural na Fortune, *quando publicamos este trecho do relatório anual de 2002 da Berkshire pouco antes de ser lançado.*

Mas então, em meados da década de 2000, pouco antes da crise financeira, Buffett comprou uma quantidade de contratos de derivativos para a Berkshire, e muitos pareciam envolver grandes riscos com o dinheiro da matriz. A situação complicou-se ainda mais com o fato de que Charlie Munger — fosse ele o chefão do mundo financeiro — baniria todos os derivativos, cujo valor social ele considera muito inferior a zero.

Poderíamos dizer que tudo isso deixou muitos acionistas da Berkshire profundamente perplexos. E alguns ficaram até mesmo zangados, conforme mostrado por algumas perguntas rancorosas nas assembleias anuais.

Uma explicação inicial para essa questão é que Buffett acredita que os derivativos, da mesma forma que outros instrumentos mobiliários, podem ser comprados com segurança se o comprador compreender bem o risco e o preço. Buffett, mostrando uma confiança embasada na experiência, sente-se capaz de lidar com ambos os desafios. Ele tem, na realidade, caminhado alegremente pela vida tentando identificar preços errados onde quer que eles ocorram — em ações e empresas, claro, mas também em títulos de dívida, commodities, moedas e até em canais de televisão (ver página "Uma pequena universidade classifica-se bem no jogo dos investimentos", página 48). Ninguém pode dizer que seu trabalho de detetive foi malsucedido. Como resultado, sua extensão controversa para os derivativos nos últimos anos pode ser facilmente explicada como apenas mais uma expedição na terra dos preços errados — mais um jardim adorável para cuidar. E aí, claro, se você fosse Buffett e visse algo extraordinário, teria de agir. Eu não acredito que Buffett seja capaz de ignorar papéis com preços errados.

Até a presente data, os contratos de derivativos que Buffett controversamente celebrou em meados da década de 2000 aumentaram a volatilidade dos ganhos da Berkshire (um fato para o qual Buffett não atribui qualquer importância), mas, fora isso, teve apenas efeitos benéficos. Warren, na realidade, se referiu repetidas vezes em sua carta anual aos bilhões de dólares de disponibilidade de caixa que foram gerados pelos derivativos da Berkshire e à sua expectativa, também, de que quantidades satisfatórias de lucros de subscrição serão ganhas por eles. Uma vez que alguns contratos nos livros se estendem até 2028, dois anos antes de seu centésimo aniversário, ele também deseja estar por aqui no apito final para saber como tudo acabou. — CL

Charlie [Munger] e eu temos a mesma opinião no que se refere aos derivativos e às atividades comerciais que os acompanham: vemos esses instrumentos como bombas-relógio, tanto para as partes que os negociam como para o sistema econômico.

No entanto, voltarei a esse assunto mais tarde. Deixe-me começar por explicar os derivativos, embora a explicação precise ser geral, porque a palavra abarca uma gama extraordinariamente ampla de contratos financeiros. Essencialmente, esses instrumentos exigem que dinheiro mude de mãos em alguma data futura, com a quantidade a ser determinada por um ou mais itens de referência, tais como taxas de juros, preços das ações ou cotações cambiais. Se, por exemplo, você tiver comprado ou vendido um contrato futuro de S&P 500, você faz parte de uma transação de derivativos muito simples — com seu ganho ou perda *derivado* dos movimentos no índice. Os contratos de derivativos são de prazo variável (durando, às vezes, vinte anos ou mais), e seu valor está, frequentemente, vinculado a diversas variáveis.

A menos que os contratos de derivativos sejam garantidos ou usados como garantia, em última análise, seu valor também depende da capacidade de pagamento das contrapartes. Nesse ínterim, contudo, antes de um contrato ser liquidado, as contrapartes registram lucros e prejuízos — frequentemente imensos — em suas declarações de renda atuais sem nem mesmo um centavo mudar de mãos.

A gama dos contratos de derivativos é limitada somente pela imaginação dos homens (ou às vezes, assim me parece, dos loucos). Na Enron, por exemplo, derivativos de papel de imprensa e bandas de frequência larga, previstos para serem liquidados muitos anos no futuro, foram incluídos nos livros. Ou digamos que você queira fazer um contrato especulando sobre o número de gêmeos que nascerão em Nebraska em 2020. Nenhum problema — por um preço, você facilmente encontrará uma contraparte receptiva.

Quando compramos a Gen Re, junto com ela veio a General Re Securities, negociante de derivativos que Charlie e eu não queríamos, por acharmos que seria um ganho perigoso. Fracassamos em nossas tentativas de vender a unidade e, agora, estamos encerrando suas operações.

Porém, fechar uma empresa de derivativos não é fácil. Levará ainda muitos anos antes que estejamos totalmente fora dessa operação (embora nossa exposição diminua diariamente). Na realidade, as empresas de resseguros e de derivativos são semelhantes: como o inferno, ambos são fáceis de entrar e quase impossíveis de sair. Em ambas as indústrias, uma vez que se celebre um contrato — o qual pode exigir um grande pagamento décadas mais tarde —, em geral, fica-se preso a ele. Verdade, há métodos pelos quais o risco pode ser repassado a outros. No entanto, a maioria das estratégias desse tipo o deixa com responsabilidades residuais.

Outro ponto comum entre resseguros e derivativos é que ambos geram lucros reportados que, frequentemente, são muito exagerados. Isso acontece porque os lucros de hoje estão, de forma significativa, baseados em estimativas cujas falhas podem não ser expostas por muitos anos.

Em geral, os erros serão honestos, refletindo apenas a tendência humana de assumir uma visão otimista dos próprios compromissos. No entanto, as partes dos derivativos também têm incentivos enormes para falsificar a contabilidade. Aqueles que comercializam derivativos costumam ser pagos (em todo ou em parte) com base nos "lucros" calculados de acordo com seu valor atual de mercado. Porém, muitas vezes, não existe um mercado real (pense em nossos contratos envolvendo gêmeos) e a avaliação é feita segundo um modelo. Essa substituição pode causar confusão em grande escala. Como regra geral, os contratos envolvendo itens com referências múltiplas e datas de vencimento distantes aumentam as oportunidades das contrapartes usarem premissas irreais. No cenário dos gêmeos, por exemplo, é bem provável que as duas partes do contrato adotem modelos diferentes, permitindo que *ambos* mostrem lucros substanciais durante muitos anos. Em casos extremos, a avaliação por modelo se degenera no que eu poderia chamar de avaliação a preços de mito.

Certamente, tanto os auditores internos quanto os externos revisam os dados, mas esse não é um trabalho fácil. Por exemplo, no final do ano (dez meses após encerrar suas operações), a General Re Securities tinha 14.384 contratos em aberto, envolvendo 672 contrapartes pelo mundo afora. Cada contrato tinha um valor positivo ou negativo derivado de um ou mais itens de referência, alguns dos quais de uma complexidade diabólica. Ao avaliar uma carteira como essa, experts em auditoria poderiam, de forma fácil e honesta, chegar a opiniões muito conflitantes.

O problema da avaliação vai muito além de uma questão acadêmica: nos últimos anos, algumas fraudes e quase fraudes de imensa escala foram facilitadas por transações de derivativos. Nos setores de serviços de fornecimento de energia e eletricidade, por exemplo, as empresas usaram os derivativos e as atividades comerciais para reportar "lucros" excelentes — até que o telhado desmoronou quando elas realmente tentaram converter em dinheiro os recebíveis relacionados aos derivativos em seus balanços. "Avaliação a preços de mercado", então, acabou se revelando verdadeiramente "avaliação a preços de mito".

Posso assegurar-lhe que os erros de avaliação nas empresas de derivativos não foram simétricos. Quase invariavelmente, eles favoreceram o negociante que visualizava um bônus multimilionário ou o CEO que desejava reportar "lucros" impressionantes (ou ambos). Os bônus foram pagos, e o CEO lucrou com suas opções. Somente muito mais tarde é que os acionistas aprenderam que os ganhos reportados eram um engodo.

Outro problema ligado aos derivativos é que, por razões que não guardam nenhuma relação, eles podem exacerbar os problemas nos quais uma empresa tenha se metido. Esse efeito cumulativo ocorre porque muitos contratos de derivativos exigem que uma empresa que sofre um rebaixamento de sua classificação de crédito imediatamente forneça garantias para as contrapartes. Imagine, então, que uma empresa seja rebaixada por causa do clima econômico adverso e que seus derivativos instantaneamente cubram as exigências delas, impondo uma demanda inesperada e enorme na empresa por garantias em dinheiro. A necessidade de satisfazer essa demanda pode jogar a empresa em uma crise de liquidez que, em alguns casos, dispara ainda mais rebaixamentos. Isso se torna uma espiral que pode conduzir a um desastre empresarial.

Os derivativos também criam um risco circular, semelhante ao risco que correm as seguradoras e resseguradoras que fazem resseguro de grande parte de seus negócios com outros. Em ambos os casos, existe uma tendência de, com o tempo, acumular recebíveis imensos de muitas contrapartes. (Na Gen Re Securities, ainda temos US$ 6,5 bilhões de recebíveis, apesar de estarmos em modo de liquidação há quase um ano.) Um participante pode considerar-se prudente por acreditar que suas grandes exposições de crédito são diversificadas e, por isso, não oferecem perigo. Em determinadas circunstâncias, contudo, um evento externo que faz com que o recebível da Empresa A se torne impagável também afetará aqueles das Empresas B a Z. A história nos ensina que uma crise, frequentemente, leva os problemas a se correlacionarem de uma forma jamais sonhada em tempos mais tranquilos.

Nos negócios bancários, o reconhecimento da existência do problema da "vinculação" foi uma das razões para a formação do Federal Reserve System. Antes do estabelecimento do Fed, as quebras de bancos fracos, às vezes, causavam demandas repentinas por liquidez não antecipadas em bancos anteriormente sólidos, fazendo com que eles caíssem um após o outro. Hoje, o Fed isola o forte dos problemas do fraco. No entanto, não existe um banco central com a atribuição de impedir a queda de dominó em indústrias de seguros ou derivativos. Nessas indústrias, firmas que são fundamentalmente sólidas podem se tornar problemáticas simplesmente por causa dos tropeços de outras firmas integrantes da cadeia. Quando a ameaça de uma "reação em cadeia" existe em uma indústria, vale a pena minimizar todo tipo de vínculo. É dessa forma que conduzimos nossa empresa de resseguros, e essa é uma das razões pelas quais estamos saindo dos derivativos.

Muitas pessoas afirmam que os derivativos reduzem os problemas sistêmicos, na medida em que os participantes que não têm a capacidade de suportar determinados riscos podem transferi-los para mãos mais fortes. Essas pessoas acreditam que os derivativos agem para estabilizar a economia, facilitar o comércio e eliminar sobressaltos para o participante individual. E, em um nível micro, o que eles dizem é, frequentemente, verdadeiro. Na realidade, na Berkshire eu às vezes me envolvo em transações de derivativos de grande escala para facilitar determinadas estratégias de investimento.

Charlie e eu acreditamos, no entanto, que o quadro macro é, e está ficando cada vez mais, perigoso. Grandes volumes de risco, sobretudo o risco de crédito, ficaram concentrados nas mãos de um número relativamente pequeno de negociantes de derivativos, que, além disso, negociam extensivamente uns com os outros. Os problemas de um poderiam rapidamente contagiar os outros. Ainda por cima, esses negociantes são credores de imensas quantias a serem pagas por contrapartes que não atuam no mercado. Algumas dessas contrapartes, como mencionei, estão vinculadas de forma que poderiam fazer com que, simultaneamente, enfrentassem problemas por causa de um único evento (como, por exemplo, a implosão da indústria de telecomunicações ou a queda súbita no valor dos projetos de energia comercializável). Os vínculos, quando repentinamente vêm à tona, podem provocar problemas sistêmicos sérios.

Na realidade, em 1988, as atividades alavancadas e concentradas em derivativos de um único fundo de hedge — o Long-Term Capital Management — causaram ansiedades tão graves no Federal Reserve que este, apressadamente, orquestrou uma operação de socorro. Testemunhando perante o Congresso mais tarde, os executivos do Fed reconheceram que, caso não tivessem intervindo, as transações em aberto da LTCM — uma empresa desconhecida do público geral e que empregava algumas centenas de pessoas — poderiam ter representado uma séria ameaça à estabilidade dos mercados americanos. Em outras palavras, o Fed agiu porque seus líderes temiam o que poderia acontecer com outras instituições financeiras tivesse o dominó LTCM tombado. E esse caso, embora tenha paralisado grande parte do mercado de renda fixa por semanas, estava muito longe do pior cenário possível.

Um dos instrumentos de derivativos que o LTCM usou foram os *swaps* de retorno total, contratos que facilitam 100% de alavancagem em diversos mercados, inclusive o acionário. Por exemplo, a Parte A de um contrato, geralmente um banco, fornece todo o dinheiro para a compra de uma ação, enquanto a Parte B, sem investir qualquer capital, concorda que, em uma data futura, receberá algum lucro ou pagará qualquer prejuízo que o banco realize.

Os *swaps* de retorno total desse tipo tornam as exigências de margem uma piada. Além disso, outros tipos de derivativos reduzem severamente a capacidade dos reguladores de diminuir a alavancagem e de entender melhor os perfis de risco dos bancos, seguradoras e outras instituições financeiras. De forma semelhante, até mesmo os investidores experientes e alguns analistas encontram grandes problemas em analisar a condição financeira de empresas que estão pesadamente envolvidas com contratos de derivativos. Quando Charlie e eu terminamos de ler as longas notas de rodapé detalhando as atividades de derivativos dos bancos grandes, a única coisa que entendemos é que nós *não* entendemos quanto risco a instituição está correndo.

O gênio dos derivativos já escapou da garrafa há muito e esses instrumentos quase certamente se multiplicarão, em variedade e número, até que algum evento torne sua toxicidade clara. O reconhecimento do quanto eles são perigosos já permeou as indústrias de eletricidade e de gás, nas quais a erupção de problemas importantes causou a diminuição dramática do uso dos derivativos. Em outras partes, no entanto, o comércio de derivativos continua a se expandir sem controle. Os bancos centrais e os governos não conseguiram, até hoje, encontrar uma forma efetiva de regular, ou até mesmo de monitorar, os riscos apresentados por esses contratos.

Charlie e eu acreditamos que a Berkshire deveria ser uma fortaleza de força financeira — para o bem dos proprietários, credores, segurados e empregados. Tentamos ficar atentos a qualquer risco de megacatástrofe, e essa postura pode nos tornar indevidamente apreensivos com as quantidades crescentes de contratos de derivativos de longo prazo e com as quantidades gigantescas de recebíveis não garantidos que crescem a seu lado. Em nossa visão, no entanto, os derivativos são armas financeiras de destruição em massa, carregando perigos que, embora hoje em dia sejam latentes, são potencialmente letais.

Onde estamos colocando nosso dinheiro agora

17 de março de 2003

Segundo excerto da carta de Buffett aos acionistas no relatório anual de 2002

Continuamos a fazer poucas transações de ações. Charlie e eu estamos mais e mais confortáveis com nossas participações nos principais investimentos acionários da Berkshire porque a maior parte aumentou seus lucros à medida que seus preços diminuíam. No entanto, não estamos pensando em aumentar nossas posições nessas empresas. Embora esses empreendimentos tenham boas perspectivas, ainda não acreditamos que suas ações estão subvalorizadas.

Em nossa visão, a mesma conclusão se aplica às ações como um todo. Apesar de três anos de queda de preços — o que melhorou significativamente a atratividade das ações comuns — ainda achamos muito poucas que nos interessam, mesmo de forma mínima. Esse triste fato é testemunho da insanidade que as cotações alcançaram durante a grande bolha. Infelizmente, a ressaca pode acabar sendo proporcional à farra.

A aversão às ações ordinárias que Charlie e eu exibimos hoje está muito longe de ser congênita. Amamos possuir ações — mas apenas se elas puderem ser compradas a preços atraentes. Em meus 61 anos no campo dos investimentos, cinquenta ou mais desses anos ofereceram esse tipo de oportunidade. Haverá anos como esses novamente. A menos, no entanto, que vejamos uma probabilidade muito alta de lucros iguais ou superiores a 10% antes dos impostos (o que se traduz em 6% a 7% após os impostos de pessoa jurídica), vamos ficar de fora. Com o dinheiro de curto prazo rendendo menos de 1% após os impostos, ficar de fora não tem graça nenhuma. No entanto, ser bem-sucedido nos investimentos ocasionalmente exige inatividade.

No ano passado, conseguimos fazer investimentos sensatos em alguns títulos de dívida e empréstimos de alto risco "junk". No geral, nossos investimentos nesse setor sextuplicaram, alcançando US$ 8,3 bilhões no final do ano.

Investir em títulos de alto risco e investir em ações se assemelham em alguns aspectos: ambas as atividades exigem que façamos um cálculo de preço-valor e também examinemos centenas de títulos para encontrar os poucos que têm índices recompensa/risco atraentes. Mas também existem diferenças importantes entre as duas disciplinas. Nas ações, esperamos que cada investimento funcione bem porque concentramos em empresas conservadoramente financiadas com vantagens competitivas fortes, administradas por pessoas capazes e honestas. Se as ações dessas empresas foram compradas a preços sensatos, os prejuízos devem ser raros. Na realidade, nos 38 anos em que administramos os negócios da empresa, os lucros com as ações que administramos na Berkshire (isto é, excluindo aquelas administradas pela General Re/Colônia e pela GEICO) excederam os prejuízos em uma proporção de cerca de cem para um.

Ao comprar títulos de alto risco, estamos lidando com empresas que são muito mais marginais. Essas empresas, em geral, estão sobrecarregadas de dívidas e muitas vezes operam em indústrias caracterizadas por retornos baixos sobre o capital. Além disso, a qualidade da gestão é às vezes questionável. Os gerentes podem até ter interesses que estão diametricamente opostos aos dos credores. Por essa razão, esperamos ocasionalmente ter grandes prejuízos com os títulos "junk". Até hoje, no entanto, temos nos saído razoavelmente bem nesse campo.

O sábio vai para a Ásia

26 de maio de 2003

POR CLAY CHANDLER

Lembra-se daquela tirada de Warren Buffett sobre como, se ele fosse professor em uma faculdade de administração, pediria a cada aluno para avaliar o valor de uma empresa da internet e, em seguida, reprovaria qualquer um que respondesse? Ele poderia dizer o mesmo sobre as ações chinesas. A República Popular pode ostentar a economia que cresce com mais rapidez no mundo, mas as finanças de suas empresas listadas em bolsa são tão turvas quanto as águas do rio Iang-Tsé.

Portanto, por que o Sábio de Omaha está aumentando sua participação na maior estatal de petróleo de Pequim, a PetroChina? Em abril, a Berkshire Hathaway de Buffett colocou US$ 50 milhões na PetroChina, aumentando sua participação para mais de 13% das ações da empresa comercializadas em bolsa. Thomas Hilbolt, da Citigroup, diz que o Efeito Buffett fez a ação subir 12% em uma semana. A compra aumenta o investimento total de Warren na empresa para aproximadamente US$ 500 milhões, tornando-o o segundo maior investidor estrangeiro depois da BP britânica.

É difícil conciliar a PetroChina com o mantra "compre aquilo que você conhece" que ajudou a fazer de Buffett o segundo homem mais rico do mundo. Esse é o sujeito que, por décadas, tem se concentrado principalmente em empresas localizadas no próprio quintal. Aqueles investidores que esperavam por uma explicação na assembleia anual da Berkshire Hathaway em maio não encontraram. "Achamos que entendemos o negócio de petróleo na China razoavelmente bem", Buffett disse. "Não fazemos qualquer juízo mais abrangente sobre o país."

Inúmeros investidores foram malsucedidos ao longo dos anos ao apostar contra Buffett. Contudo, alguns analistas da China questionam o movimento. "Deve haver alguma outra razão para isso", especula Peter Best, da CSFB.

Visto de uma tela de computador do outro lado da Terra, a PetroChina, que produz dois terços do petróleo e do gás natural da China, pode parecer uma vencedora. A China bebe mais do que 5 milhões de barris de petróleo por dia e essa sede certamente crescerá. As vendas de carros saltaram aproximadamente 60% no ano passado. E a PetroChina, que é negociada a cerca de sete vezes seus lucros, parece uma pechincha em comparação com o índice preço/lucro de 15 da Exxon Mobil.

Porém, há razões para as pessoas se preocuparem com a possibilidade de a investida de Buffett na PetroChina não ser bem-sucedida. Os três principais campos petrolíferos da empresa foram quase totalmente esgotados. A gerência manteve a produção estável, mas alguns observadores dizem que isso foi acompanhado por gastos substanciais com exploração. Outros questionam a folha de pagamento inchada, com 400 mil trabalhadores, da PetroChina.

As preocupações com os custos são a principal razão para alguns investidores dizerem que a CNOOC — a China National Offshore Oil Corp. — é a aposta mais inteligente no setor petrolífero chinês. Os investidores dão à CNOOC a mais alta classificação em termos de governança empresarial, e seu faturamento anual cresceu 13% nos três últimos anos, em comparação com os 4% no caso da PetroChina. No entanto, a PetroChina tem Buffett.

Nota da organizadora: a Berkshire vendeu suas ações da PetroChina em 2007 e eis o que Buffett disse no relatório anual daquele ano sobre a participação acionária: "Em 2002 e 2003, a Berkshire comprou 1,3% da PetroChina por US$ 488 milhões, um preço que equivalia a US$ 37 bilhões para a empresa como um todo. Charlie e eu sentimos que a empresa valia cerca de US$ 100 bilhões. Em 2007, dois fatores aumentaram materialmente seu valor: o preço do petróleo subiu significativamente e a gerência da PetroChina fez um excelente trabalho no acúmulo de reservas de petróleo e gás. Na segunda metade do último ano, o valor de mercado da empresa subiu para US$ 275 bilhões, mais ou menos o que pensávamos que ela valia em comparação com outras gigantes do ramo de petróleo. Então, vendemos nossa participação por US$ 4 bilhões."

O preço da ação da PetroChina caiu em um abismo no finalzinho de 2007 e nunca retornou aos níveis do mercado de alta — então Buffett fez uma boa venda. Por outro lado, ele colocou muito dinheiro em outra empresa petrolífera, a ConocoPhillips, em 2007 e 2008, "na pior hora possível", disse ele logo após, porque os preços do petróleo imediatamente caíram. Em 2009 e 2010, a Berkshire vendeu cerca de dois terços de sua posição na ConocoPhillips. Os prejuízos da Berkshire com esse investimento petrolífero praticamente compensaram o que ela havia lucrado com a PetroChina.

A EDIÇÃO DO PODER

Extraído de "As 25 pessoas mais poderosas no mundo dos negócios"

11 de agosto de 2003

Excertos de um artigo de Jerry Useem

Nota da organizadora: este artigo começa com uma descrição de um jogo de golfe em Sun Valley, em julho de 2003, em que o autor pensou que poderia ter sido estabelecido "um novo recorde para o poder econômico agregado". Os jogadores "eram o CEO da maior empresa do mundo, o investidor mais bem-sucedido do mundo e o homem mais rico do mundo. Visualize todo esse poder em um carrinho movido a bateria e você terá a imagem certa para abrir esta Edição do Poder".

Salte uma dúzia ou mais de parágrafos sobre o significado do poder para a discussão dos editores sobre quem deveria encabeçar a lista. O artigo dizia, e nós citamos diversos parágrafos:

Após vários meses de debate interno sobre nossa lista de poder, duas coisas ficaram claras: primeiro, que o poder é um tópico *muito* profundo; segundo, que qualquer lista que publicássemos provocaria as mesmas vaias de protesto e contraprotesto que encheram nossos escritórios... Contudo, em uma área irrompeu uma estranha civilidade. Quando chegou a hora de se definirem os mais altos lugares na lista, ocorreu algo próximo à unanimidade. Na realidade, reduzimos a lista a três candidatos, ao trio que, coincidentemente (juro com a mão sobre a Bíblia), se preparava para jogar golfe em Sun Valley.

Lá estavam nossos três peixões. Isso deu origem à seguinte pergunta: quem é o rei dos peixes?

Lee Scott, do Wal-Mart, está reformulando cerca de vinte indústrias ao mesmo tempo e provavelmente se classificaria para um lugar no Conselho de Segurança da ONU, se a participação naquela entidade não estivesse restrita a "países". No entanto, Scott talvez seja o mais substituível dos três. Bill Gates, como cérebro líder em uma empresa energizada pela capacidade intelectual, continua sendo o Sr. Microsoft — e como Huck Finn poderia ter dito, ele tem uma quantidade considerável de dinheiro para acompanhar sua massa cinzenta. No entanto, o poder dos recursos disponíveis da empresa, na ordem de US$ 46 bilhões, é apenas potencial, não realizável, a menos que ela encontre novas maneiras que mudem o comportamento para usá-lo. Nos últimos tempos, a Microsoft o tem distribuído para os investidores na forma de dividendos.

O que nos leva ao terceiro golfista. Além de administrar um império conhecido como Berkshire Hathaway, Warren Buffett está presente em muitas empresas importantes (Coca-Cola, Gillette, Washington Post Co.) e tem uma fortuna pessoal inferior apenas à de Gates. Porém, o fato mais interessante sobre Buffett pode vir de uma pesquisa recente entre os formandos no curso de MBA da Duke University. Após o próprio pai, a pessoa que os formandos mais admiram — mais do que o presidente, mais do que o papa, mais do que Gandhi — é Warren Buffett. Essa estatura extraordinária dá a ele um poder de persuasão moral que se torna ainda mais forte por Buffett fazer pouco uso dele. É a capacidade de moldar o comportamento de pessoas muito além de seu alcance direto meramente através de suas palavras, que se soma à imagem de Buffett como o lorde protetor extraoficial do capitalismo americano.

Ele tem a faca e o queijo na mão. Agora, tem algo mais: o topo de nossa lista.

O empresário mais poderoso: Warren Buffett

11 de agosto de 2003

DE ANDY SERWER

O empresário mais poderoso dos Estados Unidos é modesto sobre sua posição na vida. Certamente, Warren Buffett aprecia algumas das mordomias próprias a alguém que é o segundo homem mais rico no mundo, como, por exemplo, voar por aí em um de seus NetJets e jogar bridge com seu amigo (e número 2 em nossa lista), Bill Gates. Na maior parte, contudo, o sujeito de 72 anos desdenha a noção de que ele é o Atlas das empresas americanas. "Isso significa apenas que, se eu fizer alguma tolice, posso fazê-la em uma escala muito grande", diz ele com sua risada característica. "Significa que você poderia acrescentar muitos zeros aos prejuízos."

Não tem havido muito desses. A empresa de Buffett, a Berkshire Hathaway, tornou-se uma gigante americana, com interesses multibilionários em tudo, desde seguros — em que Buffett é um dos maiores participantes do mundo — a jornais, tapetes e botas de caubói. Ao registrar lucros anuais compostos de 21% nos últimos 15 anos (comparado com 11% do mercado), Buffett provou ser o maior investidor do mundo. Como tal, sua influência nas ações e no mercado é inigualável. Notícias de que Buffett está comprando ou vendendo determinadas ações (seja a notícia fato ou ficção) mudarão o preço de uma ação como um fliperama, o que é a razão de ele ser reservado ao extremo ao discutir investimentos.

Um dos poucos lugares onde ele de fato fala sobre investimentos — sua carta anual aos acionistas — é, de longe, a comunicação mais amplamente lida de um CEO no mundo. Quando o ex-presidente chinês Jiang Zemin discutiu a natureza misteriosa do mercado acionário americano em uma visita de Bill Gates, este lhe disse que havia apenas um sujeito que realmente o compreendia: Warren Buffett. Gates acrescentou que, quando ele voltasse aos Estados Unidos, enviaria o relatório anual mais recente de Buffett a ele. O que foi feito. (Não sabemos se Jiang hoje possui ações da BRK.)

Além disso, Buffett é, sem dúvida, o homem de negócios mais procurado do mundo por outros CEOs que desejam orientação. "Os CEOs estão rodeados por pessoas que são pagas", diz Buffett. "Não estou recebendo nada, então posso dar-lhes conselhos imparciais." Nos últimos cinco anos, dezenas de CEOs foram a Omaha para visitar o Oráculo, inclusive Jeff Immelt, da General Electric (número 7 em nossa lista). "Estive lá duas ou três vezes para falar com ele e fazer um churrasco", diz Immelt. "Ele é o investidor mais astuto do mundo, e estou tentando usar sua mente."

O Congresso americano também ouve atentamente as palavras de Buffett. Em 20 de maio, poucos dias antes de os legisladores votarem o projeto de lei sobre mudanças nos impostos de Bush, Buffett escreveu um artigo para a página de opinião do *Washington Post* que ressaltava o que ele percebia como a tolice de eliminar os impostos sobre dividendos. O corte de impostos, Buffet argumentava, beneficiaria quase exclusivamente os ricos. Palavras poderosas vindas de Buffett

— poderosas o suficiente para persuadir determinados membros do Congresso a reduzir os benefícios na versão final do corte de impostos.

Simplesmente, Buffett é mais respeitado e admirado do que qualquer outro empresário vivo, não somente por outros empresários, mas também pelo público em geral. Veja bem, *isso* é que é poder. — *AS*

A íntegra do artigo sobre Poder, incluindo todas as 25 pessoas listadas, está disponível em fortune.com/buffettbook (em inglês).

O déficit comercial crescente dos Estados Unidos está destruindo a nação. Eis uma forma de resolver o problema — mas precisamos agir já

10 de novembro de 2003

DE WARREN BUFFETT, EM COLABORAÇÃO COM CAROL LOOMIS

Este artigo escrito por Buffett, com um título que certamente estabelece novos parâmetros na Fortune *em termos de comprimento, lamenta o déficit comercial americano e apresenta uma ideia dele, os "certificados de importação" como uma forma de equilibrar importações e exportações. Por ser criativa e bem estudada, a ideia incitou algum interesse em Washington, atraindo a atenção passageira dos senadores Ted Kennedy e Joe Biden. Até mesmo hoje, quando Buffett não está fazendo qualquer campanha a favor dessa ideia, ocasionalmente recebe um e-mail de alguém que admira seu conceito e quer saber o que fazer para desenvolvê-lo.*

No entanto, de forma geral, a ideia de Buffett não ganhou apoio. Certamente, nenhum aplauso veio dos economistas: eles são quase universalmente favoráveis ao livre-comércio, desprezam as quotas e tudo mais que interfere com a capacidade do mercado de colocar em prática a mágica de Adam Smith. O próprio Charlie Munger é suficientemente tradicionalista a ponto de não ter gostado do plano de Buffett, do qual ele tomou conhecimento através de um exemplar novo em folha da Fortune *que eu, durante minha visita a ele e à sua já falecida esposa, na Califórnia, entreguei em mãos. Imediatamente Munger leu o artigo do início ao fim. Em seguida, disse: "Warren está certo, é claro, em abominar nossos déficits comerciais. Eu gostaria, no entanto, que ele não apoiasse ilusões desse tipo."*

Exatamente como Buffett previu que aconteceria, os problemas que ele destacou em 2003 pioraram. O déficit comercial americano naquele ano foi cerca de US$ 500 bilhões. Esteve entre US$ 100 bilhões e US$ 250 bilhões maior em cada um dos cinco anos seguintes, caindo para menos de US$ 500 bilhões somente em 2009, quando a crise de crédito apavorou tanto os cidadãos americanos que eles, pelo menos temporariamente, cortaram seu consumo de bens em favor de taxas de poupança mais altas. Após 2009, o déficit comercial começou a subir. Seu nível provável em 2012, com base nos resultados mensais até julho, será em torno de US$ 560 bilhões.

Hoje, embora Buffett fale sobre a ideia dos certificados de importação somente quando solicitado, ele ainda acha que essa ideia tem mérito. Outras ideias para atin-

gir equilíbrio entre exportações e importações também poderiam funcionar, acrescenta. *"Mas", diz ele com convicção, "de alguma forma, precisamos atingir o equilíbrio. A situação atual de déficits gigantescos é simplesmente insustentável".*

A revelação de abertura do artigo de que Buffett investira, através da Berkshire, em moedas estrangeiras — apostando contra o dólar pela primeira vez em sua vida — levou-o a fazer informes periódicos nos anos seguintes sobre o resultado da aposta. Ele concluiu essa narrativa no início de 2006, afirmando que a Berkshire ganhara cerca de US$ 2,2 bilhões com moedas e havia liquidado quase todas as suas posições. Isso não se deveu a qualquer esperança de que o dólar se fortalecesse — ele, na realidade, disse que a moeda americana provavelmente enfraqueceria, o que de fato aconteceu, por uma diferença significativa — mas porque as taxas de juros relativas entre países haviam mudado e diminuído a atração dos investimentos diretos em moedas. Colocar o dinheiro da Berkshire em empresas que ganham uma grande proporção de seus lucros no exterior seria uma estratégia melhor para o futuro, disse.

Um adendo a essa declaração, apenas alguns meses mais tarde: a primeira aquisição já feita pela Berkshire de uma empresa estrangeira, a saber, a Iscar — um fabricante israelense de instrumentos de corte que ganha quase todos os seus lucros fora dos Estados Unidos. A Berkshire tem uma participação de 80% na empresa, comprada por US$ 4 bilhões, com os 20% restantes permanecendo nas mãos dos vendedores.

O artigo sobre o déficit comercial publicado logo após apareceu em forma de box. — CL

Estou prestes a fazer um alerta com relação ao déficit comercial americano e também a sugerir uma solução para o problema. No entanto, primeiro preciso mencionar duas razões pelas quais você talvez deva ouvir com ceticismo o que digo. Para começar, o histórico de minhas previsões dos rumos da macroeconomia está longe de ser inspirador. Por exemplo, durante as duas últimas décadas, tive um pavor excessivo da inflação. Mais relevante ao tema sobre o qual falamos, comecei lá atrás, em 1987, a me preocupar publicamente com nossos déficits comerciais cada vez maiores — e, como você sabe, não só sobrevivemos, como também prosperamos. Logo, no front do comércio internacional, marque, pelo menos, um grito de "lobo"* para mim. Mesmo assim, estou gritando lobo novamente e, dessa vez, sustentando essa posição com dinheiro da Berkshire Hathaway. Antes

---

* Alusão à lenda russa "Pedro e o Lobo". (*N. da T.*)

da primavera de 2002, vivi quase 72 anos sem comprar moedas estrangeiras. Desde então, a Berkshire tem feito investimentos — e hoje detém posições — em diversas moedas. Não lhes darei detalhes; na realidade, a moeda em si é, em grande medida, irrelevante. O que, de fato, importa é o ponto subjacente: comprar outras moedas implica acreditar na queda do dólar.

Na condição de americano e investidor, eu, na verdade, espero que esses investimentos acabem se provando errados. Quaisquer lucros que a Berkshire possa realizar das transações com moedas seriam mínimos em comparação com os prejuízos que a empresa e nossos acionistas, em outros aspectos de sua vida, incorreriam por causa de uma desvalorização do dólar.

No entanto, como diretor da Berkshire Hathaway, tenho a responsabilidade de investir o dinheiro da empresa em formas que façam sentido. E minha razão para finalmente colocar meu dinheiro onde minha boca tem estado por tanto tempo é que nosso déficit comercial tem piorado muito, a ponto de o "patrimônio líquido" de nosso país, por assim dizer, estar sendo transferido para o estrangeiro em velocidade alarmante.

Uma perpetuação dessa transferência engendrará grandes problemas. Para compreender por que, faça uma viagem imaginária comigo para duas ilhas isoladas, situadas lado a lado e de tamanho igual, Desperdiciolândia e Economialândia. A terra é o único bem de capital nessas ilhas e suas comunidades são primitivas, precisando somente de alimentos e produzindo apenas alimentos. Trabalhando oito horas por dia, na realidade, cada habitante consegue produzir alimentos suficientes para se sustentar. E, por um longo tempo, é assim que a vida prossegue. Em cada ilha, todos trabalham as oito horas prescritas no dia, o que significa que cada sociedade é autossuficiente.

Certo dia, contudo, os cidadãos diligentes de Economialândia decidem levar a sério essa questão de poupar e investir, e começam a trabalhar 16 horas por dia. Desse modo, eles continuam vivendo dos alimentos que produzem durante oito horas de cada dia, mas começam a exportar uma quantidade igual para seu único ponto de venda, Desperdiciolândia.

Os cidadãos de Desperdiciolândia ficam estáticos com essa novidade, uma vez que agora podem viver livres do trabalho duro e comer a mesma quantidade de sempre. Ah, sim, existe uma troca envolvida, mas, para os desperdiçadores, ela parece inofensiva: tudo que os econômicos desejam em troca por seus alimentos são títulos do desperdiçador (as quais são denominadas, naturalmente, de grana de desperdiçador).

Com o passar do tempo, a Economialândia acumula uma quantidade enorme desses títulos, que, em sua essência, representam direitos sobre a produção futura de Desperdiciolândia. Algumas autoridades da ilha sentem que problemas poderão surgir no futuro. Eles preveem que, para os desperdiçadores, tanto comer quanto pagar a dívida — ou apenas os juros da dívida — que eles estão acumulando, no final das contas, exigirão que trabalhem mais de oito horas por dia. No entanto, os residentes de Desperdiciolândia não têm disposição alguma para escutar esses prognósticos sombrios.

Nesse ínterim, os cidadãos de Economialândia começam a ficar nervosos. Qual o verdadeiro valor, eles perguntam, dos papéis de dívida de uma ilha preguiçosa? Logo, os econômicos mudam de estratégia: embora continuem a manter alguns títulos, vendem a maioria para os residentes de Desperdiciolândia em troca de grana de desperdiçador e usam os lucros para comprar terra na Desperdiciolândia. E os econômicos acabam virando proprietários de toda a Desperdiciolândia.

Nesse ponto, os desperdiçadores são forçados a lidar com uma equação feia: devem agora não só voltar a trabalhar oito horas por dia para comer — não têm mais nada para comercializar —, como também precisam trabalhar horas adicionais para pagar os juros das dívidas e o aluguel aos econômicos pela terra tão imprudentemente vendida. Em essência, a Desperdiciolândia foi colonizada pela compra, e não pela conquista.

Pode-se argumentar, com razão, que o valor presente da produção futura que Desperdiciolândia deve para sempre exportar para a Economialândia se iguala à produção que a Economialândia inicialmente entregou e que, como resultado, ambos fizeram um acordo justo. No entanto, uma vez que uma geração dos habitantes da Desperdiciolândia teve uma vida de ócio e as gerações futuras pagam em perpetuidade por aquilo, há — na fala dos economistas — algumas "injustiças entre gerações".

Pensemos nisso em termos de uma família: imagine que eu, Warren Buffett, possa convencer os fornecedores de tudo que consumo em minha vida a aceitar papéis de dívida da família Buffett pagáveis, em bens e serviços e com o acréscimo de juros, por meus descendentes. Esse cenário pode ser encarado como uma transação justa entre a unidade familiar Buffett e seus credores. No entanto, é pouco provável que as gerações de Buffetts seguintes à minha aplaudam o acordo (e, Deus me livre, podem até mesmo tentar fugir do pagamento dessas dívidas).

Pensando novamente sobre aquelas ilhas: mais cedo ou mais tarde, o governo de Desperdiciolândia, enfrentando pagamentos cada vez maiores para pagar os juros da dívida, decidiria adotar políticas altamente inflacionárias — ou seja, emitir mais grana de desperdiçador para diluir o valor de cada uma. Afinal, o governo pensaria, aqueles irritantes títulos de desperdiçador são simplesmente direitos sobre *números* específicos de grana de desperdiçador e não sobre grana de um *valor* específico. Em resumo, tornar a grana de desperdiçador menos valiosa aliviaria os problemas fiscais da ilha.

Essa possibilidade é a razão por que eu, fosse um residente de Economialândia, optaria por adquirir terra de Desperdiciolândia diretamente, em vez de adquirir títulos do governo da ilha. Do ponto de vista moral, a maioria dos governos acha muito mais difícil tomar o controle de propriedade estrangeira do que diluir o poder de aquisição dos direitos de compra detidos pelos estrangeiros. O roubo por astúcia é preferível ao roubo pela força.

Então, o que os passeios por essas ilhas têm a ver com os Estados Unidos? Simplesmente falando, após a Segunda Guerra Mundial e até o início da década de 1970, operamos no estilo aplicado de Economialândia, regularmente vendendo mais para o exterior do que comprando. Ao mesmo tempo, investimos nossos excedentes no exterior, com o resultado de que nossos investimentos líquidos — isto é, nosso estoque de ativos estrangeiros menos os estoques estrangeiros de ativos americanos — aumentaram (de acordo com a metodologia, posteriormente revista, que o governo adotava naquela época) de US$ 37 bilhões em 1950 para US$ 68 bilhões em 1970. Naqueles dias, para resumir, o "patrimônio líquido" de nosso país, visto em sua totalidade, consistia de todos os bens dentro de nossas fronteiras mais uma porção modesta da riqueza do resto do mundo.

Além disso, pelo fato de os Estados Unidos estarem em uma posição de proprietário líquido com relação aos demais países do mundo, ganhamos renda de investimento líquida que, acrescentada aos superávits comerciais, tornou-se a segunda fonte dos fundos de investimento. Nossa situação fiscal era, portanto, semelhante àquela de um indivíduo que estava tanto economizando parte de seu salário quanto reinvestindo os dividendos de sua poupança existente.

No final da década de 1970, a situação comercial se inverteu, gerando déficits que, inicialmente, andaram em torno de 1% do PIB. Isso não era nada sério, sobretudo porque a receita de investimento líquida permaneceu positiva. Na realidade, com a força dos juros compostos trabalhando a nosso favor, nosso balanço líquido de propriedades atingiu seu pico de US$ 360 bilhões em 1980.

Desde então, no entanto, a situação desandou, com o ritmo de declínio rapidamente se acelerando nos últimos cinco anos. Hoje, nosso déficit comercial anual ultrapassa 4% do PIB. Igualmente, o restante do mundo possui incríveis US$ 2,5 trilhões mais dos Estados Unidos do que possuímos de outros países. Parte desses US$ 2,5 trilhões é investida em direitos de compra — títulos de dívida americanos, tanto governamentais quanto privados — e parte em ativos, como imóveis e ações. Em essência, nosso país tem se comportado como uma família extraordinariamente rica que possui uma fazenda imensa. Para consumir 4% mais do que produzimos — esse é o déficit comercial —, temos, dia após dia, tanto vendido pedaços da fazenda quanto aumentado a hipoteca sobre a terra que ainda possuímos.

Para colocar em perspectiva os US$ 2,5 trilhões de propriedade estrangeira líquida, contraste isso com o valor de US$ 12 trilhões das ações americanas em propriedade do público, ou o valor igual dos imóveis residenciais dos Estados Unidos, ou o que eu estimaria como um total agregado de US$ 50 trilhões em riquezas nacionais. Essas comparações mostram que aquilo que já foi transferido para o exterior é significativo — por volta, por exemplo, de 5% de nossa riqueza nacional.

Mais importante, contudo, é que a propriedade estrangeira de nossos ativos crescerá cerca de US$ 500 bilhões ao ano se o déficit comercial mantiver seu nível atual, o que significa que o déficit estará acrescentando cerca de um ponto percentual anualmente à propriedade líquida estrangeira de nossa riqueza nacional. À medida que essa propriedade for crescendo, também crescerá a renda de investimento líquida anual que flui para fora do país. Isso nos deixará pagando dividendos e juros cada vez maiores para o mundo, em vez de sermos um recebedor líquido deles, como no passado. Entramos no mundo dos juros compostos negativos — adeus, prazer; olá, dor!

Nas primeiras aulas do curso de economia, somos ensinados que os países não poderiam sustentar por muito tempo déficits comerciais grandes e cada vez maiores. Em algum momento, dizia-se, a farra da nação que adora consumir seria freada por ajustes no câmbio e pela relutância dos países credores em aceitarem um fluxo interminável de papéis de dívida dos grandes gastadores. E é assim que tem, de fato, funcionado para o resto do mundo, como podemos ver pelas interrupções abruptas de crédito que muitas nações perdulárias enfrentaram em décadas recentes.

Os Estados Unidos, no entanto, desfrutam de status especial. Na realidade, podemos nos comportar hoje como desejamos, porque nosso comportamento financeiro no passado foi muito exemplar — e porque somos muito ricos. Nem nossa capacidade nem nossa intenção de pagar são questionadas, e continuamos a ter uma montanha de ativos desejáveis para trocar por consumíveis. Em outras palavras, nosso cartão de crédito nacional nos permite cobrar montantes verdadeiramente estonteantes. Porém, essa linha de crédito não é ilimitada.

O momento de parar essa troca de ativos por consumíveis é agora, e eu tenho um plano para fazê-lo. Minha solução pode soar engenhosa e, na realidade, trata-se de uma tarifa com outro nome. No entanto, essa é uma tarifa que retém muitas das virtudes do livre mercado, sem proteger indústrias específicas, punir países específicos ou estimular guerras comerciais. Esse plano aumentaria nossas exportações e talvez induzisse um aumento no comércio mundial como um todo. E equilibraria nossos livros fiscais sem haver um declínio significativo no valor do dólar, o que eu acredito que quase certamente irá acontecer caso minha proposta não seja implementada.

Atingiríamos esse equilíbrio emitindo o que eu chamarei de Certificados de Importação (CIs) para todos os exportadores americanos em uma quantidade igual ao valor em dólares de suas exportações. Cada exportador venderia, por sua vez, os CIs para outras partes — tanto exportadores estrangeiros quanto importadores daqui — que desejam levar produtos para os Estados Unidos. Para importar US$ 1 milhão em bens, por exemplo, um importador precisaria de CIs que fossem o subproduto de US$ 1 milhão de exportações. O resultado inevitável: equilíbrio da balança comercial.

Por nossas exportações totalizarem cerca de US$ 80 bilhões ao mês, os CIs seriam emitidos em quantidades imensas e equivalentes — isto é, 80 bilhões de certificados por mês — e, certamente, seriam negociados em um mercado excepcionalmente líquido. A concorrência, então, determinaria quais entre aqueles parceiros que desejam vender para nós comprariam os certificados e quanto eles pagariam. (Eu entendo que os certificados seriam emitidos com uma vida curta, possivelmente de seis meses, para que não houvesse incentivo para os especuladores acumulá-los.)

Para fins ilustrativos, postulemos que cada CI seria vendido por US$ 0,10 — isto é, 10 centavos por cada dólar de exportações correspondente. Mantidas inalteradas todas as outras coisas, essa quantidade significaria que um produtor americano realizaria 10% mais se vendesse seus bens no mercado de exportação do que se os vendesse domesticamente, com os 10% adicionais provenientes de suas vendas de CIs.

Em minha opinião, muitos exportadores veriam isso como uma redução de custo, uma que lhes permitiria cortar os preços de seus produtos nos mercados internacionais. Esse tipo de comportamento seria especialmente estimulado nos produtos de base (*commodities*). Se o alumínio, por exemplo, estivesse sendo vendido por US$ 0,66 o quilo no mercado doméstico e os CIs estivessem valendo 10%, os produtores de alumínio domésticos poderiam vendê-lo por cerca de US$ 0,60 o quilo (mais custos de transporte) em mercados estrangeiros e ainda ganhariam margens normais. Nesse cenário, a produção dos Estados Unidos se tornaria significativamente mais competitiva e as exportações expandiriam. E, ao mesmo tempo, o número de empregos aumentaria.

Os estrangeiros que vendem para nós, é claro, enfrentariam uma situação econômica mais difícil. No entanto, esse é um problema que eles terão de confrontar, não importa qual "solução" comercial seja adotada — e, sem dúvida, uma solução surgirá. (Como Herb Stein disse: "Se algo não pode continuar para sempre, então irá parar.") De certa forma, a abordagem do CI daria maior flexibilidade aos países que vendem para nós, uma vez que o plano não penaliza qualquer indústria ou produto específico. Por fim, o mercado livre determinaria o que seria vendido nos Estados Unidos e quem o venderia. Os CIs determinariam apenas o volume agregado, expresso em dólares, do que foi vendido.

Para ver o que aconteceria às importações, olhemos para um carro que hoje entra nos Estados Unidos a um custo para o importador de US$ 20 mil. De acordo com o novo plano e a hipótese de que os CIs sejam negociados por 10%, o custo do importador aumentaria para US$ 22 mil. Se a demanda pelo carro for excepcionalmente forte, o importador talvez consiga repassar tudo isso ao consumidor americano. No caso mais comum, no entanto, as forças competitivas entrariam em funcionamento, exigindo do fabricante estrangeiro que absorva parte, se não todo, dos custos de US$ 2 mil do CI.

Não existe almoço grátis no plano CI: ele certamente traria consequências negativas sérias para os cidadãos americanos. Os preços dos produtos mais importados aumentariam, e também os preços de determinados produtos competitivos fabricados domesticamente. O custo dos CI, tanto no total quanto em parte, portanto, agiria como um típico imposto sobre os consumidores.

Essa é uma desvantagem grave. Mas haveria desvantagens também no caso de o dólar continuar perdendo valor ou em caso de aumento de tarifas sobre produtos específicos ou na instituição de quotas sobre eles — planos de ação que, em minha opinião, oferecem uma probabilidade menor de sucesso. Acima de tudo, hoje a dor dos preços mais altos sobre os bens importados é amena em comparação com a dor que, no final das contas, sofreremos se continuarmos à deriva e nos desfazendo de porções cada vez maiores do patrimônio líquido de nosso país.

Acredito que os CIs produziriam, rapidamente, equilíbrio da balança comercial americana bem acima dos níveis atuais de exportação, mas abaixo dos atuais níveis de importação. Os certificados ajudariam moderadamente todas as nossas indústrias a competir no mercado global, enquanto o livre mercado determinaria quais delas, enfim, passariam no teste de "vantagem comparativa".

Esse plano não seria copiado por nações que são exportadoras líquidas, porque seus CIs não teriam valor. Os principais países exportadores retaliariam de outras formas? Isso seria o estopim para outra guerra de tarifas do tipo Smoot-Hawley? Dificilmente. Na época de Smoot-Hawley, tínhamos um superávit irracional que desejávamos manter. Atualmente, temos um déficit prejudicial que o mundo todo sabe que precisamos corrigir.

Por décadas, o mundo lutou com uma perplexidade mutante de tarifas punitivas, subsídios de exportação, quotas, moedas vinculadas ao dólar e semelhantes. Muitos desses dispositivos inibidores de importação e estimuladores de exportação há muito vêm sendo empregados por grandes países exportadores que tentam acumular excedentes cada vez maiores — no entanto, guerras comerciais de grande escala não irromperam. Seguramente, uma guerra não seria suscitada por uma proposta que simplesmente procura equilibrar as contas do maior devedor comercial do mundo. Os principais países exportadores comportaram-se racionalmente no passado e continuarão a fazê-lo — embora, como sempre, talvez seja do interesse deles tentar convencer-nos de que se comportarão de outra forma.

O provável resultado de um plano CI é que as nações exportadoras — após alguma pose inicial — usarão sua engenhosidade para estimular as importações de nós. Analise a posição da China, que hoje nos vende cerca de US$ 140 bilhões de produtos e serviços por ano, ao mesmo tempo que compra somente US$ 25 bilhões. Se os CIs existissem, uma possível saída para a China seria simplesmente preencher a diferença por meio da compra de 115 bilhões de certificados ao ano. Contudo, ela poderia, alternativamente, reduzir sua necessidade de CIs ao cortar suas exportações para os Estados Unidos ou aumentar suas compras de nós. É provável que essa última opção fosse a mais palatável para a China e deveríamos desejar que assim fosse.

Se nossas exportações subissem e a oferta de CIs, consequentemente, aumentasse, seu preço de mercado baixaria. Na realidade, se nossas exportações expandissem suficientemente, os CIs passariam a não ter valor e desapareceria a razão de ser do plano como um todo. Como fomos apresentados com o poder de fazer isso acontecer, os países exportadores importantes poderiam rapidamente eliminar os mecanismos que agora usam para inibir nossas exportações.

Se fôssemos instalar um plano CI, poderíamos optar por alguns anos de transição em que, deliberadamente, manteríamos um déficit relativamente pequeno, um passo que ajudaria o mundo a se ajustar enquanto, gradualmente, chegamos aonde precisamos estar. Ao concretizar esse plano, nosso governo poderia leiloar CIs de "bônus" a cada mês ou simplesmente doá-los, digamos, para países menos desenvolvidos que precisam aumentar suas exportações. A última opção entregaria uma forma de ajuda estrangeira que deve ser especialmente efetiva e apreciada.

Terminarei lembrando a você, novamente, que gritei lobo uma vez antes. Em geral, o índice de acerto dos pessimistas nos Estados Unidos é terrível. Nosso país tem consistentemente feito de tolos aqueles que mostraram ceticismo sobre nosso potencial econômico ou nossa resiliência. Muitos profetas da desgraça simplesmente subestimaram o dinamismo que nos permitiu superar problemas que uma vez pareciam ameaçadores. Ainda temos um país e uma economia verdadeiramente extraordinários.

No entanto, acredito que, no déficit comercial, também temos um problema que testará toda a nossa capacidade de encontrar uma solução. Um dólar gradualmente declinante não fornecerá a resposta. Verdade, isso reduziria nosso déficit comercial em certa medida, mas não o suficiente para estancar a saída do patrimônio líquido de nosso país e o crescimento resultante em nosso déficit de renda de investimento.

Talvez haja outras soluções que façam mais sentido do que as minhas. No entanto, o desejo não está entre eles. Do meu ponto de vista, é necessário tomar medidas para estancar a saída desenfreada de nossa riqueza nacional, e os CIs parecem o caminho menos doloroso e mais certeiro de atingir o objetivo. Apenas lembrando que esse não é um problema de pequeno porte: por exemplo, na velocidade em que o restante do mundo hoje faz investimentos líquidos nos Estados Unidos, ele poderia comprar anualmente e colocar em carteira aproximadamente 4% de nossas ações comercializadas em público.

Quando avaliamos as opções de negócios na Berkshire, meu sócio, Charles Munger, sugere que dediquemos total atenção a seu desejo jocoso: "Tudo que quero saber é onde morrerei, porque assim nunca irei para lá." Os formuladores de nossa política comercial deveriam prestar atenção a esse alerta — e manterem-se distantes da Desperdiciolândia.

POR QUE OS ESTRANGEIROS NÃO PODEM SE LIVRAR DE SEUS DÓLARES
10 DE NOVEMBRO DE 2003

Um box de Warren Buffett com Carol Loomis

"Analistas dizem que o que realmente os preocupa é a possibilidade de os estrangeiros começarem a abandonar o dólar." Com que frequência você tem visto um comentário parecido com esse em artigos sobre o dólar americano?

Da próxima vez que você vir algo desse tipo, desconsidere. O fato é que os estrangeiros — como um todo — não podem se livrar de seus dólares. Na realidade, por nossos déficits comerciais estarem constantemente colocando novos dólares nas mãos de estrangeiros, eles precisam aumentar seus investimentos americanos com igual constância.

É verdade, claro, que o restante do mundo pode escolher quais ativos americanos manter. Pode decidir, por exemplo, vender títulos do governo americano para comprar ações americanas. Pode também investir em imóveis, como os japoneses fizeram na década de 1980. Além disso, quaisquer desses movimentos, sobretudo se forem realizados por vendedores ou compradores ansiosos, podem influenciar a cotação do dólar.

No entanto, imagine que os japoneses desejassem ao mesmo tempo se desfazer de seus imóveis nos Estados Unidos e se afastar por completo dos ativos denominados em dólares. Eles não conseguiriam fazer isso vendendo seus imóveis para americanos, porque seriam pagos em dólares. E, se vendessem seus imóveis a neoamericanos — digamos, aos franceses, por euros —, a propriedade permanecerá em mãos de estrangeiros. Qualquer que fosse o tipo de venda, os ativos denominados em dólares mantidos pelo restante do mundo (exceto em caso de qualquer mudança simultânea na cotação do dólar) não mudaram.

O essencial é que as outras nações não podem simplesmente desinvestir nos Estados Unidos a menos que, como um universo, comprem mais bens e serviços de nós do que compramos delas. Essa conjuntura seria chamada de superávits comerciais americanos, e isso não existe.

É possível idealizar alguns planos radicais para mudar a situação. Por exemplo, o resto do mundo poderia enviar ajuda estrangeira em grande escala para os Estados Unidos, o que serviria para contrabalançar nosso déficit comercial. No entanto, segundo qualquer visão realista, nosso imenso déficit comercial garante que o restante do planeta não deve apenas continuar mantendo os bens americanos que possui, mas consistentemente adquirir mais deles. E essa é a razão pela qual, logicamente, nosso patrimônio líquido nacional está gradualmente migrando de nossas costas.

O MERCADO DE ACORDO COM BUFFETT

17 de maio de 2004

POR DAVID STIRES

Quanto você pagaria para chegar perto de Warren Buffett? No que deve ser um novo recorde para os fãs de empresas, alguns admiradores estão oferecendo até US$ 117 no eBay por um ingresso para a assembleia anual da Berkshire Hathaway, a ser realizada em 1º de maio. Determinado a assegurar acesso a todos, Buffett ofereceu 10 mil ingressos na página da internet a US$ 2,50 cada (uma pechincha, dado que uma ação da Classe A vale US$ 93.500). No entanto, essa não é a única ocasião em que a Buffettmania marcou presença. A seguir, um exemplo do robusto mercado em artigos relacionados a Buffett:

US$ 16,95
O livro de Buffett mais vendido

US$ 210 mil
A carteira com 20 anos de uso de Buffett, vendida em um leilão de caridade em 1999

US$ 5
Dois ingressos para a assembleia anual da Berkshire Hathaway

US$ 250.100
Almoço com Buffett, vendido no eBay em 2003

US$ 100
Cédula de um dólar assinada por Buffett, vendida em um leilão de igreja em Nebraska em 2004

US$ 20
Boneco de Warren Buffett, vendido no site dos Omaha Royals

Nota da organizadora: o leilão no eBay de um almoço com Buffett em benefício da Glide Foundation de São Francisco continua — e também sobe de preço todos os anos. Em 2012, a oferta vencedora, mais uma vez um recorde, foi US$ 3.456.789.

O melhor conselho que já ouvi

11 de março de 2005

UMA MEMÓRIA DE WARREN BUFFETT, EDITADA POR CAROL LOOMIS

Por três vezes na década de 2000, a Fortune reuniu mais ou menos vinte pessoas bem conhecidas e pediu que cada uma relatasse o melhor conselho que já havia recebido. Buffett concordou em participar da primeira dessas séries e, cerca de um segundo após sua concordância, o editor gerente Rik Kirkland o programou para a capa.

Fui incumbida da missão da entrevistar Buffett e, quando abri meu notebook para gravar o que quer que ele dissesse, fiquei genuinamente curiosa com o que seria. Achava que nunca o ouviria falar sobre esse tema. Então, perguntei: "Ok, qual é o melhor conselho que você já recebeu?"

De volta, veio uma resposta "muito pouco convencional" que foi uma surpresa completa. Ele não tinha um melhor conselho para discutir. Em vez disso, falou extensivamente sobre o "pior conselho" que já havia recebido, vindo, para piorar, de dois dos homens que mais admirava.

Não consigo me lembrar de como apresentei a Rik essa reviravolta surpreendente no tema que ele pensara. Talvez eu tenha apagado toda aquela cena de meu cérebro. E você sabe do que mais? Colocamos Buffett na capa mesmo assim. — CL

Tive dois mentores: meu pai, Howard Buffett, e Ben Graham. Eles foram homens que reverenciei e que, durante anos, me deram toneladas de bons conselhos. No entanto, quando penso sobre o que eles me disseram, a verdade é que a primeira coisa que vem à mente é o conselho ruim.

Eu não tinha nem 21 anos quando isso aconteceu, em 1951, e acabara de me formar na faculdade de administração da Columbia. Eu havia estudado com Ben lá — e jamais houve aluno mais aplicado. Desejava trabalhar para Ben na Graham-Newman Corp., e, como acabou sendo amplamente conhecido, ofereci-me para trabalhar de graça. Ele disse que não.

Mas, eu ainda estava determinado a entrar na indústria financeira e foi aí que Ben e meu pai me deram o conselho ruim. Ambos achavam que era um mau momento para começar. O que ocupava suas mentes era que o índice industrial Dow Jones estivera acima de 200 durante todo o ano, mas nunca houvera um ano sequer em que ele não vendera abaixo de 200. Então, ambos disseram: "Você se sairá bem, mas esse não é um bom momento para começar."

Havia algo que talvez tenha influenciado meu pai, e Ben também. Eu era muito imaturo. Não tinha apenas aparência jovem, tinha atitudes jovens. Era magro. Meu cabelo era horrível. Talvez seus conselhos fossem uma forma educada de dizer que, antes de eu começar a vender ações, precisava amadurecer um pouco, ou não seria bem-sucedido. No entanto, eles não disseram isso para mim; disseram o contrário. De qualquer forma, não prestei atenção. Voltei para Omaha e comecei a vender ações na empresa de meu pai, a Buffett Falk.

Meu pai era um pensador totalmente independente. Suponho que o fato de ele ser assim influenciou minhas ideias no que se refere à negociação de ações. Ben me instruiu nesse ponto também. Ele disse: "Você não está nem certo nem errado simplesmente porque outros concordam com você. Você está certo porque seus fatos e seu raciocínio estão certos."

Comecei aprendendo com Ben quando li seus livros sobre investimento na University of Nebraska. Experimentara vários sistemas de investimento até então, mas o que ele disse, sobretudo em *O investidor inteligente*, simplesmente me permitiu ver o mundo com um novo olhar — expressões como "margem de segurança" e como usar o "Sr. Mercado", em vez de deixar que ele o use. Em seguida, fui à Columbia apenas para cursar a matéria dele e, mais tarde, recebi uma negativa quando lhe pedi um emprego. Ainda assim, continuei pensando nessa ideia após voltar para Omaha. Prossegui tentando vender ações para Ben e o incomodando um pouco. E, finalmente, certo dia em 1954, recebi uma carta dele dizendo algo no sentido de que a próxima vez em que eu estivesse em Nova York, ele gostaria de conversar comigo. Entrei em êxtase! E decidi ir para Nova York imediatamente.

Fui trabalhar para Ben em agosto de 1954, sem jamais ter perguntado qual seria meu salário. No final das contas, foi de US$ 12 mil; além disso, recebi um bônus de US$ 2 mil no ano seguinte. Trabalhei para ambas as partes da empresa: a Graham-Newman era uma empresa de investimento regulada e a Newman & Graham Ltda. era o que chamaríamos hoje de fundo de hedge. No entanto, juntas, administravam apenas US$ 12 milhões!

Walter Schloss e eu — embora ele tenha logo partido para fundar um fundo de hedge — trabalhamos juntos em uma pequena sala. Divertimo-nos muito um com o outro, e também examinamos manuais minuciosamente, em busca de ações baratas. Nunca saímos para visitar qualquer empresa. Ben achava que isso seria trapacear. E, quando descobríamos algo ótimo, ele investia US$ 50 mil.

No início de 1956, Ben planejava deixar a companhia para se mudar para a Califórnia. E eu já havia decidido voltar para Omaha. Tive muita dificuldade para falar com Ben sobre minha decisão: eu entrava em seu escritório e saía e, depois, entrava e não falava nada por muito tempo. Mas sua reação foi um pouco parecida com a que meu pai teria tido: o que for melhor para você.

Eu tinha US$ 9.800 no final de 1950 e, em 1956, US$ 150 mil. Imaginava que com essa quantia conseguiria viver como um rei. E não sabia o que faria em Omaha. Talvez me matricular na Faculdade de Direito. Não tinha um plano. Certamente, não tinha ideia de que fundaria uma sociedade de investimento. No entanto, alguns meses mais tarde, sete pessoas queriam que eu tomasse conta de seus investimentos, e abrir uma sociedade foi o caminho para fazê-lo. E, assim, tudo começou.

A conversa de US$ 91 bilhões

31 de outubro de 2005

POR DANIEL ROTH

O que é justo é justo — ou seja, quando se trata de Warren Buffett e Bill Gates, e se é a hora de a University of Nebraska finalmente se equiparar ao evento realizado pela University of Washington oito anos antes (ver página 187).

Novidades surgiram durante essa conversa, as quais sinalizavam para o fato de que Buffett decidira doar seu dinheiro em vida. Essa foi uma mudança nítida em suas intenções filantrópicas, mas também houve uma mudança — muito triste — na vida de Buffett: a morte, no verão de 2004, de sua esposa, Susie, vítima de um derrame. Como já observado neste livro, Buffett sempre esperara que Susie, dois anos mais nova do que ele, vivesse mais do que ele e rapidamente aplicasse sua sabedoria e compaixão abundantes à doação de seus bilhões. Com Susie morta, o trabalho de definir como sua filantropia prosseguiria tornou-se um peso na mente de Buffett. No início de 2006, contudo, ele chegou a uma decisão com relação a seu plano impressionante de gradualmente doar suas ações da Berkshire a cinco fundações, sendo a principal delas aquela administrada por Bill Gates e sua esposa, Melinda (Ver "Warren Buffett entrega tudo", página 343).

O box "Buffett bota a boca no mundo", após a sessão de perguntas e respostas, mostra o quanto Warren se sentia forte em 2005 sobre a iniquidade de os ultrarricos (inclusive ele mesmo e Gates, claro) pagarem impostos muito baixos sobre suas rendas. Ele defendeu essa tese repetidas vezes nos anos seguintes e, até 2011, havia exposto com muita frequência que seus argumentos — ou, pelo menos, algo vagamente parecido com eles — foram usados pelos assessores do presidente Obama na formulação da famosa Regra de Buffett. O livro foi para o prelo antes de os eleitores de 2012 decidirem sobre essa questão e todas as outras diante deles. — CL

É a sexta-feira antes do jogo inicial da University of Nebraska na liga Big 12 na cidade apaixonada por futebol americano de Lincoln, mas o jogo dos Cornhuskers não é o único evento concorrido na cidade. Em uma linda tarde no final de setembro, cerca de 2 mil estudantes estão fazendo fila do lado de fora do auditório Lied Center, uma hora antes de as portas se abrirem. Andrew Schoemacher, um estudante do segundo ano alto e magro, nem mesmo tem um ingresso, mas espera a ordem de entrar ser dada. Como ele poderia perder esse show? Afinal, ele diz, "trata-se de Bill Gates e Warren Buffett".

Gates e Buffett — amigos que são, por acaso, os dois homens mais ricos no mundo, valendo US$ 51 bilhões e US$ 40 bilhões, respectivamente — estão juntos em uma sessão de perguntas e respostas sobre uma gama variada de assuntos. Eles fizeram esse tipo de conversa antes — apenas uma vez. Os dois se encontraram na cidade natal de Gates, Seattle, em 1998, com alunos da University of Washington. Naquele evento, eles estavam prestes a enfrentar momentos turbulentos: a Microsoft confrontaria o governo em seu épico processo antitruste, e, semanas mais tarde, Buffett compraria a resseguradora General Re, hoje o espinho na carne de sua empresa Berkshire Hathaway, graças ao envolvimento dela com a conturbada AIG. A *Fortune*, única revista convidada para assistir à primeira conversa deles, considerou a interação como "algo extremamente próximo da sabedoria" e colocou a conversa na capa. Portanto, quando os bilionários decidiram se reunir novamente, fomos juntos para dar uma espiada íntima no evento — e, mais importante, ter alguns momentos a sós com os dois para fazermos nossas perguntas.

Durante o almoço com Daniel Roth da *Fortune* — Coca-Cola sabor cereja e fatias de pato com pão branco para Buffett; rosbife com mostarda em pão branco para Gates —, os dois magnatas estavam descontraídos, conversaram sobre a amizade de um pelo outro, seus planos para jogar pôquer naquela noite e sobre a disposição da Wall Street de levar os investidores pelo mau caminho. Ambos estão voltando a fazer exercícios: Gates, que completava 50 anos em outubro, emagreceu 9 quilos correndo regularmente; Buffett, 75, perdeu mais de 5 quilos graças a sessões com um preparador físico três vezes por semana. E estão reformulando seus planos também: Buffett volta atrás e diz, pela primeira vez, que pode começar a doar sua fortuna antes de morrer. A seguir, trechos dessa conversa.

FORTUNE: Algumas dicas rápidas. Primeiro: o melhor livro que leram ultimamente.

BUFFETT: *Personal History*, de Katharine Graham, é sensacional. Acho que todos deveriam ler esse.

GATES: Há um chamado *The Bottomless Well*, sobre energia, que adoro. Há um sobre a ciência da computação, o livro de Ray Kurzweil — tenho uma prévia, então não tenho certeza de quando será lançado — chamado *Singularity is*

Near, sobre inteligência artificial. O livro de Tom Friedman [*The World is Flat*] é excelente. Jeffrey Sachs escreveu um livro chamado *O fim da pobreza*; o livro de Jack Welch, *Winning*, saiu este ano; e não se esqueçam de *Collapse* [de Jared Diamond], que é a continuação de um dos melhores livros de todos os tempos [*Guns, Germs, and Steel*].

FORTUNE: Sua última grande gastança?

BUFFETT: Você quer dizer gasto pessoal?

FORTUNE: Sim.

BUFFETT: Meu avião. Essa é a única forma em que ter muito dinheiro mudou minha vida: o G4 da NetJets. [Observação: Berkshire é proprietária da NetJets.] Gasto uns US$ 200 mil por ano, ou talvez um pouco mais.

GATES: Gastança... Acho que, se eu perder no pôquer esta noite, é uma gastança de US$ 500.

BUFFETT: Isso é uma gastança.

GATES: As minhas apostas e as de Warren estão sempre limitadas a US$ 1.

BUFFETT: Esse amigo em Omaha me convidou para um jogo de pôquer, e pareceu divertido. No entanto, a variante Texas Hold'Em precisa ser jogada por dinheiro. Essa é a natureza do jogo. Prefiro o bridge, mas pôquer também é muito divertido.

GATES: Se tivéssemos um quarto parceiro ideal aqui, poderíamos ter optado pelo bridge.

FORTUNE: O que seu amigo acha quando você diz: "Ah, sim, vou aí jogar pôquer. Posso levar meu amigo Bill Gates?"

BUFFETT: Mantivemos isso em segredo. O sujeito que está organizando o jogo sabe, mas os outros participantes não.

FORTUNE: De volta às perguntas rápidas. Diga o que vai acontecer com o mercado. Daqui a sete anos, a S&P 500 terá proporcionado um retorno anual acima ou abaixo de 10%?

BUFFETT: Mais provavelmente abaixo do que acima. Não vai acontecer de o PIB crescer 5% ao ano em termos nominais e os lucros de todo mundo 10% ao ano.

GATES: Eu diria abaixo, provavelmente. A noção de que os lucros continuarão a ser superaltos — há algumas nuvens no horizonte.

FORTUNE: A última vez que fez uma palestra como esta, Warren, você disse que as pessoas estavam fazendo "premissas bastante perigosas" sobre os grandes lucros do mercado acionário. O mesmo está acontecendo hoje com os fundos de hedge e o *private equity*?

BUFFETT: No final da década de 1990, as pessoas estavam olhando nos espelhos retrovisores e achavam que Deus havia garantido aos americanos o direito a 15% ao ano. Inseriram isso nas premissas de seus planos de aposentadoria. Elas inseriram isso, em certa medida, nos gastos dos fundos de sustento das universidades. Agora, seis ou sete anos mais tarde, as pessoas olham pelo espelho retrovisor e veem que o rendimento dos investimentos convencionais não chegou nem perto dessa estimativa. E, então, dizem para si mesmas: "Bem, como consigo aquilo? Vou optar por investimentos alternativos." Você pode ter certeza de que o vácuo será preenchido por pessoas de Wall Street que dizem: "Você está certo quando olha naquele espelho retrovisor e vê que os investimentos convencionais não funcionam. Venha conosco, porque temos o Santo Graal." E o mistério do Santo Graal é que você precisa pagar muito mais.

GATES: No financiamento de empresas iniciantes, havia lucros muito altos com pequenas quantidades de dinheiro e, também, lucros muito fracos com grandes quantidades de dinheiro. Esse desejo de ter lucros absolutos altos — e a notícia de que lugares como a Harvard University estavam investindo com inteligência em ativos alternativos — engendrou esse pensamento do tipo: "Ok, deve existir algo por aí que dá um retorno de 10%. Eu simplesmente não o encontrei ainda." Então, o fato de as expectativas de rentabilidade excederem a realidade ainda é verdadeiro hoje.

BUFFETT: E Wall Street alimenta isso.

GATES: Esse é o trabalho deles. [Ambos riem.]

FORTUNE: Warren deu uma palestra para Allen & Co. este verão sobre as preocupações dele com o crescimento acelerado do déficit comercial americano. Estou curioso, Bill, para saber se você tem o mesmo tipo de temor.

GATES: Warren me fez pensar muito sobre isso. Assisti a essa palestra duas vezes e, a cada vez, fico mais preocupado. Acredito no princípio básico de que o comércio é uma coisa muito boa. Estou bastante preocupado que a reação a esse desequilíbrio seja impor restrições comerciais para baixar as importações, o que levaria outras nações a adotarem medidas semelhantes. Acho que o maior perigo é algo que desaceleraria os benefícios proporcionados pelo sistema de livre-comércio.

FORTUNE: Empresas como a sua, por levarem a produção para outros países, não agravam o problema do déficit comercial?

GATES: A Microsoft é uma exportadora líquida — mais do que qualquer outra empresa. Nós fazemos muito mais de nossa P&D aqui do que faturamos aqui. Se os Estados Unidos tivessem cem outras empresas como a Microsoft, o déficit comercial não existiria.

BUFFETT: A alta tecnologia tem sido uma de nossas imensas vantagens. Você procura as coisas no mundo em que você é bom, e deixa os outros concentrarem-se na produção de bananas. Nunca seremos bons em plantar bananas neste país. No entanto, não acredito que o déficit comercial seja algo estável. Se você tiver maior instabilidade econômica, e as pessoas tiverem um sentimento geral de que "olha o que essa situação fez", termina com algumas consequências políticas muito ruins. É quase inevitável.

FORTUNE: É esse seu maior receio com relação ao que acontece nos Estados Unidos?

BUFFETT: O maior problema que temos é países vilões, terroristas e armas nucleares, químicas ou biológicas. Economicamente, acho que os Estados Unidos se sairão bem. Se o restante do PIB mundial *per capita* cresce mais rápido do que o nosso, é assim que deve ser.

GATES: É muito ruim que a economia não seja objeto de ensino ou um passatempo para muitas pessoas, porque você encontra aqueles que parecem dizer: "Há apenas determinado número de empregos." Isso não é verdade. Digamos que amanhã pudéssemos decidir que todos na Índia seriam tão ricos quanto nós. O mundo seria um lugar melhor? Certamente. Os Estados Unidos prosperariam mais por causa dos excelentes produtos e do trabalho que seriam feitos lá? Claro que sim. O enriquecimento do mundo é excelente. Tem sido excelente. E continuará sendo.

BUFFETT: Não se trata de um jogo de soma zero.

GATES: Exatamente, essa é a chave.

FORTUNE: Vocês têm filosofias diferentes sobre filantropia, com Bill doando boa parte de seu dinheiro hoje e Warren esperando até morrer para doar. Que argumentos vocês apresentam um ao outro para defender seus pontos de vista?

BUFFETT: Bem, acho que a maneira dele é melhor. Ele e Melinda estão dedicando uma quantia imensa, muita energia intelectual e coração nisso. Essa é uma combinação excelente. Eu não poderia ter feito isso quando estava com meus 40 anos e acrescentado algo significativo.

Na minha idade agora, vocês podem argumentar que um percentual muito significativo do dinheiro foi ganho. E eu não preciso das ações para controlar a Berkshire, então talvez tenha sentido fazer algo realmente significativo antes de morrer.

FORTUNE: Isso é uma mudança para você?

BUFFETT: É uma revolução.

GATES: Em 1998, eu estava apenas começando [na filantropia] e lá, naquela época, eu teria dito: "Olha, é muito confuso e distrativo ganhar e doar dinheiro ao mesmo tempo." Não achava que tinha tempo disponível. Quando meu pai me estimulou a fazer isso, quando Melinda apresentou o mesmo argumento, e ambos estavam dispostos a dedicar seu tempo para fazer tudo funcionar, conseguimos uma pessoa excelente em Steve Ballmer, que eu conhecia na Microsoft há bastante tempo — os pedaços realmente se juntaram. Sempre pensei que esperaria até haver parado de trabalhar em tempo integral antes de fazer muita filantropia. No entanto, funcionou surpreendentemente bem fazer um pouco de ambos.

BUFFETT: Bill tem uma cabeça melhor para isso. Eu não conseguiria fazer o que ele faz. Eu não teria nenhum prazer, porque não me acharia muito bom nisso. Quero ver o dinheiro usado de maneira inteligente. Não considero minha morte o momento ideal, necessariamente.

FORTUNE: Vocês dois conversam sobre isso?

BUFFETT: Ah, certamente.

GATES: Claro.

FORTUNE: Você está tentando persuadir Warren a ser tão ativo na filantropia quanto você?

GATES: Não, mas compartilho o prazer que tiro disso e algo da dinâmica divertida, a dinâmica do que funciona e não funciona. É muito parecido com o mundo dos negócios — não o suficiente que possa simplesmente entrar e sair fazendo tudo, mas você aprende alguma coisa das especificidades e, então, a experiência dos negócios se aplica.

BUFFETT: A Berkshire é uma parte tão grande de mim que eu nunca poderia me afastar dela. No entanto, não acho que vou quintuplicar [minha fortuna pessoal] em seis ou oito anos. A quantidade já é grande o suficiente para fazer coisas muito significativas, e bem diferente de quando eu estava com 40 anos. Quero dizer, se eu tivesse feito isso na casa dos 40, poderia ter sido US$ 20 milhões. Agora, temos um montante que pode fazer algo significativo. E não preciso das ações para controlar a Berkshire. Tendo em vista seu tamanho atual, ninguém tentará assumir o controle da Berkshire, o que não era o caso há vinte anos.

GATES: Nunca pensei que doar riqueza para meus próprios filhos poderia ser desvantajoso até ler um artigo na *Fortune*...

BUFFETT: "Você deixaria tudo para os filhos?"

GATES: Certo. Warren foi uma voz forte naquele artigo. E, após lê-lo, pensei, puxa, se passar de determinada quantia, seria um erro [dá-la toda como herança]. Então, essa ideia de que tudo deveria retornar para a sociedade, Warren me influenciou muito sobre essa questão.

BUFFETT: E ele está fazendo um trabalho melhor. [Risos.] É interessante que as mesmas pessoas que falam sobre o terrível ciclo de dependência trazido pelo estado de bem-estar, em seguida, dão aos filhos, quando saem do útero, um suprimento vitalício de vales-alimentação. No entanto, no caso de alguma coitada que tenha tido duas gestações por volta dos 17 anos, elas dizem: "Ah, é muito ruim dar a ela qualquer coisa."

FORTUNE: Warren, sei que você não costuma investir em empresas de tecnologia, mas estou curioso para saber se a Microsoft parece tentadora.

BUFFETT: Com Bill na minha diretoria, as pessoas concluiriam que eu teria acesso a informações privilegiadas se eu ganhasse dinheiro. E se eu não ganhasse dinheiro, não seria uma boa ideia. [Ambos começam a rir.]

GATES: Sim, achariam que eu o teria enganado.

FORTUNE: Mas, Bill, você tem comprado mais ações da Berkshire Hathaway.

GATES: Bem, de todos os membros da diretoria, sou o que tem o menor percentual de seu patrimônio líquido investido em ações da Berkshire.

FORTUNE: Então isso não é uma tentativa de assumir o controle da Berkshire...

GATES: [Rindo.] Não, não, não.

BUFFETT: Se alguém assumir o controle, espero que seja Bill.

GATES: Quando minha participação chegar a 1%, eu o informarei.

FORTUNE: Falando da Berkshire, vocês dois gostam da subsidiária dela, a Dairy Queen. Então, última pergunta: Dilly Bar ou Blizzard?

BUFFETT: Bem, eu gosto mesmo é de algo que chamo Dusty Sundae. Mas, dada a escolha, eu teria de dizer um Blizzard.

GATES: Eu escolheria um Dilly Bar.

Mais tarde, Dan Roth conversou com os dois separadamente. Eis seu relatório sobre Buffett:

Buffett fala...

Sobre a ideia de uma alíquota de imposto uniforme para todos os cidadãos

Eu não apoiaria. Temos, em minha visão, um sistema fiscal que já é pouco progressivo demais. Se você olhar para o imposto sobre o trabalho assalariado — o qual está acima dos 12% agora, e isso se aplica nos primeiros US$ 80 mil ou US$ 90 mil de renda —, Bill e eu pagamos praticamente nada disso em relação à nossa renda. Para as pessoas que trabalham para nós, sua alíquota de imposto em muitos casos é a mesma ou até mesmo maior do que a minha, uma vez que a alíquota sobre os ganhos de capital e os dividendos foi cortada para 15%. O que aconteceu nesse país em anos recentes são benefícios imensos para os muito ricos e um alívio não muito grande para as pessoas nas camadas inferiores.

Sejamos francos, acho que Bill e eu deveríamos ter uma alíquota de imposto maior sobre a renda que ganhamos. Pagamos menos de metade da alíquota que eu pagava há 25 anos, quando ganhava muito menos dinheiro. Eles têm, realmente, cuidado bem dos ricos.

Sobre suas piores decisões de investimento

Os maiores erros são os de omissão, e não de comissão. Nunca perdemos muito dinheiro em nenhum investimento, mas trata-se das coisas que eu conhecia o suficiente para fazer, mas não fiz. Os lucros perdidos podem beirar US$ 10 bilhões. O fato de não ter comprado a Microsoft lá atrás não é uma oportunidade desperdiçada, porque eu não sabia o suficiente para tomar aquela decisão. Contudo, houve outros investimentos em que eu, de fato, tinha conhecimento suficiente e, por alguma razão, acabei não fazendo qualquer investimento ou investindo em escala pequena. Basicamente, estava chupando meu dedo quando deveria estar assinando cheques.

Mas, sabe, se você fosse um jogador de golfe e conseguisse fazer um buraco em uma tacada toda vez, o jogo não seria nada divertido. Pelo menos, é assim que explico minhas tacadas erradas.

Sobre doar dinheiro para os filhos

Nossos filhos serão ricos, no topo da parcela de 1% mais rica do mundo, mas 99% do que tenho irá para a filantropia, e Bill tem a mesma atitude, basicamente. Não vamos criar filhos super-super-ricos. Eles serão ricos, não há dúvida a esse respeito, mas a ideia da fortuna dinástica não me atrai. Se você falar sobre igualdade de oportunidade neste país e realmente fizer com que todos com talento tenham uma chance justa para chegar ao topo, a ideia de transferir posições imensas na sociedade simplesmente porque alguém vem do útero certo, eu simplesmente penso que é uma coisa quase antiamericana.

Cortem seus ganhos!

20 de março de 2006

Excerto da carta de Buffett aos acionistas no relatório anual da Berkshire Hathaway de 2005

"Ele é um reducionista e tanto", disse recentemente um companheiro de negócios de Warren Buffett, usando essa palavra incomum para se referir à habilidade incomum de Buffett para reduzir um problema ou questão à sua essência. Warren demonstra esse talento neste trecho de sua carta aos acionistas de 2005, declarando "o máximo que os proprietários no agregado podem ganhar entre hoje e o Dia do Juízo Final é o que suas empresas ganham no agregado". Ele, então, continua, sob a manchete "Cortem seus ganhos!" que a Fortune usou para dar nome ao trecho, para lamentar "custos friccionais" e seus efeitos caros sobre uma família chamada Gotrocks [Tempedras].

Os "custos friccionais" preocupam Buffett desde que ele começou sua Buffett Partnership Ltda. em 1956. Pelas definições atuais, seria um fundo de hedge. No entanto, em uma prática emulada por outros poucos fundos, Buffett destinou os primeiros 6% dos lucros anuais do fundo para seus sócios limitados, antes de ele mesmo começar a receber qualquer parte dos ganhos. Mais tarde, à medida que suas cartas aos acionistas ficavam famosas, ele advertiu alguns investidores individuais para se dirigirem para fundos de índice de custo baixo em vez de tentar lidar ele mesmo com o mercado acionário.

Ainda mais tarde, ele fez a agora famosa aposta contra a Protégé Partners, na qual apostou que um fundo de índice S&P de custo baixo e não gerenciado poderia, ao longo de dez anos, superar o desempenho de cinco fundos de fundo de hedge cuidadosamente selecionados para essa aposta. O fardo que os sócios limitados nesses fundos suportam, claro, é dois conjuntos de custos friccionais, o primeiro no nível de fundo de hedge; o segundo no nível do fundo de fundos. Quando este livro for publicado, anos da aposta já se terão passado e os dois lados estarão quase empatados. Mais informações sobre a aposta podem ser encontradas em "A grande aposta de Buffett", página 370. — CL

Tem sido fácil para a Berkshire e outros proprietários de ações americanas prosperarem no decorrer dos anos. Entre 31 de dezembro de 1899 e 31 de dezembro de 1999, para dar um exemplo de longo prazo, a Dow subiu de 66 para 11.497.

(Adivinha qual taxa de crescimento anual é necessária para produzir esse resultado; a resposta surpreendente está no final deste artigo.) Essa imensa subida aconteceu por uma razão simples: durante o século, as empresas americanas tiveram um desempenho extraordinariamente bom e os investidores surfaram a onda de sua prosperidade. As empresas continuam a ter um bom desempenho. No entanto, agora, os acionistas, através de uma série de feridas autoinfligidas, estão cortando em muito os lucros que realizarão de seus investimentos.

A explicação de como isso está acontecendo começa com uma verdade fundamental: com exceções insignificantes, como, por exemplo, falências nas quais uma parte dos prejuízos das empresas é assumida pelos credores, *o máximo que os proprietários no agregado podem ganhar entre hoje e o Dia do Juízo Final é o que suas empresas ganharem em termos agregados*. Verdade, ao fazer compras e vendas inteligentes ou de sorte, o investidor A pode aumentar sua parcela do total, à custa do investidor B. E, sim, todos os investidores se *sentem* mais ricos quando as ações sobem vertiginosamente. No entanto, um proprietário pode sair apenas se alguém assumir seu lugar. Se um investidor vende alto, outro precisa comprar alto. Para os proprietários como um todo, não há qualquer mágica — nenhum derrame de dinheiro do espaço sideral — que lhes permitirá extrair riqueza de suas empresas além daquela criada pelas próprias empresas.

Na realidade, os proprietários precisam ganhar menos do que suas empresas ganham por causa dos custos "friccionais". E este é meu ponto: esses custos estão agora sendo incorridos em quantidades que farão com que os acionistas ganhem *muito* menos do que historicamente ganharam.

Para compreender como esse fardo cresceu, imagine por um momento que todas as empresas americanas são, e sempre serão, de propriedade de uma única família. Nós a chamaremos de Gotrocks. Após pagar impostos sobre dividendos, essa família — geração após geração — torna-se cada vez mais rica pela quantidade agregada ganha por suas empresas. Hoje, essa quantidade é de cerca de US$ 700 bilhões ao ano. Naturalmente, a família gasta alguns desses dólares. No entanto, a porção que economiza consistentemente rende juros compostos em benefício dela. No lar dos Gotrocks, todos ficam mais ricos no mesmo ritmo, e a harmonia impera.

Porém, digamos agora que alguns Ajudantes cheios de lábia entrem em contato com a família e convençam cada um de seus membros a tentar ser mais esperto do que seus parentes comprando determinadas participações e vendendo a eles outras. Os Ajudantes — mediante um pagamento, claro — amavelmente concordam em administrar essas transações. Os Gotrocks ainda possuem todas as empresas americanas; os negociantes simplesmente reorganizam quem é proprietário do quê. Logo, o ganho anual de riqueza da família diminui, equivalendo aos ganhos das empresas americanas menos as comissões pagas. Quanto mais os membros dessa família fizerem transações, menor será sua fatia da torta e maior o pedaço recebido pelos Ajudantes. Esse fato é bem conhecido por esses Ajudantes-corretores: a atividade é sua amiga, e eles a estimulam de muitas formas diferentes.

Após algum tempo, muitos membros da família percebem que não estão colhendo bons resultados com esse novo jogo de "ganhar do irmão". Entra outro conjunto de Ajudantes. Esses recém-chegados explicam para cada membro do clã dos Gotrocks que isoladamente nenhum deles superará o restante da família. A cura sugerida: "Contrate um gerente — sim, nós — e tenha o trabalho feito profissionalmente." Esses Ajudantes-gerentes continuam a usar os Ajudantes-corretores para executar as transações; os gerentes podem até aumentar a atividade de forma a permitir que os corretores prosperem ainda mais. No cômputo geral, um pedaço maior da torta acaba indo para as duas classes de Ajudantes.

A decepção da família cresce. Cada um de seus membros agora emprega profissionais. Mesmo assim, as finanças do grupo pioraram. A solução? Mais ajuda, claro.

Ela chega na forma de planejadores financeiros e consultores institucionais, que fornecem conselhos para os Gotrocks sobre a seleção dos Ajudantes-gerentes. A família perplexa saúda essa assistência. A essa altura, seus membros sabem que não conseguem escolher nem as ações certas nem os escolhedores das ações certas. Por que — alguém poderia perguntar — eles deveriam esperar ter sucesso em escolher o consultor certo? No entanto, essa pergunta não ocorre aos Gotrocks, e os Ajudantes-consultores certamente não sugerem isso a eles.

Os Gotrocks, agora sustentando três classes de Ajudantes caros, descobrem que seus resultados estão piorando, e entram em desespero. Exatamente quando a esperança parece perdida, surge um quarto grupo — nós os chamaremos de Hiperajudantes. Esses tipos simpáticos explicam aos Gotrocks que seus resultados insatisfatórios estão ocorrendo porque os Ajudantes existentes — corretores, gerentes, consultores — não estão suficientemente motivados e estão simplesmente mantendo as aparências. "O que", os Ajudantes novos perguntam, "você pode esperar de um grupo de zumbis?"

Os recém-chegados oferecem uma solução simples de forma impressionante: *pague mais dinheiro*. Cheios de confiança, os Hiperajudantes afirmam que pagamentos contingentes imensos — além de honorários fixos elevados — são o que cada membro da família deve pagar para *realmente* conseguir superar seus parentes.

Os membros mais astutos da família notam que alguns dos Hiperajudantes são realmente apenas Ajudantes-gerentes vestindo uniformes novos, ostentando nomes atraentes como FUNDO DE HEDGE ou *PRIVATE EQUITY*. Os novos Ajudantes, no entanto, dizem aos Gotrocks que essa mudança de roupa é indispensável, conferindo a seus usuários poderes mágicos semelhantes aos adquiridos pelo meigo Clark Kent quando vestia seu traje de Super-Homem. Tranquilizada por essa explicação, a família decide pagar.

E é nesse ponto que estamos hoje: uma porção recorde dos lucros que seria entregue integralmente aos proprietários — se todos simplesmente permanecessem sentados em suas cadeiras de balanço — está agora indo para um exército cada vez mais inchado de Ajudantes. Particularmente cara é a pandemia recente de dispositivos de participação em lucros sob os quais os Ajudantes recebem grandes porções do lucro quando são inteligentes ou têm sorte e deixam os membros da família com todos os prejuízos — e, além disso, honorários fixos consideráveis — quando os Ajudantes são tolos ou não têm sorte (ou são ocasionalmente desonestos).

Um número suficiente de arranjos desse tipo — ou o Ajudante leva grande parte dos lucros, ou os Gotrocks perdem e pagam caro pelo privilégio de fazer isso — pode fazer com que a família mais corretamente seja chamada de Hadrocks [Tinhampedras]. Hoje, na realidade, é bastante provável que os custos friccionais de todos os tipos da família cheguem a 20% dos lucros das empresas americanas. Em outras palavras, o fardo de pagar aos Ajudantes pode fazer com que os investidores em ações americanas, no geral, ganhem somente cerca de 80% do que eles ganhariam se simplesmente ficassem quietos no seu canto e não ouvissem ninguém.

Há muito tempo, Sir Isaac Newton nos ofereceu três leis do movimento, as quais foram a obra de um gênio. Mas os talentos do Sir Isaac não se estenderam aos investimentos: ele perdeu uma bolada na Bolha dos Mares do Sul, explicando mais tarde: "Eu sei calcular o movimento das estrelas, mas não a loucura dos homens." Se não tivesse sido traumatizado por esse prejuízo, o Sr. Isaac talvez acabasse descobrindo a quarta lei dos movimentos: *para os investidores como um todo, os lucros diminuem à medida que o movimento vai aumentando.*

Eis a resposta para a pergunta formulada no começo deste artigo: para ser bem específico, o Dow aumentou de 65,73 para 11.497,12 no século XX, e isso corresponde a um ganho de 5,3% composto anualmente. (Os investidores também teriam recebido dividendos, claro.) Para alcançar uma taxa igual no século XXI, o Dow terá de aumentar em 31 de dezembro de 2099 para — prepare-se — precisamente 2.011.011,23. No entanto, eu estaria disposto a me conformar com 2.000.000; passados seis anos desse século, o Dow não subiu nada.

O alter ego de Buffett

20 de maio de 2006

POR ANDY SERWER

A combinação de Warren Buffett e Charles Munger é considerada tão perfeita — tão impossível de imaginar não acontecendo — que dois habitantes diferentes de Omaha reivindicam a honra de tê-los apresentado um ao outro. Essa disputa não será resolvida nessas páginas. No entanto, vale lembrar o que um dos candidatos, Richard Holland, escreveu em seu livro Truth and Other Tall Tales, *sobre a noite em que ele afirmou ter apresentado os dois: "Nossa sala de estar foi arrumada com duas cadeiras em um canto para conversas e foi lá que Warren e Charlie ficaram a noite inteira. Que eu me lembre, eles nunca levantaram de suas cadeiras nem pararam de conversar até chegar a hora de ir embora... Charlie conversava tanto que, vez ou outra, hiperventilava."*

No artigo que ocupa as próximas páginas, Andy Serwer descreve os talentos únicos que Munger leva para a festa da Berkshire, dentre os quais está o de fazer da assembleia anual o melhor show de dois homens que nunca foi encenado na Broadway. Para essa introdução, pensei que poderia ser interessante também pedir ao próprio Charlie que examinasse seus anos Buffett/Berkshire e articular, com sua forma singular, o que acha terem sido suas contribuições mais importantes para o sucesso extraordinário que a Berkshire se tornou.

Ele não mordeu a isca. Em vez disso, empregou um pronome, "nós", que faz parte da cultura da Berkshire. Charlie disse: "Escolhemos uma maneira de operar que fosse compatível com nossa natureza, que requer passar muito tempo pensando e aprendendo, envolvendo-nos em permanente autocrítica e reflexão bem-humorada a cada erro. Naturalmente, isso causou um grau extremo de delegação, exatamente o que nós, como recebedores de confiança, teríamos desejado. Sabíamos que nossos métodos trariam bons resultados financeiros para nós e para os que confiavam na gente. No entanto, não previmos que atrairíamos mais admiração do que merecíamos e que isso nos ajudaria a ser felizes, na medida em que nos tornamos professores que, de certa forma, imitavam o mentor de Warren, Ben Graham." — CL

Pergunte às pessoas sobre a Berkshire Hathaway, e a maioria lhe dirá que é a empresa de Warren Buffett — o que, até certo ponto, é verdade. No entanto, os bem-informados reconhecem que, na verdade, o êxito da Berkshire resulta do esforço conjunto de Buffett e de seu sócio de longa data, Charlie Munger. Certamente, Buffett é o chefão — ele é o presidente e o CEO, assim como a face pública da empresa, enquanto Munger é apenas vice-presidente e um tipo que trabalha mais nos bastidores —, mas há muito Munger tem sido o segundo cabeça da Berkshire, o que não é pouco.

No início de maio, eu fiz uma peregrinação até Omaha para participar da agora famosa assembleia anual e provar o gosto daquilo que Munger chama "capitalismo de festival". Eu tinha outra agenda, no entanto, que era escrutinizar Munger de perto e também sentar com ele e fazê-lo falar. Assim como eu, você deve ter lido bastante sobre as assembleias anuais da Berkshire. Ainda assim, foi uma experiência surreal passear pelo Qwest Center lotado em Omaha e encontrar 17 mil acionistas, com mais 7 mil que não podiam ver o evento ao vivo espalhados pelas instalações em salas com projeção. E quase todos eles (muitos dos quais são multimilionários) sentados extasiados enquanto uns velhinhos — Buffett tem 75, e Munger, 82 — falavam por cerca de cinco horas. É o tipo de cena em que você esperaria ver uns palestrantes motivacionais de primeira linha — o que é, em certo sentido, o que Buffett e Munger são.

Com o passar dos anos, o show de Buffett e Munger adquiriu uma coreografia constante. Os dois homens sentam-se no palco central, de frente para um mar de acionistas. As perguntas são, geralmente, entregues primeiro a Buffett, que responde, à sua maneira divagadora inimitável — muitas vezes com um dito ou dois espirituosos — por cinco minutos ou mais. Nesse ponto, ele olhará para seu sócio e chamará: "Charlie?" Em seguida, uma entre duas coisas ocorre: Munger intervém e faz um comentário preciso, incisivo, frequentemente sarcástico (o que, às vezes, extrai suspiros ou gargalhadas altas da plateia). Ou Munger se limita a observar: "Não tenho nada a dizer." (O que, após uma digressão muito prolixa de Buffett, pode ser divertido também.) Depois disso, Buffett gosta de retornar para um fechamento de dois minutos. Isso continua durante duas horas e meia pela manhã. Após isso, há um intervalo para o almoço. E, em seguida, a palestra segue durante a tarde. "Encontramos esse formato de duas pessoas por acaso", Munger me disse no dia seguinte à maratona desse ano. "Não funcionaria se fosse apenas uma pessoa. Você poderia ter a pessoa mais brilhante e inteligente do mundo lá no palco, e todos achariam aquilo tudo muito cansativo. É necessário haver um pouco de interação entre personalidades para lidar com a longa duração do festival."

Os observadores da Berkshire dizem que Munger, que pode ser irritadiço e não tolera pessoas tolas, tem se revelado ultimamente. Ao contrário de Buffett, que pretende engajar-se em filantropia *post-mortem*, ele tem sido ativo na distribuição de grandes montantes, a maior parte destinada a causas nas áreas de educação e serviços de saúde em seu estado adotado, a Califórnia. E então há o livro de mesa suntuosamente elaborado *Poor Charlie's Almanack: The Wit and Wisdom of Charles T. Munger*, cuja segunda edição foi lançada pouco antes da assembleia anual desse ano. O título e a ideia do livro são, é claro, uma homenagem a Benjamin Franklin, um homem a quem Munger admira muito. "Há um volume absoluto de sabedoria de Franklin", diz Munger, que, apenas por um segundo, mostra um sorriso angelical. "É um talento incrível. Franklin tocava quatro instrumentos. Ele era o mais importante cientista e inventor da nação, além de se destacar como autor, estadista e filantropo. Nunca houve alguém como ele."

Para os acionistas da Berkshire, o próprio Munger é bastante singular. "Warren é obviamente muito brilhante", disse-me um acionista, "mas eu simplesmente amo o que Charlie diz". De certa forma, Buffett e Munger me fazem lembrar os Rolling Stones. Buffett, como Mick Jagger, é certamente o astro principal. Mas muitos acreditam que Munger, como Keith Richards, é igualmente — se não mais — legal. (Vamos torcer para que Munger fique longe dos coqueiros.)

Então, quais foram algumas das tiradas mais espirituosas de Charlie este ano? Bem, em dado momento, Buffett estava falando sobre seus acionistas investirem por conta própria, o que, ele disse, funcionaria bem para muitos deles. E Charlie deu sequência: "Mas muitos de vocês não se sairiam tão bem." Munger atacou veementemente os auditores, dizendo que são "desprezíveis, uns vendidos". Os governos estrangeiros corruptos são "cleptocracias". Um autor conceituado de livros financeiros é "demente". Com relação à remuneração executiva, a América está "exportando veneno para a Europa", diz ele. Os fundos de hedge e as empresas de *private equity* vão levar um merecido tombo em algum momento, e Wall Street está cheia de "agentes de apostas de hipódromo". E assim por diante. No entanto, Munger não se limita a denunciar empresas charlatãs. Muitas de suas expressões são exercícios de humildade e sabedoria simples. "Warren e eu evitamos fazer algo que outra pessoa na Berkshire poderia fazer melhor", ele me diz. "Você não tem realmente uma concorrência se não conhecer o limite dela."

Às vésperas da assembleia, a Berkshire anunciou que, por US$ 4 bilhões, ela havia comprado uma participação de 80% na Iscar, fabricante israelense de ferramentas de corte de metais (e a primeira aquisição estrangeira da Berkshire). Na Iscar, Munger diz que ele e seu sócio descobriram gerentes com "supertalentos e superintegridade". Eu ouvi falar que Munger — que, em geral, mostra-se mais cético com relação às aquisições do que Buffett — ficou extremamente entusiasmado com a Iscar desde o princípio e até mais ansioso para fazer a transação do que o sócio. "Quem não ficaria excitado com esse negócio?", indaga.

O que sempre me leva à loucura na conduta da Berkshire e de Buffett e Munger é como fazem seus negócios e a arte do investimento, que para mim, são tão complicados e desnorteadores, parecerem tão simples. "A Berkshire está no negócio de cumprir profecias fáceis", explica Munger. Se uma transação parece muito problemática, os sócios simplesmente a colocam de lado. Mas a frase de Munger que considero a melhor da assembleia deste ano é a seguinte: "Temos a grande responsabilidade moral de sermos racionais", diz ele. Pense nisso por um instante. Você, alguma vez, ouviu algum líder empresarial descrever seu objetivo dessa maneira? Existe uma razão para haver só uma Berkshire Hathaway e só um Warren Buffett. E só um Charlie Munger, também.

Buffett apoia a GM — e compra um Cadillac

29 de maio de 2006

POR ALEX TAYLOR III

Warren Buffett não é um daqueles sujeitos espalhafatosos. Esse é, afinal, o bilionário que adora jantar no Dairy Queen. E seu deslocamento diário para o trabalho leva apenas cinco minutos. No entanto, após ter visto Rick Wagoner, o presidente e CEO da General Motors, no programa *Face the Nation*, da CBS, no início de abril, Buffett decidiu que era hora de soltar um dinheiro para a compra de um carro novo. Ele enviou um bilhete a Wagoner, que o elogiava por ser "franco, calmo e racional" ao discutir problemas enfrentados pela GM que não eram causados por ele e acrescentou um P.S.: "Eu não compro carros com muita frequência, mas o próximo será um Cadillac." Wagoner escreveu de volta se oferecendo para ajudar Buffett na compra, mas não foi necessário. Buffett enviou sua filha a uma concessionária próxima para que pudesse, como ele disse, "votar a favor do sujeito". Ela escolheu um DTS — um sedã que é o modelo preferido dos motoristas mais velhos, com um preço a partir de US$ 41.900. "Acho que me tornarei vendedor de carros, porque não teria problema algum em vender este carro a alguém", diz Buffett. "Apoio a GM 100%." Caso você esteja curioso, ele pagou à vista, em dinheiro.

O FILANTROPO EMERGE

NO INÍCIO DE MAIO DE 2006, *entrei no escritório de meu editor geral, Eric Pooley, fechei a porta e lhe disse que tinha uma possibilidade de publicar um grande furo. "Como você sabe", observei em palavras bem gerais, "Warren Buffett sempre disse que a maior parte de sua fortuna iria para caridade, mas nunca apresentou qualquer plano para concretizar isso. Agora ele está pronto para anunciar, em junho, que começará a doar imediatamente. Seu capital será gradualmente transferido para cinco fundações, e a maior beneficiada será, de longe, a Gates Foundation. A Fortune pode escrever um artigo — talvez uma sequência de perguntas e respostas com ele — em que seremos os primeiros a mostrar tudo isso, se quisermos."*

Eric pareceu surpreso, mas, em um microssegundo, disse: "Queremos." Sem dúvida, pensando imediatamente em um artigo de capa, ele disse que precisávamos chamar Greg Pond, chefe de nosso departamento de fotografia. Quando Greg chegou, Eric pediu para que eu repetisse as novidades. Comecei o recital e, quando cheguei à parte sobre o destino do dinheiro, Eric interrompeu e disse, em uma voz que certamente penetrou pela porta fechada: "E ele está doando o dinheiro para Bill Gates."

Buffett desejava fazer o anúncio no final de junho e agendamos nosso artigo para uma edição cujo fechamento era em 23 de junho. No entanto, a história não foi incluída na lista provisória elaborada para cada edição, a qual é rotineiramente circulada entre os membros da equipe. Ao contrário, uma pequena equipe tomou conta do segredo, enquanto, tranquilamente, levávamos a cabo o trabalho normal de uma revista: reportagens, redação e edição foram feitas; um fotógrafo que não conhecia exatamente o tema da história preparou uma fotografia de capa; nosso diretor de arte, envolvido no segredo, elaborou projetos de páginas e uma capa.

No que pode ser considerado um pequeno milagre, conseguimos manter esse artigo em sigilo absoluto, até mesmo da equipe, por mais de um mês. Apenas alguns dias antes da publicação é que uma alma brilhante perguntou, durante nossa reu-

nião matutina: "Será que há algum artigo sobre o qual não fomos informados nesta edição?" Eric Pooley respondeu que sim e que apreciaria a ausência de outras perguntas a esse respeito. Quando a equipe de relações públicas da Fortune publicou um longo informativo no domingo, 25 de junho, que revelava as novidades, foi uma surpresa completa para o mundo (e para a maior parte da equipe da revista).

Buffett fez suas primeiras doações para as cinco fundações em agosto de 2006, e elas continuaram a cada verão. Contando todas as doações feitas até 2012, ele havia doado cerca de US$ 13,3 bilhões para cinco beneficiários. Desses, cerca de US$ 11 bilhões foram para a Bill and Melinda Gates Foundation; US$ 1,1 bilhão para a Susan Thompson Buffett Foundation; e US$ 1,2 bilhão — ou seja, quase US$ 400 milhões para cada um — para as fundações administradas por seus três filhos.

Uma vez que as contribuições para todas as fundações são um número fixo, embora anualmente declinante, de ações da Berkshire Hathaway, o valor das doações de Buffett varia anualmente junto com o preço das ações da Berkshire. Por exemplo, os donativos para a Gates Foundation variaram entre um máximo de US$ 1,8 bilhão, no ano eletrizante de 2008, e um mínimo de US$ 1,25 bilhão no desapontador ano de 2009.

Observação: os dados fornecidos para as ações B da Berkshire neste artigo e no que segue não foram ajustados para o desdobramento de 50-por-1 das ações que aconteceu em 2010. — CL

Warren Buffett entrega tudo

10 de julho de 2006

POR CAROL LOOMIS

Estávamos sentados em uma sala de estar em Manhattan, em uma tarde de primavera, e Warren Buffett, como sempre, tinha uma Coca-Cola sabor cereja nas mãos. No entanto, essa cena prosaica estava prestes a passar por uma reviravolta surpreendente. "Preparem-se", Buffett avisou com uma risada. Ele, então, descreveu uma mudança em seu modo de pensar. Dentro de alguns meses, disse, ele começaria a doar a sua fortuna da Berkshire Hathaway, na época e ainda hoje, superior a US$ 40 bilhões. Essa notícia foi bombástica. Buffett, 75 anos, há décadas tem dito que sua riqueza iria para a filantropia, mas com igual constância indicado que a transferência seria feita apenas quando morresse. Agora ele está revisando esse cronograma. "Sei o que quero fazer", disse, "e faz sentido começar agora". Nesse dia de primavera, alguns detalhes de seu plano ainda parecem incertos; hoje, ele está essencialmente pronto. E é algo típico de Buffett: racional, original, inovador na forma como pessoas extremamente ricas doam dinheiro.

Buffett prometeu gradualmente doar 85% de suas ações da Berkshire para cinco fundações. Uma fatia dominante de cinco sextos das ações irá para a maior organização filantrópica do mundo, a Bill & Melinda Gates Foundation, que administra US$ 30 bilhões, cujos diretores são amigos íntimos dos Buffett (uma amizade que começou em 1991, quando um amigo em comum apresentou Buffett e Bill Gates). Os Gates creditam a Buffett, diz Bill, sua "inspiração" sobre doar dinheiro de volta para a sociedade. As atividades da fundação deles, internacionalmente famosa, estão focadas em saúde mundial — lutando contra doenças como malária, HIV e tuberculose — e na melhoria das bibliotecas e escolas de ensino médio americanas. Até agora, os dois Gates foram os únicos fiduciários da fundação. Mas, na medida em que seu plano já teve início, Buffett se juntará a eles. Bill diz que ele e sua esposa estão "emocionados" com isso e em saber que o dinheiro de Buffett permitirá que a fundação "tanto amplie quanto acelere" seu trabalho. "A generosidade e a confiança que Warren tem demonstrado", acrescenta Gates, "são incríveis".

Começando em julho e continuando a cada ano, Buffett doará um número fixo, anualmente decrescente, de ações B da Berkshire — começando com 602.500 em 2006 e, depois, diminuindo em 5% ao ano — para as cinco fundações. Os donativos para a fundação dos Gates serão feitos por Buffett ou por seu espólio, contanto que, pelo menos, um membro do casal — Bill, hoje com 50 anos, ou Melinda, 41 anos — esteja ativo nela. O preço da Berkshire na data de cada doação determinará o valor dela em dólares. Caso as ações B, por exemplo, valerem US$ 3.071 em julho — esse foi seu fechamento em 23 de junho —, a doação de 500.000 ações de Buffett para a fundação, em 2006, seria avaliada em cerca de US$ 1,5 bilhão.

Com tanto dinheiro novo para distribuir, a fundação terá um prazo de dois anos para redimensionar suas operações. Após o fim desse prazo, ela será, então, obrigada pelos termos da doação de Buffett a gastar todo ano a quantidade de dólares das contribuições dele, assim como os rendimentos que já esteja auferindo de seus ativos existentes. No momento, a quantia de US$ 1,5 bilhão praticamente dobraria os benefícios anuais oferecidos pela fundação.

No entanto, US$ 1,5 bilhão tem pouca relevância para o valor das doações futuras de Buffett, uma vez que seu valor dependerá do preço das ações da Berkshire quando forem feitas. Se a ação subir anualmente, em média, por até mesmo modestamente — digamos, 6% — o ganho mais do que compensará o declínio de 5% anual no número de ações doadas. Nessas circunstâncias, o valor das contribuições de Buffett subirá. Ele mesmo acredita que isso acontecerá. Ou, para explicitar essa proposição mais diretamente: ele acredita que o preço da Berkshire e, com ele, o tamanho das contribuições em dólares, tenderá a subir — talvez aumentando significativamente com o passar do tempo.

As outras doações para fundações que Buffett está fazendo também ocorrerão anualmente e começam em julho. Ao preço atual da Berkshire, o total combinado dessas doações em 2006 será de US$ 315 milhões. As contribuições irão para as fundações dirigidas pelos três filhos de Buffett, Susan, Howard e Peter, e para a Susan Thompson Buffett Foundation. Esta última fundação foi, por quarenta anos, conhecida simplesmente como a Buffett Foundation e, recentemente, foi renomeada em homenagem à esposa de Buffett, Susie, que morreu em 2004, aos 72 anos, vitimada por um derrame. O testamento dela concede cerca de US$ 2,5 bilhões para a fundação, aos quais serão adicionadas as doações de seu marido. A fundação tem focado principalmente em saúde reprodutiva, planejamento familiar em causas pró-escolha e na prevenção da difusão das armas nucleares.

Contando as doações para todas as cinco fundações, Buffett reduzirá gradualmente sua participação na Berkshire. Atualmente, ele possui quase 31% da empresa — com valor de aproximadamente US$ 44 bilhões no final de junho —, e essa proporção será reduzida para cerca de 5%. Atendo-se às suas intenções de longo prazo, Buffett diz que os 5% residuais, com valor atual de cerca de US$ 6,8 bilhões, com o tempo, irão para a filantropia também, talvez em sua vida e, senão, após sua morte.

Por estarem presas a um preço futuro desconhecido das ações da Berkshire, não há como atribuir um valor total em dólares a elas. No entanto, o número de ações destinadas à doação tem um valor imenso hoje: US$ 37 bilhões. Sozinha, essa seria a maior doação filantrópica da história. E, se Buffett estiver certo ao acreditar que o preço da Berkshire tende a subir, a quantia final doada poderia exceder esse número em muito.

Então, esse é o plano. A seguir, uma conversa em que Buffett explica como abandonou suas ideias originais e decidiu começar a doar agora. A entrevistadora sou eu, a editora da *Fortune*, Carol Loomis. Sou amiga de longa data de Buffett, acionista da Berkshire Hathaway e diretora da Susan Thompson Buffett Foundation.

Vindo de você, esse plano é bastante surpreendente. Até agora, você não tinha fama de doar dinheiro. Na realidade, volta e meia, você tem sido criticado exatamente por não doar. Então, vamos direto à pergunta óbvia: você está doente?

Não, não mesmo. Sinto-me muito bem e, depois dos últimos exames físicos que fiz, em outubro, meu médico disse que eu estava ótimo.

Então, o que está acontecendo aqui? Sua mudança de plano tem algo a ver com a morte de Susie?

Sim, tem. Susie era dois anos mais jovem do que eu, e as mulheres, em geral, vivem mais tempo que os homens. Susie e eu sempre acreditamos que ela herdaria minhas ações da Berkshire e supervisionaria a distribuição de nossa riqueza para a sociedade, para onde ambos sempre dissemos que deveria ser destinada. E Susie teria gostado de fiscalizar o processo. Ela sentia um pouco de medo disso, em termos do aumento de escala. No entanto, ela teria gostado de fazê-lo, teria sido muito boa nisso e teria realmente pisado fundo no acelerador.

Com isso, você quer dizer que ela sempre desejou doar mais dinheiro, mais rápido do que você?

Sim, ela disse isso repetidas vezes. De minha parte, sempre tive a ideia de que a filantropia era importante hoje, mas seria igualmente importante em um, dez ou vinte anos e no futuro em geral. E alguém que estava ganhando dinheiro a taxas compostas altas, eu pensava, estava em uma posição melhor para tomar conta da filantropia que teria que ser feita vinte anos no futuro, enquanto as pessoas que ganhavam dinheiro a uma taxa composta mais baixa logicamente deveriam tomar conta da filantropia hoje.

Mas essa teoria também parece se ajustar ao que você desejava fazer, certo?

(*Buffett dá uma gargalhada.*) E como! Nenhuma dúvida a respeito disso. Eu estava me divertindo — e ainda estou me divertindo — fazendo o que faço. E, por um tempo, também pensei em termos do controle da Berkshire. Comprei o controle efetivo da Berkshire no início da década de 1970, usando US$ 15 milhões que recebi quando dissolvi a Buffett Partnership. E eu tinha muito pouco dinheiro — consideravelmente menos do que US$ 1 milhão —

fora da Berkshire. Meu salário era de US$ 50 mil por ano. Então, se eu tivesse me envolvido em filantropia de uma maneira significativa naquela época, teria precisado doar ações da Berkshire. Eu não as comprara para doá-las em seguida.

Todavia, você e Susie fundaram a Buffett Foundation nos idos da década de 1960, o que significa que você, obviamente, esperava doar dinheiro em algum momento. Quais eram suas ideias na época?

Bem, quando nos casamos, em 1952, eu disse a Susie que ficaria rico. Isso não decorreria de quaisquer virtudes minhas ou até mesmo de um trabalho árduo, mas simplesmente porque nasci com as habilidades certas, no lugar certo, na hora certa. Ao nascer, estava programado para alocar capital e tive sorte suficiente para ter pessoas ao meu redor desde cedo — meus pais, professores e Susie — que me ajudaram a explorar essa qualidade ao máximo.

No meu caso, Susie não ficou muito entusiasmada quando lhe disse que seríamos ricos. Ou ela não se importou, ou não acreditou em mim — provavelmente ambos, na realidade. Mas, à medida que, de fato, fomos acumulando riqueza, ficamos totalmente em sincronia com relação ao que fazer com o dinheiro — e isso significava devolvê-lo para a sociedade. Nisso, concordamos com Andrew Carnegie, que disse que as fortunas imensas que fluíam em grande parte da sociedade deveriam também ser devolvidas. No meu caso, a capacidade de alocar capital teria sido de pouca utilidade a menos que eu vivesse em um país rico e populoso no qual quantidades enormes de valores mobiliários fossem comercializadas e estivessem, às vezes, cotadas de forma ridiculamente equivocada. E, felizmente para mim, isso descreve os Estados Unidos na segunda metade do último século.

Certamente Susie e eu jamais pensamos que deveríamos repassar imensas quantidades de dinheiro para nossos filhos. Eles são ótimos, mas defendo a posição de que, quando seus filhos têm todas as vantagens de qualquer forma, em termos de como foram criados e as oportunidades que tiveram para a educação, inclusive o que eles aprenderam em casa, eu diria que não é nem certo nem racional inundá-los com dinheiro. Na realidade, eles já tiveram uma vantagem imensa em uma sociedade que aspira ser uma meritocracia. A megarriqueza dinástica distorceria ainda mais o campo de jogo que devíamos estar tentando, ao contrário, nivelar.

Como você deu a seus filhos dinheiro antes para eles estabelecerem fundações e planeja dar mais agora, entendo que você não ache que esse tipo de inundação com dinheiro é errado.

Não, não acho. O que eles estão fazendo com suas fundações é devolver o dinheiro para a sociedade — exatamente para onde Susie e eu achávamos que deveria ir. E eles não estão simplesmente assinando cheques: eles investem muito pensamento e esforço no processo. Estou orgulhoso deles pela forma como lidaram com tudo e não tenho dúvidas de que continuarão no caminho certo.

E com relação à Susan Thompson Buffett Foundation e o que tudo isso significa para ela?

Como você bem sabe — até porque, como diretora, acompanha tudo de pertinho — Allen Greenberg, presidente da fundação, tem feito um excelente e criterioso trabalho de administrá-la. Seu índice de custo/benefício é tão bom quanto qualquer um que já vi. E ele continuará a trabalhar da mesma maneira agora, não somente com o dinheiro de Susie, mas com o meu também. Na realidade, se eu tivesse morrido antes de Susie, e ela tivesse começado a distribuir nossa riqueza, essa é a fundação que teria crescido e ficado maior — neste exato momento, a instituição conta com apenas cinco funcionários —, tornando-se seu principal veículo de doação. E a fundação ancorou meus planos também. Até eu mudar minhas ideias sobre o momento da doação, ali seria para onde minha fortuna iria também.

E o que fez você mudar de ideia?

A resposta sucinta é que acabei percebendo que existia uma fundação extraordinária com porte suficientemente grande — que não teria de passar pela trabalheira de chegar a um tamanho enorme, como seria o caso da Buffett Foundation — e que poderia usar produtivamente meu dinheiro agora. A resposta mais extensa é que, ao longo dos anos, acabei conhecendo Bill e Melinda Gates muito bem, passando um bom tempo me divertindo com eles e, além disso, passei a admirar o que estavam fazendo com sua fundação. Já os vi fazer apresentações sobre seus programas e sempre fico surpreso com o entusiasmo, a paixão e a energia que colocam em seu trabalho. Eles se dedicam, você poderia dizer, de corpo e alma. Bill lê milhares de páginas por ano, acompanhando os avanços da medicina e os meios de proporcionar ajuda. Melinda, frequentemente junto com o marido, viaja pelo mundo investigando a maneira com que as boas intenções estão sendo convertidas em bons resultados. A vida é ingrata para, literalmente, bilhões de pessoas ao redor do mundo, e Bill e Melinda estão decididos a reduzir essa iniquidade ao máximo possível.

Se você pensar sobre isso — se seu objetivo é devolver o dinheiro para a sociedade atacando os principais problemas que não contam com uma base de recursos adequada —, o que você poderia achar que é melhor do que se virar para um casal de jovens, muito inteligentes, cujas ideias têm sido comprovadas, que já mostraram capacidade para agir em grande escala e fazer isso de forma correta? É difícil conseguir uma oportunidade desse tipo. Como posso contar com duas pessoas enormemente bem-sucedidas em algo e tive a oportunidade de ver o que fizeram, sei que continuarão fazendo aquilo — que elas fizeram com o próprio dinheiro, então não estão vivendo em algum mundo de fantasia — e, em geral, concordo com o raciocínio delas. Se encontrei o veículo certo para meu objetivo, não há razão para esperar.

Compare o que estou fazendo com minha situação na Berkshire, onde tenho pessoas talentosas e experientes no comando de nossas empresas. Elas fazem um trabalho muito melhor do que eu poderia fazer na administração das operações delas. O que pode ser mais lógico, em qualquer área em que tenha trabalhado, do que encontrar alguém melhor equipado do que você está para fazê-lo? Quem não escolheria Tiger Woods para assumir seu lugar em um jogo de golfe envolvendo apostas altas? É assim que me sinto com relação a essa decisão sobre meu dinheiro.

As pessoas ficarão muito curiosas, eu acho, uma vez que sua decisão — e o anúncio nesse momento específico — está ligada ao anúncio de Bill Gates, em meados de junho, de que ele diminuiria gradualmente suas responsabilidades operacionais na Microsoft e começaria a dedicar a maior parte do seu tempo à fundação. Qual é a história aqui?

Sei que as datas dos dois anúncios sugerem que eles estão relacionados. No entanto, não há qualquer relação. A data foi uma questão de pura sorte. Eu estaria revelando meus planos neste momento tivesse ele ou não anunciado sua mudança — e até mesmo, na realidade, se ele estivesse continuado indefinidamente com todo o trabalho na Microsoft. Por outro lado, fico satisfeito por ele dedicar mais tempo à fundação. E acho que ele e Melinda estão satisfeitos em saber que estarão trabalhando com mais recursos.

Você pensa que, de certa forma, é irônico que o segundo homem mais rico do mundo esteja doando incontáveis bilhões para o primeiro homem mais rico?

Quando você diz dessa forma, soa muito engraçado. No entanto, na verdade, estou doando *através* dele — e, mais importante, Melinda também —, e não *para* ele.

Algumas pessoas dizem que a Fundação Gates é burocrática, e a burocracia talvez seja sua aversão número 1. Então, como você reage a isso?

Eu diria que as grandes organizações — embora a Berkshire seja uma exceção brilhante — são burocráticas em algum grau. De qualquer forma, o que algumas pessoas realmente querem dizer quando argumentam que a Fundação Gates é burocrática é que as grandes decisões são tomadas apenas por Bill e Melinda. Não tenho problema algum com isso. Quero que os dois tomem as grandes decisões.

Qual é o significado de sua entrada na diretoria da Fundação Gates?

Nada muito grande. A maior razão para eu fazer isso é se eles, alguma vez, estiverem em um acidente de avião juntos. Além disso, espero ter uma ideia construtiva de vez em quando. No entanto, não acho que estou tão bem-equipado para fazer filantropia quanto Bill e Melinda. Os resultados da filantropia são muito lentos e isso me incomodaria. Eu teria de me envolver demais com muitas pessoas com quem não gostaria de estar envolvido e ter de ouvir mais opiniões do que gostaria. Na filantropia, também, é preciso cometer alguns erros grandes. Eu sei disso. No entanto, eu me incomodaria mais se cometessem erros, em vez de ter alguém em que confio para fazer um bom trabalho, cometendo-os. Em geral, Bill e Melinda terão uma média de rebatidas melhor do que eu teria.

Você conversou sobre essa decisão de imensa importância com outras pessoas antes de decidir continuar com o plano?

Sim, conversei com meus filhos, com Allen Greenberg e com quatro diretores da Berkshire, inclusive meu filho Howard e Charlie Munger. Recebi muitas perguntas e algumas pessoas tiveram dúvidas sobre o plano, inicialmente porque era uma mudança mais abrupta do que eles previam. No entanto, eu diria que todos, e isso certamente inclui Allen — que sabe o trabalhão que teria sido aumentar a Buffett Foundation —, acabaram por entender a lógica do que eu propunha fazer. Agora, todos os envolvidos estão ansiosos para que tudo comece — sobretudo eu.

E, francamente, tenho esperanças discretas de que o que estou fazendo poderia encorajar outras pessoas muito ricas a pensar sobre a filantropia e decidir que não precisariam necessariamente estabelecer fundações próprias, mas poderiam olhar a seu redor em busca das melhores entre aquelas que já estão em funcionamento e prontas para lidar com seu dinheiro. As pessoas fazem isso o tempo todo com seus investimentos. Colocam o dinheiro com as pessoas que acham que farão um trabalho melhor do que eles poderiam fazer. Há algum mérito real em estender essa ideia para sua riqueza, em vez de estabelecer algo a ser administrado após a sua morte por um bando de amigos ou uma equipe que, no final das contas, acaba por ditar o que será feito. Uma versão desse plano que fiz não está longe de ser adotado por algumas das próximas vinte pessoas que morrerão com US$ 1 bilhão ou mais. Um problema que a maioria das pessoas ricas tem é que elas estão velhas, com contemporâneos que não estão em seus anos mais produtivos e que não têm muito mais tempo na Terra. Tenho sorte nesse sentido por poder me apoiar em pessoas mais jovens.

Muito bem, agora o que isso significa para a Berkshire?

Eu diria que, no final das contas, quase nada. Todos que me conhecem também sabem como me sinto com relação a tornar a Berkshire melhor do que ela possa ser, e que esse objetivo ainda existirá. Não farei nada diferente, porque sou incapaz de fazer coisas de maneira diferente. O nome nos certificados das ações mudará, mas nada mais mudará.

Sempre deixei claro para os acionistas da Berkshire que as minhas riquezas na empresa seriam destinadas à filantropia, então o fato de que estou começando o processo é basicamente um anticlímax para eles. E, você sabe, embora isso possa surpreender certas pessoas, de alguma forma também é um anticlímax para mim. Ted Turner, cujas atividades filantrópicas admiro muito, uma vez me disse que suas mãos tremiam quando assinava uma doação de US$ 1 bilhão. Bem, não tenho qualquer problema com isso. Para mim, não existe qualquer aspecto negativo emocional envolvido nisso, de forma alguma.

As fundações que estão recebendo suas ações não precisarão vendê-las?

Em alguns casos, sim. A Buffett Foundation e as fundações de meus filhos terão de vender suas ações relativamente rápido após a receberem, porque serão seu único ativo — e eles precisarão levantar dinheiro para fazer doações. A fundação dos Gates terá mais opções porque tem muitos outros ativos, então ela terá alguma flexibilidade para escolher quais transformará em dinheiro. Bill e Melinda tomarão as decisões sobre o assunto. Irei me isolar totalmente de todas as decisões de investimentos que a fundação deles tomar, o que os deixa livres para fazer o que quer que achem que faz sentido. Talvez eles decidam vender partes maiores de outros ativos e manter em carteira algumas ações da Berkshire. É uma excelente mistura de empresas e não seria um ativo inadequado para uma fundação possuir. No entanto, eu não influenciarei a fundação em qualquer modelo ou forma.

Então, todas as ações que você doa anualmente poderão ser vendidas no mercado?

Sim, é bem possível que aconteça isso. E, naturalmente, as pessoas ficarão interessadas se essas vendas pesariam no preço da Berkshire. Não acredito nisso nem um pouco — e é verdade, muito embora o índice de rotatividade anual da Berkshire tenha sido de apenas cerca de 15% ao ano, o que é extremamente baixo para as ações de uma empresa de grande capitalização. Digamos que as cinco fundações vendam todas as ações que recebam este ano. Se o volume de negócios continuar como está, suas vendas aumentarão a rotatividade para menos de 17%. Seria ridículo pensar que muitas vendas novas poderiam afetar o preço da ação. Na realidade, a oferta adicional poderia até mesmo ter o efeito benéfico de aumentar a liquidez da ação e deve tornar mais provável que a Berkshire, no final das contas, seja incluída na S&P 500.

Eu diria isto: eu não faria as doações se elas, de alguma maneira, fossem prejudiciais aos acionistas da Berkshire. E elas não serão.

Esse plano parece estabelecer o destino, no longo prazo, de todas as suas ações da Berkshire. Isso significa que você não está dando nada à sua família em doações diretas?

Não, o que sempre disse é que minha família não receberá quantidades *imensas* de meu patrimônio líquido. Isso não significa que receberão nada. Meus filhos já receberam algum dinheiro de mim e de Susie e receberão mais. Eu ainda acredito na filantropia — a *Fortune* me citou dizendo isso vinte anos atrás —, acredito que uma pessoa muito rica deveria deixar para seus filhos o suficiente para eles fazerem algo, mas não o suficiente para não fazerem nada. (O artigo da *Fortune* foi "Você deve deixar tudo para os filhos?", na página 88).

Lembre-se de que eu disse lá atrás que, quando estava comprando a Berkshire, tinha menos de US$ 1 milhão em dinheiro disponível? Bem, desde então, fiz alguns investimentos decentes com aquele dinheiro ao longo dos anos — assumindo posições que eram pequenas demais para a Berkshire, fazendo algumas arbitragens com papéis de renda fixa e demonstrando meu interesse por um banco que foi vendido pela Berkshire. Então, estou feliz em dizer que tenho bastante dinheiro em caixa agora. Em geral, posso — e irei — usar minhas ações da Berkshire para fins filantrópicos e terei sobras suficientes para cuidar bem de todos aqueles que estão próximos de mim.

O Que as Lendas Doaram

Suas ações filantrópicas foram imensas, em face das limitadas economias de seu tempo. No entanto, a contribuição de Buffett é disparadamente maior.

FILANTROPO	PERÍODO DE DOAÇÃO	QUANTIDADE	EM DÓLARES DO DIA DE HOJE
ANDREW CARNEGIE	1902-1919	US$ 350 milhões	US$ 7,2 bilhões
JOHN D. ROCKEFELLER	1889-1937	US$ 530 milhões	US$ 7,1 bilhões
JOHN D. ROCKEFELLER JR.	1927-1960	US$ 475 milhões	US$ 5,5 bilhões

Quadro da *Fortune*. Fontes: *American Philanthropy*, de Robert H. Bremmer, pesquisa da *Fortune*.

Como a doação de Buffett funcionará

10 de julho de 2006

POR CAROL LOOMIS

A mente que acumulou fortuna também elaborou um plano complexo para passá-la adiante.

Warren Buffett possui somente ações A da Berkshire Hathaway (474.998 ações), mas suas doações devem ser feitas com ações B da Berkshire, em que cada ação A é conversível a uma proporção de 30 para 1. Ele converterá ações A para obter as ações B de que precisa para suas doações.

Buffett destinará um número fixo de ações B para cada uma das cinco fundações que escolheu para receber suas doações. Em 2006, ele dará 5% das ações designadas para cada recebedor. No próximo ano, as doações serão 5% das ações residuais, e assim por diante, todos os anos até a morte de Buffett ou até determinadas condições não serem mais satisfeitas pelas fundações. Na morte de Buffett, seu espólio distribuirá, de uma forma ainda não definida, as ações designadas remanescentes.

Eis os recebedores e o número de ações B a serem alocadas a eles.

Bill And Melinda Gates Foundation

10 milhões de ações

Esta fundação, a maior no mundo, tem ativos com valor de cerca de US$ 30 bilhões neste momento e doou US$ 8 bilhões em seus 12 anos de existência. A maioria de seu dinheiro (em geral canalizada através de parceiros) foi destinada a programas mundiais de saúde e à educação nos Estados Unidos. As doações de Buffett para essa fundação continuarão somente enquanto Bill ou Melinda Gates estiverem vivos e ativos nos trabalhos dela.

Susan Thompson Buffett Foundation

1 milhão de ações

Anteriormente chamada simplesmente de Buffett Foundation e batizada novamente em 2004 em homenagem à mulher de Buffett, falecida naquele ano, essa fundação tem US$ 270 milhões em ativos. A maioria de seus recursos veio do espólio de Susan T. Buffett, e US$ 2,1 bilhões adicionais são esperados dessa fonte.

Essa fundação tem focado na saúde reprodutiva, no planejamento familiar e nas causas pró-escolha e na prevenção da difusão de armas nucleares.

Susan A. Buffett Foundation

350.000 ações

O nome dessa entidade filantrópica é uma homenagem à sua presidente, a filha de Buffett, que tem 52 anos e vive em Omaha (e que também administra a Susan Thompson Buffett Foundation desde a morte da mãe). A fundação da filha, a qual, hoje, tem US$ 118 milhões em ativos, financia a educação fundamental para crianças de famílias de baixa renda. Com as novas doações de seu pai, Susan Buffett espera aprofundar este trabalho e passar a fazer doações para a educação pública e lares de adoção.

Howard G. Buffett Foundation

350 mil ações

Possuindo hoje US$ 129 milhões em ativos, essa fundação foi estabelecida pelo filho mais velho de Buffett, que tem uma fazenda de 340 hectares perto de Decatur, Illinois, e participa de diversas diretorias de empresas, inclusive a da Berkshire. (Seu nome do meio, a propósito, é Graham — em homenagem ao famoso investidor Ben Graham.) As doações dessa fundação têm sido muito internacionalizadas, abrangendo 42 países e frequentemente defendendo objetivos como a proteção de *habitats* de animais e plantas selvagens na África. No entanto, com o novo dinheiro, a fundação planeja envolver-se com mais intensidade em projetos de água potável, ajuda alimentar, os apuros de crianças envolvidas na imigração ilegal e outras áreas humanitárias.

NoVo Foundation

350 mil ações

Em homenagem à palavra latina que significa "Eu mudo", essa fundação é administrada por Peter Buffett, 48 anos, músico e compositor, e sua mulher, Jennifer, que vivem na cidade de Nova York. Atualmente, possui US$ 120 milhões em ativos e foca no financiamento de indivíduos e organizações que trabalham para abrir oportunidades na área de educação, reverter a degradação ambiental, defender os direitos humanos e melhorar a compreensão e o respeito entre culturas e etnias diversas.

Você gostaria desses US$ 11 bilhões em cédulas de 20?

24 de julho de 2006

POR CAROL LOOMIS

Em 3 de julho, Warren Buffett se dirigiu ao centro da cidade, entrou na filial central cavernosa e quase deserta do U.S. Bank em Omaha, desceu um lance de escadas e abriu seu grande cofre particular. Dele, retirou um certificado, datado de 1979, referente a 121.737 ações A da Berkshire Hathaway, que, naquele dia, valiam cerca de US$ 11 bilhões — cerca de um quarto de sua fortuna proveniente da Berkshire. Voltando para seu escritório, ele pensou no próximo passo: enviar aquele certificado e alguns outros (valendo meras dezenas de milhões) para a Wells Fargo, em Minneapolis, para conversão, a uma proporção de 30 para 1, em cerca de 3,75 milhões de ações B da Berkshire. Ele pensou em usar a FedEx, mas decidiu, em vez disso, transformar uma das 16 pessoas que trabalham na sede da Berkshire em um transportador de valores.

Como a *Fortune* relatou no mês passado, Buffett começou a doar seu dinheiro para a caridade. Converter o certificado espantosamente valioso de 1979 é um passo inicial nesse processo. Quando tiver sido convertido, Buffett terá as ações B necessárias para entregar as 602.500 ações que ele designou este ano — o primeiro de seu imenso programa filantrópico — para a Bill & Melinda Gates Foundation e para quatro fundações menores. Por causa do tamanho daquele certificado, ele também estará atolado de ações B, tendo fabricado um número suficiente para cumprir suas obrigações de doação na maior parte da próxima década. (Ele manterá as ações excedentes em uma conta de corretagem para serem usadas quando necessário.)

Buffett diz que toda aquela movimentação em 3 de julho o fez pensar no momento, quase setenta anos atrás, quando tinha 6 anos, e seu pai, Howard Buffett, o levou ao mesmo banco para abrir uma conta de poupança com US$ 20. O dinheiro era um presente, o banco então se chamava Omaha National e a cor da pequena caderneta bancária que recebeu era castanho-avermelhado. Depois disso, ele diz, foram necessários cinco anos de doações, tarefas domésticas e esquemas para ganhar dinheiro, a fim de fazer a conta crescer até US$ 120. Após conseguir essa fortuna, ele comprou, aos 11 anos de idade, sua primeira ação: três ações preferenciais da Cities Service por US$ 114.

Bem, para juntar US$ 44 bilhões, é preciso começar em algum lugar.

Buffett para Gates: gaste!

19 de março de 2007

POR JIA LYNN YANG

No verão passado, Warren Buffett abalou o mundo dos negócios quando declarou à *Fortune* que doaria a maior parte de sua fortuna de US$ 44 bilhões na Berkshire Hathaway para a caridade.

Agora vem a notícia que, no último relatório anual da Berkshire, Buffett estipulou regras rígidas sobre o que deve acontecer com todas as ações da Berkshire de sua propriedade quando ele morrer — regras que desafiam a forma como a maioria das fundações de caridade é administrada. Como ele já dissera, essas ações irão para a caridade, mas as novas regras referem-se à velocidade. Assim que seu espólio estiver encerrado — o que ele estima que levará três anos — cada dólar de sua doação deverá ser usado em dez anos.

Ao estabelecer essa programação, Buffett lançou-se em um debate que dura já muito tempo: as fundações deveriam focar em gastar seus recursos ou em perpetuá-los? E por causa de sua reputação e da escala de sua riqueza, o endosso por Buffett de uma opção é um momento histórico na filantropia.

A maioria das grandes fundações opera com a intenção de durar para sempre e, como resultado, raramente excede a proporção mínima de gastos de 5% (calculado sobre o valor dos ativos da entidade no ano anterior), necessária para manter seu status de isenção de impostos. Segundo dados compilados pela equipe de Buffett, 28 das trinta maiores fundações pagaram menos de 5% dos ativos em forma de doações em 2005. (Elas atingiram o percentual mínimo de 5% ao levar em consideração os custos operacionais.)

No entanto, um pequeno número de fundações, tanto no passado quanto hoje em dia, decidiram seguir um modelo de gastar até acabar. Por quê? Muitas desejam ter maior controle sobre a forma como seu dinheiro é usado. Como Buffett escreve no relatório anual da Berkshire: "Estabeleci essa programação porque quero que o dinheiro seja gasto mais rapidamente por pessoas que, estou certo, são capazes, diligentes e motivadas." As doações de Buffett irão para a Bill & Melinda Foundation, três fundações administradas por seus filhos e a Susan Thompson Buffett Foundation, nomeada em homenagem à sua falecida primeira mulher. (Os Gates também fixaram um limite temporal para os gastos de suas doações, estipulando que sua fundação deve desembolsar todo o dinheiro em cinquenta anos após sua morte.)

"À medida que, com o passar do tempo, as fundações vão crescendo, o risco da burocracia e do desvio do foco da missão cresce", diz Harvey Dale, diretor do National Center on Philantropy and the Law da New York University. Dale também é ex-presidente, CEO e agora diretor da Atlantic Philantropies, exemplo moderno muito comentado de uma fundação que vai gastar até acabar. Dale acrescenta: "[Gastar até acabar] concentra a mente."

Mas não espere que a Ford Foundation inicie um programa de gastança enlouquecida ou que encerre suas operações no futuro próximo. "As fundações estabelecidas eternamente não olham para isso", diz Gene Tempel, diretor executivo do Center on Philantropy da Indiana University. "É muito mais comum com doadores mais jovens que estão estabelecendo fundações novas."

Ou doadores que são jovens de coração. Buffett está com 76 anos. E também está fiscalizando um compromisso de caridade que cresce em tamanho. Em junho passado, quando Buffett revelou seu plano de doar 85% de suas ações da Berkshire, a doação valia US$ 37 bilhões. Desde então, a ação subiu cerca de 15%.

Medindo por mito

3 de setembro de 2007

POR WARREN BUFFETT

A Fortune *solicitou que 13 pensadores financeiros compartilhassem suas reações à crise de crédito e suas ideias sobre o futuro. Eis os comentários de Buffett.*

Muitas instituições que reportam publicamente valores de mercado precisos para seus compromissos com *collateralized debt obligations* (títulos de securitização cujo ativo-lastro é uma carteira de títulos de dívida pública ou privada ou de empréstimos) e *collateralized mortgage obligations* (títulos de securitização cujo ativo-lastro é uma carteira de hipotecas) estão, na verdade, reportando ficções. Eles estão medindo por modelo em vez de medindo a preços de mercado. Além disso, derrocada recente de grande parte do mercado de títulos de dívida transformou esse processo em medindo por mito.

Uma vez que muitas dessas instituições estão extremamente alavancadas, a diferença entre "modelo" e "mercado" poderia desferir um imenso golpe no patrimônio dos acionistas. Na realidade, para algumas poucas instituições, a diferença nas valorizações corresponde à diferença entre uma saúde aparentemente robusta e a insolvência. Para essas instituições, encontrar valores de mercado precisos não seria algo difícil: elas deveriam simplesmente vender 5% de todas as grandes posições que têm. Esse tipo de venda estabeleceria um valor verdadeiro, embora ainda maior, sem dúvida, do que aquele que seria realizado por 100% de uma participação acionária excessivamente grande e ilíquida.

De certa forma, compreendo a relutância institucional em encarar as consequências. Eu gostaria muito de medir meu peso por "modelo", e não por "preços de mercado".

A crise de crédito do Oráculo

31 de março de 2008

POR TELIS DEMOS

Warren Buffett pode ser o homem mais rico do mundo, mas você talvez tenha uma classificação de crédito melhor do que ele. Quando, recentemente, o CEO da Berkshire Hathaway verificou sua classificação de crédito, a classificação FICO em um relatório foi 718, e estava ligeiramente abaixo da média americana. "Tenho dito à minha família há anos que meu crédito não é dos melhores", insiste Buffett. Ele está brincando, é claro, ao fazer referência à sua autoproclamada mesquinharia com os filhos. Na verdade, a classificação pode dever-se a um impostor: o relatório cita 23 pagamentos não realizados sobre um empréstimo de US$ 249 em uma filial do HSBC em Nevada, na qual Buffett diz nunca ter aberto uma conta. Um estudo de 2004 descobriu que 25% dos relatórios contêm erros graves, razão pela qual as entidades de defesa do consumidor afirmam que uma classificação baixa não deveria ser razão para negar um empréstimo. Felizmente para Buffett, ele pôde pagar seu último carro, um Cadillac DTS, à vista, em dinheiro.

O que Warren pensa...

28 de abril de 2008

POR NICHOLAS VARCHAVER

A chamada deste artigo na capa da revista dizia: "Com Wall Street em caos, a Fortune naturalmente foi a Omaha em busca de sabedoria", e, com alguns percalços, isso descreve as origens do artigo. A Bear Stearns, cambaleante, jogara-se nos braços da JPMorgan Chase e do governo americano, e a economia estava estremecida. O editor-geral da Fortune, Andy Serwer, propôs que eu colhesse as ideias de Buffett sobre os mercados e as perspectivas da economia. Sabendo, como o próprio Andy sabia, que Buffett prefere não emitir opiniões sobre a direção dos preços das ações e que, normalmente, esquiva-se de perguntas macro sobre economia, tive dúvidas com relação à nossa capacidade de produzir o artigo desejado.

Em vez disso, sugeri um ângulo diferente: a prática de Buffett de fazer sessões de perguntas e respostas e, em seguida, almoçar com alunos de faculdades de administração que se dirigiam a Omaha para a ocasião. Um desses eventos estava prestes a acontecer. Por que não, disse eu, ter um escritor da Fortune observando e depois escrevendo sobre o que Buffett disse para os alunos? Estaríamos obtendo, eu também sugeri, uma ideia do Warren professor — o papel pelo qual ele dissera que mais gostaria de ser lembrado.

A obra resultante acabou sendo uma mistura da ideia de Andy e da minha. Designado no último minuto para escrever o artigo, o autor Nick Varchaver, da Fortune, correu para Omaha e viu Buffett passar quatro horas com 150 alunos da Wharton School. Depois, Buffett — nem sempre mantendo os olhos focados na estrada — conduziu Nick e um fotógrafo da Fortune de volta à sede da Berkshire para uma entrevista. Recordando suas impressões naquele dia, Nick diz que ficou impressionado com Buffett por ele falar livremente e fornecer tanta informação aos estudantes e por sua capacidade de cristalizar questões.

Nick também acrescentou um insight de jornalista: "Certa vez, passei dias entrevistando um homem de negócios quase tão inteligente quanto Buffett, e esse sujeito nunca mostrou a menor curiosidade sobre minha formação ou como entrei na Fortune. No entanto, antes de aquele passeio de carro com Buffett terminar, ele me fez uma pergunta após a outra sobre mim. Você não vê isso com frequência entre as pessoas que entrevistamos."

Os 150 alunos com quem Buffett conversou naquele dia de abril estavam entre os 2.400, de 31 faculdades diferentes, que visitaram a Berkshire durante o ano acadêmico de 2007-2008. No ano de 2011-2012, Buffett chegou à conclusão de que eram demasiadas as demandas por seu tempo e restringiu os encontros a cerca de 1.450 alunos. No entanto, isso ainda o fez dedicar uma sexta-feira por mês a uma multidão: 160 alunos, divididos entre oito faculdades, cada qual com direito a vinte lugares. Ao perceber que seus visitantes eram quase todos do sexo masculino e suspeitando de que havia preconceito de gêneros, Buffett teve, então, de instituir uma regra de que a composição do contingente de cada faculdade deveria incluir, pelo menos, um terço de mulheres.

Nesse ínterim, um de seus assistentes administrava o acompanhamento de uma lista de espera de mais de duzentas faculdades que esperavam ser escolhidas em 2012-2013. — CL

Com a Wall Street em caos, a *Fortune*, naturalmente, dirigiu-se a Omaha em busca de sabedoria.

Se a assembleia anual da Berkshire Hathaway, programada este ano para 3 de maio, é conhecida como o Woodstock do capitalismo, então talvez isso seja o equivalente a Bob Dylan tocando em um show particular em sua própria casa: cerca de 15 vezes por ano, o CEO da Berkshire, Warren Buffett, convida um grupo de estudantes de Administração para um dia intensivo de aprendizagem. Os alunos visitam uma ou duas das empresas da companhia e, em seguida, vão até a sede da Berkshire, no centro da cidade de Omaha, onde Buffett abre as portas para duas horas de perguntas e respostas. Mais tarde, todos se dirigem a um de seus restaurantes favoritos, onde ele lhes oferece almoço e milk-shakes. Finalmente, cada aluno tem a chance de posar para uma fotografia com Buffett.

No início de abril, o megabilionário recebeu 150 alunos da Wharton School, da University of Pennsylvania (onde Buffett estudou), e ofereceu à *Fortune* a oportunidade rara de vê-lo explicando tudo, desde o socorro financeiro da Bear Stearns até as perspectivas da economia, e se ele preferiria ser CEO da GE ou um entregador de jornal. O que se segue são excertos editados de sua sessão de perguntas e respostas com os alunos, a conversa durante o almoço com os alunos da Wharton enquanto comiam frango à parmegiana no Piccolo Pete's e uma entrevista com a *Fortune* em seu escritório.

Buffett começou por saudar os alunos com uma série de produtos da Coca-Cola. ("A Berkshire é proprietária de pouco mais de 8% da Coca-Cola, então recebemos os lucros de uma a cada 12 latas. Não me importo se vocês tomam

Coca-Cola ou não; simplesmente abram as latas, por favor.") Em seguida, ele mergulhou em questões mais profundas:

Antes de começarmos com as perguntas, gostaria de falar a vocês sobre algo que vem acontecendo recentemente. Pode ter algum significado para vocês se ainda estiverem tendo aulas sobre teoria do mercado eficiente, o qual constituía o procedimento padrão 25 anos atrás. No entanto, tivemos uma ilustração recente da razão de a teoria estar equivocada. Nas últimas sete, oito ou nove semanas, a Berkshire construiu uma posição em títulos com taxa de leilão [títulos de dívida cujas taxas de juros são periodicamente reajustadas em leilão] de cerca de US$ 4 bilhões. E o que vimos lá é realmente fenomenal. Todos os dias, temos listas de ofertas. O aspecto fascinante é que, nessas listas, o mesmo crédito aparece mais de uma vez com frequência.

Eis um de ontem. Demos um lance por esse papel específico — por acaso, um papel da Citizens Insurance, uma companhia do estado da Flórida. Foi estabelecida para cuidar dos seguros contra furacões e é sustentada por impostos sobre as apólices. Se acontece um grande furacão e o fundo se torna inadequado, os impostos sobre as apólices são reajustados para cima. Não há nada de errado com o papel. Então, fizemos lances sobre três papéis diferentes da Citizens naquele dia. Recebemos uma oferta a uma taxa de juros de 11,33%. Uma que não compramos foi vendida a 9,87%, e outra, a 6,0%. Trata-se do mesmo papel, da mesma hora, do mesmo comerciante. E parte de uma emissão grande. Essa não é uma anomalia pequena, como eles gostam de dizer nos círculos acadêmicos todas as vezes que encontram algo que não combina com suas teorias.

Então, muitas loucuras acontecem nos mercados. E os mercados não se tornaram mais racionais com os anos. Eles agora são mais *acompanhados*. No entanto, quando as pessoas entram em pânico, quando o medo impera ou quando a ambição toma o controle, as pessoas reagem tão irracionalmente quanto fizeram no passado.

Você acha que os mercados financeiros americanos estão perdendo a margem de competitividade? E qual é o equilíbrio correto entre padrões que inspiram confiança e...

Entre a regulação e o faroeste? Bem, não acredito que estejamos perdendo nossa margem. Quero dizer, a Sarbanes-Oxley envolve custos, alguns dos quais representam desperdício. No entanto, eles não são grandes em relação aos US$ 20 trilhões que constituem o valor total de mercado. Acho que temos mercados de capital fabulosos neste país, e eles enfrentam problemas com frequência suficiente para torná-los ainda mais fabulosos. Quero dizer, você não deseja um mercado de capitais que funcione perfeitamente se estiver no meu ramo. As pessoas continuam a fazer tolices, independentemente do regulamento, e sempre farão. Há limitações significativas no que a regulação pode fazer. Como uma ilustração dramática, pense nos dois maiores desastres contábeis dos últimos dez anos: Freddie Mac e Fannie Mae. Estamos falando de bilhões e bilhões de dólares em declarações errôneas em ambos os casos.

Agora, essas são duas instituições extremamente importantes. Quero dizer, elas eram responsáveis por 40% do fluxo de hipotecas alguns anos atrás. Neste exato momento, acho que a parcela delas chega a 70%. Elas são quase-governamentais por natureza. Então, o governo estabeleceu uma organização chamada OFHEO. Não tenho certeza do que significam todas as letras. [Observação para Warren: elas significam Office of Federal Housing Enterprise Oversight.] No entanto, se você for para o site da OFHEO, descobrirá que seu objetivo era apenas supervisionar essas duas empresas. A OFHEO contava com duzentos funcionários. Sua missão era simplesmente olhar para as duas empresas e dizer: "Esses sujeitos estão se comportando como deveriam?" E, claro, o que aconteceu foram duas das maiores declarações errôneas na história da contabilidade enquanto essas duzentas pessoas continuaram empregadas. É incrível. Quero dizer, 100% das entidades supervisionadas!

É muito, muito, muito difícil regular as pessoas. Se eu fosse nomeado regulador — se você me desse cem das pessoas mais inteligentes que possa imaginar para trabalhar para mim e eu recebesse todos os dias as posições das grandes instituições, todas as suas posições de derivativos, todas as suas posições de ações e de moedas, eu seria incapaz de lhe dizer algo sobre seu desempenho. É realmente difícil regular quando se lida com instrumentos muito complexos, nos quais existem centenas de contrapartes. O comportamento e o risco das contrapartes foi uma parte importante da razão do Tesouro e do Fed sentirem que precisavam intervir na Bear Stearns durante o fim de semana. E, incidentalmente, acho que estavam certos em fazê-lo. Ninguém sabia o que aconteceria com milhares de contrapartes envolvidas — eu li em algum lugar — em contratos com um valor nocional de US$ 14 trilhões. Essas pessoas teriam tentado liquidar todos aqueles contratos se tivesse havido uma falência. O efeito disso sobre os mercados e o que, por sua vez, isso teria causado às outras contrapartes são aspectos muito, muito complicados. Assim, regular é uma parte importante do sistema. A eficácia da regulação é muito difícil.

No Piccolo Pete's, onde ele já jantou com todo mundo, desde Bill Gates, da Microsoft, a Alex Rodriguez, dos New York Yankees, Buffett sentou a uma mesa com 12 estudantes da Wharton e falou sobre muitos tópicos.

Como você se sente com relação à eleição?

Muito antes de ambos se candidatarem, eu disse a Hillary que a apoiaria se ela se candidatasse e disse a Barack que o apoiaria se ele se candidatasse. Então, agora sou um bígamo político. No entanto, acho que qualquer um deles seria excelente. E, para ser franco, acho que, no caso de um republicano ganhar, John McCain seria o meu predileto. Acho que temos três candidatos extraordinariamente bons desta vez.

Eles são todos moderados em suas visões.

Bem, não temos como saber agora se Barack é moderado. Por outro lado, ele tem a chance de causar as maiores transformações também.

Sei que você foi entregador de jornais. Esse foi seu primeiro emprego?

Bem, eu trabalhei para meu avô, o que foi muito difícil, na mercearia [da família]. No entanto, se você me der a escolha de ser o CEO da General Electric ou da IBM ou da General Motors, qualquer coisa assim, ou de entregar jornais, eu escolheria entregar jornais. Eu o faria. Gosto de fazer isso. Posso pensar no que desejo pensar. Não tenho de fazer nada que não queira fazer. Talvez seja maravilhoso ser o chefe da GE, e Jeff Immelt é meu amigo. Ele é um excelente sujeito. No entanto, pense em todas as coisas que ele precisa fazer, querendo ou não.

Como você consegue suas ideias?

Simplesmente leio. Leio todos os dias. Quero dizer, colocamos US$ 500 milhões na PetroChina. Tudo que fiz foi ler o relatório anual. [*Nota da organizadora: a Berkshire comprou as ações cinco anos atrás e as vendeu em 2007 por US$ 4 bilhões.*]

Que conselho você daria àqueles que não são investidores profissionais? Onde eles deveriam colocar seu dinheiro?

Bem, se não quiserem ser investidores ativos — e pouquíssimos deveriam tentar fazer isso —, então deveriam simplesmente ficar com os fundos de índice. Qualquer fundo de índice de custo baixo. E deveriam comprá-los ao longo do tempo. Eles não poderão escolher o preço certo e o momento certo. O que deveriam fazer é evitar o preço errado e a ação errada. Você simplesmente se assegura de que possui um pedaço das empresas americanas, e não compra todas ao mesmo tempo.

Quando Buffett disse que estava pronto para posar para fotografias, todos os 150 alunos esvaziaram o salão em segundos e formaram uma fila gigantesca. Pela meia hora seguinte, cada um teve sua vez com Buffett, frequentemente fazendo pose de canastrão (uma das favoritas foi lutando por sua carteira). Em seguida, quando chegou a hora de ele sair, houve uma versão septuagenária da Beatlemania, com cerca de trinta estudantes seguindo-o até seu Cadillac dourado. Uma vez livre, ele levou este escritor da Fortune *de volta para seu escritório e continuou a responder às perguntas.*

Como os apuros atuais se comparam às crises passadas?

Bem, isso é difícil de dizer. Cada uma apresenta muitas variáveis. No entanto, não há dúvidas de que dessa vez houve uma alavancagem extrema e, em alguns casos, preços extremos de imóveis residenciais ou aquisições de empresas. Temos US$ 20 trilhões de imóveis residenciais e US$ 11 trilhões de hipotecas. Muitas não têm problema, mas muitas sim. Em 2006, foram retirados US$ 330 bilhões de dinheiro em refinanciamentos de hipotecas nos Estados Unidos. Essa quantia é enorme — quero dizer, hoje falamos de um estímulo de US$ 150 bilhões, mas aquilo foi um estímulo de US$ 330 bilhões. E isso são apenas as hipotecas de baixo risco. Não incluí as hipotecas de alto risco (*subprime*). Então, a alavancagem era um estímulo e tanto para a economia.

Se isso foi um estímulo e tanto, você acha que o plano de estímulo governamental de US$ 150 bilhões causará impacto?

Bem, são US$ 150 bilhões a mais do que, de outra forma, teríamos. Mas não é como se não tivéssemos recebido estímulos. E então houve o *boom* mais ou menos simultâneo dos LBOs, o qual, dessa vez, foi denominado *private equity*. Os abusos continuam voltando — e os termos ficaram horríveis e tudo mais. Você tem um sistema bancário no qual estão pendurados muitos desses papéis. Você tem uma indústria de hipotecas que está desalavancando, e tudo isso será doloroso.

O cenário que você descreve sugere que estamos longe de virar a página.

Acho que sim. Quero dizer, parece que todos dizem que será curto e pouco profundo, mas parece que é simplesmente o oposto. Você sabe, desalavancar, por sua natureza, leva muito tempo, gera muita dor. E as consequências se desenrolam de diferentes formas. Agora, não invisto um centavo baseado em previsões macro, então não acho que as pessoas deveriam vender ações por causa disso. Também não acho que deveriam *comprar* ações por causa disso.

Seu exemplo da OFHEO significa que você não está muito otimista sobre a regulação.

A finança tornou-se muito complexa, muito interdependente. Eu discuti com Alan Greenspan a esse respeito em um jantar oferecido por Don Graham [presidente do *Washington Post*]. Ele diria que, por meio de todos esses instrumentos, o risco foi espalhado pelo mundo, e que agora os bancos não concentravam tudo. No entanto, o que aconteceu é que a solvência das instituições está interconectada em um grau que provavelmente ninguém previu. E é muito difícil avaliar. Se a Bear Stearn não tivesse uma carteira de derivativos, minha hipótese é que não teria sido necessário que o Fed fizesse o que fez.

Você fica impressionado pelo fato de os bancos continuarem examinando seus investimentos sem saber o que têm?

Eu leio alguns panfletos de títulos de securitização vinculados a hipotecas residenciais — hipotecas, centenas de hipotecas servindo como lastro e então todas elas são divididas em cerca de trinta fatias. Você cria um CDO pegando uma das fatias de pior qualidade daquela e de cinquenta outras parecidas com ela. Agora se você quiser entender aquele CDO, precisa ler cinquenta vezes trezentas páginas, ou seja, 15 mil. Se você pegar uma das fatias mais baixas do CDO e pegar cinquenta do mesmo tipo e criar um CDO ao quadrado, agora tem até 750 mil páginas para ler e conseguir compreender um título. Quero dizer, é impossível fazer isso. Quando você começa a comprar fatias de outros instrumentos, ninguém sabe que diabos está fazendo. É ridículo. E, claro, você pegava uma fatia mais baixa de um título com lastro em hipotecas e fazia cem daquelas e acreditava estar diversificando o risco. Elas todas estão sujeitas às mesmas influências. Quero dizer, pode ser um pouco diferente se estiverem na Califórnia ou em Nebraska, mas a ideia de que isso é risco não correlacionado e que, consequentemente, você pode pegar o CDO e chamar de supersênior os melhores 50% — não é supersênior ou qualquer outra coisa; trata-se, na verdade, de um conjunto de juniores todos juntos. E os juniores todos se correlacionam.

Se as grandes instituições financeiras não parecem saber o que está em suas carteiras, como os investidores saberão quando é seguro?

Eles não podem saber, simplesmente não podem. Eles precisam, na realidade, tentar ler o DNA das pessoas que administram as empresas. No entanto, eu digo que, em qualquer organização financeira grande, o CEO precisa ser o executivo principal de risco. Sou o executivo principal de risco da Berkshire. Acho que conheço meus limites em termos de quanto consigo, de alguma forma, processar. E o pior que pode acontecer é modelos e planilhas eletrônicas. Quero dizer, na Salomon, havia todos aqueles modelos, e você sabe, eles se desintegraram.

O que deveríamos dizer aos investidores agora?

A resposta é: você não deseja que os investidores pensem que o que leem hoje é importante em termos de suas estratégias de investimento. Suas estratégias de investimento deveriam levar em conta que: (a) se você soubesse o que iria acontecer na economia, não saberia necessariamente o que iria acontecer no mercado acionário; e (b) eles não conseguem escolher ações que sejam melhores do que a média. É bom possuir ações no longo prazo. Há apenas dois erros que você pode cometer: comprar as erradas e comprar ou vendê-las no momento errado. E a verdade é que você nunca precisa vendê-las, basicamente. No entanto, eles poderiam comprar uma amostra representativa da indústria americana e, se uma amostra representativa da indústria americana não funcionasse, certamente tentar escolher belezinhas aqui e ali não funcionaria também. Além disso, eles precisam se preocupar com a ganância. Você sabe, eu sempre digo que você deveria ficar ganancioso quando os outros estão amedrontados, e amedrontado quando os outros se mostram gananciosos. Mas é demais para se esperar. Certamente, você não deveria ficar ganancioso quando os outros ficam gananciosos ou medroso quando os outros ficam medrosos. No mínimo, tente ficar longe disso.

Pela sua regra, agora parece uma boa hora para ser ganancioso. As pessoas estão muito amedrontadas.

Você está certo. Elas estão seguindo nessa direção. É por isso que as ações estão mais baratas. As ações são uma melhor compra hoje do que eram há um ano. Ou três anos atrás.

Mas você ainda está otimista em relação aos Estados Unidos no longo prazo?

A economia americana se sairá bem. No entanto, não se sairá bem todos os anos e todas as semanas e todos os meses. Quero dizer, se você não acredita nisso, desista de comprar ações de qualquer forma. Mas isso é certo. Quero dizer, ficamos mais produtivos a cada ano, sabe? É um jogo de soma positiva, no longo prazo. E a única forma como um investidor pode ser morto é por taxas elevadas ou por tentar ser mais esperto do que o mercado.

A grande aposta de Buffett

23 de junho de 2008

POR CAROL LOOMIS

Essa aposta no desempenho de investimentos ao longo de dez anos dura até 2017 e, no final do ano de 2011 — o último ponto de referência antes de este livro ir para o prelo —, os dois lados estavam quase empatados. De um lado, está a Protégé Partners, uma empresa de gestão de ativos de Nova York cujo sucesso na aposta depende do desempenho médio (após todas as taxas) de cinco fundos de fundos de hedge que a Protégé cuidadosamente escolheu para representá-la. Do outro lado, está Warren Buffett, que escolheu apoiar um fundo de índice S&P 500 de baixo custo — especificamente as ações Admiral, administradas pela Vanguard.

A questão básica, obviamente, é o custo. Ainda insistindo no tema abordado em "Cortem seus ganhos!" (ver página 332), Buffett acredita que as taxas de gestão e de incentivo cobradas pelos fundos de fundos e pelos fundos de hedge que compõem os primeiros tipicamente deixam seus investidores ganhando menos do que um fundo de índice de mercado. A Protégé acredita que seus fundos de fundos terão um desempenho suficientemente bom para dar aos investidores um lucro líquido (após impostos) melhor do que o mercado.

Durante 2011, nenhuma das opções estava agradando os investidores. O ano inicial da aposta foi o infernal ano de 2008, quando os fundos da Protégé caíram, em média, 23,9%, e as ações Admiral de Buffett se saíram abismalmente pior, caindo 37%. Buffett foi, àquela altura, citado pela Fortune *dizendo: "Eu simplesmente torço para que Esopo esteja certo quando previu que a tartaruga ultrapassaria a lebre."*

E foi isso mais ou menos o que aconteceu. O lado de Buffett — também conhecido como a tartaruga — ganhou em cada um dos três anos seguintes e, no final do ano de 2011, estava colado no líder. No entanto, ambos os lados, após aquele começo horrível, ainda estavam no prejuízo. Os fundos da Protégé estavam -5,89% e as ações da Admiral estavam -6,27%.

De certa forma, naquele momento, os únicos vencedores nessa aposta eram os gerentes dos fundos de fundos, que receberam taxas de administração, embora os investidores — seus parceiros limitados — tivessem perdido dinheiro. "Essa doeu!", disse o sócio da Protégé Ted Seides, ao ouvir o resumo desta autora.

Ele ressaltou, porém, um possível elemento qualificador: um ou mais dos cinco fundos de fundos que contribuíram para o lucro médio — negativo — poderia ter apresentado um retorno positivo que teria levado seus investidores para fora do campo dos perdedores (e talvez tivesse feito os sujeitos se sentirem melhor em relação a terem de pagar a taxa de administração).

A questão, embora certamente relevante, não pode ser publicamente comprovada porque, segundo os termos da aposta, os nomes dos cinco fundos de fundos nunca foram publicamente revelados. Sempre se presumiu, contudo, que um dos cinco é administrado pela Protégé.

Relevante também para essa discussão é o fato de que, em seus dias iniciais, Buffett administrou um fundo de hedge — a Buffett Partnership — e foi remunerado por seus parceiros limitados. No entanto, ele não optou pela remuneração atualmente padrão de "2 e 20", o que significava uma taxa de administração anual de 2% dos ativos e uma fatia de 20% dos lucros. Em vez disso, Buffett não cobrava qualquer taxa de administração e estipulou que os primeiros 6% de lucro sobre o capital a cada ano iriam integralmente para seus sócios limitados. Após isso, ele recebia 25% dos lucros.

E, como já observado, seu fundo de hedge acumulou 13 anos consecutivos de lucro antes de ele decidir encerrar suas operações. O lucro anual médio que ele entregou a seus sócios limitados — após eles pagarem a Buffett seu quinhão de 25% — foi de 23,8% — CL

Uma coleção de fundos de hedge, cuidadosamente selecionada por peritos, dará um retorno maior aos investidores ao longo dos próximos dez anos do que o S&P 500? Agora, essa pergunta é o objeto de uma aposta entre Warren Buffett, CEO da Berkshire Hathaway, e a Protégé Partners LLC, uma empresa de gestão de dinheiro da cidade de Nova York que administra fundos de fundos de hedge — em outras palavras, uma companhia cuja existência se apoia em sua capacidade de colocar o dinheiro de seus clientes nos melhores fundos de hedge e mantê-lo distante daqueles com desempenho ruim. Você pode adivinhar que parte está tomando qual lado. A Protégé decidiu apostar em cinco fundos de fundos de hedge — especificamente, os lucros médios que esses veículos produzem, depois de todos os impostos, custos e despesas. Por outro lado, Buffett, que há muito defende a posição de que as taxas recebidas por "ajudantes", tais como os fundos de hedge e os fundos de fundos, são onerosas e devem ser evitadas, apostou que os lucros de um fundo de índice de baixo custo da S&P 500, comercializado pela Vanguard, superará os resultados obtidos pelos cinco fundos que a Protégé selecionou.

Estamos bem distantes da teoria aqui. Essa aposta, relatada pela primeira vez neste artigo (cuja autora é amiga de longa data de Buffett e editora de sua carta de presidente no relatório anual da Berkshire), começou em 1º de janeiro deste ano. É entre Buffett (não a Berkshire) e a Protégé (a empresa, não seus fundos). E há dinheiro sério em jogo. Cada lado apostou aproximadamente US$ 320 mil. Os recursos totais de cerca de US$ 640 mil foram usados para comprar um título do Tesouro de cupom zero que valerá US$ 1 milhão na conclusão da aposta. Esses US$ 1 milhão, então, irão para a caridade. Se ganhar, a Protégé pediu que o dinheiro fosse entregue para a Absolute Return for Kids (ARK), uma entidade filantrópica internacional baseada em Londres. Se Buffett ganhar, o destinatário escolhido é a Girls Inc., de Omaha, em cuja diretoria está sua filha, Susan Buffett.

E quem, sendo o proprietário está de posse do dinheiro do título de cuponização? É uma instituição exótica da qual a maioria dos leitores deste artigo nunca ouviu falar, a Long Now Foundation, de São Francisco, que existe para estimular o pensamento de longo prazo e combater o que um de seus fundadores, Stewart Brand (do *Whole Earth Catalog*), chama de "prazo de atenção patologicamente curto" que parece afligir o mundo. Seis anos atrás, a fundação estabeleceu um mecanismo de — o que mais poderia ser? — Apostas Longas. A fundação recebe apostas como doações, administra as apostas até que sejam decididas e, em seguida, paga a caridade designada pelo vencedor. Para esse trabalho, a fundação normalmente recebe uma taxa de US$ 50 de cada parte e, então, divide meio a meio com o futuro vencedor caridoso os lucros ganhos sobre os recursos administrados. Na aposta Buffett-Protégé, contudo, não haverá divisão: cada lado simplesmente fez uma doação caridosa de US$ 20 mil para a Long Now Foundation.

Para ver a listagem atual de Apostas Longas (à qual, após a publicação deste artigo, a aposta Buffett-Protégé será acrescentada), visite www.longbets.org. Algumas apostas lá catalogadas soam como se fossem feitas em bares com tema esportivo: o ator Ted Danson ganhou US$ 2 mil para uma caridade quando os Red Sox foram campeões americanos de beisebol antes de a equipe americana de futebol masculino ganhar a Copa do Mundo. Em um front mais cósmico, o fundador da Lotus Mitchell Kapor e o inventor e futurista Ray Kurzweil apostaram US$ 20 mil na proposição de que, "em 2029, nenhum computador — ou 'inteligência artificial' — terá passado no teste de Turing", o que significa que um computador não terá representado com sucesso o papel de um humano. Kapor fez essa previsão; Kurzweil discorda disso. Cada homem, seguindo as regras de Apostas Longas, apoiou seu ponto de vista com uma declaração breve a ser colocada na página da internet. Os argumentos de Buffett e da Protégé aparecerão lá também (e seguem nas caixas de texto a seguir).

Em 2007, a aposta de Kapor-Kurzweil de US$ 20 mil era a maior no site. A aposta Buffett-Protégé obviamente a supera em muito. E, por trás disso, existe certa história, com início na assembleia anual da Berkshire de 2006. Ao fazer uma exposição, naquele fim de semana, sobre os custos de transação e de administração pagos pelos investidores, Buffett se dispôs a apostar US$ 1 milhão, com qualquer tomador, que, após dez anos e depois de impostos, o desempenho de um fundo de índice S&P superaria dez fundos de hedge escolhidos por qualquer oponente. Algum tempo mais tarde, ele repetiu a oferta, acrescentando que, na medida em que ninguém se arriscou a fazer a aposta, suas ideias deviam estar certas.

No entanto, em julho de 2007, Ted Seides, um dos sócios da Protégé, mas falando em seu próprio nome àquela altura, escreveu para Buffett dizendo que ele gostaria de fazer a aposta — ou, pelo menos, uma versão dela. Meses de negociações esporádicas se seguiram. Os dois lados, por fim, concordaram que Seides apostaria em cinco fundos de fundos, e não em dez fundos de hedge. Seides, indo muito além de suas apostas usuais — digamos, o custo de uma refeição —, sugeriu que ele e Buffett fizessem a aposta por US$ 100 mil (o que, ele observou, era o salário anual de Buffett). Buffett, desconhecendo, na época, a existência das Apostas Longas, disse que, considerando sua idade — ele está agora com 77 anos — e as complicações que uma aposta de dez anos poderia acrescentar aos arranjos de seu espólio, ele só teria interesse em fazer uma aposta de, pelo menos, US$ 500 mil. Mesmo assim, ele escreveu para Seides, "o advogado encarregado de planejar meu espólio vai achar que enlouqueci por complicar tudo".

Se os US$ 500 mil pareciam excessivos para Seides, Buffett (para quem o valor obviamente era insignificante) não tinha objeção a que Seides recrutasse parceiros para ajudá-lo. E isso foi o que, de fato, aconteceu, tanto que a Protégé Partners LLC fez a aposta, e não Seides. A Protégé, que gerencia cerca de US$ 3,5 bilhões, tem como seus sócios principais Seides, 37 anos, e dois outros homens, o CEO Jeffrey Tarrant, 52 anos, e Scott Bessent, 45 anos. Cada um tem grande experiência na área de investimentos, e dois dos três trabalharam com praticantes de mercado bem conhecidos: Seides aprendeu o mundo dos investimentos alternativos sob a supervisão de David Swensen, de Yale; e Bessent trabalhou com George Sores e com o vendedor a descoberto Jim Chanos.

Quando foi fundada, em 2002, por Tarrant e Seides, a Protégé estabeleceu um fundo de fundos e começou a recrutar o tipo de investidor sofisticado — tanto instituições quanto indivíduos abastados — que colocam seu dinheiro em tais fundos. Muito cientes de que a Securities and Exchange Commission proíbe a propaganda em grande escala pelos fundos de hedge e fundos de fundos, nem Seides nem Tarrant revelam o nome preciso dos fundos que hoje administram, muito menos seus históricos de desempenho. No entanto, uma publicação londrina, a *InvestHedge*, cuja empresa controladora administra um banco de dados de fundos, forneceu à *Fortune* os resultados, ao longo de vários anos, do fundo mais importante da empresa nos Estados Unidos, a Protégé Partners LP. Desde seu lançamento em julho de 2002 até o fim de 2007, o fundo Protégé lucrou 95% (após todas as taxas), superando em muito os 64% do fundo de índice da S&P 500. O desempenho da Protégé foi imensamente ajudado pelo fato de que, em meados de 2006, a empresa tinha uma visão extremamente pessimista dos títulos com lastro em hipotecas de alto risco, incluindo os CDOs, e dividira seus investimentos em fundos de hedge para capitalizar sobre essa opinião. Mais importante, ela fez um investimento nos fundos de hedge da Paulson & Co., os quais, sob a liderança de John Paulson, em 2007, ficaram notórios por ganhar rios de dinheiro vendendo a descoberto títulos ligados a hipotecas de alto risco.

Tudo isso é história, claro, então voltemos à aposta: Buffett e Seides concordaram que, periodicamente, revelariam o estado da aposta. Seides desejava que essa revelação acontecesse sempre que o mercado caísse 10%, porque ele acredita que uma das virtudes dos fundos de hedge é a capacidade de aguentar tempos difíceis. Na realidade, no primeiro trimestre desse ano, em meio a um mercado de baixa, a Protégé Partners LP caiu apenas 1,9%, enquanto o fundo da Vanguard caiu 9,5%. Buffett insistiu, contudo, que o momento lógico para fazer a revelação seria durante a primavera, na assembleia anual da Berkshire — e esse foi o acordo final.

O que Buffett terá a dizer sobre a aposta pode ser limitado por um fator: os nomes dos cinco fundos de fundos selecionados pela Protégé devem ser mantidos em sigilo. Claro, Buffett sabe quais são esses nomes, porque a Protégé precisa entregar a ele os resultados auditados desses fundos todos os anos. No entanto, além disso, os fundos de fundos designados não viram vantagens (pelo menos por enquanto) em declarar sua participação na aposta e concordaram em continuar somente se o sigilo fosse assegurado. O primeiro fundo que a Protégé tentou recrutar, na realidade, não se dispôs a participar nem assim.

Seides e Tarrant têm algumas considerações gerais a fazer sobre os cinco fundos escolhidos. Eles são orientados para instrumentos mobiliários (favorecendo as ações sobre títulos), tendem a investir em fundos de hedge que evitam fazer transações o tempo inteiro e são administrados, na maior parte, por gerentes de investimento experientes, e não por novatos. E, provavelmente, podemos presumir que a Protégé Partners LP é um dos cinco, uma vez que sua exclusão deixaria a empresa com a tarefa complicada de explicar aos seus investidores por que não quis apostar no sucesso de suas próprias escolhas de fundos de hedge.

Em relação às taxas que os investidores pagam no mundo dos fundos de hedge — e isso, claro, é o ponto crucial do argumento de Buffett —, elas são, ao mesmo tempo, complicadas e onerosas. Um fundo de fundos normalmente cobra uma taxa de administração anual de 1%. Os fundos de hedge em que eles investem esse dinheiro também cobram uma taxa de administração anual, a qual é tipicamente 1,5% para os fundos de fundos. (As taxas são pagas trimestralmente pelos investidores e calculadas com base no valor de sua conta na época.) Então, isso corresponde a 2,5% do capital do investidor que continuamente vai para pagar essas taxas, independentemente dos lucros auferidos durante um ano. Em contraste, o fundo de índice S&P 500 da Vanguard tinha um índice de despesas ano passado de 15 pontos de base (0,15%) para ações ordinárias e apenas sete pontos de base para as ações Admiral, as quais estão disponíveis para investidores grandes. As ações Admiral são as que foram "compradas" por Buffett na aposta.

Além da taxa de administração, os fundos de hedge costumam receber 20% de quaisquer lucros que tiverem. Isso deixa 80% para os investidores. O fundo de fundos recebe 5% (ou mais) daqueles 80% como sua participação nos lucros. O resultado é que apenas 76% (no máximo) do lucro anual realizado com o dinheiro do investidor sobram para ele, com o restante indo para os "ajudantes" sobre os quais Buffett escreveu. Nesse ínterim, o investidor está pagando sua taxa de administração implacável de 2,5% sobre o capital. A conclusão é muito óbvia. Para a Protégé ganhar essa aposta, os cinco fundos de fundos que ela escolheu precisam ter um desempenho muito, muito melhor do que o S&P.

E talvez eles tenham. O próprio Buffett avalia suas chances de ganhar em apenas 60%, o que ele garante é uma margem menor do que ele costuma gostar. A Protégé calcula suas probabilidades de ganhar em estonteantes 85%. Algumas pessoas dirão, claro, que apenas por fazer essa aposta, a Protégé adquiriu uma publicidade inestimável. No entanto, a empresa claramente deseja ganhar e está indo contra um homem que não fez muitas apostas perdedoras em sua vida. O próprio Seides vê uma grande esperança: "Felizmente para nós, estamos apostando contra o desempenho do S&P, não de Buffett."

A profecia e os argumentos

Previsão: por um período de dez anos, começando em 1º de janeiro de 2008 e terminando em 31 de dezembro de 2017, o S&P 500 superará o desempenho de uma carteira de fundos de fundos de hedge, sendo o desempenho medido em uma base líquida de taxas, custos e despesas.

Warren Buffett concorda

Muitas pessoas inteligentes tentam superar a média nos mercados de títulos mobiliários. Chame-os de investidores ativos.

Seus adversários, os investidores passivos, terão, por definição, um desempenho mais ou menos médio. No agregado, as posições deles se aproximarão mais ou menos àquelas de um fundo de índice. Em consequência, o restante do universo — os investidores ativos — também deve ter um desempenho mais ou menos médio. No entanto, esses investidores terão custos maiores. No computo geral, seus resultados agregados após tais custos serão piores do que aqueles dos investidores passivos.

Os custos aumentam muito quando grandes taxas anuais, grandes taxas de desempenho e os custos de uma estratégia ativa de comercialização são todos acrescentados à conta do investidor ativo. Os fundos de fundos de hedge acentuam esse problema de custo porque suas taxas são superimpostas às taxas polpudas cobradas pelos fundos de hedge em que os fundos de fundos investem.

Muitas pessoas inteligentes estão envolvidas na administração dos fundos de hedge. Mas, em grande medida, seus esforços neutralizam uns aos outros, e seus QIs não superarão os custos impostos sobre os investidores. Os investidores, em média e ao longo do tempo, terão melhores resultados com um fundo de índice de custo baixo do que com um grupo de fundos de fundo.

Protégé Partners LLC discorda

O Sr. Buffett está certo em sua afirmação de que, em média, a gestão de carteira ativa em um universo estreitamente definido como o S&P 500 está destinada a resultar em um desempenho inferior aos índices de mercado. No entanto, aplicar esse argumento aos fundos de hedge é um pouco como comparar maças e laranjas.

Com flexibilidade para investir tanto do lado comprado quanto do vendido, os fundos de hedge não têm como objetivo superar o mercado. Ao contrário, buscam gerar lucros positivos ao longo do tempo, qualquer que seja o ambiente de mercado. Para os fundos de hedge, o sucesso pode significar superar o mercado em tempos magros, e ter um desempenho inferior quando tudo vai de vento em popa. Ao longo do ciclo, todavia, os melhores gerentes de fundo de hedge superaram o retorno do mercado, levando em consideração todas as taxas, enquanto também assumiam menos riscos. Acreditamos que tais resultados persistirão.

Há uma grande diferença entre os lucros dos melhores fundos de hedge e dos médios. Esse diferencial proporciona a investidores institucionais sofisticados, entre eles os fundos de fundos, uma oportunidade para escolher estratégias e gerentes que, os investidores acreditam, superarão as médias. Os fundos de fundos com capacidade de separar o joio do trigo ganharão lucros que compensam amplamente a camada adicional de taxas pagas por seus clientes.

Extraído de "O que Obama significa para as empresas"

2 de julho de 2008

Excerto de um artigo de Nina Easton

O círculo de assessores [de Obama] já se expandiu para além de um pequeno núcleo de acadêmicos de modo a incluir capitalistas veteranos do Partido Democrata (...) Ele frequentemente fala ao telefone com o bilionário CEO Warren Buffett ("uma de minhas pessoas favoritas", diz Obama, "ele é muito prático e tem uma inteligência rara"), um crítico do setor financeiro e dos incentivos fiscais para os ricos que também entende o mercado de capital melhor do que quase qualquer um.

A métrica de mercado de Buffett diz compre

16 de fevereiro de 2009

POR CAROL LOOMIS E DORIS BURKE

O mercado acionário continuou afundando cada vez mais nos primeiros dias de 2009, e decidimos na Fortune que talvez fosse a hora certa de atualizar a medição de mercado de Buffett — a relação entre o valor total das ações americanas e o PIB. Publicamos um gráfico dessa medição no final de 2001, em "Warren Buffett discorre sobre o mercado de ações" (ver página 260). A mensagem, então, era em alto e bom som: "Não comprem!"

No entanto, dessa vez, quando a coautora deste artigo, Doris Burke, conferiu os números, eles mostraram que o mercado estava definitivamente dentro da faixa de compra de Buffett. Então, publicamos este artigo e o gráfico em uma edição que chegou aos assinantes em torno de 1° de fevereiro.

Tudo bem, esse sinal de compra não era perfeito: a partir de 1° de fevereiro, o S&P 500 caiu violentamente, mais 18% antes de atingir o fundo, em 9 de março. Mesmo assim, se você tivesse comprado um fundo ETF que reflete a rentabilidade total de S&P 500 naquele 1° de fevereiro e o mantivesse até meados do ano de 2012, teria auferido um lucro total de 78% — e ficado muito feliz por Buffett ter compartilhado essa métrica. — CL

Está na hora de comprar ações? Segundo tanto esse gráfico que abrange 85 anos quanto o famoso investidor Warren Buffett, talvez sim. O ponto principal do gráfico é que deveria haver uma relação racional entre o valor de mercado das ações americanas e a produção da economia americana — seu PIB.

Primeiro, a *Fortune* publicou uma versão desse gráfico no final de 2001. Naquela época, as ações haviam recuado bastante dos níveis maníacos da bolha da internet. Mas elas ainda estavam muito altas, com o valor das ações equivalendo a 133% do PIB. Esse nível certamente não sugeriu para Buffett que estava na hora de comprar ações.

No entanto, ele visualizou um momento quando as compras poderiam ser lógicas, dizendo: "Se o percentual da relação cair para a zona de 70% a 80%, é provável que comprar ações seja bom para você."

Bem, é aí que as ações estavam no final de janeiro, quando a proporção era 75%. Nada dessa reversão para o equilíbrio mental surpreende Buffett, que disse à *Fortune* que a mudança na proporção o lembrava da declaração do investidor Ben Graham sobre o mercado de ações: "No curto prazo, é uma máquina de votar, mas, no longo prazo, é uma máquina de pesar."

Buffett não apenas gostava da mensagem do gráfico na teoria, mas também declarou publicamente, em 17 de outubro, na página de opinião do *New York Times*, que estava comprando ações americanas em seu nome após um longo período sem possuir nada (além de ações da Berkshire Hathaway), exceto títulos de dívida pública. Ele disse que, se os preços continuassem a cair, esperava ter em breve 100% de seu patrimônio líquido investido em ações americanas. Os preços continuaram a cair — o índice Dow Jones caiu cerca de 10% desde 17 de outubro —, então é possível que Buffett tenha continuado a comprar. Infelizmente para todos os investidores curiosos, ele não está dizendo o que comprou.

Extraído de "Cavalheiros da tempestade"

20 de abril de 2009

Excerto de um artigo de Adam Lasinsky

Warren Buffett adora contar uma história sobre o relacionamento bancário da Wells [Fargo] com sua própria empresa, a Berkshire Hathaway. Em 2001, quando a Berkshire e um sócio compraram a Finova, uma casa de empréstimos falida, ela solicitou a bancos que participassem em um sindicato de empréstimos. "A Wells não se interessou", diz Buffett, que é o maior acionista da Wells, com 315 milhões de ações, ou uma participação de 7,4%. Os outros se dispuseram a emprestar dinheiro à Berkshire a uma taxa ultrabaixa de 0,2% pontos acima do custo, uma proposta deficitária programada para, posteriormente, ganhar dinheiro da Berkshire como banqueiros de investimento. Não a Wells. "Fiquei feliz com aquilo, porque é exatamente assim que devem pensar", diz Buffett, com uma gargalhada sonora. (...) "Você entende um banqueiro pela maneira como controla o dinheiro. Os discursos não fazem qualquer diferença. É o que fazem e o que não fazem. E o que a Wells não faz é o que define sua grandeza."

Buffett com carga total

27 de abril de 2009

POR MARC GUNTHER

O título deste artigo funciona com um trocadilho, mas não retrata exatamente o comportamento de Buffett quando um acionista na assembleia anual da Berkshire fez uma pergunta sobre a Berkshire ser proprietária de 10% da BYD, uma empresa de carros e baterias chinesa. Em tais momentos, Buffett, invariavelmente, transfere a pergunta para Charles Munger, vice-presidente da Berkshire. "Charlie é nosso perito em BYD", dirá Warren. Por sua vez, Munger deve boa parte de sua perícia a um gerente de investimento de Pasadena, Li Lu, que nasceu na China e participou das manifestações pró-democracia na Praça Tiananmen, em 1989.

A Berkshire investiu US$ 230 milhões na BYD no final de 2008, no meio da crise financeira, a um preço de cerca de US$ 1 por ação — o que equivale, na moeda de Hong Kong em que os preços da ação da BYD costumam ser cotados, a HK$ 8. Após a entrada da Berkshire na cena, as ações da BYD entraram em modo montanha-russa, subindo para HK$ 77 em março de 2010 e, em seguida, caindo para HK$ 11 em maio de 2012, quando as perspectivas dos carros elétricos pioraram e os lucros da BYD caíram. Em setembro, as ações haviam subido para HK$ 16. Esse preço ainda significa que a Berkshire dobrou seu dinheiro, mas claramente a BYD não prosperou até hoje, como Munger pensou que iria acontecer.

Atualmente, Munger diz que "continua sentindo uma grande admiração pelo fundador e CEO da BYD, Wang Chuan-Fu, e grandes esperanças com relação à empresa", mas é pessimista com relação à velocidade do aumento das vendas de carros elétricos como uma categoria. As perspectivas de longo prazo da BYD são boas, acha Munger, porque "a empresa tem instalações grandes e muito modernas, funcionários talentosos, inclusive muitos milhares de engenheiros, e operações de baixo custo que fabricam produtos com poucos defeitos".

A expressão "poucos defeitos" geraria controvérsia entre algumas pessoas que acreditam que os carros da BYD não são bem fabricados. Munger, no entanto, diz que as reclamações sobre os produtos da empresa são poucas e representam um problema pouco significativo no quadro geral da BYD. — CL

Algumas regras de investimento de Warren Buffett: quando um executivo com a reputação de ser brilhante se envolve com uma empresa com a reputação de ser economicamente ruim, e a reputação da empresa que costuma permanecer intacta. Você deve investir em uma empresa que até um tolo possa administrar, porque, algum dia, um tolo o fará. E talvez sua frase mais conhecida: "Nunca invista em uma empresa que você não entende."

Então, quando o amigo de Buffett e sócio de longa data na Berkshire Hathaway, Charlie Munger, sugeriu, que investissem na BYD, no início do ano passado, uma obscura fabricante chinesa de baterias, telefones celulares e carros elétricos, seria de se esperar que Buffett citasse essa terceira regra. Afinal, ele é um homem que desdenhou da próspera indústria de tecnologia americana durante a década de 1990.

No entanto, Buffett, que está com 78 anos, ficou intrigado com a descrição feita por Munger do empresário por trás da BYD — um homem chamado Wang Chuan-Fu — que Munger conheceu através de um amigo mútuo. "Esse sujeito", Munger contou à *Fortune*, "é uma mistura de Thomas Edison e Jack Welch — algo como Edison na capacidade de solucionar problemas técnicos e algo como Welch em fazer com que seja feito o que ele precisa fazer. Nunca vi nada parecido".

Vindo de Munger, isso tem muito valor. Munger, o vice-presidente de 85 anos da Berkshire Hathaway, é um pão-duro que despreza a maioria das ideias de investimento. "Quando telefono para Charlie a fim de expor uma ideia", Buffett me diz, "e ele diz: 'Essa é uma ideia muito idiota, isso significa que deveríamos colocar 100% de nosso patrimônio líquido nela. Se ele diz: 'Essa é a ideia mais idiota que já ouvi', então você deveria colocar 50% de seu patrimônio líquido nela. Só se disser: 'Vou trancar você em um manicômio', é que ele realmente não gostou da ideia." Dessa vez, Buffett pediu a outro sócio confiável, David Sokol, presidente de uma empresa de utilidade pública de propriedade da Berkshire, chamada MidAmerican Energy, para viajar até a China e analisar detalhadamente a BYD.

No último outono, a Berkshire Hathaway comprou 10% da BYD por US$ 230 milhões. A transação, a qual aguarda a aprovação final do governo chinês, não atraiu muita atenção naquela ocasião. Foi anunciada no final de setembro, quando os mercados financeiros globais oscilavam à beira do abismo. Porém, Buffett, Munger e Sokol acham que é uma transação das maiores. Eles acham que a BYD tem a possibilidade de se tornar o maior fabricante de carros no mundo, principalmente pela venda de carros elétricos, assim como líder na indústria de energia solar, que cresce rapidamente.

Wang Chuan-Fu fundou a BYD (as letras são as iniciais do nome da empresa em chinês) em 1995, em Shenzhen, China. Químico e pesquisador governamental, Wang levantou cerca de US$ 300 mil com parentes, alugou aproximadamente 2 mil metros quadrados de espaço e começou a fabricar baterias recarregáveis para competir com as importadas da Sony e da Sanyo. Em 2000, a BYD tornou-se um dos maiores fabricantes de baterias para telefones celulares do mundo. A empresa passou a projetar e fabricar aparelhos de telefone celular e peças para a Motorola, Nokia, Sony Ericsson e Samsung.

Wang entrou na empresa automobilística em 2003, ao comprar uma empresa de carros estatal que estava à beira da liquidação. Ele sabia muito pouco sobre a fabricação de carros, mas provou ser um aluno aplicado. Em outubro, um carro sedã BYD chamado F3 tornou-se o sedã mais vendido na China, superando marcas famosas como o Volkswagen Jetta e o Toyota Corolla. A BYD também começou a vender um carro elétrico que pode ser reabastecido na rede elétrica e tem um motor a gasolina reserva, uma iniciativa que a colocou na frente de GM, da Nissan e da Toyota. O carro, que pode ser reabastecido na rede elétrica, chamado F3DM (para "modo duplo"), roda mais com uma única carga — cem quilômetros — do que outros veículos elétricos e é vendido por cerca de US$ 22 mil, inferior ao custo previsto do Prius ligado na rede e do badalado Chevy Volt quando chegarem ao mercado, no final de 2010. Simplificando, esse desafiante desconhecido disparou na frente de seus maiores rivais na corrida para a construção de um carro elétrico a um preço acessível.

Atualmente, a BYD emprega 130 mil pessoas em 11 fábricas, oito na China e uma na Índia, outra na Hungria e outra na Romênia. As operações americanas são pequenas — cerca de vinte pessoas trabalham em um posto avançado de vendas e publicidade em Elk Grove Village, Illinois, próximo à Motorola, e cerca de outras vinte trabalham em São Francisco, não muito distante da Apple. A BYD fabrica cerca de 80% dos aparelhos telefônicos RAZR da Motorola, assim como baterias para iPods e iPhones e computadores de baixo custo, inclusive o modelo distribuído pela organização sem fins lucrativos One Laptop per Child, de Nicholas Negroponte, que é baseada em Cambridge, Massachussetts. O faturamento, que cresceu cerca de 45% ao ano durante os últimos cinco anos, alcançou US$ 4 bilhões em 2008.

Ao adquirir participação na BYD, Buffett quebrou algumas de suas próprias regras. "Não entendo nada de telefones celulares ou baterias", admite ele. "E não entendo como funcionam os carros." Mas ele acrescenta: "Charlie Munger e Dave Sokol são sujeitos inteligentes e realmente entendem do assunto. E não há dúvida de que o que foi realizado desde 1995 na BYD é extraordinário."

Uma coisa a mais o reconforta. A Berkshire Hathaway tentou, primeiro, comprar 25% da BYD, mas Wang recusou a oferta. Ele desejava fazer negócios com Buffett — para promover sua marca e abrir portas nos Estados Unidos, diz ele —, mas não se dispunha a vender mais de 10% das ações da BYD. "Esse era um homem que não desejava vender sua empresa", diz Buffett. "Esse era um bom sinal."

Estamos perdidos em Shenzhen. Voei 13 mil quilômetros para encontrar Wang e, no caminho para a entrevista, meu motorista parou no acostamento de uma estrada poeirenta. Ele esbraveja em cantonês no telefone e freneticamente desenha caracteres chineses na tela sensível ao toque de um navegador GPS. A relações-públicas ao meu lado parece preocupada. "O GPS não está funcionando", diz ela. "Muitas estradas novas."

Não posso culpar o motorista ou o GPS — o qual, me ocorre, foi provavelmente fabricado ali perto, uma vez que Shenzhen é o centro de fabricação da indústria eletrônica global, o lugar de onde seu telefone celular, câmera digital e laptop, provavelmente, se originaram. Do outro lado de um rio de Hong Kong, Shenzhen é a cidade de maior tamanho e de mais rápido crescimento no mundo que a maioria dos americanos não consegue encontrar em um mapa. É também a cidade chinesa mais parecida com as americanas, porque as pessoas que vivem aqui vieram do outros lugares em busca de uma vida melhor.

Quando Deng Xiaoping designou Shenzhen como a primeira "zona econômica especial" da China em 1980, convidando o capitalismo a se enraizar, ela era uma vila de pescadores; hoje, é uma espaçosa megalópole de 12 a 14 milhões de pessoas, a maioria delas trabalhadores migrantes que trabalham duro em grandes fábricas como as administradas pela BYD e ganham cerca de 1.300 renminbi, ou US$ 190, ao mês.

Quando encontramos a nova sede da BYD — um prédio de escritórios prateado que não pareceria estranho no Vale do Silício —, foi-me oferecida uma visita ao "museu" da empresa, que celebra produtos e marcos da história da empresa e, em seguida, fui levado para uma sala de conferências onde pratos de maçãs, bananas e tomates-cereja estavam espalhados em uma mesa. Wang sentou-se à minha frente — ele é um homem de estatura bastante pequena, com 43 anos e cabelos pretos, usando óculos — e começou, embora por meio de um intérprete, a contar sua história para mim.

Ele fundou a BYD com um objetivo modesto: pegar uma parcela do negócio de baterias dominado pelos japoneses. "As baterias importadas do Japão eram muito caras", diz Wandy. "Havia impostos de importação e prazos de entrega muito longos."

Ele estudou as patentes da Sony e da Sanyo e abriu as baterias para compreender como eram feitas, um "processo que envolveu muita tentativa e erro", disse ele. (Sony e Sanyo, mais tarde, processaram a BYD, sem êxito, por infringir suas patentes.)

A BYD decolou quando Wang decidiu substituir máquinas por trabalhadores migrantes. No lugar dos braços robóticos usados nas linhas de montagem japonesas, os quais custavam US$ 100 mil ou mais cada um, a BYD efetivamente cortou custos ao contratar centenas, e depois milhares, de pessoas.

"Quando visitei a fábrica da BYD pela primeira vez, fiquei chocado", diz Daniel Kim, analista de tecnologia da Merrill Lynch baseado em Hong Kong e que havia visitado linhas de produção totalmente automatizadas no Japão e na Coreia. "É um modelo empresarial completamente diferente." Para controlar a qualidade, a BYD dividiu cada trabalho em tarefas básicas e aplicou protocolos de teste rígidos. Em 2002, a BYD tornou-se uma das quatro principais fabricantes mundiais — e a maior fabricante chinesa — em cada uma das três tecnologias de baterias recarregáveis (Li-Ion, NiCad e NiMH), segundo um estudo de caso da empresa realizado na Harvard Business School. E Wang ressalta que a BYD, ao contrário da Sony e da Sanyo, nunca enfrentou um *recall* de suas baterias.

Organizando o exército de trabalhadores na BYD, está um corpo de oficiais de gerentes e engenheiros que inventam e projetam produtos. Atualmente, a empresa emprega cerca de 10 mil engenheiros formados nos programas de treinamento da BYD — cerca de 40% dos que são aceitos largam o curso ou são demitidos — e mais 7 mil novos graduandos de faculdades estão sendo treinados. Wang diz que os engenheiros vêm das melhores universidades da China. "Eles são os melhores dos melhores", diz ele. "São trabalhadores muito dedicados e capazes de competir com qualquer um." A BYD pode bancar a contratação de muitos deles porque seus salários não passam de US$ 600 a US$ 700 ao mês; eles também recebem moradias subsidiadas em complexos de apartamentos de propriedade da empresa e refeições de custo baixo nas cantinas da BYD. "Eles estão, basicamente, respirando, comendo, pensando e trabalhando na empresa 24 horas, sete dias na semana, diz um executivo americano que estudou a BYD.

Normalmente, Wang trabalha até às 23h ou meia-noite, cinco ou seis dias na semana. "Na China, as pessoas de minha geração colocam o trabalho em primeiro lugar e a vida particular em segundo", diz o CEO, cuja esposa é responsável pela criação dos dois filhos.

Essa "vantagem de recursos humanos" é "a parte mais importante" da estratégia da BYD, diz Wang. Seus engenheiros investigam uma ampla gama de tecnologias, de sistemas de ar-condicionado automobilísticos que podem usar baterias a projetos de iluminação pública alimentados com energia solar. Ao contrário da maioria dos fabricantes de carros, a BYD fabrica praticamente todo o carro sem terceirização — não apenas os motores e a carcaça, mas também o ar-condicionado, lâmpadas, cintos de segurança, airbags e eletrônicos. "É difícil para os outros competirem conosco", diz Wang. "Se colocássemos nossa equipe no Japão ou nos Estados Unidos, não teríamos como fazer nada parecido."

O próprio Wang cresceu em meio a extrema pobreza. Seus pais, ambos fazendeiros, morreram antes de ele ingressar no ensino médio, e ele foi criado por um irmão e uma irmã mais velhos. A viagem de trem da vila onde ele cresceu até a Central South Industrial University of Technology, onde se formou em química, passava pela Montanha Amarela, um destino popular para andarilhos e turistas, mas ele nunca havia visitado o local. "Na época, não fui porque não tínhamos dinheiro", diz ele. "Hoje, não vou porque não tenho tempo."

E com relação à riqueza acumulada? "Não estou interessada nela", afirma ele. Certamente ele não tem um estilo de vida de ostentação. Ele recebeu cerca de US$ 265 mil em 2008, e vive em um complexo de apartamentos de propriedade da BYD com outros engenheiros. Seus únicos mimos são uma Mercedes e um Lexus e eles têm um objetivo prático: ele desmonta os motores para ver como funcionam. Durante uma viagem aos Estados Unidos, uma vez, ele tentou desmontar o assento de um Toyota de propriedade de Fred Ni, um executivo que o estava ciceroneando. Logo após a BYD se tornar listada em bolsa, Wang fez uma coisa extraordinária: ele pegou aproximadamente 15% de sua participação na BYD e distribuiu as ações para cerca de vinte outros executivos e engenheiros na empresa. Ele ainda possui aproximadamente 28% das ações, que valem cerca de US$ 1 bilhão.

A empresa em si é frugal. Até recentemente, os executivos viajavam de classe econômica. Um deles me contou que ficou chocado quando soube que a Ford, a qual teve um prejuízo de bilhões no ano passado, dera uma festa no Hotel George V durante uma exposição de automóveis em Paris. Em contraste, a última vez que os executivos da BYD viajaram para a exposição de automóveis de Detroit, alugaram uma casa no subúrbio para economizar o custo dos quartos de hotel.

Essa atenção aos custos é uma das razões pelas quais a BYD ganhou dinheiro de forma consistente até mesmo enquanto expandia para novas linhas de negócio. Cada uma das unidades de negócios da BYD — baterias, componentes para telefones celulares e automóveis — foi lucrativa em 2008, embora em pequena escala. Como um todo, o lucro líquido ficou em torno de US$ 187 milhões. A BYD, que é negociada na bolsa de valores de Hong Kong, tem um valor de mercado de cerca de US$ 3,8 bilhões. Isso é menor do que a Ford (US$ 7 bilhões no início de abril), mas é maior do que a General Motors (US$ 1,3 bilhão).

Próximo do final de nossa conversa, pergunto a Wang sobre o nome da empresa. Foi dito que a abreviatura BYD quer dizer "Build your dreams" ["Construa seus sonhos"], mas ele diz que acrescentou isso como lema da empresa em um momento posterior. Outros dizem que, da mesma forma como a Motorola, a Apple e a Berkshire Hathaway se dirigiram a Shenzhen, o nome adquiriu ainda outro significado: "Bring your dollars" ["Traga seus dólares"].

Quando David Sokol fez uma visita às operações da BYD no último verão, Wang o levou a uma fábrica de baterias e explicou que a BYD desejava tornar suas baterias 100% recicláveis. Com esse objetivo, a empresa desenvolveu um fluido eletrolítico não tóxico. Para enfatizar o ponto, Wang derramou fluido de bateria em um copo e o tomou. "O sabor não é bom", disse ele, fazendo uma careta e oferecendo um gole a Sokol.

Sokol recusou educadamente. No entanto, ele entendeu a mensagem. "Seu foco lá era que, se vamos ajudar a resolver os problemas ambientais, não podemos criar novos problemas ambientais com nossa tecnologia", diz Sokol.

Sokol, autor de um volume fino sobre princípios de administração chamado *Pleased but Not Satisfied*, avaliou Wang durante aquela visita e decidiu que ele era um executivo surpreendentemente objetivo. Sokol diz: "Muitos bons empreendedores podem ir do zero a alguns milhões em receitas e algumas centenas de pessoas. Ele tem mais de 100 mil pessoas. Poucos conseguem fazer isso." Quando ele voltou dos Estados Unidos, Sokol disse a Buffett: "Esse sujeito é demais. Você precisa conhecê-lo."

Até mesmo antes de visitar a BYD, Sokol acreditava nos carros elétricos. Há anos, seus funcionários na MidAmerican estudavam tecnologias limpas, como baterias e energia eólica, por causa da ameaça da mudança climática. De uma forma ou de outra, Sokol diz, as empresas de energia precisarão produzir mais energia e menos dióxido de carbono.

Os carros elétricos serão uma resposta. Eles geram menos emissões de gases estufa do que os carros que usam gasolina e têm custos de combustível mais baixos, até mesmo quando o petróleo está barato. Isso se deve ao fato de os motores elétricos serem mais eficientes do que os motores de combustão interna, e também ao fato de que gerar energia em grande escala (em usinas nucleares ou termoelétricas) gasta menos do que fazê-lo em uma escala pequena (queimando gasolina em um motor de combustão interna).

Os números são algo como: vamos dizer que você dirija 19 mil quilômetros por ano, gaste US$ 2 por galão de gasolina e a eletricidade é cobrada a US$ 0,12 por quilowatt, aproximadamente o que a maioria dos americanos paga. Um carro abastecido a gasolina que consegue fazer 32 quilômetros com um litro — digamos, um Chevy Impala ou uma BMW X3 — terá custos de combustível anuais de US$ 1.200 e gerará cerca de 6,6 toneladas de dióxido de carbono. Equipe esses carros com motores elétricos e os custos de combustível cairão para US$ 400 ao ano e as emissões serão reduzidas para cerca de 1,5 tonelada.

O grande problema é que sua fabricação é cara, e o maior item entre os custos é a bateria. Fabricar uma bateria segura, confiável, duradoura e de recarga rápida para um carro é uma tarefa complexa e custosa. A BYD afirma ter alcançado um grande avanço com sua tecnologia de lítio-íon de fosfato ferroso, mas ninguém tem certeza se ela funcionará conforme previsto.

Os céticos dizem que a bateria de BYD não pode ser, ao mesmo tempo, mais potente e mais barata do que aquelas feitas pelos concorrentes, e o Departamento de Energia dos Estados Unidos comprou um F3DM para desmontar sua bateria. Chitra Gopal, um analista com a Nomura Securities, em Cingapura, que acompanha a empresa de perto, diz que a BYD está apostando em "tecnologia completamente nova e a capacidade de produzi-la em grande escala a um custo baixo ainda precisa ser comprovada." William Moore, editor-chefe da EV World, uma página da internet sobre carros elétricos, diz: "Eles precisam convencer as pessoas de que estão vendendo um automóvel confiável, durável e de qualidade."

Até mesmo os admiradores da BYD dizem que a fabricação e o acabamento dos carros da empresa deixam muito a desejar. "Os carros deles estão muito atrás da Toyota, certamente", Sokol admite. A BYD atualmente exporta carros à gasolina para a África, América do Sul e para o Oriente Médio, mas eles competem com base no preço, não na qualidade.

O primeiro carro híbrido carregado na tomada da BYD, chamado de carro modo duplo, é projetado para rodar principalmente com eletricidade, com um motor de combustão interna que serve de reserva. Dois carros inteiramente elétricos — o E3 e o E6 — serão lançados mais tarde este ano. Ambos serao vendidos primeiro na China, para usuários de frota: governo, correios, serviços públicos e empresas de taxi, os quais construirão instalações centrais para recargas rápidas. A Europa, com seus preços de gasolina altos, é o mercado de exportação mais promissor para os carros elétricos da BYD. Wang assinou um acordo no ano passado com a Autobinck, um grupo de comerciantes holandeses, para distribuir seus carros nos Países Baixos e em cinco países da Europa oriental.

A empresa ainda não decidiu se entrará no mercado americano, onde a competitividade econômica dos carros elétricos não é tão convincente. Sokol, que agora faz parte da diretoria da BYD, diz que a empresa poderia, em vez disso, tornar-se fornecedora global de baterias para fabricantes de carros. Alguns americanos, contudo, estão ansiosos para fazer negócios com a BYD. Um dia, após a visita da *Fortune* à BYD, o governador de Oregon, Ted Kulongoski, chegou para testar um carro elétrico e incitou a empresa a fazer importações através do porto de Portland. Enquanto isso, os pesquisadores da BYD estão trabalhando em sua próxima grande ideia, um produto que eles chamam de uma Solução de Energia Limpa Doméstica. Em sua essência, trata-se de um conjunto de painéis fotovoltaicos solares de telhado com baterias embutidas para armazenar energia para uso quando não houver sol, tudo a ser projetado e fabricado pela BYD. "O sol é uma fonte infinita de energia", diz Wang. "Com tecnologia melhor, podemos reduzir os custos."

Wang também está focado na construção de uma equipe de executivos mais forte para levar a empresa adiante. "A boa notícia é que ele tem 42 anos", diz Sokol. "A notícia ruim é que ele é claramente o cérebro e a energia por trás da organização. Ele precisa desenvolver uma equipe mais rapidamente, mas acho que sabe disso." No inverno passado, foi a vez de Sokol conduzir Wang em um passeio por seu país natal. Eles começaram em Detroit, onde os carros da BYD atraíram atenção no North American Auto Show, e terminaram na Costa Oeste, onde Wang pela primeira vez encontrou Charlie Munger. Nesse ínterim, eles pararam em Omaha.

"Como a BYD chegou tão longe?", indagou Warren Buffett a Wang, falando por meio de um tradutor. "Nossa empresa se baseia no conhecimento tecnológico", respondeu Wang. Cauteloso como sempre com o setor tecnológico, Buffett perguntou como a BYD sustentaria sua liderança. "Nunca, jamais descansaremos", respondeu Wang.

Buffett pode não entender de baterias ou carros, ou mesmo de mandarim. Ambição, no entanto, é algo que dispensa tradução.

Extraído de "Quem os admirados admiram"

22 de março de 2010

Um trecho de um artigo de Anna Bernasek

Em sua edição anual dedicada aos Mais Admirados, a Fortune *pediu a seis CEOs líderes de empresas admiradas para dizerem qual CEO cada um mais admirava. Ken Chenault, da American Express, escolheu Buffett, dizendo:*

Ele incorpora essa mistura incrível de alto intelecto e tino comercial com a capacidade de se envolver emocionalmente com as pessoas.

O Sr. Conserta-tudo de Buffett

16 de agosto de 2010

POR BRIAN DUMAINE

Em 2010, quando publicamos este artigo elogioso sobre David Sokol, ninguém poderia imaginar que, em menos de um ano, ele teria pedido demissão da Berkshire e passado a ser visto por muitos na imprensa como um ator ruim. Na realidade, o artigo — uma sequência de fotografias — o descrevia como o homem "mais frequentemente mencionado como sucessor de Buffett". Os outros cinco executivos da Berkshire cujas fotos apareceram foram: Greg Abel, da MidAmerican Energy; Ajit Jain, da Berkshire Reinsurance; Tad Montross, da General Re; Tony Nicely, da GEICO; e Matt Rose, da empresa ferroviária BNSF.

De uma hora para outra, Sokol se retirou como um possível candidato em março de 2011, pedindo demissão da Berkshire por iniciativa própria e dizendo a Buffett que ele planejara partir havia algum tempo porque desejava fazer algo por conta própria. No entanto, a mesma nota para a imprensa de Buffett que revelou a demissão e a explicação de Sokol a respeito também revelou que Sokol havia comprado ações da Lubrizol apenas semanas antes de propor a Buffett que seria uma boa empresa para ser comprada pela Berkshire. Buffett tomou cuidado na nota para destacar que Sokol havia comprado as ações antes de apresentar a ideia dele a Buffett e sem qualquer indicação de como este reagiria. Ainda assim, os fatos sobre a compra de Sokol — combinados com a subida nas ações de Lubrizol que acompanhou a decisão de Buffett para, de fato, comprar — comprometeram a reputação de Sokol por causa do que alguns espectadores acreditavam constituir um caso de uso indevido de informações privilegiadas.

A nota à imprensa sobre o caso, distribuída pela Berkshire, fez com que seu autor, Buffett, também tivesse problemas de reputação. (A nota, publicada em 30 de março de 2011, pode ser encontrada na página da internet da Berkshire Hathaway.) Muitas pessoas acharam que a nota foi insuficientemente dura com Sokol e estranhamente desprovida da fúria que Buffett vivia dizendo que exibiria se alguém na Berkshire manchasse a reputação da empresa. Os críticos de Buffett também questionaram a razão pela qual ele não pediu mais informações quando Sokol lhe disse em um momento que era proprietário de ações da Lubrizol.

O problema de Sokol tornou-se não apenas um ímã para a imprensa, como também o tópico mais importante da assembleia anual da Berkshire de 2011, realizada em 30 de abril. Por ser uma das três jornalistas recrutadas para receber perguntas dos acionistas enviadas por e-mail, e por ser a primeira programada para falar no microfone, eu li uma pergunta que acusava Buffett de uma reação insuficientemente enérgica ao que Sokol fizera. Alguns aplausos seguiram minha leitura da pergunta. Buffett, então, deu uma longa resposta que chamou o comportamento de Sokol de "inexplicável" e reconheceu que ele próprio poderia ter lidado melhor com algumas coisas. Ele poderia, disse especificamente, ter feito mais perguntas quando Sokol afirmou ser proprietário de ações da Lubrizol.

Após a reunião, o caso Sokol praticamente desapareceu dos noticiários. O próprio se mudou de Omaha para a área de Jackson Hole, em Wyoming, onde fundou uma empresa de gestão de investimentos. Acredita-se que o SEC tenha investigado as transações de Sokol, mas, até o momento da impressão deste livro, não havia nenhuma acusação formal.

Como as notícias sobre Sokol estouraram logo após a Fortune ter fechado uma edição, não publicamos um artigo sobre os acontecimentos na revista. Mas Brian Dumaine, que escreveu o artigo de Sokol a seguir, publicou um artigo na Fortune.com sobre Sokol um dia após a divulgação da nota de Buffett. Brian não usou a palavra "inexplicável", mas é assim que ele considera que as ações da Sokol eram. Você pode encontrar uma cópia desse artigo on-line em fortune.com/buffettbook (em inglês). — CL

No dia após o desmoronamento da Lehman, em setembro de 2008, David Sokol notou que as ações da Constellation Energy, uma empresa de serviços públicos de Baltimore, estavam despencando. Ele telefonou para seu chefe, Warren Buffett, e disse: "Vejo uma oportunidade aqui." Buffett, que havia notado a mesma tendência, respondeu após uma breve discussão: "Vamos atrás dela."

A Constellation tinha vastas quantidades de contratos futuros de energia que estavam dando prejuízo, e a empresa parecia estar à beira da falência. Sokol, como presidente da MidAmerican Energy Holdings, subsidiária da Berkshire, conhecia bem a indústria de utilidades públicas e enxergou a chance de comprar ativos sólidos a preço de banana. A transação, no entanto, precisaria ser feita em 48 horas ou a empresa teria de pedir falência.

Sokol telefonou para o escritório do CEO da Constellation, Mayo Sattuck III, que estava em uma reunião de diretoria emergencial. Quando a assistente dele atendeu, Sokol lhe disse que gostaria de falar com Sattuck. A secretária respondeu que, se interrompesse a reunião, ela poderia perder o emprego, ao que Sokol respondeu: "Se você *não* interromper a reunião, talvez perca seu emprego."

Sokol pegou um Falcon 50EX e voou imediatamente para Baltimore. Ele se encontrou com Shattuck e, naquela tarde, fechou os termos de um acordo para comprar a empresa por US$ 4,7 bilhões, evitando a falência.

Em questão de semanas, antes de a aquisição ser finalizada, a diretoria da Constellation recebeu uma oferta concorrente da Électricité de France com um ágio de cerca de 30%. A diretoria gostou da oferta e Sokol também — pelo fato de a Berkshire receber o pagamento de US$ 1,2 bilhão por desistir da transação.

Quando os investidores pensam na Berkshire Hathaway, logicamente pensam em Warren Buffett e em seu histórico como um CEO que não interfere — embora seja extremamente atento. Ele dá liberdade para os chefes de sua grande coleção de empresas, abrangendo desde a GEICO à Dairy Queen, da Benjamin Moore ao Buffalo News e à NetJets. No entanto, até no império de Buffett, um CEO às vezes erra, e sua empresa precisa ser consertada ou uma transação precisa ser feita — rapidamente. Quando isso acontece, o sujeito a quem Buffett recorre é David Sokol.

De todos os principais executivos da Berkshire, Sokol, 53 anos, é o mais frequentemente mencionado como herdeiro de Buffett, embora ele desdenhe essas especulações. Buffett gosta de Sokol exatamente onde ele está, fazendo transações, aumentando lucros e consertando empresas problemáticas. No prefácio do livro de Sokol, *Pleased but Not Satisfied,* Buffett escreve: "Ele traz o equivalente comercial da média de rebatidas de 0,406 de Ted Williams ao campo da administração de empresas."

Buffett conheceu Sokol em 1999, quando Berkshire estava comprando a MidAmerican, uma empresa de utilidade pública de Iowa. Com um amigo de longa data de Buffett, Walter Scott, Sokol comprou uma pequena empresa geotermal com faturamento de US$ 28 milhões por ano em 1991 e a transformou em um gigante do setor de utilidades públicas. A MidAmerican, com sede em Des Moines, agora representa uma fatia de US$ 11,4 bilhões (cerca de 10%) do faturamento da Berkshire, e Sokol é seu presidente. Em 2007, Buffett pediu a Sokol para dar um jeito na Johns Manville, uma empresa de materiais de telhado e de isolamento com problemas sérios, e foi bem-sucedido; agora, ele é presidente da companhia. Em 2008, Charlie Munger, vice-presidente de Buffett, pediu a Sokol que viajasse para a China a fim de conduzir o trabalho de diligência na BYD, uma fabricante de carros elétricos e de baterias. Sokol gostou do que viu, e Berkshire investiu US$ 230 milhões na compra de 10% da empresa. Esse lote agora vale cerca de US$ 1,8 bilhão. Em abril, quando Buffett estava preocupado com um dispositivo da lei de regulamentação financeira do Senado que exigiria que a Berkshire e outras empresas apresentassem bilhões de dólares em garantias sobre seus derivativos existentes, foi Sokol que ele enviou para defender sua posição. O argumento de Buffett venceu.

No verão passado, Buffett incumbiu Sokol talvez da maior missão de sua carreira: recuperar a NetJets. No ano passado, a empresa de propriedade fracionária de aviões a jato tivera um prejuízo de US$ 711 milhões antes da dedução de impostos — o que não é o tipo de desempenho que agrada a Buffett. Hoje, a empresa é lucrativa, e a *Fortune* conseguiu um vislumbre raro e exclusivo de como Sokol o fez. Exploraremos isso em maiores detalhes mais adiante.

Não é difícil compreender por que Buffett gosta desse ambicioso nativo do Meio Oeste. Sokol complementa suas habilidades. Enquanto Buffett dá a impressão de ser seu tio favorito — descontraído, com um senso de humor ingênuo —, Sokol está sempre em alta velocidade. Engenheiro por formação, ele é um gerente duro e sem papas na língua. Ele acorda às 5h todos os dias, e corre oito quilômetros e faz musculação cinco dias por semana, em parte para manter o peso, mas também para sobreviver a uma agenda cansativa. Ele viaja por metade do ano, isso sem contar as idas e vindas entre suas casas em Omaha e Columbus, onde a Netjets está sediada. Ele e a mulher, Peggy, têm uma filha crescida, Kelly. Em seus raros momentos de folga, ele gosta de pescar e esquiar. "Ele faz mais em um dia", diz Buffett, "do que provavelmente faço em uma semana, e não estou brincando".

Sokol foi abundantemente recompensado por seu trabalho árduo. Ele, Walter Scott e Greg Abel, hoje CEO da MidAmerican, juntos eram proprietários (não em parcelas iguais) de 19% das ações daquela empresa, com um valor aproximado de US$ 300 milhões, quando a Berkshire adquiriu a empresa de utilidade pública em 2000. Sokol pode ser encontrado sempre com seus funcionários ou passando tempo com clientes e parceiros de negócios, em busca de novas oportunidades na China, no Brasil, na Alemanha e em outros lugares. Como ele consegue passar tanto tempo fora do escritório e ainda administrar três empresas grandes? Sokol tem uma fórmula, que está exposta em *Pleased but Not Satisfied*. (Ele distribui o livro autopublicado para todos os seus executivos.)

A obra concisa, de 129 páginas, expõe as seis leis de Sokol: excelência operacional; integridade; compromisso com o cliente; compromisso com o empregado; solidez financeira; e respeito ambiental. Sim, esses são lugares comuns da gestão, mas Sokol os impõe tão rígida e consistentemente — impiedosamente quando necessário — a todas as organizações por ele dirigidas que elas, repetidas vezes, conseguem o tipo de resultado que até um Warren Buffett apreciaria.

Outro truque para administrar três empresas ao mesmo tempo, Sokol diz, é contratar assistentes executivos de primeira classe e usá-los agressivamente. "Muitas pessoas usam seus assistentes apenas para fazer chamadas telefônicas, digitar cartas e arquivar", ele diz. "No máximo, o meu faz isso um terço do tempo." Ele tem dois assistentes em tempo integral e um em tempo parcial que, segundo ele, "sabem como eu penso". Eles lhe dão uma atualização uma vez por semana sobre todos os objetivos que ele estabeleceu para suas empresas e para os executivos que as administram.

Seus assistentes também sabem que ele nunca gosta de chegar atrasado a uma reunião — ele acredita que isso mostra falta de respeito. Eles sempre deixam uma margem de segurança no caso de algo sair errado, mas também se certificam de que ele tem trabalho para fazer caso ele chegue meia hora cedo.

A infância de Sokol oferecia poucos indícios de que ele eventualmente se tornaria um grande sucesso. Ele cresceu em Omaha, no que ele chama de "o lado errado da cidade". Na University of Nebraska, ele desejava ser médico, mas desmaiou na primeira vez que viu um cadáver e bateu a cabeça na ponta da mesa de mármore. Seu pai gentilmente sugeriu que ele seguisse os passos de seu irmão mais velho e estudasse engenharia civil.

Em 1982, quatro anos após se formar, foi contratado pela Citicorp, na cidade de Nova York, onde aconselhava clientes sobre investimentos em grandes projetos de energia gerada a partir de resíduos. Foi logo convidado para administrar uma empresa de energia de resíduos chamada Ogden Martin, a qual ele transformou em uma empresa listada na Bolsa de Valores de Nova York antes de se juntar a Walter Scott no empreendimento que veio a se tornar a MidAmerican.

O registro de Sokol não é imaculado — até mesmo se você tiver uma média de rebatidas de 0,406, vez ou outra será eliminado. No que ele agora afirmar ter sido, provavelmente, o maior fracasso de sua carreira, no início da década de 2000, Sokol decidiu investir em um novo método para remover zinco de um dos poços geotermais da MidAmerican na Califórnia. A tecnologia funcionou no laboratório, mas fracassou quando aplicada em campo, deixando a MidAmerican com um prejuízo de US$ 200 milhões. Em retrospecto, Sokol deveria ter feito mais testes piloto. "O pior erro que cometi", disse ele, "foi quando aprovei o projeto, pois senti um frio na barriga e sabia que era um erro. Desde então, tentei ensinar isso aos executivos jovens. É extremamente importante prestar atenção em seus instintos, sobretudo quando estão dizendo para você para não fazer algo". Quando ele reportou as notícias ruins a Buffett, o chefe simplesmente disse: "Não torne isso um hábito".

Sokol foi atingido novamente no último abril, quando um juiz de Omaha sentenciou a MidAmerican a pagar US$ 32 milhões, decidindo que a empresa havia calculado errado, "deliberada e intencionalmente", os lucros futuros para forçar a saída de acionistas minoritários em um projeto de energia hidrelétrica nas Filipinas na década de 1990. Sokol discorda veementemente da decisão e a empresa entrou com um recurso.

Apesar desses contratempos, Sokol é o Sr. Conserta-Tudo que Buffett envia quando alguma parte da máquina da Berkshire entra em pane. O que acontece quando David Sokol cai de paraquedas? Analise a história da NetJets.

Em meados de agosto de 2009, a NetJets estava perdendo dinheiro e clientes. O fundador e CEO Rich Santulli preparou a minuta de uma carta de demissão, e Buffett a aceitou. A situação foi dolorosa para ambos. Buffett gostava de Santulli como amigo e, no relatório anual da Berkshire de 2003, o descrevera como "um CEO extraordinário".

Um ex-banqueiro da Goldman Sachs, Santulli criou a indústria de propriedade fracionária de jatos em 1986; em 2009, a NetJets tinha 842 aviões, 3.500 pilotos, e faturamento de US$ 3,1 bilhões. Santulli, que assinou um acordo que o impede de difamar a empresa, preferiu não tecer quaisquer comentários a esse artigo.

Santulli inventou a noção de propriedade fracionária quando observou que a maior parte dos proprietários usava seus jatos apenas poucas centenas de horas por ano. Por que não dividir os custos pesados de propriedade, ele pensou, e, ao mesmo tempo, evitar os problemas de contratação de pilotos e manutenção do avião? Atualmente, um cliente da NetJets tipicamente compra uma ação de um oitavo de um jato por, digamos, cinco anos. Ele também paga aproximadamente US$ 5 mil por hora para cobrir os custos operacionais. Uma vez que a NetJets possui uma frota imensa, pode garantir a um proprietário um avião — não necessariamente o dele próprio, mas um modelo idêntico — com apenas quatro horas de antecedência.

Buffett e sua família, e muitos executivos da Berkshire, há muito são clientes felizes da NetJets. Buffett aprecia tanto a empresa que gosta de promover seus serviços para os acionistas da Berkshire em suas assembleias anuais, nas quais ele, às vezes, expõe os aviões. Em seu relatório de 2001, Buffett, cuja empresa também é dona da Fruit of the Loom, escreveu: "Se você comprar a fração de um avião, talvez até possamos dar como brinde um pacote de três cuecas." No entanto, desde que Buffett comprou a NetJets do empresário em 1998 por US$ 725 milhões, ela está longe de recuperar o investimento da Berkshire.

O negócio da propriedade fracionária de jatos é como administrar uma linha aérea, apenas exponencialmente mais complicado. Imagine ter de fazer voar um cliente para um destino com quatro horas de aviso prévio. Não é só o jato que precisa estar disponível, mas os comissários de voo, a equipe de manutenção e todos os serviços de refeição precisam estar no lugar certo na hora certa. A NetJets gasta US$ 100 milhões por ano apenas em treinamento de pilotos. A sede em Columbus tem a própria equipe de meteorologistas para acompanhar as condições do tempo que poderiam atrasar os voos.

E os clientes abastados da NetJets estão acostumados a receber o que desejam. Um proprietário de G-5 só tomava café em copos de isopor branco, e as equipes de voo precisavam esforçar-se para encontrar os copos e colocá-los ao lado de seu assento. Um piloto da NetJets lembra-se de transportar um passageiro de Denver a Los Angeles para cortar o cabelo, e depois retornar a Denver. O passageiro era um cão da raça poodle. Os voos custaram US$ 32 mil.

Em agosto do ano passado, a crise financeira teve impacto na NetJets. Alguns executivos importantes não desejavam mais ser vistos em um Gulfstream de US$ 50 milhões. (Aqueles CEOs de Detroit que voaram em jatos privados para as audiências no Congresso sobre o socorro financeiro governamental não ajudaram.) Outros não tinham como pagar os custos. O contrato da NetJets garante a recompra da participação de um proprietário a um preço de mercado justo. Pressionados, os titãs de Wall Street não podiam vender suas casas, suas obras de arte ou seus cavalos, mas tinham a garantia de que a Berkshire compraria seus jatos de volta. Os proprietários começaram a vender suas ações a um nível sem precedentes. Um executivo da NetJets naquela época disse: "Estávamos à beira do precipício. Os gráficos pareciam a montanha russa do Super-Homem no parque de diversões Six Flags." A NetJets foi deixada na mão com um grande número de aviões não vendidos, que, em alguns casos, valiam 40% menos do que havia sido pago por eles.

Quando a situação piorou, Sokol substituiu Santulli como CEO. Quando ele voou até a sede da NetJets em Columbus, no início de agosto, para dar uma olhada, Sokol descobriu dois grandes problemas com a empresa. Primeiro, ela comprara um número excessivo de aviões novos, fazendo com que sua dívida aumentasse muito. Segundo, a gerência da NetJets, segundo Sokol, era organizada de uma forma muito informal para ser eficiente. Sokol começou a distribuir cópias de seu livro de administração. Em pouco tempo, ele percebeu que recuperar a NetJets seria muito mais difícil do que imaginara.

Nos 25 anos anteriores, Santulli, um líder carismático, havia construído uma cultura forte na NetJets. Muitos funcionários se sentiam como membros de uma família, dispostos a ultrapassar o limite para garantir que aquela empresa complexa funcionasse dia após dia. Quando precisava de ajuda, você a recebia. Os funcionários auxiliavam uns aos outros.

O desafio de Sokol era mudar a NetJets radicalmente sem destruir o espírito que definia a empresa. No entanto, os principais gerentes gostavam das coisas exatamente da forma como eram. Nas reuniões, Sokol propunha vender aviões ou cortar custos, e os executivos não o acatavam. Em pouco tempo, ele ficou frustrado. Bill Olsen, que na época gerenciava a NetJets Aviation, uma divisão operacional, declara: "Não era segredo que David não estava aberto a sugestões, debates críticos ou críticas construtivas. Quando desafiado em uma reunião, ele lançava a você um olhar fulminante e você caía em desgraça." (Olsen deixou a gerência e voltou a ser piloto da NetJets.) Sokol responde: "Isso simplesmente não é verdade. Meu estilo de gestão é colaborativo."

Apesar da resistência, Sokol não esmoreceu, cancelando pedidos de aviões novos, vendendo os antigos e reduzindo a dívida de US$ 1,9 bilhão para US$ 1,3 bilhão. Ele também cortou cerca de US$ 100 milhões em custos, o suficiente para tornar lucrativas as operações. Ele começou com medidas óbvias: uma economia de custos de cerca de US$ 30 milhões resultou do cancelamento do uso gratuito de aviões. O regime antigo costumava permitir que uma estrela de cinema, um cantor ou um amigo da empresa tivesse viagens gratuitas ou alterações de classe para promover a NetJets. Segundo Sokol: "Provavelmente recebíamos apenas US$ 2 milhões ou US$ 3 milhões em troca de US$ 30 milhões em custos" com tais promoções. Sokol também cortou um torneio de pôquer caro em Las Vegas que a empresa organizava todos os anos para seus clientes.

Em seguida, vieram as demissões. Santulli já havia reduzido o número de funcionários em cerca de 4%. Sokol despediu mais 5% e colocou em licença cerca de quinhentos pilotos, baixando o número de funcionários para 6.400. Ele diz que a empresa não precisava de tantas pessoas, porque a NetJets estava voando com menos aviões. Muitos executivos graduados discordaram ferozmente da profundidade dos cortes, argumentando que o serviço seria prejudicado. Em pouco tempo, cerca de metade da equipe de gerentes seniores foi dispensada. Os demais mudaram de função ou não foram afetados.

Sokol argumenta que há muito uma reformulação da empresa se fazia necessária. "Uma coisa que pode ser muito boa em uma gerência disfuncional é que é muito difícil avaliar as pessoas", diz ele. "Então, você tem executivos que estão se congratulando, dizendo que estão tendo um ótimo desempenho, enquanto a realidade é que não há forma de medir o que estão fazendo." Um executivo da NetJets cujo território de vendas estava perdendo dinheiro, mesmo assim, recebeu bônus de vários milhões de dólares.

Tendo expurgado a gerência sênior, Sokol promoveu três executivos da NetJets do escalão imediatamente inferior para sua nova equipe e contratou três de fora. Diz ele: "A NetJets tinha um excesso de gente graduada e carecia de boa estrutura organizacional. Precisávamos dar responsabilidades e metas aos funcionários que fossem claras e alcançáveis. Precisávamos deixar claro quem estava fazendo o quê."

Sob o regime antigo, o serviço e os custos eram medidos até certo ponto, mas não em detalhes através da organização como um todo. Bill Noe, um funcionário que Sokol promoveu à presidência da NetJets North America, afirma: "No regime anterior, você reunia todos os gerentes principais em uma sala e dizia: 'Eis nosso objetivo, eis o que estamos fazendo.' Será que um funcionário qualquer sabia o que estava acontecendo? Provavelmente não."

Sokol treinou sua equipe para medir cada coisa que a empresa faz, da pontualidade dos serviços ao recebimento de contas e à qualidade das refeições. "Quando cometemos um erro", diz ele, "analisamos por que o cometemos e, se houver uma forma de consertá-lo, nós o consertaremos pela instalação de um sistema que resolva o problema." Recentemente, um cliente da NetJets que ia aterrissar em um pequeno aeroporto de Fort Lauderdale disse que precisava de um carro alugado no Fort Lauderdale International. Erro dele, mas o representante dos serviços da NetJets não se deu conta disso. A equipe de Sokol, então, ajustou o sistema de software para que um representante de serviços não consiga fazer essa reserva de carro sem que o sistema de computação identifique que o carro e o aeroporto não são compatíveis. Diz ele: "Cometemos um erro ao fazer uma reserva em menos de 0,5% de nossos voos. Mesmo sendo metade de 1%, ainda assim é demais."

Sokol também juntou serviços a clientes, vendas e marketing em um só grupo, criando equipes com múltiplas funções que estão muito mais familiarizados com as necessidades dos clientes. O pessoal de serviço, que muitas vezes está no campo encontrando e recepcionando proprietários, pode descobrir que Sr. X gosta de caviar e Coca-Cola Zero e acrescentar essa informação a um arquivo mestre que a empresa mantém sobre cada cliente. Adam Johnson, vice-presidente sênior da NetJets, diz: "Conhecer o proprietário, saber as datas de aniversário de casamento e nascimento, ajuda a construir relacionamentos fortes."

A cultura empresarial antiga da NetJets, diz Sokol, focava no crescimento imediato, e não no planejamento a longo prazo. Ele instituiu um rigoroso processo de planejamento de cinco e dez anos que examina tudo, desde a demanda futura por aviões novos até os preços do combustível de jatos, inflação e novos mercados como a China. Jordan Hansell, principal advogado da NetJets, diz: "Você dispõe de uma série abrangente de hipóteses explícitas sobre economia, planejamento empresarial e regulamentos. Isso o obriga a se perguntar quais são os fatores importantes que poderiam fazê-lo alterar certas decisões. Isso ajuda a reduzir as surpresas."

Uma coisa que não surpreendeu Sokol foi a virulência com que alguns ex-gerentes da NetJets vêm desferindo ataques à sua pessoa, em parte na página da internet de Alice Shroeder, biógrafa de Buffett. Jim Jacobs, o cofundador da NetJets, é um dos críticos mais contundentes. Jacobs, que deixou o cargo de vice-presidente em janeiro, afirma que os cortes de custo de Sokol estão prejudicando os serviços e que os proprietários reclamam e muitos estão indo embora. Ele também afirma que o cancelamento dos pedidos de aviões novos é um grande erro. Diz ele: "Estávamos protegendo o valor da franquia e a capacidade de a galinha dourada continuar a pôr ovos. Não entrávamos em pânico e dispensávamos pilotos que custam uma fortuna para trazer de volta. Não cancelávamos aviões novos para deixar nossa frota envelhecer e, portanto, encarecer sua manutenção. Não liquidamos nossa rede de influências. Ninguém na NetJets hoje sabe como administrá-la."

Criticando os cortes na equipe de funcionários, Jacob ressalta que a maior parte do prejuízo de US$ 711 milhões em 2009 foi um encargo contábil que não era expresso em dinheiro vivo e diz que a empresa estava a caminho de um fluxo de caixa positivo de US$ 70 milhões em 2010, até mesmo se a empresa não vendesse mais uma ação fracionária nova. Os cortes, ele argumenta, fizeram da NetJets "uma sombra do que era".

"Ridículo", responde Sokol bruscamente. "Em todas as aquisições e recuperações de empresas que fiz, nunca vi executivos graduados deixarem uma empresa e, depois, saírem por aí tentando espalhar rumores e chamando os clientes para tentar prejudicar a empresa. É uma coisa horrível de se ver, porque as únicas pessoas que estão prejudicando são eles mesmos e os funcionários."

A opinião que importa aqui, certamente, é a de Buffett, e ele está satisfeito e contente. "Dave está agora obtendo um excelente lucro, e não é com a venda de aviões", diz . "Parece que, este ano, a NetJets terá um lucro de US$ 200 milhões antes de descontados os impostos. É o feito gerencial mais extraordinário que já vi.

Quando o setor de aviação se recuperar, ela poderá ser uma empresa capaz de lucrar US$ 500 milhões ao ano."

Sokol sente que essa operação de salvamento está quase completa. Ele espera promover a CEO um dos seis integrantes de sua nova equipe executiva, talvez no final do ano. A pergunta agora é: quando ele receber uma ligação de Omaha novamente, para onde voará?

O COMPROMISSO DE DOAÇÃO

EM JUNHO DE 2010, QUASE quatro anos após Warren Buffett anunciar sua imensa doação para a Bill and Melinda Gates Foundation e para quatro outras fundações (ver página 343), ele e os Gates retornaram para o mundo da filantropia com seu anúncio do Compromisso de Doação — a iniciativa deles para estimular a consideração dos bilionários sobre a parcela de suas fortunas a ser doada para a caridade. A Fortune preparou este artigo de capa para divulgar as notícias. Anexo a ele estava a promessa pessoal de Buffett (reimpressa aqui, na página 415), a qual foi simultaneamente colocada na recém-lançada página da internet do Compromisso de Doação.

Três meses antes da divulgação do compromisso, e até mesmo antes de terem a certeza de como e quando seria, Bill Gates e Warren Buffett se encontraram para almoçar nas proximidades do aeroporto de Omaha para discutir a iniciativa (o que naquela altura nem nome tinha). Eu sabia um pouco sobre o plano deles para se encontrar e pensei que ele apresentava uma oportunidade de tirar fotografias de um momento que tinha tudo para ser importante. Meu editor-chefe, Andy Serwer, concordou quando lhe contei sobre esse marco importante da filantropia em fase de gestação. E, então, foi assim que, quando publicamos o artigo de capa em junho, tínhamos uma foto introdutória de Warren e Bill almoçando em um restaurante Hollywood Diner, nos arredores de Omaha, em março — com Bill fazendo uma pausa entre um voo de costa a costa, e Warren vindo de seu escritório na cidade.

Em setembro de 2012, havia 92 signatários do Compromisso de Doação (sem contar os esposos e esposas que também haviam assinado). Considerando que os alvos que Buffett e os Gates tinham em mente eram uma amostra muito maior dos muito abastados — a saber, os integrantes da lista Forbes 400 —, ainda existem muitos participantes potenciais. No entanto, Buffett, por exemplo, acredita que aqueles que já aderiram tornaram o Compromisso de Doação um sucesso. "Eu teria defi-

nido sucesso como muito menos do que 92", diz ele. "E eu sei que mudamos a mente de algumas pessoas sobre quanto doar — em alguns casos, por muito."

Além disso, Buffett e Gates organizaram e participaram de jantares na Índia e na China que espalharam a ideia do Compromisso de Doação para terras onde a filantropia geralmente é desprezada em favor de heranças dinásticas. O jantar na Índia, em março de 2011, atraiu dezenas de empresários e autoridades governamentais. Então, não há como prever, a essa altura, até que ponto a filosofia do Compromisso de Doação pode ser estendida — CL

O desafio de US$ 600 bilhões

5 de julho de 2010

POR CAROL LOOMIS

Exatamente um ano atrás, em maio de 2009, vazou na imprensa que os dois homens mais ricos dos Estados Unidos, Bill Gates e Warren Buffett, haviam organizado e presidido um jantar sigiloso de bilionários na cidade de Nova York. Dizia-se que David Rockefeller fora o anfitrião, que o prefeito Michael Bloomberg e Oprah Winfrey estavam entre os presentes e que a filantropia foi o principal assunto.

Pressionados pela imprensa para explicar esse encontro, Buffett e Gates se recusaram a falar. Mas isso certamente não diminuiu o interesse da mídia em tentar encontrar descrições da reunião: *The Chronicle of Philanthropy* a chamou de "sem precedentes"; tanto a *ABC News* quanto a *Houston Chronicle* escolheram "clandestino"; uma paródia publicada na revista *New York* alegremente imaginou George Soros fascinado pela presença de Oprah. Uma emissora de rádio pintou um quadro misterioso: "Senhoras e senhores, a maldade está em ação e não parece coisa boa para nós." Não, não, refutou a ex-CEO da Bill & Melinda Gates Foundation, Patty Stonesifer, que estivera presente no encontro e relutantemente emergiu para combater os rumores. O evento, ela disse ao *Seattle Times*, fora simplesmente um grupo de amigos e colegas "discutindo ideias" sobre filantropia.

E assim foi. No entanto, aquela discussão — que será descrita em detalhes pela primeira vez neste artigo — teve potencial para mudar significativamente o comportamento filantrópico dos americanos, induzindo-os a aumentar as quantias que doam. Com essa reunião-jantar, Gates e Buffett começaram o que pode ser chamado de a maior iniciativa de levantamento de fundos na história. Eles teriam o prazer de receber doadores de todos os tipos. No entanto, seu alvo são os bilionários, a quem os dois homens desejam ver aumentando enormemente as quantias que doam para as caridades, de qualquer e todos os tipos. Esse desejo não foi exposto em termos matemáticos na ocasião do encontro em Nova York. Mas, quando dois outros jantares americanos foram realizados (embora não tenham vazado para a imprensa), Buffett e Gates (e sua esposa, Melinda) estabeleceram a meta: eles estão motivando os super-ricos, começando pela lista dos quatrocentos americanos mais ricos publicada pela *Forbes* a se comprometerem a — literalmente se comprometer — a doar pelo menos 50% de seu patrimônio líquido para a caridade durante sua vida ou na morte.

Sem dúvida, esse plano poderia criar um aumento colossal nos dólares destinados à filantropia, embora o tamanho desse acréscimo seja uma questão que abordaremos mais adiante. Para começar, uma palavra sobre o artigo que você está lendo. É a primeira revelação pública do que Buffett e Melinda e Bill Gates estão tentando fazer. Nos últimos meses, a *Fortune* entrevistou essas três importantes figuras quando o projeto se desenvolveu, assim como um grupo de bilionários que se comprometeram a acrescentar seus nomes à campanha de Gates/Buffett.

Em um sentido, este artigo também é um eco de dois outros da *Fortune*, ambos retratando Buffett na capa. O primeiro, publicado em 1986, foi: "Você deixaria tudo para os filhos?" A essa pergunta, Buffett enfaticamente respondeu "não". O segundo artigo, o qual apareceu em 2006, revelou a intenção de Buffett de gradualmente doar sua fortuna da Berkshire Hathaway para cinco fundações, principalmente para a maior do mundo, a Bill & Melinda Gates Foundation.

Desde então, em quatro anos de contribuições, Buffett doou à fundação US$ 6,4 bilhões, sem contar a doação de 2010, a ser feita neste verão. A fundação, por sua vez, tem, nesse mesmo período, combinado o dinheiro de Buffett com as imensas doações dos Gates para elevar seu nível de doações para cerca de US$ 3 bilhões ao ano, grande parte em projetos para melhorar a saúde mundial. Um pequeno exemplo: o Medicines for Malaria Venture, com financiamento substancial da Gates Foundation, tem trabalhado com empresas farmacêuticas como a Novartis para desenvolver cápsulas com um sabor gostoso contra a malária e distribuí-las a milhões de crianças — as principais vítimas da doença — em 24 países.

Outro fator com relação ao artigo de 2006 sobre Buffett é que ele foi escrito por mim, Carol Loomis, editora da *Fortune*. Além disso, sou amiga de longa data de Buffett e editora de sua carta anual aos acionistas da Berkshire. Através dele, meu marido, John Loomis, e eu também viemos a conhecer Melinda e Bill Gates socialmente. A equipe dos Loomis tem até mesmo ocasionalmente jogado bridge contra Warren e Bill.

Tendo dito tudo isso, a pergunta sobre o que a filantropia poderia ganhar com a iniciativa Gates/Buffett baseia-se em um mistério: o que os americanos mais ricos estão doando hoje em dia. A maioria não diz, e quem está de fora não consegue penetrar o véu. Quanto a isso, a lista *Forbes* 400, embora seja uma iniciativa merecedora de aplausos, é uma conjectura, tanto em relação ao elenco de personagens quanto em relação ao seu patrimônio líquido. (Buffett diz que conhece dois acionistas da Berkshire que deveriam estar na lista, mas não foram incluídos.) Como Bill Gates resume: "A lista é imprecisa".

Sujeito a essas ressalvas, a revista declarou o patrimônio líquido em 2009 dos *Forbes* 400 como de aproximadamente US$ 1,2 trilhão. Então, se aqueles quatrocentos doarem 50% daquele patrimônio líquido durante a vida ou na morte, isso resultaria em US$ 600 bilhões. Você pode pensar nessa quantia colossal como a presa que a equipe de Buffett e Gates está caçando — no mínimo.

Deixando de lado os *Forbes* 400 e analisando apenas os dados do Serviço de Receita relativos tanto às doações anuais quanto aos impostos de transmissão, podemos montar um quadro de quão longe os super-ricos estão de um número como US$ 600 bilhões. Comece com um fato admirável sobre os americanos como um todo: os Estados Unidos ultrapassam todos os outros países em termos de generosidade filantrópica, doando anualmente cerca de US$ 300 bilhões.

Uma parte disso é informada como deduções para a caridade nas declarações de imposto de renda feitas por indivíduos. No entanto, os contribuintes nas faixas de renda mais baixas não costumam detalhar seus gastos, usando a dedução padrão em seu lugar. Nos níveis de renda mais altos, os dados de doação para caridade começam a significar algo. Para darmos um exemplo de 2007 (os últimos dados disponíveis), os 18.394 contribuintes individuais com renda bruta ajustada de US$ 10 milhões ou mais reportaram doações para a caridade equivalentes a cerca de US$ 32,8 bilhões, ou 5,84% de sua renda de US$ 562 bilhões.

E os bilionários? Aqui, o melhor quadro — embora seja falho — emerge das estatísticas que a Receita tem, durante quase duas décadas, divulgado sobre os quatrocentos maiores contribuintes individuais de cada ano — obviamente um universo em mudança. A decisão de o governo acompanhar esse número específico de cidadãos pode ou não ter sido estimulada pela publicação anual da lista da *Forbes*. Em qualquer caso, os dois lotes de quatrocentos, embora certamente contendo duplicações, não podem ser idênticos, por uma razão: os dados do imposto de renda dizem respeito a renda, e não a patrimônio líquido.

Os fatos da Receita para 2007 revelam que os quatrocentos maiores contribuintes tiveram uma renda total ajustada de US$ 138 bilhões e pouco mais de US$ 11 bilhões foi declarado como deduções para a caridade, uma proporção de cerca de 8%. A quantia deduzida, precisamos acrescentar imediatamente, deve ser ajustada para cima porque teria sido limitada no caso de determinadas doações, entre elas algumas muito grandes, como a doação de Buffett de US$ 1,8 bilhão naquele ano para a Gates Foundation. Mesmo assim, é difícil imaginar que os US$ 11 bilhões subam, por qualquer razão, acima de US$ 15 bilhões. Se aceitarmos US$ 15 bilhões como uma estimativa razoável, isso significaria que os quatrocentos maiores contribuintes deram 11% de sua renda para a caridade — apenas um pouco mais do que o dízimo.

É possível que essa doação anual não tenha levado em conta o quadro mais amplo? Poderíamos imaginar que os muito ricos acumulam patrimônio líquido durante a vida e, então, incluem grandes legados para a caridade em seus testamentos. Os dados sobre o imposto de transmissão, infelizmente, contradizem essa hipótese, conforme demonstrado pelas estatísticas de 2008. O número de contribuintes que fizeram declaração de imposto de transmissão naquele ano foi 38 mil, e esses tinham espólios brutos totalizando US$ 229 bilhões. Quatro quintos desses contribuintes não fizeram legados para a caridade na morte. Aqueles 7.214 que realmente fizeram legados doaram US$ 28 bilhões. E isso é apenas 12% do valor do espólio bruto de US$ 229 bilhões informado por todos os 38 mil.

Ao todo, os dados sugerem que há um imenso fosso entre o que os muito ricos estão doando agora e o que os Gates e Buffett gostariam de sugerir como apropriado — aqueles 50%, ou mais, do patrimônio líquido. A pergunta é quantas pessoas ricas concordariam com essa proposta.

O evento seminal nessa campanha foi aquele encontro de bilionários em maio de 2009 — a Primeira Ceia, por assim dizer. Os Gates deram crédito a Buffett pela ideia básica: a de que um pequeno grupo de filantropos dedicados fosse, de alguma forma, reunido para discutir estratégias para espalhar o evangelho para outros. Os Gates então organizaram o evento. Bill Gates diz, com um sorriso: "Se fôssemos depender de Warren para organizar esse jantar, ele nunca teria acontecido." Em seu escritório, enquanto isso, Buffett rabiscava o nome de um novo arquivo: "Grandes Doadores."

O primeiro item arquivado foi a cópia de uma carta de 4 de março que Buffett e Gates enviaram ao patriarca da filantropia, David Rockefeller, pedindo que ele fosse o anfitrião da reunião. Rockefeller, hoje com 95 anos de idade, disse à revista *Fortune* que o pedido foi "uma surpresa, mas também um prazer". Com relação ao local do evento, ele escolheu o elegante e muito particular President's House, da Rockefeller University, na cidade de Nova York, cuja diretoria ele integra há setenta anos. Ele também chamou o filho David Jr., 68, para ir com ele para a reunião.

O evento foi agendado para as 15 horas na terça-feira, 5 de maio — um dia muito desejado por Bill Gates, que queria incluir a reunião em um pequeno intervalo americano que ele tinha tirado de uma estadia europeia de três meses com sua família. Por ter optado por permanecer na Europa com os três filhos, Melinda não participou do primeiro jantar, mas se dispôs a participar de qualquer outro que viesse. (Os Gates consideraram essa campanha uma questão pessoal, quase um projeto da Gates Foundation.)

Melinda também insistiu, desde o início, que tanto maridos quanto mulheres fossem convidados para os jantares, segura de que ambos seriam importantes para qualquer discussão. Sua argumentação: "Mesmo que seja ele o que ganha o dinheiro, ela controla as chaves da casa. E ela precisa cooperar com qualquer plano filantrópico, porque este a afetaria e afetaria seus filhos."

A carta-convite, datada de 24 de março, foi enviada para mais pessoas do que poderiam estar presentes. No entanto, os anfitriões e convidados que chegaram em 5 de maio certamente tinham ingressos econômicos suficientes para estarem lá: um patrimônio líquido combinado de talvez US$ 130 bilhões e uma história consistente de terem depredado essa quantia por meio de doações de dinheiro para a caridade. Deixando de lado os observadores, Patty Stonesifer e David Rockfeller Jr., havia 14 pessoas presentes, começando com o Rockefeller mais velho, Buffett e Gates. Os convidados locais incluíam o prefeito Bloomberg; três de Wall Street: "Pete" Peterson, Julian Robertson e George Soros; e Charles "Chuck" Feeney, que ganhou seu dinheiro como o principal proprietário da Duty Free Shoppers e, até agora, doou US$ 5 bilhões através de suas fundações, chamadas Atlantic Philanthropies. Quando Feeney foi retirado dos *Forbes* 400 em 1997, a revista explicou sua partida em palavras raramente utilizadas: "Doou a maior parte de seus bens para a caridade."

Os de fora da cidade incluíam Oprah, Ted Turner e dois casais da Califórnia, os filantropos de Los Angeles Eli e Edythe Broad, e John e Tashia Morgridge, do Vale do Silício, cuja fortuna veio da Cisco Systems. Tanto os Broad quanto os Morgridge relutaram em aceitar o convite, considerando a viagem uma inconveniência. Mas lá estavam as assinaturas no final da carta — da esquerda para a direita, Rockefeller, Gates, Buffett. "Impressionante", pensou Eli Broad.

Entao, no dia marcado, os Broad se encontraram sentados com todos os demais em torno de uma grande mesa de conferência, imaginando o que viria a seguir. Eles receberam a mensagem principalmente de Buffett, cujo senso de humor espirituoso o deixou fazendo o papel, diz David Rockefeller Jr., de "animador." Ele se lembra de Buffett evitando que o evento fosse "muito melancólico" e "autocongratulador demais". Buffett colocou a bola para rolar falando sobre filantropia, descrevendo a reunião como "exploratória" e, em seguida, pedindo a cada pessoa, ao redor da mesa, que descrevesse sua filosofia de doação e como ela se desenvolvera.

O resultado foram 12 histórias, cada uma com duração de 15 minutos, perfazendo um total de três horas. No entanto, a maioria dos participantes com quem a *Fortune* falou considerou as histórias interessantíssimas, mesmo quando eram familiares. David Rockefeller Sr. descreveu ter aprendido a filantropia sentado nos joelhos de seu pai e seu avô. Ted Turner repetiu a antiga história de como ele tomou uma decisão inesperada de doar US$ 1 bilhão para as Nações Unidas. Algumas pessoas falaram sobre a dificuldade emocional de fazer o salto de doações pequenas para grandes. Outros se preocupavam com o fato de que a robustez de sua filantropia pudesse alienar seus filhos. (Mais tarde, ao se lembrar da reunião, Buffett riu do fato de ela tê-lo feito sentir-se um psiquiatra.)

As causas caridosas discutidas nessas histórias cobriam o espectro inteiro: educação, cultura, saúde, meio ambiente, políticas públicas e a pobreza em geral. Bill Gates, que achou o evento inteiro "maravilhoso", considerou admirável a variedade de causas: "A diversidade da doação americana", ele diz, "é parte de sua beleza".

No jantar que se seguiu, a conversa voltou-se especificamente para como as doações feitas pelos ricos poderiam ser aumentadas. As ideias propostas incluíram o reconhecimento nacional de grandes filantropos (medalhas presidenciais, por exemplo), ou um filme ou um guia da filantropia ou uma conferência dos ricos. Não houve conversa sobre um compromisso. Sobre o jantar, Rockefeller Jr. disse: "A coisa mais importante que meu pai e eu constatamos foi que aumentar as doações exigiria trabalho de muitos naquela sala — trabalho delicado e provavelmente prolongado de convencimento individual."

O jantar, certamente, teve um desfecho inesperado: o vazamento. Quem deixou vazar as informações foi, sem dúvida, Chuck Feeney, e o recebedor das informações foi seu amigo de longa data Niall O'Dowd, o editor por trás do totalmente desconhecido IrishCentral.com. (A *Fortune* não conseguiu encontrar Feeney; a respeito de nossa hipótese, O'Dowd disse: "Não posso confirmar isso.") Em 18 de maio, duas semanas após a reunião, a IrishCentral.com publicou um artigo de 14 parágrafos pequenos intitulados ENCONTRO SECRETO DAS PESSOAS MAIS RICAS DO MUNDO REALIZADO EM NOVA YORK. Com isso, a fama da página da internet se espalhou, uma vez que o restante da imprensa pegou a notícia e a disseminou.

O artigo da IrishCentral mostrava certa confusão sobre qual dos Rockefeller teve papel de destaque no jantar, ou se um deles até mesmo estivera ou não presente, mas, por outro lado, forneceu o nome de todos os participantes — com a exceção notável de Feeney, que aparentemente não percebeu que seria mais chamativo para os outros por ter sido excluído. Feeney, porém, parece ter sido citado anonimamente no artigo, uma vez como um "participante" que achou Gates o palestrante mais impressionante do dia; Turner, o mais franco (surpresa!); e Buffett, o mais insistente sobre sua agenda de mudança. Em um segundo momento, é muito provável que Feeney seja o "participante" respeitoso que enalteceu os outros convidados: "Eles estavam todos lá, os grandes e os bons."

O efeito principal do vazamento foi colocar um "cone de silêncio" — essa é a palavra usada por Gates — sobre tudo que transpirou na campanha de doação durante o próximo ano. No entanto, certamente houve ação, inclusive alguns pequenos jantares no exterior. Bill e Melinda Gates foram anfitriões de um jantar em Londres, e Bill realizou outros na Índia e na China. Aumentar a filantropia em países estrangeiros é um grande desafio: a riqueza dinástica é considerada por muitos como normal; as leis fiscais não costumam permitir a dedução de doações para a caridade; e a escassez de instituições e organizações prontas para receber doações torna pouco evidente o destino do capital doado. Contudo, se os Gates e Buffett tiverem sucesso com sua campanha nos Estados Unidos, eles provavelmente a levarão para o exterior.

Mas, à medida que o verão e o outono passaram, Buffett e os Gates não tinham nem mesmo um plano de como a campanha deveria ser estruturada. Nesse vácuo, a ideia de um compromisso se consolidou e ganhou força. O fato de mais jantares estarem programados ajudou. Neles, diz Melinda, os três idealizadores "apresentariam a ideia do compromisso para ver se ela era viável".

Ocorreram, então, o segundo e o terceiro jantares americanos, a maioria dos participantes não sendo publicamente revelada por causa do cone de silêncio. O sigilo, um porta-voz dos Gates diz, é, em parte, uma gentileza às pessoas influentes que foram expostas à campanha filantrópica, mas ficariam constrangidas se fossem identificadas caso decidissem não participar do desafio.

De qualquer maneira, os nomes de alguns dos participantes são conhecidos. Os filantropos notáveis no segundo jantar, realizado na New York Public Library em novembro do ano passado, incluíam o banqueiro de investimentos de Nova York Kenneth Langone e sua mulher, Elaine, e H.F. "Gerry" Lenfest e sua esposa, Marguerite, da Filadélfia. Lenfest ficou rico quando vendeu sua empresa de TV a cabo da Pensilvânia para Comcast em 2000, saindo com US$ 1,2 bilhão para ele e sua família. Ele prometeu prontamente que doaria a maior parte desse montante para a caridade ainda em vida. Agora com 80 anos de idade, ele distribuiu, até hoje, US$ 800 milhões, boa parte dessa quantia para instituições educacionais nas quais ele estudara (Columbia Law School, Washington and Lee, Mercersburg Academy).

O momento favorito de Lenfest no jantar de novembro foi a declaração de Buffett de que Marguerite Lenfest havia proposto a melhor ideia da noite quando disse que os ricos deveriam sentar-se, decidir quanto dinheiro seria necessário para ele e sua prole, e decidir o que fazer com o restante. Diz Lenfest: "O valor de Buffett e Gates é que eles farão as pessoas sentarem e pensarem detalhadamente sobre essas coisas."

A Terceira Ceia, realizada em dezembro, em Menlo Park, na Califórnia, no hotel Rosewood Sand Hill, é conhecida como o jantar da Área da Baía, mas atraiu participantes de todos os cantos do estado, inclusive as áreas de entretenimento. Estavam presentes alguns veteranos da filantropia, inclusive o investidor em capital de risco John Doerr, da Kleiner Perkins, e sua mulher, Ann, e os Morgridges, que haviam escolhido o local do evento. Esse jantar foi um pouco diferente dos outros dois, porque algumas pessoas lá haviam adquirido riqueza imensa no passado recente e ainda estavam formando suas opiniões sobre a doação. As conversas se estenderam por horas, tanto tempo que a carne que estava sendo preparada para o jantar ficou cozida demais. Diz-se que isso deixou consternados os gerentes do Rosewood, os quais devem ter notado que valia a pena ter de volta a turma no salão Dogwood.

Durante o jantar, também se salientaram alguns dos receios que as pessoas têm sobre filantropia. Por que anunciar publicamente grandes doações afeta a paz em sua vida? Os pedidos de doações serão intermináveis? Como você lida com doações internacionais, as quais muitas vezes parecem ser dinheiro jogado pelo ralo? Essas são preocupações válidas, dizem os Gates, o tipo de questão levantada por pessoas que desejam sentir-se tão inteligentes com relação à doação de dinheiro quanto foram com relação ao seu acúmulo. No entanto, os questionamentos não impediram os dois de exaltar a satisfação derivada da filantropia. Nesses jantares, diz Bill, "ninguém jamais disse para mim: 'Demos mais do que deveríamos.'"

Nem a ideia de um compromisso foi rejeitada nesses jantares. Ele era perfeitamente "viável", em outras palavras. Então, quando 2010 chegou, um compromisso tornou-se a estratégia. A ideia de mirar em uma parcela de 50% do patrimônio líquido foi pragmaticamente arrancada do céu, sendo menos do que os organizadores teriam gostado de pedir, mas talvez o máximo, pelo menos inicialmente, que conseguiriam obter. As promessas, entretanto, nunca foram encaradas como contratos legais, mas, ao contrário, como obrigações morais que deveriam ser apresentadas em um memorando escrito em papel e levadas muito a sério. Elas devem, de fato, serem colocadas em uma nova página da internet, a Givingpledge.org (em inglês), cuja construção foi supervisionada por Melinda Gates. O compromisso de 99% que Buffett está fazendo, provavelmente, será o documento de número 1 na página, se não for superado por seus amigos de Seattle.

Entusiasmados em liderar a busca pelos grandes doadores, os Gates e Buffett, contudo, queriam uma falange de apoiadores fortes. Já com um compromisso de pelo menos 50%, estão os Broad, os Doerr, os Lenfest, e os Morgridge. Além disso, junto com a publicação on-line desse artigo, os três principais enviarão e-mails e farão ligações telefônicas para outros bilionários considerados prováveis doadores. Mais tarde, todos os compromissados podem unir-se e enviar uma carta a um grande número de outros bilionários, pedindo-lhes que se juntem à multidão crescente. No outono, poderá até mesmo ser organizada uma conferência de grandes doadores.

O conceito de sucesso nessa iniciativa pode levar anos para ser definida, mas cada um dos organizadores tem ideias sobre a questão. Buffett sabe que todos os ricos pensam sobre o que fazer com seu dinheiro: "Eles podem não ter chegado a uma decisão a esse respeito, mas, com certeza, pensaram nisso. O compromisso que estamos pedindo que façam os levará a pensar no assunto novamente." Acima de tudo, ele adverte que os ricos não devem retardar a decisão do que fazer com seu dinheiro: "Se esperarem até fazerem o testamento final quando tiverem mais de 90 anos, as chances de seu poder cerebral e força de vontade serem melhores do que são hoje correspondem a zero."

Bill Gates considera os 50% um "limite baixo" que encoraja uma participação maciça. As pessoas, segundo ele, podem ser atraídas por essa proporção e, então, se surpreenderem e descobrirem que estão doando proporções mais altas. "Trata-se de se mudar para um ambiente diferente", ele pensa, e vai levar tempo para tudo acontecer.

Melinda Gates separa o curto prazo do longo. Há tantas razões para os ricos não doarem, ela diz: eles não querem se planejar para a morte, eles se preocupam se precisarão contratar alguém para ajudá-los com o trabalho, eles simplesmente não querem gastar tempo pensando sobre tudo aquilo. Então, o objetivo inicial da campanha do compromisso, ela acha, deve ser simplesmente cortar caminhos e fazê-los começarem a doar. Mas e no longo prazo? "Daqui a três a cinco anos, precisamos ter um número significativo de bilionários comprometidos. Isso seria um sucesso."

A sociedade não pode deixar de se beneficiar aqui, em virtude de, pelo menos, alguns dólares e talvez muitos. Nem serão apenas os muito ricos que talvez venham a aderir ao significado de um compromisso desse tipo. Talvez sejam outros com menos a doar, mas de repente mais razões para pensar se suas ações são corretas.

Meu compromisso filantrópico

5 de julho de 2010

POR WARREN BUFFETT

Em 2006, comprometi-me a, gradualmente, doar todas as minhas ações da Berkshire Hathaway a fundações filantrópicas. Eu não poderia estar mais feliz com essa decisão.

Agora, Bill e Melinda Gates e eu estamos pedindo a centenas de americanos ricos que comprometam pelo menos 50% de sua riqueza para a caridade. Portanto, acredito que seja justo que eu reitere minhas intenções e explique o motivo por trás delas.

Primeiramente, meu compromisso: mais de 99% de minha riqueza irá para a filantropia durante minha vida ou após minha morte. Avaliado em dólares, esse compromisso é grande. Em um sentido relativo, contudo, muitos indivíduos doam mais a outros todos os dias.

Milhões de pessoas que regularmente contribuem para igrejas, instituições educacionais e outras organizações relacionadas abrem mão do uso de recursos que, de outra forma, beneficiariam suas próprias famílias. Os dólares que essas pessoas colocam em um prato de coleta ou doam para a United Way significam ficar sem filmes, jantares fora de casa ou outros prazeres pessoais. Em contraste, minha família e eu não abrimos mão de nada de que precisamos ou desejamos para realizar essa promessa de 99%.

Além disso, essa promessa não me faz contribuir com o bem mais precioso, que é o tempo. Muitas pessoas, inclusive — tenho o orgulho de dizer — meus três filhos, contribuem bastante com o próprio tempo e talento para ajudar os outros. Doações desse tipo frequentemente se revelam muito mais valiosas do que dinheiro. Uma criança com problemas, protegida e amparada por um mentor cuidadoso, recebe um presente cujo valor excede muito o que poderia ser concedido por um cheque. Minha irmã, Doris, oferece ajuda pessoal significativa todo dia. Tenho feito pouco disso.

O que posso fazer, no entanto, é pegar uma pilha de certificados de ações da Berkshire Hathaway — "direitos sobre valores" que, quando convertidos em dinheiro, podem dispor de recursos abrangentes — e usá-los para beneficiar outros que, por uma questão de azar, não foram favorecidos pela vida. Até hoje, cerca de 20% de minhas ações foram distribuídas (inclusive ações dadas por minha falecida esposa, Susan Buffett). Continuarei anualmente a distribuir cerca de 4% das ações que retenho ou que sejam de minha propriedade. Ao mais tardar, os recursos provenientes de todas as minhas ações da Berkshire serão gastos com fins filantrópicos em dez anos após meu espólio ter sido concluído. Nada será destinado para fundos perpétuos; quero o dinheiro gasto em necessidades atuais.

Essa promessa não afetará meu estilo de vida, nem o de minha família. Eles já receberam somas significativas para uso pessoal e receberão mais no futuro. Eles vivem de forma confortável e produtiva. E continuarei a viver de uma forma que me dê tudo que eu possivelmente desejaria na vida.

Algumas coisas materiais tornam minha vida mais prazerosa; muitas, contudo, não o fazem. Gosto de ter um avião particular caro, mas possuir meia dúzia de casas seria um fardo. Com demasiada frequência, uma vasta coleção de propriedades acaba possuindo seus donos. Os bens que mais valorizo, além da saúde, são amigos interessantes, diferentes e de longa data.

Minha riqueza tem origem em uma combinação de viver nos Estados Unidos, de alguns genes sortudos e dos juros compostos. Tanto meus filhos quanto eu ganhamos aquilo que chamo de loteria ovariana. (Para os iniciantes, as probabilidades de meu nascimento em 1930 não acontecer nos Estados Unidos eram, pelo menos, de 30 para 1. O fato de eu ser homem e branco também removeu imensos obstáculos que a maioria dos americanos enfrentava na época.)

Minha sorte foi acentuada por eu viver em um sistema de mercado que, às vezes, produz resultados distorcidos, mas, no cômputo geral, serve bem ao nosso país. Trabalho em uma economia que recompensa alguém que salva a vida de outros no campo de batalha com uma medalha, recompensa um professor excelente com cartas de agradecimento dos pais, mas recompensa aqueles capazes de detectar preços errados de instrumentos financeiros com somas que atingem os bilhões. Em suma, a distribuição de vantagens pelo destino é extremamente aleatória.

Minha reação e a de minha família à nossa boa sorte extraordinária não são a culpa, mas, ao contrário, a gratidão. Se usássemos mais 1% de meus direitos/reivindicações conosco/em nós mesmos, nem nossa felicidade nem nosso bem-estar seriam aumentados. Em contraste, esses 99% restantes podem ter um efeito imenso sobre a saúde e o bem-estar de outros. Essa realidade estabelece um procedimento óbvio para mim e para minha família: manter tudo que, concebivelmente, precisemos e distribuir o restante para a sociedade, para suas necessidades. Meu compromisso é um passo inicial nesta caminhada.

Um novo Buffett invade Pequim

17 de outubro de 2011

POR BILL POWELL

As crianças estão bem,* dizia um filme de 2010. A mesma frase funciona para os três "garotos" de Warren Buffett: Susie, 59; Howard, 57; e Peter, 54. Educados em escolas públicas de Omaha e familiarizados desde cedo com as fortes opiniões dos pais sobre não dar tudo aos filhos, há muito eles se tornaram cidadãos íntegros com carreiras próprias. Os três hoje administram fundações constituídas com o dinheiro dos pais — um nicho ocupacional reservado aos privilegiados. No entanto, eles levam essa função com seriedade, sabendo que o trabalho de doar dinheiro de uma maneira inteligente é extraordinariamente difícil. A fundação de Susie apoia, principalmente, a educação pré-escolar em Omaha, onde ela mora; Howard, que trabalha em uma fazenda nos arredores de seu lar, Decatur, Illinois, tem-se dedicado a melhorar a vida dos pobres nas zonas rurais da África; e Peter e sua mulher, Jennifer, buscam melhorar a vida de mulheres ao redor do mundo.

Peter Buffett tornou-se o assunto do artigo da Fortune *reimpresso aqui por causa do sucesso esmagador na China de seu livro de 2010,* A vida é o que você faz dela. *Foram vendidas 320 mil exemplares da tradução na China quando este artigo foi publicado, e as vendas em meados de 2012 ultrapassam a marca de 400 mil. A reputação de Warren Buffett na China claramente ajudou. Lá, ele é conhecido como o "deus das ações", e cada movimento seu é cuidadosamente registrado. No entanto, algo sobre a história de Peter largar a prestigiosa Stanford e sair por aí, sem toneladas de dinheiro no bolso, para perseguir uma carreira incerta — bem, isso arrebatou a mente dos jovens chineses, incapazes de imaginar como ele poderia ter assumido tal risco.*

Howard Buffett está, neste exato momento, escrevendo um livro, com publicação prevista para 2013, sobre como ingressou por acaso na carreira de fazendeiro e mais tarde tornou-se expert nos desafios agrícolas da África. Susie Buffett não está escrevendo um livro — não agora, pelo menos. De seu posto em Omaha, ela é a comunicadora mais efetiva da família com o pai acerca de tudo que é importante — digamos, sistemas de segurança pessoal. Warren não tem paciência para esse tipo de detalhe nem mesmo para sua existência. Susie assume, e o trabalho de segurança é feito. — CL

---

* O nome do filme em português é *Minhas mães e meu pai*. (N. da T.)

Às vezes, é difícil — para dizer o mínimo — generalizar sobre uma nação de 1,3 bilhão de pessoas. Mas vamos nos arriscar e afirmar que não há muitos que discordariam da descrição da China como uma nação obcecada por dinheiro. Lá, talvez a frase mais importante já atribuída ao seu líder transformacional, Deng Xiaoping, tenha sido: "Enriquecer é glorioso." Na China, chamam Warren Buffett de o "deus das ações" e sempre que ele visita o país, os meios de comunicação chineses cobrem todos os seus movimentos e declarações. Mais de quarenta livros sobre Warren Buffett foram traduzidos para o chinês.

O que torna muito interessante o fato de Peter Buffett, seu filho despretensioso de 53 anos, recentemente ter-se tornado uma estrela em ascensão na China por conta própria. E não é porque todos acham que a perspicácia financeira de Warren foi transmitida via DNA. Peter Buffett é um músico e compositor de sucesso, tendo escrito trilhas sonoras para televisão e filmes (a trilha sonora de *Dança com lobos* é um de seus trabalhos mais destacados) e tocando sua música estilo Nova Era em concertos. Ele tocou, mais recentemente em agosto, no Beijing Tanglewood, um deslumbrante espaço para concertos ao ar livre à sombra da Grande Muralha.

No entanto, Pequim não é exatamente o condado de Marin. Na China de hoje, a música Nova Era o levará apenas até certo ponto. A razão de Peter ter despertado o interesse de muitos chineses — alunos e profissionais jovens em particular — é que ele passou a dispensar conselhos sobre a vida junto com sua música. E, se parte de sua mensagem central — em essência, que o dinheiro não é tudo — parece pouco intuitiva na China atual, essa é precisamente a razão de sua popularidade. O status de estrela do rock de Warren Buffett nos diz algo sobre o que a China é hoje; o sucesso de Peter poderia nos dizer algo sobre para onde o país caminha.

Mais cedo este ano, um editor em Pequim decidiu capitalizar sobre a demanda chinesa por tudo relacionado a Buffett e traduziu um livro que Peter escreveu em 2010, intitulado *A vida é o que você faz dela*. Ele registrou vendas modestas nos Estados Unidos e foi lançado na China em março. Ostentando o título chinês *Be Yourself* [*Seja você mesmo*], no final de agosto, 320 mil exemplares do livro haviam sido vendidos — um número imenso, até mesmo em um país de 1,3 bilhão. Durante boa parte da primavera e do verão, diz Zhang Haióu, editor e chefe do *New World Press*, o editor chinês de Peter, mil exemplares por dia eram vendidos pela internet. "Obviamente, esperávamos o melhor, mas, honestamente, ficamos estarrecidos", diz Zhang.

Buffett fez uma viagem promocional a quatro cidades na primavera passada, em que como ele frequentemente faz nos Estados Unidos, uniu sua música à sua mensagem. ("Concerto e Conversa", assim foram chamados os eventos.) Ele concedeu 25 entrevistas à mídia eletrônica e impressa — nacional e local —, inclusive uma conversa na internet naquela que, para estudantes e profissionais jovens, se tornou a página de mídia mais importante, o microblogue Sina.com (a versão chinesa do Twitter).

Essa foi apenas sua segunda visita à China. E, embora soubesse do status do pai no país, ele não havia entendido muito bem sua dimensão. Em um hotel em Pequim, em agosto, um dia antes do concerto da Grande Muralha, Buffett diz que ficou surpreso com a intensidade da recepção. "Não era exatamente o que eu esperava", diz ele, rindo. "Era como uma campanha presidencial ou algo assim. Havia jornalistas em todos os lugares."

É preciso lembrar que, embora Peter Andrew Buffett possa ser o segundo filho do "deus das ações" e da falecida Susan Buffett — sua mãe morreu em 2004 —, ele não está acostumado ao tratamento de estrela. Longe disso, na realidade. Ele e a esposa, Jennifer, têm uma residência na cidade de Nova York, mas passam boa parte de seu tempo no pacato condado de Ulster, Nova York, 140 quilômetros ao norte da cidade. (O casal não tem filhos.) Além de perseguir sua carreira musical, ele, da mesma forma que os dois irmãos mais velhos, administra a própria fundação de caridade, que seu pai financiou generosamente com ações da Berkshire Hathaway. (Sua irmã, Susie, ainda mora em Omaha e concentra-se em trabalho filantrópico; seu irmão, Howard, é proprietário de uma fazenda em Decatur, Illinois) Acima de tudo, o mais importante sobre Peter Buffett é que ele parece ser absoluta e completamente normal. Parece pouco provável, mas assim é. Simples, afável, sem qualquer sinal de neurose ou insegurança. "Ah, sim", diz ele, "sempre dizem isso. Você é o filho de Warren Buffett, e é tãããããããão normal".

As plateias em todos os lugares têm, inevitavelmente, curiosidade em saber como exatamente isso veio a acontecer. No entanto, na China, a curiosidade é multiplicada. Uma das coisas que Buffett gosta de lembrar às plateias é que, quando ele era adolescente — muito antes do pai se tornar o oráculo econômico da América, conselheiro de presidentes e autor de artigos de página de opinião reassegurando a uma nação deprimida que nem tudo estava perdido —, seu pai era um investidor muito bem-sucedido, mas quase anônimo. Ele foi um cara despretensioso que era conhecido e respeitado apenas pelos tipos que dormem com o livro de Graham e Dodd debaixo do travesseiro. E ele é essencialmente o mesmo cara hoje.

A curiosidade na China é alimentada pelo fato de que, quando o pai de Peter anunciou que doaria sua considerável riqueza para uma fundação administrada por outro multimilionário, Bill Gates, muitos chineses tiveram o mesmo pensamento: "Por que ele faria isso com os filhos?" Em verdade, o patriarca Buffett estava agindo de acordo com sua posição, há muito articulada, de que daria a seus filhos "dinheiro suficiente para que sintam que podem fazer qualquer coisa — mas não tanto que eles não façam nada".

No entanto, a curiosidade, por si só, não teria resultado na venda dos 320 mil livros. Alguma parte da mensagem de Peter "está definitivamente ressonando em muitos chineses jovens", diz Zhang, o editor. Essa mensagem não pode ser separada da biografia de Peter. Ele diz às plateias que, desde as suas primeiras lembranças, sempre amou a música. "Minha mãe disse que cantei antes de falar", revelou ele em uma entrevista para a CCTV na primavera passada. (Seu pai é conhecido por tocar ukulele.) Bom aluno, ele entrou na Stanford University, mas não estava muito focado em uma carreira ou interessado em Graham e Dodd. Pelo primeiro ano e meio da faculdade, ele diz: "Eu peguei todo tipo de curso introdutório ou com nomes que acabavam em 'logia.'"

Então — e aqui é onde a jovem plateia chinesa intervém, não acreditando muito no que está ouvindo —, ele largou a faculdade. Decidiu que desejava perseguir a carreira de músico. "Estava bem na frente do meu nariz minha vida toda", diz ele. Então, levando uma "pequena herança de minha avó, comprei um apartamento em São Francisco e arrisquei". E os pais, ele revela para as plateias surpresas, aceitaram bem sua decisão. "Eles me incentivaram, mas também deixaram claro que se eu perdesse tudo — bem, boa sorte", diz Buffett. Dois anos depois, ele estava confiante de que fizera a escolha certa: "Nessa ocasião, eu sabia que poderia viver da música."

O ponto, Buffett repete em todas as suas aparições na China, é que, ao abandonar Stanford e tentar a música, ele estava fazendo a mesma coisa que seu pai fizera. "Meu pai sabia, desde cedo, o que gostava de fazer — e fez. Na verdade, está fazendo até hoje", diz ele. "Então, eu conto para as plateias [na China] que meu pai e eu fazemos, na realidade, a mesma coisa para viver. Ambos fazemos o que gostamos."

Para os ouvidos americanos, isso pode soar banal. O cínico diz: "Tudo bem, mas alto lá, é muito mais fácil fazer o que quer que você deseja se seu pai é Warren Buffett." No entanto, não é dessa forma que a maioria das plateias chinesas reage. Elas ficam pasmas — e por razões perfeitamente compreensíveis. O mundo lá fora vê a China como um poder econômico crescente, uma nação em ascendência econômica aparentemente irreversível. Isso não deixa de ser verdade. Mas, apesar de todas as estatísticas econômicas brilhantes, por dentro, o país também é uma panela de pressão econômica. Crianças com aspirações para entrar na educação superior passam de 14 a 18 horas por dia estudando, desesperadas para serem aceitas em uma boa universidade. Quando entram, precisam escolher uma especialização cedo. Eles estão em uma escada rolante ascendente — verdade seja dito, é melhor do que não estar em nenhuma — e não conseguem sair. Se um aluno se gradua e consegue um emprego desejável, frequentemente não é muito bem-remunerado e precisa trabalhar muitas horas. Além de tudo isso, muitos dos trabalhadores mais jovens de hoje são produtos da política chinesa de filho único, o que significa que são os únicos responsáveis por tomar conta de seus pais quando se aposentarem. Em suma, diz Edward Bell, um executivo da Ogilvy & Mather, em Xangai, que estudou em profundidade os chineses adultos, "essa é uma geração que precisa correr a toda a velocidade só para ficar onde está. Chamo a isso de estresse da geração".

É precisamente com essa angústia que Peter Buffett se conecta. É por isso que Tian Li Feng, como muitos profissionais jovens chineses, não está particularmente surpreso com seu sucesso. Ele se graduou em administração um ano atrás, em Pequim, um especialista em finanças que agora trabalha para o Bank of Communications na China, um grande banco estatal. Por ser um grande fã do pai de Peter — "Acho que já li todos os livros sobre ele", diz Tian Li Feng —, ele foi ver Peter Buffett falar nesta última primavera, não sabendo muito bem o que esperar. "Fiquei emocionado", conta Feng, "sobretudo quando ele falou sobre largar Stanford para perseguir sua carreira artística". Perplexo, ele acrescenta: "Uma universidade tão prestigiosa".

Buffett compreende que as experiências sobre as quais escreve — e que motivaram sua carreira — são unicamente americanas. Ele também é modesto e seguro o suficiente para reconhecer que, se seu nome fosse Smith ou Jones, ninguém na China se interessaria. No entanto, novato na China ou não, quando ele diz que "é como se esse lugar estivesse se movendo a uma velocidade tal que muitos dos jovens não têm a oportunidade de repensar a vida", ele está certo.

"Não acho que meus pais me deixariam fazer [o que ele fez]", diz Tian, o banqueiro. "Mas, talvez, algum dia", acrescenta ele em voz baixa, "meu filho possa ter essa escolha". Se assim for, Peter pode deixar um legado tão rico na China quanto seu pai.

UMA NAÇÃO TENTA LIDAR COM A CARIDADE
17 DE OUTUBRO DE 2011

Uma caixa de texto de Bill Powell

Ano passado, Warren Buffett e Bill Gates visitaram Pequim, atribuindo razões pouco controversas. Eles haviam organizado um jantar privado com um grupo de empresários chineses ricos e bem-sucedidos, para conversar com eles sobre um assunto que parece inócuo: filantropia. A blogosfera chinesa tomou conhecimento do jantar e aquilo virou o assunto da moda. "E nem todos os comentários", reconhece Peter Buffett, "foram positivos".

Isso é uma maneira branda de descrever o que aconteceu. O fato de pessoas ricas doarem seu dinheiro para a caridade pode parecer normalíssimo nos Estados Unidos, mas na China não é. Na realidade, Peter diz, quando ele vem à China para tocar música e falar para grupos de alunos e profissionais jovens, "o assunto da riqueza da segunda geração sempre surge. Eles sempre querem falar sobre isso".

Há duas razões para a filantropia irritar as pessoas na China. Primeiro, um número moderado de ricos lá acredita que, segundo os valores chineses que valorizam a família acima de tudo, doar é antiético. É por isso que alguns chineses ficaram aborrecidos ao ouvir (erroneamente) que Buffett e Gates vinham dizer aos chineses ricos como doar sua riqueza. Muitos jovens chineses ficaram surpresos quando Buffett disse que doaria a maior parte de sua riqueza para a Fundação Gates.

No entanto, a segunda razão para os chineses ricos não terem corrido para doar uma parcela maior de seu dinheiro, sobretudo este ano, é menos óbvia: as fundações de caridade na China são perseguidas por insinuações — e, às vezes, mais do que isso — de corrupção. As taxas de administração das caridades chinesas são, frequentemente, superiores a 10% das doações coletadas, comparado com cerca de 3% no Ocidente. No início deste ano, a simples fotografia na internet de uma jovem, identificada como uma gerente da Cruz Vermelha na China, colocou a blogosfera em frenesi. A razão? A foto a mostrava dirigindo um carro bonito e carregando uma bolsa Hermès.

A entidade insistiu que a mulher em questão, na realidade, não trabalhava para a Cruz Vermelha na China. (Ela era a namorada daquilo que a entidade obscuramente denominou como um "sócio comercial".) O enredo não surtiu efeito. As doações para a entidade na primeira metade de 2011 despencaram e, segundo alguns relatos da imprensa chinesa, contraíram consideravelmente para o setor da caridade como um todo.

Isso aponta para a falta de confiança existente no setor de caridade na China. Vários empresários e filantropos chineses proeminentes — capitaneados por Cao Dewang, dono de uma das maiores empresas de fabricação de vidro na China — têm agora insistido em público que as caridades domésticas às quais eles doam precisam tornar-se mais transparentes e eficientes. "Isso nada tem a ver com valores, ocidentais ou chineses", disse Cao. "Aumentar a caridade na China agora é uma questão de confiança."

Por que as ações superam o ouro e os títulos

27 de fevereiro de 2012

Excerto da carta de Buffett aos acionistas no relatório anual da Berkshire Hathaway de 2011

O ouro é um bem improdutivo; os títulos raramente são compensadores para os investidores; ativos produtivos bem-escolhidos, como as ações ordinárias e a terra, são as perspectivas lógicas para proporcionar lucros superiores.

Essas são as mensagens do artigo que segue, as quais perfazem um trecho (carregando o título da Fortune) da carta de Warren Buffett no relatório anual de 2011 da Berkshire. Esses também são os princípios pelos quais Buffett tem vivido sua vida de investimentos. Então, essa parte parece uma forma perfeita de fechar o livro em nossa expedição "buffettiana", que abarca 46 anos — essa biografia empresarial como apresentada nas páginas da Fortune.

No entanto, precisamos também totalizar tudo que Buffett realizou, tanto como investidor quanto como homem de negócios, nesses 46 anos. Em 1966, ele era o proprietário de um fundo de hedge pouco conhecido, a Buffett Partnership Ltda., e o acionista controlador e CEO de fato de uma pequena empresa têxtil da Nova Inglaterra, a Berkshire Hathaway, com faturamento anual de US$ 49 milhões. Em 2011, Berkshire foi a número sete classificada na lista Fortune 500, com faturamento de US$ 144 bilhões. Essa ascensão, não devidamente reconhecida — até mesmo Buffett ficou surpreso ao saber que tinha a distinção prestes a ser notada —, é extraordinária: nenhum outro homem de sua época arrancou uma empresa da obscuridade para colocá-la entre as dez mais da 500.

Buffett diria que isso não importa — o faturamento não é muito importante. O valor de mercado é algo que ele respeita muito mais e, em 2011, a Berkshire se classificou em nono lugar entre a 500, com US$ 202 bilhões. Muito à frente nessa classificação estava outra empresa construída por um homem em sua vida, o falecido Steve Jobs, da Apple, uma empresa cujo valor de mercado era, na mesma época, colossais US$ 569 bilhões. Os dois homens se conheceram há décadas, quando ambos foram membros do conselho do Grinnell College. Eles raramente conversaram desde então, mas Buffett lembra por acaso que uma vez, há pouco tempo, Jobs telefonou para pedir ideias sobre como lidar com o excesso de dinheiro em caixa da Apple — e então, se despediu e não fez nada do que Buffett sugeriu.

O fundo de hedge na vida de Buffett, a Buffett Partnership Ltda., desapareceu há muito tempo, fechou no final de 1969 porque Buffett não conseguia digerir a especulação que entrara no mercado. No entanto, os US$ 100 milhões que a empresa, na época, tinha em investimentos foram a semente, por assim dizer, dos US$ 86 bilhões de investimentos acionários que a Berkshire tinha alguns meses atrás, em junho. As grandes participações de Buffett estavam espalhadas pela economia americana: a Berkshire, então, tinha US$ 1,5 bilhão na Coca-Cola; US$ 13,7 bilhões na Wells Fargo; US$ 13 bilhões na IBM; e US$ 8,8 bilhões na American Express.

Em 2012, todas as façanhas financeiras da Berkshire foram ofuscadas por duas notícias sobre Buffett. A primeira, um pouco antes, em agosto de 2011, foi de um artigo de Buffett que o New York Times publicou, intitulado "Parem de mimar os ricos". Buffett comparava as baixas alíquotas de impostos que ele pagava (17%) às alíquotas de vinte pessoas em seu escritório (33% a 41%) e defendeu um aumento de impostos para qualquer um que ganhasse mais de US$ 1 milhão. Na eleição do ano de 2012, a administração de Obama adotou e expandiu essa proposta, apoiando uma "Regra de Buffett" — imediata e imensamente controversa, é claro — que aumentaria os impostos de todos com renda tributável superior a US$ 250 mil. Buffett fez piada: "Eu sempre quis ter um imposto batizado com meu nome."

Na segunda notícia, Buffett anunciou por meio de um comunicado à imprensa, em 17 de abril, que fora diagnosticado com câncer de próstata no estágio 1, um rótulo que denota (entre outras condições específicas) um câncer que não se espalhou para fora da glândula da próstata. Enquanto escrevo este texto em meados de setembro, Buffett acaba de completar dois meses de radioterapia em um hospital em Omaha. Durante seu tratamento, ele sentiu a fadiga que normalmente acompanha esse tratamento e, consequentemente, optou por trabalhar alguns dias de casa. Buffett tem muita fé que sobreviverá a essa doença e viverá por muitos anos ainda, como um percentual alto de homens têm feito, e que ela não interferirá por muito tempo a diversão que sente ao trabalhar. — CL

Investir é frequentemente descrito como o processo de gastar dinheiro hoje na expectativa de receber mais dinheiro amanhã. Na Berkshire Hathaway, adotamos uma abordagem mais exigente, definindo investimento como a transferência para outros de poder aquisitivo hoje com a expectativa equilibrada de receber mais poder aquisitivo — *após o pagamento dos impostos sobre ganhos nominais* — amanhã. Mais sucintamente, investir é abrir mão do consumo agora para ter a capacidade de consumir mais em data posterior.

A partir de nossa definição, flui uma conclusão importante: o risco de um investimento não é medido pelo beta (um termo de Wall Street que engloba a volatilidade e é frequentemente usado na avaliação de riscos), mas, ao contrário, pela probabilidade — a probabilidade *fundamentada* — de aquele investimento causar a seu dono perda de poder aquisitivo no período de posse por ele contemplado. Os preços dos ativos podem flutuar imensamente e não serem arriscados, contanto que seja quase certo proporcionarem aumento de poder aquisitivo em seu período de posse. E, como veremos, um ativo cujo preço não oscila pode ser muito arriscado.

As possibilidades de investimento são, do mesmo modo, abundantes e variadas. Há três grandes categorias, no entanto, e é importante compreender as características de cada uma. Assim, vamos traçar um panorama.

Os investimentos denominados em determinada moeda incluem fundos mútuos de curto prazo, obrigações, hipotecas, depósitos bancários e outros instrumentos. A maioria desses investimentos baseados em dinheiro é considerada "segura". Na verdade, eles estão entre os mais perigosos dos bens. Seu beta pode ser zero, mas o risco é imenso.

Durante o último século, esses instrumentos destruíram o poder de compra dos investidores em muitos países, até mesmo quando esses proprietários continuaram a receber pagamentos periódicos de juros e principal. Esse resultado feio, contudo, sempre se repetirá. Em última instância, os governos determinam o valor do dinheiro, e forças sistêmicas, às vezes, farão com que eles adotem políticas que produzem inflação. De tempos em tempos, tais políticas sairão do controle.

Até mesmo nos Estados Unidos, onde o desejo por moeda estável é imenso, o valor do dólar caiu incríveis 86% desde 1965, quando assumi a administração da Berkshire. São necessários não menos de US$ 7 hoje para comprar o que US$ 1 comprava naquela época. Consequentemente, uma instituição isenta de impostos tinha que receber 4,3% de juros anualmente de investimentos em títulos nesse período para simplesmente manter seu poder aquisitivo. Seus gerentes estariam se enganando caso pensassem que *qualquer* porção desse juro fosse "lucro".

No caso dos investidores contribuintes como eu e você, o quadro tem sido muito pior. No mesmo período de 47 anos, a rolagem contínua de títulos do Tesouro americano rendeu 5,7% anualmente. Isso parece satisfatório. No entanto, se um investidor individual paga imposto de renda pessoal a uma alíquota média de 25%, esse lucro de 5,7% não teria produzido qualquer renda real. O imposto de renda visível desse investidor teria tirado dele 1,4 ponto do rendimento declarado, e o imposto de inflação invisível teria devorado os 4,3 pontos restantes. É digno de atenção que o "imposto" da inflação implícito foi mais do que o triplo do imposto de renda explícito, o qual nosso investidor provavelmente considera seu principal fardo. A expressão "Em Deus nós confiamos" pode estar cunhada em nossa moeda, mas a mão que ativa as máquinas de imprimir cédulas se mostrou demasiadamente humana.

As altas taxas de juros, certamente, podem compensar os compradores pelo risco de inflação que eles enfrentam nos investimentos baseados em moeda — e, na realidade, as taxas no início da década de 1980 fizeram esse trabalho bem. As taxas atuais, contudo, não compensam nem de perto o risco ao poder aquisitivo assumido pelos investidores. Neste exato momento, os títulos deveriam vir acompanhados de um rótulo de advertência.

Na conjuntura atual, consequentemente, não gosto dos investimentos baseados em moeda. Mesmo assim, a Berkshire possui quantidades significativas delas, principalmente da variedade de curto prazo. Na Berkshire, a necessidade de ampla liquidez ocupa o palco central e nunca será desprezada, por mais baixas que possam ser as taxas. Para acomodar essa necessidade, primeiramente temos, na carteira de títulos do Tesouro americano, o único investimento que é líquido nas condições econômicas mais caóticas. Nosso nível de trabalho para liquidez é US$ 20 bilhões; US$ 10 bilhões é nosso mínimo absoluto.

Além das exigências que a liquidez e os reguladores nos impõem, compraremos instrumentos vinculados à moeda somente se oferecerem a possibilidade de ganhos incomuns — seja porque um crédito específico está com o preço errado, como pode ocorrer nos repetidos fracassos dos títulos de alto risco ou porque as taxas aumentam em um nível que oferece a possibilidade de realizar ganhos de capital substanciais em títulos de primeira linha quando as taxas caírem. Embora tenhamos explorado ambos os tipos de oportunidade no passado — e podemos fazê-lo novamente —, estamos agora em um ponto diametralmente oposto a essas possibilidades. Hoje, um comentário irônico que um investidor de Wall Street, Shelby Cullon Davis, fez há muito tempo parece apropriado: "Os títulos promovidos como aqueles que oferecem lucros sem risco são agora avaliados como oferecendo risco sem lucros."

A segunda grande categoria de investimentos envolve ativos que nunca produzirão nada, mas que são comprados na esperança do comprador de que alguma outra pessoa — que também saiba que os ativos serão para sempre improdutivos — venha a pagar mais por eles no futuro. As tulipas, por incrível que pareça, tornaram-se, por um curto tempo, a favorita de tais compradores no século XVII.

Esse tipo de investimento exige um universo de compradores em expansão, que, por sua vez, são atraídos porque acreditam que o universo de compradores se expandirá ainda mais. Os proprietários *não* são inspirados por aquilo que o bem em si pode produzir — algo que permanecerá sem vida para sempre —, mas pela crença de que outros o desejarão até mais avidamente no futuro.

O maior ativo nessa categoria é o ouro, atualmente o grande favorito dos investidores que temem quase todos os outros ativos, sobretudo o dinheiro de papel (cujo valor, conforme observado, eles têm razão de temer). Esse metal, no entanto, tem duas desvantagens significativas, sendo elas: não te muitas utilidades e não se reproduzir. Verdade, o ouro tem algumas utilidades industriais e decorativas, mas a demanda para esses fins é limitada e incapaz de absorver nova produção. Entretanto, se você possuir um quilo de ouro por uma eternidade, ainda possuirá um quilo de ouro até seu fim.

O que mais motiva os compradores de ouro é a crença de que o número de medrosos aumentará. Na última década, essa crença provou-se correta. Além disso, o preço em ascensão tem, por si só, gerado ainda mais entusiasmo pela compra, atraindo compradores que veem a subida como uma validação de uma tese de investimento. Quando os investidores da "manada" se reúnem, eles criam a própria verdade — *por algum tempo*.

Nos últimos 15 anos, tanto as ações da internet quanto os imóveis residenciais demonstraram os excessos extraordinários que podem ser criados com a combinação de uma tese inicialmente sensata e preços ascendentes amplamente divulgados. Nessas bolhas, um exército de investidores originalmente céticos sucumbiu à "prova" comunicada pelo mercado, e o conjunto de compradores — por um tempo — expandiu suficientemente para manter o ímpeto. Mas as bolhas muito grandes inevitavelmente explodem. E, então, o antigo provérbio é confirmado mais uma vez: "O que o homem sábio faz no começo, o tolo faz no fim."

Hoje, o estoque global de ouro é de cerca de 170 mil toneladas métricas. Se todo esse ouro fosse derretido, formaria um cubo com cerca de 20 metros por lado. (Imagine isso se ajustando confortavelmente na área interna de um campo de beisebol.) A US$ 1.750 por onça — o preço do ouro neste momento —, seu valor seria cerca de US$ 9,6 trilhões. Chame esse cubo de pilha A.

Vamos criar agora uma pilha B com um valor igual. Para isso, poderíamos comprar *todas* as terras férteis dos Estados Unidos (160 milhões de hectares, com produção anual de cerca de US$ 200 bilhões), mais 16 Exxon Mobils (a empresa mais rentável do mundo, que lucra mais de US$ 40 bilhões ao ano). Após essas compras, teríamos cerca de US$ 1 trilhão de sobra para gastos imediatos (não faz sentido sentir-se pobre após toda essa gastança). Você pode imaginar um investidor com US$ 9,6 trilhões escolhendo a pilha A em vez da pilha B?

Além da valorização incrível, dado o estoque existente de ouro, os preços atuais fazem a produção anual de ouro hoje comandar cerca de US$ 160 bilhões. Os compradores — sejam usuários industriais e do ramo de joias, indivíduos amedrontados, ou especuladores — precisam continuamente absorver essa oferta adicional para meramente manter equilíbrio aos preços atuais.

Daqui a um século, os 160 milhões de hectares de terra agrícola terão produzido quantidades inacreditáveis de milho, trigo, algodão e outros cultivos — e continuarão a produzir esse valioso tesouro, seja qual for a moeda. A Exxon Mobil, provavelmente, terá produzido trilhões de dólares em dividendos para seus proprietários e também será dona de ativos valendo ainda mais trilhões (e, lembre-se, você recebe 16 Exxons). As 170 mil toneladas de ouro estarão iguais em tamanho e ainda serão incapazes de produzir qualquer coisa Você pode acariciar o cubo, mas ele não responderá.

Reconheço que quando as pessoas, daqui a um século, tiverem medo, provavelmente ainda correrão para o ouro. Tenho confiança, no entanto, de que os US$ 9,6 trilhões de avaliação atual da pilha A crescerão, em termos compostos, durante o século a uma taxa muito inferior ao que alcançará a pilha B.

Nossas duas primeiras categorias desfrutam de popularidade máxima quando o medo está no auge: terror do colapso econômico impulsiona os indivíduos para ativos baseados em moedas, mais especificamente os títulos americanos, e o medo do colapso monetário estimula a procura por ativos estéreis, como o ouro. Ouvimos que o "dinheiro vivo é rei" no final de 2008, exatamente quando o dinheiro deveria ter sido investido em vez de mantido em disponibilidade. Da mesma forma, ouvíamos que o "dinheiro é lixo" no início da década de 1980, exatamente quando os investimentos em renda fixa estavam em seus níveis mais atrativos. Em outras ocasiões, os investidores que precisavam do apoio de uma multidão pagaram muito caro por esse conforto.

Minha preferência — e vocês sabiam que eu diria isso — é pela terceira categoria: o investimento em ativos produtivos, sejam empresas, fazendas ou imóveis. De forma ideal, esses ativos deveriam ter a capacidade de, em tempos inflacionários, proporcionar rendimentos que manterão o valor de seu poder aquisitivo enquanto exigirem um mínimo de capital de investimento novo. Fazendas, imóveis e muitas empresas, tais como a Coca-Cola, IBM e nossa própria See's Candy, satisfazem esse teste duplo. Outras empresas, no entanto — pense nas empresas de utilidades públicas reguladas, por exemplo —, não satisfazem, porque a inflação faz exigências de capital pesadas sobre elas. Para ganhar mais, seus proprietários precisam investir mais. Mesmo assim, esses investimentos permanecerão superiores aos ativos não produtivos ou baseados em moeda.

Seja a moeda, daqui a um século, lastreada em ouro, conchas do mar, dentes de tubarão ou pedaços de papel (como hoje), as pessoas desejarão trocar alguns minutos de seu trabalho diário por uma Coca-Cola ou uma paçoca de amendoim da See's. No futuro, a população americana comercializará mais bens, consumirá mais alimentos e exigirá mais espaço para morar do que faz hoje. As pessoas trocarão para sempre o que produzem pelo que os outros produzem.

As empresas de nosso país continuarão a entregar eficientemente os bens e serviços desejados por nossos cidadãos. Metaforicamente, essas "vacas" comerciais sobreviverão por séculos e, melhor ainda, produzirão quantidades cada vez maiores de "leite". Seu valor será determinado não por meio de troca, mas por sua capacidade de produzir leite. Os lucros sobre a venda do leite crescerão a juros compostos para os proprietários de vacas, exatamente como fizeram durante o século XX quando o Dow subiu de 66 para 11.497 (e também pagou toneladas de dividendos).

O objetivo da Berkshire será aumentar sua propriedade de empresas de primeira classe. Nossa primeira opção é possuí-las em sua totalidade, mas também estamos dispostos a ser proprietários por meio da posse de quantidades relativamente grandes de ações comercializáveis. Acredito que, em qualquer prazo mais longo, essa categoria de investimento será a vencedora disparada entre as três examinadas. Mais importante: será, de longe, a mais segura.

Observação final da organizadora

Quando a Fortune *mencionou Warren Buffett pela primeira vez, em 1966, a ação da Berkshire (aquela que hoje é Classe A) estava em torno de US$ 22. Em meados de setembro de 2012, estava em US$ 133.000. — CL*

AGRADECIMENTOS

Eu não teria conseguido fazer este livro sem Warren Buffett, é claro. Obrigada, Warren, por ser tão constantemente interessante a ponto de eu poder organizar um livro mesmo quando não esperava que houvesse um.

Eu não teria conseguido fazer este livro sem Doris Burke também. Ela é funcionária da *Fortune*, formada em biblioteconomia, mas se tornou expert em todo tipo de fato, e é a ajuda essencial desta escritora (e de muitos escritores da *Fortune*) quando escrever um artigo — ou um livro — fica difícil. Seu nome está em um dos artigos deste livro. Em minha mente, está entalhado no portal de entrada de dezenas daqueles artigos.

A colega que ajudou a reunir os fatos de Doris, Marilyn Adamo, também foi de grande ajuda (uma das razões pelas quais as duas nunca saem de férias ao mesmo tempo).

E eu não poderia esquecer a ajuda de tantas outras pessoas da *Fortune*. Os chefões, Andy Serwer e Hank Gilman (e o chefe *deles*, o editor-chefe da Time Inc., John Huey), me deram tempo para completar este livro após eu não ter nem chegado perto de terminá-lo em diversas férias sucessivas. E que bênção que eu não o terminei há um ano, porque, se o tivesse feito, não teria havido o Compromisso de Doação, nenhuma aposta de longo prazo com a Protégé Partners e nem mesmo David Sokol. E então, quando comecei a andar a toda velocidade no livro e me deparei tanto com uma operação na mão (pense na digitação!) quanto com uma doença na família, eles me deram mais tempo. Estou profundamente em dívida com todos.

Além disso, quando ele era apenas um escritor, não o governante de nosso reino, Andy escreveu três dos artigos incluídos neste livro (tornando-se o segundo contribuinte mais produtivo, depois de mim). Nesse ínterim, Hank supervisionou cada aspecto do livro, do contrato inicial ao contrato final e, depois, o texto final, com o excelente senso comum que ele leva para tudo. Ambos tornaram prazeroso para mim fazer negócio com essa revista, para a qual trabalho, feliz, há quase 59 anos.

Mia Diehl, diretora de fotografia da *Fortune*, vasculhou nosso estoque de fotografias de Warren Buffett e escolheu as que usamos com seu usual excelente olho para o que é envolvente e distinto. Chad McCabe ajudou com um layout que funcionou.

Há cerca de noventa "itens" individuais neste livro — artigos completos, trechos, declarações curtas (por assim dizer) e cartas dos leitores. Em um mundo da *Fortune* que ainda não foi totalmente digitalizado (essa é uma dica, colegas) ou é, às vezes, digitalizado de uma forma que não é totalmente útil, simplesmente colocar todo esse texto em uma forma fácil de manipular foi um grande desafio. Cullen Wheeler, Chris Tkaczyk e Kelly Champion fizeram essa parte desse trabalho que considero menos do que estimulante. E, no final, Cappy Lyons transformou uma série contínua de artigos em documentos Word com os quais pude facilmente lidar. Obrigada a todos por tudo que fizeram.

A sala de revisão da *Fortune*, administrada por Carol Gwinn e Alfie Graham, é um de meus lugares favoritos e as duas mantiveram meu inglês correto e claro — assim espero. Seu colega, Angel Mass, produziu os gráficos que eu precisava no tempo perfeito.

E então havia a advogada da Time Inc. designada para este caso. Amy Glickman, que pensou em mais detalhes do que eu poderia ter imaginado. Além disso, Amy levou o livro digital inteiro para casa para ler durante um fim de semana e me disse, tanto com meio caminho andado quanto no final, que ela realmente havia gostado dele, não somente por sua cobertura de Buffett, mas também por sua apresentação da história comercial! Todos merecemos advogados assim.

Eu — que nunca desejei escrever um livro — tive sorte suficiente de conseguir um agente, Tracy Brown, que era experiente e me manteve relativamente calma em momentos extremamente nervosos. Ele é a alegria de um escritor, porque adorou as introduções do livro e os artigos desde que os viu pela primeira vez — e depois adorou a capa do livro também. Eu não poderia ter pedido mais. Obrigada, Tracy, por todo o apoio.

E obrigada também a Adrian Zackheim, presidente da Portfolio, a editor original deste livro. Ele conhece os livros de negócios extremamente bem, portanto, seu voto de confiança no que veio a ser *Quando o trabalho é a melhor diversão* foi muito encorajador para mim e para a *Fortune*. Seus colegas Will Weisser, Emily

Angell e Bria Sandford apoiaram o livro ao longo do que resultou ser uma programação apertada. Todos merecem crédito.

Presentes em minha memória enquanto compilava este livro estavam os nomes e rostos de dezenas de editores, autores e associados de jornalista (conhecidos como "pesquisadores" nos dias em que comecei com essa função) que trabalharam nos artigos deste livro. Os editores, no estilo da *Fortune*, são quase sempre anônimos. No entanto, há três na equipe agora, Tim Smith, Nick Varchaver e Brian O'Keefe, que foram maravilhosos em meu trabalho com as diversas histórias sobre Buffett. (Brian sugeriu meu título favorito: "Você gostaria desses US$ 11 bilhões em cédulas de vinte?").

Uma lista em ordem alfabética dos jornalistas associados que trabalharam nos artigos deste livro não faz jus ao poder mental e ao esforço que eles colocaram no trabalho, mas, para ser prática, lançarei mão dos seguintes: Maria Atanasov, Edward Baig, Kate Ballen, Suzanne Barlyn, Rosalin Klein Berlin, Julia Boorstin, Doris Burke (novamente), John Curran, Eric Dash, Patty de Llosa, Darienne Dennis, Jane Folpe, Carrie Gottlieb, David Kirkpatrick, Claudine Knight, Susan Kuhn, Michael McFadden, Joe McGowan, Anthony J. Michels, Ruth Moss, Patricia Neering, Lou Richman, Ellen Schultz, Sally Shaver, Bill Sheeline, Robert Steyer, Natasha Tarpley, Carol Vinzant, Melanie Warner e Wilton Woods.

Desde o início, tinha certeza de que meus artigos abundariam neste livro. Em seguida, veio uma surpresa agradável: cerca de quarenta outros escritores da *Fortune* — a maioria já não faz mais parte da equipe — também contribuíram. Um, o falecido Dan Seligman, foi um de meus mentores; muitos, como ele, eram amigos íntimos; quase todos eram escritores que eu respeitava muito quando faziam parte da equipe, e ainda respeito. A *Fortune* tem tido sorte com seus escritores — e toda a equipe de revisão em torno deles — ao longo dos anos. A maioria é gente da melhor categoria e isso está retratado na qualidade da revista.

Estou feliz por ter encontrado uma desculpa para exibir o trabalho deles novamente. Estou encantada também por tê-lo feito e, ao mesmo tempo, por reconhecer mais uma vez que cada membro da minha profissão que esteve com Warren Buffett, e vivenciou sua capacidade para colocar ideias excepcionais em palavras, recebeu um excelente presente jornalístico.

Este livro foi composto na tipologia Minion Pro,
em corpo 10,5/14,5, e impresso em papel off-white,
no Sistema Cameron da Divisão Gráfica
da Distribuidora Record.